乡村旅游

经营手册

昆明市旅游发展委员会 编

中国旅游出版社

《乡村旅游经营手册》编委会

前　言

乡村旅游，起源于19世纪中叶的欧洲。20世纪60年代以后，随着世界各国城市化进程的加快，乡村旅游得到了快速的发展，形成了遍布世界各地并具有庞大规模的重要旅游形式。我国的乡村旅游始于20世纪80年代中期，四川成都郫县友爱村徐家大院被公认为国内乡村旅游的发源地。其后，乡村旅游作为政府扶贫和农业结构调整的一个重要手段，因其投资小、见效快的特点，很快在全国各地推广开来。我国的乡村旅游发展到目前为止大致经历了四个阶段，即20世纪80年代中期至1997年的自发发展阶段、1998年至2005年年底以应对亚洲金融危机扩大内需为标志的政府推动发展阶段、2005年年底至2012年以新农村建设为标志的规范发展阶段、2013年年初至今以农村土地流转为标志的吸引金融资本投资乡村旅游的快速发展阶段。我国的乡村旅游相对其他发达国家虽然起步晚，但发展快扩张迅速，尤其是最近几年乡村旅游在快速发展过程中呈现了各种全新的业态，而现实的理论研究又滞后于乡村旅游实践的发展，不能提供切实有效的指导，其结果出现了诸如乡村旅游定位迷茫、不能适应市场新的需求、产品更新思路不清、经营管理水平较低和服务质量不高等一系列的问题。为了给广大的乡村旅游经营者提供经营管理指导，也为了深入研究乡村旅游理论，我们在完善原有的《农家乐经营手册》（中国旅游出版社，2006.1）的基础上，编写了这本《乡村旅游经营手册》姊妹篇。

《乡村旅游经营手册》力求从目前我国乡村旅游阶段的实际出发，秉承“绿色、生态”发展理念，把乡村旅游的理论和实践融为一体，促进全域旅游发展。本书具有以下两个特点：第一，综合性。本书一方面吸收了管理学、经济学和旅游管理等学科的相关知识，同时还综合汲取了国内外乡村旅游的相关文献资料。第二，实用性。本书注重理论与实践的结合，分析问题深入浅出，语言通俗易懂，具有较强的实用性。本书包含乡村旅游的起源、发展和新业态，乡村旅游策划，乡村旅游营销，乡村旅游经营，乡村旅游管理和乡村旅游服务共六章内容。本书不仅可以为广大乡村旅游经营者提供切实的指导，对从事旅游广大工作者来说也具有一定的参考价值。

本书在编写过程中，参考了国内外有关乡村旅游的论文、论著以及“有机农业者”“大地风景”“绿维创景”“中国现代农业暨农业产业化高峰论坛”“中国露营网”“大美村寨行”等微信公众号的经典案例，谨在此向有关作者表示感谢。同时，对为本书编写思路提供建设性建议，并进行校改的昆明市旅游发展委员会培训中心的贾云辉老师，乡村旅游研究的前辈、同仁以及完成本书过程中提供各种帮助的朋友致以诚挚的谢意！

本书得以问世，是集体努力的结果。本书的大纲拟定和文本的最后统稿由杨桂华教授和王秀红博士完成，具体编写工作如下：王秀红、贾梦编写第一章，成海、闻静编写第二章，龙肖毅、邹莹编写第三章，卢东山、底素宇编写第四章，杨亚娜、王强编写第五章，张香荣编写第六章。

由于编写时间仓促，编者水平有限，缺点疏漏之处在所难免，敬请广大读者不吝赐教，以便于修订，使之日臻完善。

编　者

2016 年 2 月

目 录

第一章

乡村旅游起源、发展与新业态

本章着重探讨国内外乡村旅游的基础知识，其中包括乡村旅游的概念、基本类型和国内外乡村旅游的起源、发展以及新业态等。本章的第一节重点讨论了国外乡村旅游的定义、起源、发展、基本类型和未来的发展趋势，对国外乡村旅游有初步了解。本章的第二节重点讨论了我国的乡村旅游，主要包括乡村旅游的定义、起源、发展和基本类型，并对我国乡村旅游未来的发展趋势做了大胆的预测。本章的第三节主要针对国内乡村旅游的发展重点讨论了乡村旅游的发展业态，主要包含乡村旅游的传统业态、目前的新业态和未来业态的发展趋势等。通过本章的学习，可以对乡村旅游形成较为全面的认识，对国内外乡村旅游的起源、目前和未来的发展脉络有较为清晰的了解。国内乡村旅游由于空间地域的不同而产生的资源特色组合的差异，以及时间上的起步早、晚不同而呈现不同地域的差异化特点和不同的业态形式。地区之间互相学习、取长补短，形成各自的特色，乡村旅游业态的多样性有利于我国乡村旅游的总体健康发展。国外乡村旅游相对于国内而言，因起步早，发展时间长，业态类型超前，也具有很多成熟的实践经验，因此，为促进我国乡村旅游的发展，了解国外乡村旅游新业态，借鉴国外的成功经验不失为一种好的办法。

第一节　国外乡村旅游的起源与发展

一、国外乡村旅游的概念

作为回归自然和寻找“乡愁”的旅游形式，乡村旅游成为现代旅游的一个重要分支。国外的乡村旅游（rural tourism），因起步早，发展时间长，目前已经发展成为相当成熟的产业。国外乡村旅游的定义众说纷纭，最具有代表性的是欧盟和世界经济合作与发展组织所下的定义。根据这个定义，国外的乡村旅游是指发生在乡村地区的旅游活动，并进一步认为乡村特点（Rurality）是其整体的核心和卖点。

知识卡片 1－1　国外乡村旅游的概念

（1）Gilbert 和 Tung 认为，乡村旅游是农户为旅游者提供食宿条件，使旅游者可以在农场、牧场等典型的乡村环境中从事各种休闲活动的一种旅游形式。

（2）Bernard Lane 认为，乡村旅游不仅仅是以农场或农庄为基础的旅游，还包括在乡村进行的运动休闲旅游、保健旅游、科普旅游、生态旅游、民俗文化旅游等，最根本的是它具有乡村特点。

（3）Edward Inskeep 和 Deegan & Dineen 则认为，农业旅游（agrotourism）、农庄旅游（farm tourism）和乡村旅游（rural tourism）是一回事，根本不用区分。

（4）欧盟（EU）和世界经济合作与发展组织（OECD）认为，乡村旅游指发生在乡村的旅游活动，并进一步认为乡村特点（Rurality）是乡村旅游整体经营销售的核心和独特卖点，是基于乡村地区，具乡村特点、经营规模小、空间开阔和可持续发展的旅游形式。

二、国外乡村旅游的起源

国外乡村旅游起源于19世纪的欧洲。中世纪时，欧洲大陆各国的贵族就已经开始有定期到乡村休闲度假的习惯。1855年，法国参议员欧贝尔带领一群贵族到巴黎郊外的农村度假，向当地人学习制作鹅肝酱馅饼、伐木种树、挖池塘淤泥、学习养蜜蜂，与当地农民同吃住。此后乡村旅游在欧洲悄然兴起。这一时期，英国和德国的贵族也有到乡村农场、农庄旅游的习惯。1865年的意大利“农业与全国协会”的成立，标志着乡村旅游的诞生。但起始阶段的乡村旅游只是上流社会贵族的休闲娱乐活动，普通民众很少参与。

三、国外乡村旅游的发展

国外乡村旅游分为三个发展阶段，即19世纪中叶到20世纪60年代的初期发展阶段，20世纪60年代至80年代的快速发展阶段和20世纪80年代至目前的规范发展阶段。

19世纪中叶至20世纪初，乡村旅游在欧洲各国得到进一步的发展，20世纪30年代，开始由欧洲扩展到美洲和亚洲。20世纪60年代至80年代，是乡村旅游快速发展阶段。由于世界各工业化国家城市化进程的加快，大量乡村居民移居城市，乡村旅游的市场日益扩大。在欧洲持续了一个世纪以及美洲近80年的乡村地区衰退，使乡村旅游的作用日益重要，乡村旅游为农民提供了第二个收入来源，带来了更多的就业，减少了人口的流失，带来了城市新观念（Louis A Dernoi，1983）。为维持乡村的繁荣、稳定，乡村旅游被各国政府作为一种传统农牧业的替代方式加以推广，得以在各工业发达国家快速地发展。20世纪60年代，乡村旅游首先在欧洲和澳大利亚迅速发展，并于70年代影响波及所有发达国家。20世纪70年代后，乡村旅游在美国和加拿大等美洲国家也大力发展，南美的阿根廷乡村旅游就很有特色。

20世纪80年代后，欧美一些的发达国家，乡村旅游已具有相当规模，并已走上规范发展的道路，国外乡村旅游进入规范发展阶段。2001年，意大利1万多家乡村旅游企业共接待游客达2100万人次，营业额达9000亿里拉（约合4.3亿美元），比2000年增加了12.5%。统计数据表明，瑞士大约20%的农场接待付费游客，澳大利亚有10%，英国有7%（Butler et al.，1998），这一数据在德国和法国也分别达到5%和2%（Béteille，1996a；Moinet，1996）。在英国、法国、德国和澳大利亚这些国家现在有2万~3万家从事乡村休假的经营企业，在全球乡村度假市场占有优势（Weaver and Fennel，1997）。在亚洲，乡村旅游近几年也快速发展。自20世纪80年代起，新加坡政府设立了十大高新科技农业开发区。在这些农业园区内，建有50个兼具旅游特点和提供鲜活农产品的农业旅游生态走廊，有水栽培蔬菜园、花卉园、热作园、鳄鱼场、海洋养殖场等，供市民观光。还相应地建有一些娱乐场所。不仅为新加坡人提供了农业旅游场所，每年还吸引了500万~600万人次国外旅游者。1984年，韩国政府开始把发展农业旅游作为振兴农村经济、提高农民收入的一项计划来推进。发展初期，旅游农场是其主要的产品类型。1988年后，农业旅游产品数量和形式开始丰富起来。到1997年，韩国有382座旅游农场，每座农场平均土地面积为2.5公顷，投资价值为69万美元。目前，在韩国大城市周边的农渔村，都建有许多"观光农园"和"周末农场"，这些农园集休闲、体验、收获为一体，吸引了大批市民，生意非常红火。据韩国有关机构统计，仅2000年，利用周末和暑假到"观光农园"休假的城镇人口达446万人次，相当于城市人口的1/8。另据韩国农村经济研究院的资料表明，韩国农村观光和民俗市场的经营规模，2001年约达2.84万亿韩元。

为支持和规范乡村旅游的发展，许多国家实施了一系列项目或法规，在美国就有30个州有明确针对农村区域的旅游政策，其中14个州在它们的旅游总体发展规划中包含了乡村旅游（A. E. Luloff，1994）。其他国家如日本的General Recreation Establishment Law（作者译：《市民建设农园促进法》）、法国的"假期绿色居所计划（Stations Vertes deVaneanees）"与"欢迎到农场来（Bienvenue a laferme）"、奥地利的"农场假期（Farm Holiday in Austria）"项目、意大利的Toscana乡村节庆与Ecosert计划、波兰的"波兰绿肺"项目，以及泰国的Umphang社区旅游项目等（刘军萍，2006）。乡村旅游成为乡村经济发展的重要力量，乡村旅游对推动经济出现不景气农村地区的发展起到了非常重要的作用（Thomas W. Blaine and Golan 1993；Dernoi 1983），对当地经济的贡献和意义得到了充分证明（Aliza Fleischer & Pizam，1997）。包括加拿大、澳大利亚、新西兰、东欧和太平洋地区在内的许多国家，都认为乡村旅游业是农村地区经济发展和经济多样化的动力（Derek R Hall，1998）。

四、国外乡村旅游的未来发展趋势

综观其100多年的发展历程，国外乡村旅游未来的发展呈现如下趋势：政府的作用加强、专业化发展、乡村文化内涵的深入挖掘、乡村旅游与其他产业的高度融合、注重可持续发展等。

1. 政府作用加强

由于农场具有小规模的特点，政府在培训、资金支持、统一品牌和联合营销等方面将会发挥越来越重要的作用。

2. 专业化发展

随着乡村旅游发展的成熟与规范发展，为吸引更多的城市旅游者，乡村旅游从策划、规划、筹备、建设、市场营销和运营管理等环节都呈现出日益专业化的特点，乡村旅游的整体形象定位、产品设计、旅游服务设施的建设、针对性的市场宣传和企业专业化的管理等都不同于以往的自发和随意的特点。

3. 乡村文化内涵的深入挖掘

乡村文化是乡村旅游的核心所在，也是乡村旅游的灵魂和持久生命力。对区域历史文化和地域特色民俗文化的挖掘体现出不同区域乡村旅游的差异化特色。东欧的波兰和奥地利在乡村旅游中的乡村文化挖掘方面已经取得了相当成功的经验。

4. 乡村旅游与其他产业的高度融合

乡村旅游基于乡村地域和农业的特点，使其一开始就具有三产融合的特质。随着世界各地乡村旅游的快速发展，其与第一产业、第二产业和第三产业内部的融合态势进一步加强，高科技也逐步渗透到乡村旅游的各个服务层面。

5. 注重可持续发展

人口居住密集的城市环境污染较为严重，人均资源的消耗也很高，一方面，旅游者到乡村旅游寻找洁净、自然、原生态的乡村环境，回归传统原生态低耗能的乡村生活方式，旅游环保的乡村旅游有助于促进乡村的可持续发展；另一方面，可持续发展强调本地化（1ocalization），即开发的目的主要是满足本地社区发展的需要，建设本地产品供应链，鼓励地方工艺品生产，保证收益最大程度地保留在本地，确保开发力度在环境与社会承载力之内。

知识卡片 1－2　可持续发展

可持续发展（sustainable development）是由挪威前首相布兰特夫人（Mrs. Bruntland）提出的，她对可持续发展的定义得到了国际社会的普遍认可。布兰特夫人认为可持续发展是在满足当代人发展的前提下不要剥夺后代人的发展机会。可持续发展包括三个重要的原则，即“需要”的原则、“限制”的原则和“公平”的原则。“需要”的原则指的是世界上有很多地方还处于贫困状态，为了让更多的人摆脱贫穷，发展是必需的。“限制”的原则指的是人类的发展受一些发展因素的制约，要在环境、社会文化可承受的范围内寻求发展。“公平”的原则指的是不仅我们目前要发展，而且当代人的发展不能以牺牲后代人的发展为代价；不仅发达国家和地区要发展，而且也要给贫穷和不发达国家和地区以发展的机会。可持续发展包括环境的可持续发展、社会文化的可持续发展和经济的可持续发展三个方面。

第二节　我国乡村旅游的起源与发展

一、我国乡村旅游的概念

从国内学者对乡村旅游概念的论述中，可以看出目前关于乡村旅游定义主要是从旅游吸引物客体特性角度进行定义的。简单概括，乡村旅游具有如下主要特征：

（一）乡村地域性

乡村旅游活动空间位于乡村地区，从近郊到广大的农村乃至偏远的野外。

（二）乡村性

乡村性是乡村旅游生存的基础和核心，是乡村旅游的独特卖点。“乡村性”主要包含乡村自然生态景观、乡村产业和乡村文化三个方面。

（三）城市为主体客源市场

乡村旅游有独特的乡村性吸引力，其乡村风景和风情往往能激发城镇居民的旅游热情。而全国各地乡村旅游地接待的旅游者，也主要是近距离的城镇旅游者。

（四）类型的多样性

一方面，乡村旅游资源丰富多样，既有乡村自然风景，如乡村自然环境、田园风光、农事活动；又有具乡村特色的乡土文化，如民俗文化、农业文化、聚群文化、民居文化等。即使是同一类型的自然或人文景观，也由于时空的差异而使它们各具特色。另一方面，由于乡村旅游者主体需求的差异，而使乡村旅游产品呈现多样性的特征。乡村旅游地开发应当满足城镇居民观光、休闲、娱乐、度假、求知、购物等各方面的需求，这必然引导乡村旅游地在产品设计上呈现多样化的特征。

知识卡片 1－3　国内乡村旅游的定义

杜江、向萍（1999）认为，乡村旅游是以农业文化景观、农业生态环境、农事生产活动以及传统的民族习俗为资源，融观赏、考察、学习、参与、娱乐、购物、度假于一体的旅游活动。

何徽（2004）认为，乡村旅游是以农业的自然和社会资源作为吸引物，以都市居民为客源市场，针对他们回归自然的旅游需求，满足游客观光、务农娱乐、休闲度假、购物等多种需求而开展的参与性强、文化内涵深厚、乡土趣味浓郁的新兴旅游活动。

吴必虎（2001）界定，所谓乡村旅游就是发生在乡村和自然环境中的旅游活动的总和。

贺小荣（2001）认为，乡村旅游是指以乡村地域上一切以吸引旅游者的旅游资源为凭借，以满足观光、休闲、度假、学习、购物等各种旅游需求为目的的旅游消费行为及其引起的现象和关系的总和。

王秀红（2006）认为，乡村旅游是指，凡是发生在乡村地区，以乡村的自然田园风光或乡村特点的民俗文化、农业文化、聚群文化、民居文化等作为旅游吸引物吸引游客的旅游形式。

刘承良、吕军（2006）认为，乡村旅游指旅游者在乡村地区所从事的所有旅游活动，以实现对乡村自然、人文的感知和体验，从而达到精神的升华。

何景明和李立华（2002）借鉴国外的乡村旅游的定义认为，狭义的乡村旅游是指在乡村地区，以具有乡村性的自然和人文客体作为旅游吸引物的旅游活动。

刘德谦（2006）认为，乡村旅游就是以乡村地域及农事相关的风土、风物、风俗、风景组合而成的乡村风情为吸引物，吸引旅游者前往休息、观光、体验和学习等的旅游活动。

邹统钎（2006）认为，客源地的城市性（urbanity）与目的地的乡村性（rurality）级差或梯度是乡村旅游的动力源泉，乡村旅游生存的基础是乡村性或乡村地格（rural plaeealitv）。乡村性是乡村旅游的中心和独特的卖点。

王兵（1999）认为，乡村旅游是以乡野农村的风光和活动为吸引物，以都市居民为目标市场，以满足旅游者娱乐、求知和回归自然等方面需求为目的的一种旅游方式。

肖佑兴等（2001）认为，乡村旅游是指以乡村空间环境为依托，以乡村独特的生产形态、民俗风情、生活形式、乡村风光、乡村居所和乡村文化等为对象，利用城乡差异来规划设计和组合产品，集观光、游览、娱乐、休闲、度假和购物为一体的一种旅游形式。

黄成林（2003）认为，乡村旅游是以乡村景观（包括农业文化景观、农业生态景观、农村聚落景观、农事活动等）及传统民俗为旅游资源，融观赏、考察、学习、参与、娱乐、购物、度假于一体的旅游活动。

孙飒（2006）认为，乡村旅游是指以远离都市的乡野地区为目的地，以乡村特有的自然和人文景观为吸引物，以城镇居民为主要目标市场，通过满足旅游者休闲、求知和回归自然的需求而获取经济和社会效益的一种旅游方式。

本书的乡村旅游是指发生在乡村地区，以具有乡村特性的自然和人文吸引物为凭借，为满足以城市居民为主体的旅游者需求而从事的一切旅游活动。该定义主要包含三个层面的含义：

其一，乡村旅游发生的地域是在乡村地区，包括从近郊到广大的农村乃至偏远的野外。

其二，乡村性是乡村旅游存在的灵魂。乡村旅游的吸引物无论是体现地域特色地脉的自然旅游资源还是体现地域特色文脉的人文旅游资源，必须具有乡村性。

其三，乡村旅游是为满足城市居民为主体的旅游者需求而从事的一切旅游活动。由于旅游活动构成要素包括旅游者、旅游吸引物和介于旅游主体与客体之间的旅游中介机构，所以，乡村旅游还应当包括参与乡村旅游活动的乡村旅游者、乡村旅游地（含乡村旅游吸引物）、乡村旅游经营者和乡村旅游的中介机构等。

二、我国乡村旅游的起源与发展

我国有关乡村旅游起源的记载最早始于20世纪50年代。为接待外事的需要，山东省济南石家庄村率先开展乡村旅游活动。20世纪70年代初，在北京近郊四季青人民公社、山西昔阳县大寨大队出现了乡村旅游性质的政治性旅游活动。20世纪80年代初，在深圳举办的荔枝节和贵州郎德上寨的民族风情旅游活动。1987年《成都日报》报道了成都郫县友爱村的徐家大院徐纪元接待了首批来自成都市游客的乡村旅游，并把这种乡村旅游形式以“农家乐”来命名，标志着我国现代意义上乡村旅游的真正开端。

我国乡村旅游分为四个发展阶段，即20世纪80年代至1997年的初期自发发展阶段，1998年至2005年的政府推动快速发展阶段，2005年年底至2012年的规范发展阶段和2013年至今资本推动的高速发展阶段。

第一阶段：20世纪80年代至1997年的初期自发发展阶段。

20世纪80年代至1997年，随着城市居民收入的提升，在发达地区的城市周边，开始出现了城市居民的自发近距离出游，城市周边的部分村民出于接待这部分乡村旅游者的食宿需求，开始提供简单的食宿和水果采摘等形式的乡村旅游产品，但这个阶段的乡村旅游基本上处于被动满足旅游者的自发发展阶段。

这个时期的乡村旅游基本上是吃简单的农家饭，住农家屋、摘农家果的阶段。

第二阶段：1998 年至 2005 年的政府推动快速发展阶段。

1997 年随着我国开始推出的“黄金周”政策以及国家旅游局推出的“98 华夏城乡游”和“99 生态旅游年”等举措，极大地刺激了乡村旅游的发展，全国各地出现了乡村旅游的开发热潮。自此，我国乡村旅游进入了快速发展阶段。这个时期主要是政府为了应对亚洲金融危机扩大内需采取的应对策略。

第三阶段：2005 年年底至 2012 年的规范发展阶段。

以 2005 年 10 月第十六届五中全会全面建设社会主义新农村和 2006 年中央“一号”文件为标志，各地乡村旅游在继续快速发展的基础上，开始着手解决乡村旅游发展过程中出现的问题，各地先后出台了乡村旅游或农家乐的星级评定标准，部分乡村旅游景区也注重乡村旅游景区的规划，乡村旅游至此进入了规范发展阶段。

第四阶段：2013 年至今资本推动的高速发展阶段。

2013 年中央“一号”文件鼓励土地流转政策的正式出台，使金融资本开始进入土地的流转环节，圈地进军现代农业和投资其他形式的乡村旅游景区建设。由于金融资本的大量注入，乡村旅游以比以往更高的速度发展，更多的乡村旅游景区得到开发，乡村基础设施和旅游服务设施得到完善，乡村旅游开始与其他产业高度融合，互联网、移动终端等高科技也开始渗透到乡村旅游，乡村旅游也出现了多样化的新业态。但这个时期乡村旅游的资本注入，相当一部分是出于圈地目的，并非真正意义上的发展乡村旅游业或现代农业，导致对乡村旅游产品供给的贡献有限。

三、我国乡村旅游的未来发展趋势

（一）乡村旅游新特点

1. 乡村旅游的全域化、特色化、精品化

许多地方往往共同规划、协调发展，以全村、全镇、全县范围来做乡村旅游。在推动乡村旅游的过程中，为避免同质化竞争、取得差异化优势，各个村镇实行诸如“一村一品”“一户一业态”的差异化发展策略，深挖潜力，精心设计，打造精品，使乡村旅游呈现出特色化、精品化的特点。

2. 新产品、新业态、新模式层出不穷

四川成都是乡村旅游发展的先行者，“五朵金花”是其代表。现在乡村旅游发展很快，走在前列的有江苏省、山东省、浙江省等。江苏省出现了一系列的乡村旅游新业态。山东省对乡村旅游的扶持力度很大，每一个县都做乡村旅游规划，省政府给予每县的乡村旅游规划资金支持，另外，市县级政府还追加支持经费。浙江省面对较多的境内外高消费客源，开发出了如裸心谷这样的高端乡村旅游产品。北京市郊区，近年来乡村旅游发展也很快，出现了很多新业态，迎来了蓬勃发展的势头。

3. 从乡村旅游到乡村生活的新理念

一部分游客到乡村已不再是单纯的旅游，而是被乡村的环境所吸引，在当地较长时间地生活和居住，这种现象不仅出现在北京等大都市，也出现在包括如河南这样的省份。部分退休的年长人士，不愿意长期住在城市，一年中往往有数月栖居于乡间。他们认为乡村的生态环境好，能更好地亲近自然和享受有机生态食品。河南有的农场已针对这种需求进行规划。从乡村旅游发展到乡村生活，国外典型的国家之一是日本。日本的退休人士和一些在城市工作的人士，一年中有较长一段时间居住在乡村。

（二）乡村旅游新趋势

我国乡村旅游由于起步早晚的不同、各地的资源特色不同、各地经济发展水平又有所不同，各地乡村旅游的发展并不均衡。由于我国今后几十年城镇化进程的加快，城市人口越来越多，乡村旅游的市场需求会越来越强劲，因此，我国乡村旅游在今后几十年中仍将保持全面快速发展的局面。综观全国，今后我国乡村旅游的发展将呈现如下趋势。

1. 多样化

乡村旅游的多样化体现在产业融合、多样化的乡村旅游市场需求、多样化的乡村旅游产品供给以及乡村旅游业态的多样化等几个方面。目前，第三产业的乡村旅游在发展过程中与第一产业和第二产业高度融合，并形成了多样化的乡村旅游新业态。另外，现在城市居民的旅游需求也在升级，逐步从观光休闲向康体度假和教育体验等方面转变，乡村旅游需求的多样化迫使乡村旅游也要与时俱进地实现同步的产品供给。多样化的需求会促进多样化的产品供给，超前的多样化产品供给也会引导多样化的市场需求。

2. 特色化

特色是旅游产品的生命力所在，乡村旅游产品也是如此，失去特色的乡村旅游将因失去对游客的吸引力而被挤出竞争激烈的乡村旅游市场。乡村旅游的特色化包含两个层面的含义：一方面是具体乡村旅游景区的特色化；另一方面是具体农家接待产品的特色化。乡村旅游景区的特色化指的是每个乡村旅游景区根据自身的文脉和地脉特点提炼自身的乡村旅游主题，设计差异化的乡村旅游产品，体现自身特色，做到与周边不同。农家接待产品的特色化指的是具体景区内部每个乡村旅游接待户的设计特色和提供的产品应有所不同，价格定位也有所不同，而不是同质化的千篇一律。

3. 乡村文化的深入挖掘

乡村地域是乡村旅游的载体，而乡村文化则是乡村旅游的核心，也是乡村旅游永具生命力的核心所在。特定乡村地域的乡村文化是生活在这片土地上的先民适应自然环境的经验积累和智慧结晶，也体现出该地乡村旅游的文化特色。深入挖掘特定地域的生产文化、生活文化等民俗文化，开发独具特色的乡村旅游产品，会吸引更多的城市旅游者。

4. 技术化

随着现代科技对乡村生活的渗透，互联网和移动终端等已经成为乡村生活的重要组成部分。现代技术不仅会影响传统的乡村旅游经营管理，也会对乡村旅游的市场营销和旅游服务产生颠覆性变革。

5. 经营、管理和服务进一步规范

30 多年的乡村旅游发展，使我国的乡村旅游已经发展到很大的规模。初级原始的乡村旅游经营服务严重阻碍了我国乡村旅游的健康发展，各地政府已开始对乡村旅游的经营、管理和服务进行规范化管理。出台鼓励乡村旅游的规划、乡村旅游或农家乐的星级评定标准的政策，对乡村旅游经营者进行技能培训等，使我国乡村旅游向越来越规范的方向发展。

6. 统一品牌，统一营销

由于缺乏乡村旅游规划和现代经营观念、品牌意识以及家庭小规模经营，我国特定地域的乡村旅游基本上没有统一的品牌，统一的营销也很少。在旅游市场竞争日趋激烈的今天，由当地政府出面对各地乡村旅游进行整体规划，提炼统一的乡村旅游主题，进行联合营销，将会极大地推动特定地域的乡村旅游发展。

7. 注重可持续发展

乡村因地域开阔、环境洁净得以吸引城市旅游者的到来，因此，在开展乡村旅游的同时，切实保护好乡村环境，“美丽乡村”能够吸引更多的城市旅游者，实现乡村旅游的可持续发展。乡村旅游可持续发展的另外一个重要方面是社区参与，当地社区居民从开展乡村旅游中得到切实的利益和好处，社区居民的支持是乡村旅游得以可持续发展的基础和关键。

以上 7 个方面代表了我国乡村旅游的未来发展方向，了解我国乡村旅游的未来发展趋势对我国乡村旅游的发展有着重要的指导意义。

第三节　乡村旅游业态

一、乡村旅游传统业态

我国乡村旅游经过 30 多年的发展，以空间依托型和资源依托型两大类型来进行细分，传统的乡村旅游可以分为以下几种基本类型。

（一）景区依托类食宿型农家客栈

景区依托类食宿型农家客栈旅游位于著名景区周边，是为旅游者提供简单的食宿服务和当地特产的乡村客栈，如湖南张家界景区周边的农家客栈、四川九寨沟景区周边的农家客栈等。

（二）城市近郊廊道依托型特色美食

城市近郊廊道依托型特色美食旅游一般在城市近郊，依托便利的交通或者河流湿地，只提供美食餐饮服务，设施简单。如郑州市郊郑密公路旁的乡村客栈、郑州北郊黄河大堤两侧的渔家乐等。

（三）城市郊区一产依托型农业观光休闲

城市郊区一产依托型农业观光休闲指在城市郊区以提供学习农业知识、体验农耕文化和参与农事劳动的农业园区。如河南农业高新科技示范园、上海郊区高科技农业示范园等。

（四）资源依托型乡村田园观光休闲

资源依托型乡村田园观光休闲旅游指以优美的乡村田园风光吸引游客前来旅游的乡村旅游。如广西富川县秀水村的乡村旅游、云南罗平县以油菜花海吸引旅游者的乡村旅游等。

友情链接 1－1　广西富川县秀水村①

富川“秀水瑶族状元村”，位于广西富川县朝东镇境内，距县城 30 千米。在通往湖南江永县桃川镇与广西恭城县的富桃公路边，景区前接桂东及粤、港、澳台旅游黄金线，后靠桂林、阳朔旅游大圈，平坦宽阔的旅游公路贯穿其中。村境之内有“三江涌浪”“灵山石宝”“眠兔藏烟”“天然玉鉴”“青龙卷雾”“鳌岫仙岩”“大鹏展翅”和“化鲤排云”八大景观，故有“小桂林”之美称。此外，秀水不仅自然风光美，而且人杰地灵，人才辈出。据查证，自唐、宋、元、明、清代以来，在县志记载的 133 名富川历代科举进士名录中仅秀水状元村就占了 27 名，其中就有宋开禧元年乙丑状元——毛自知，因而，又有“状元村”之美称。村内有状元楼、古戏台、古牌坊、古泉池、古罩壁等景观；有历朝历代皇帝赐封和官府贺赠的各式古牌匾和唐、宋、元、明、清代古民居建筑群以及古建门楼等古迹，因而又享有“宋元明清古建筑露天博物馆”之称。

“秀水瑶族状元村”建于唐开元年间，立村建寨距今已有 1300 多年的历史，始祖毛衷，是唐开元年间进士，为广西贺州刺史。该村自唐繁衍发展至今，人口已达 2295 人，原秀水状元村也因时代发展，支系繁衍，而划分为石余、八房、安福、水楼四个自然村，此外，这个当时历史上仅有 150 来人的小村，便设有三处商贸交易区，五座古戏台、四处祠堂和四所私塾书院（即鳌山石窟寺书院、山上书院、对寨山书院、江东书院，其中江东书院比梧州

① http://baike.baidu.com/link？url=YVRbOWimFtAWTp-_P33tMxvLBmufQDfb7872M68wNo0qRePnz9pTnOYpx_zp_2YqEAOPfEjgvz5lSUGBXRWvf_.

成化间创建的绿绮书院早250年），还出有一个宋代状元和26个进士。再有自我国恢复高考制度以来，该村考取全国各重点名牌及普通院校的大中专人数就达120多人。真可谓古今文化底蕴深厚、风光风俗淳美、人才辈出、贤杰不尽。据有关史学家、社会科学专家及知名人士论证："秀水拥有世界最佳人居环境；具有华夏一流氏族风水；拥有岭南最佳水乡风光；具有广西一流田园风情。"

5. 资源依托型民族（民俗）文化观光参与体验

资源依托型民族（民俗）文化观光参与体验指以各具特色的当地民族文化或民俗文化吸引旅游者的乡村旅游。如贵州郎德上寨的民俗风情乡村旅游、河南郸城中原民俗园等。

友情链接1-2　郸城中原民俗园①

中原民俗文化园是现任武警海南总队总队长贺恒德将军率全家人筹资，利用村内废旧坑塘改建而成的。民俗园始建于2004年秋，2006年春初步竣工，占地为30余亩，内有科技园、阅报栏、图书室。整个园区由公共娱乐场所、天工开物馆和集贤堂3大部分及12个景点组成。彩砖广场、贺庄大戏楼、图书阅览室、棋牌室以及多种健身器材可供游客健身、观赏、阅读、休闲、娱乐，也为附近村民在耕地劳作之余，提供了读书看报、休闲娱乐的好去处。

民俗园的天工开物馆存放着上千件中原农民使用过的农耕具及生活用品，可谓是中原民俗大全。我国第一代半机械化农具双轮双铧犁是20世纪50年代的农具，是当年人民描述美好生活的俗语"洋犁子、洋耙、电灯电话"的真实见证。古人出行乘坐的小轿、纺织用的老织布机，甚至以前富有人家用于消防的盛水铁器，在民俗园里都能见到。

集贤堂里展示着众多名人字画，游人还可以即兴挥毫、题字留念。园内的古

---

① http://baike.baidu.com/link? url = 1DG8Mz_Mw0XwTRLjcdzZH4INuGzxUu063XT72kamU-FLP-7lC0_HwNJsEPyzsdDmVErUNDdn3GtEM8QS8DG_F_.

井怀旧、象石生辉、拱桥倒影、竹林繁茂、金桂飘香、玉兰春早、枣园春色、鱼塘夕照、磨盘石路、豫东奇山、湖中亭、兄弟情结12处景点吸引游人驻足观赏。

园内上万盘石磨铺地，东西两厅分别摆放着历代不同的农民耕作、纺织等各式农具和生活用品。在此，可感受到中原农耕文化发展的历史进程，同时还能够充分体现当前新农村的巨大变化。

6. 资源依托型古建筑聚落观光教育

资源依托型古建筑聚落观光教育旅游指以各具特色的当地民居吸引旅游者的乡村旅游。如广西阳朔特色民居、河南三门峡的地坑院等。

知识卡片 1－4　地坑院

地坑院也叫天井院、地坑院，当地人称为“天井院”“地阴坑”“地窑”，是古代人们穴居方式的遗留，被称为中国北方的“地下四合院”，据说已有4000多年的历史了。

2007年，河南陕县被“中国民协”命名为中国地坑窑院文化之乡。2011年，“地坑院营造技艺”入选第三批国家级非物质文化遗产名录。2014年，陕县西张村镇庙上村因地坑院分布广泛，入选国家住建部首批“中国传统村落”名录。

地坑院在河南三门峡陕县、山西运城、甘肃垅东的庆阳及陕西的部分地区均有分布。其中河南三门峡境内保存较好的是在陕县东凡塬、张村塬、张汴塬这三个高台平原地带，许多村民仍居住在地坑院里，至今仍有100多个地下村落、近万座天井院。现存最早还住人的院子已有200多年的历史，已住过六代人以上，保存较好的村庄有张村塬的人马寨和庙上村等。

7. 资源依托型红色旅游观光体验教育

资源依托型红色旅游观光体验教育旅游指在乡村地区依托红色旅游资源开展的乡村旅游，主要的旅游形式是红色革命传统教育，产品的设计基于当地的红色旅游资源，旅游产品设计强调简单、经济，不奢华、不舒适，体验革命先烈的辛苦与艰难。如江西井冈山红色乡村旅游、河南信阳新县红色乡村旅游等。

二、乡村旅游新业态

（一）农业相关的乡村旅游新业态

1. 国家农业公园

国家农业公园，是乡村旅游的高端形态，通过对特定农业主题的整体设计，按照公园的经营思路，把农业生产场所（包括新品种、新技术展示）、农产品消费场所和休闲旅游场所结合在一起，对农业主题文化进行充分挖掘展示，创造出特色鲜明的体验空间，使游客获得一气呵成的游览经历，兼有休闲娱乐和教育普及的双重功能。

友情链接 1－3　库肯霍夫公园

国外农业主题公园创意最成功最著名的当数荷兰的库肯霍夫公园，它是世界上最大的郁金香主题公园，公园内郁金香的品种、数量、质量以及布置手法堪称世界之最。每到三四月份鲜花盛开的季节，这里都会举行为期 8 周左右的花展，公园内除了大片的花海之外，展馆内也会有各种各样的花展、花卉的栽培示范活动、插花艺术展等，更少不了绘画和摄影展。此外，还有特别为儿童设计的探险之旅、花园迷宫、牧场放牧等活动。公园里当然也少不了郁金香特色的纪念品和工艺品。

友情链接 1－4　山东省苍山兰陵国家农业公园

山东省苍山兰陵国家农业公园是中国首个国家农业公园。位于山东兰陵，总面积为 62 万亩，其中核心区为 2 万亩，示范区为 10 万亩，辐射区为 50 万亩。兰陵国家农业公园是国家 4A 级旅游景区，被评为 2014 年全国十佳休闲农庄。整个项目分为十多个功能区：农耕文化区、科技成果展示区、现代农业示范区、花卉苗木展示区、现代种苗培育推广区、农耕采摘体验区、水产养殖示范区、微滴灌溉示范区、民风民俗体验区、休闲养生度假区、商贸服务区等。

友情链接 1－5　“七彩阜宁”国家农业公园

“七彩阜宁”国家农业公园位于江苏盐城，以“精致农业示范”“水乡花洲营建”“农旅产业复合”和“园区－社区”共进四大发展战略为指引，实现“跨越时空的水乡农业博览园、精致引领的高端农产品生产基地、充满惊喜与野趣的乡村欢乐场”三大愿景。

公园包含“水、花、稻、蔬”四大主题片区，构筑农旅互融产业体系。

“欢乐水乡”农业旅游中心区：园区的先导启动区，承担综合服务接待、农业科技示范、农耕文化展示、田园休闲度假、农业休闲体验等多种功能，全面打造江淮水乡农业博览园、从传统到未来的田园生活体验区、四季型的农业休闲旅游基地，体现了水乡之乐、农业之美。

“四季花海”主题花卉产业区：四季型的精品花卉观赏区、盐城首家药用花卉全产业链示范基地。通过引入台湾等地的花卉企业进行整体打造，并形成涵盖鲜切花生产、花卉食品生产、干花制作、花卉工艺品制作、花卉休闲旅游等多种业态的花卉全产业链。

“稻香田园”有机稻米产业区：传统水稻产业升级，精致包装、高端专供，乡村营建，旅游配套。从品种选择、技术引入、产业模式等方面提升稻米产业结构层次；注册专属品牌，统一采用精致小包装，并开辟专业营销渠道；结合高端稻米产业的发展，改造营港社区。

“彩蔬农场”精品蔬菜产业区：引入农业企业，与彩色蔬菜科研机构合作，打造集彩色蔬菜的生产、育苗、加工、配送以及休闲采摘、食疗养生等多种功能于一体的主题农业产业片区，推行“药食同补”理念，打造养生农业发展示范区。

2. 休闲农场（休闲牧场、休闲渔场、休闲林场）

休闲农场（休闲牧场、休闲渔场、休闲林场）是指依托乡村自然环境，有一定的边界范围，以当地特色大农业资源为基础，向城市居民提供安全健康的农产品和满足都市人群对品质乡村生活方式的参与体验式消费需求，集生态农业、乡村旅游、养生度假、休闲体验、科普教育等功能为一体，实现经济价值、社会价值和生态价值的现代农业创新经营体制和新型农业旅游产业综合体。

友情链接 1－6　台湾休闲农场

台湾旅游的休闲农场颇具知名度，代表性的牧场包括香格里拉休闲农场、垦丁牧场、飞牛牧场、初鹿牧场、天马牧场等。在运作模式上，除了传统的滑沙、滑草、骑马、放牧等活动及贩售的牛奶、牛肉制品，在牧场内容布置方面更类似一处别致的动物园或植物园，一般会精心配有大量极具观赏价值及当地特色的物种供游客观赏，如天马牧场的羊驼、飞牛牧场的蝴蝶等，为牧场增添了特殊的韵味。

友情链接 1－7　美国黑莓牧场

美国黑莓牧场位于田纳西州的大烟山下，是美国第一乡村度假旅游区。黑莓牧场有果林、菜园、牧场、豪华乡村酒店、乡村别墅、马术，以及全美最好的农庄 SPA。2010 年，被食品网评为“美国十大旅游目的地”，曾被评为世界服务第一、餐饮第一。

3. 乡村庄园

乡村庄园在国外兴起较早，起源于欧洲。英国典型的乡村庄园，以田园诗般的城堡和村落著称。法国的香草庄园主要分布在地中海沿岸，因芳香浪漫而闻名世界。

乡村庄园是以养生度假生活为突出特点的高端旅游业态，未来度假庄园可以成为引领乡村旅游升级发展的重要产品。乡村庄园将代表中国农村今后发展的重要方向。

（1）高科技农庄。高科技农庄是以农业高科技为指导，引进国际先进技术，形成以循环农业、低碳农业为特色的，集种养殖为基础的现代农业产业园。同时以农业产业为基础，大力推进农业观光、农业科技体验、传统农耕文化体验等休闲产品，形成环境优美、科技含量高、观光休闲配套全的高科技农庄。

高科技农庄的特点是规模一般较大，农业科技带动效应较强，农业经济产值高，以农业为基础带动农业休闲产业与第三服务业，目前在我国国家现代农业示范区都有一定程度的发展。

友情链接 1－8　自然乐章有机农庄

自然乐章有机农庄位于北京朝阳区何各庄村，距离地铁15号线的马泉营站约两千米。农庄所在的园区是朝阳区都市型现代农业示范区、朝阳区耕地保护区。自然乐章有机农庄自2008年以来都按照有机农业标准进行耕作，并于2014年初成立。

农庄不用农药、化肥、激素和抗生素，引进了国外各种前沿生物防治技术，以菌治菌、以虫治虫，进行小规模多样化种植，致力于让农庄内部形成平衡、健康的生态体系，“以虫治虫”是自然乐章有机农庄的一大特色。农庄在一个暖棚中专门辟出一块空间，在几个种植了不同作物的、用细密的防虫网搭起的小棚中养殖不同种类的天敌昆虫。

自然乐章有机农庄采用完全开放的形式，任何人都可以来参观。农庄在蔬菜大棚中和鸡舍边都安装了摄像头，摄像头与农场后台的监控中心相连，而自然乐章官方网站上就有这些监控视频的实时播放页面，任何人只要登录网站就可以查看农庄里正在发生的事情。

自然乐章有机农庄除了作为农业生产的场所之外，也提供多样化的休闲娱乐服务。农庄所在园区类似一座小型公园，视野开阔、种植了多种花草树木，餐厅、茶室等正在建造中的休闲设施将供会员免费使用。另外，骑马、钓鱼等由园区其他单位经营的项目也对自然乐章有机农庄的客户开放。

（2）浪漫艺术农庄。浪漫艺术农庄以花卉、果树为植物背景营造五彩斑斓的度假环境，一般该种植物具有特定的景观冲击力，能够展示特定文化风情，其造景方式可按照古典园林或者异域风貌的设计风格，营造一种别样的度假体验享受。通常选择薰衣草、太阳花、郁金香、紫罗兰、红高粱、玫瑰花、香草、番茄、橙子、桃树、杏树等具有一定景观效果的植被，结合西式浪漫主义情怀，引进婚纱摄影、写生基地等艺术活动，使得其具有一定的特色与时尚味道。在此居住陶冶情操，身心放松，能得到浪漫的生活享受。

友情链接 1－9　广州番禺百万葵园

葵园共引进了来自欧洲、日本等的 18 个观赏性向日葵品种，并优选培育出一批适宜亚热带种植生长的品种。通过基因的导入，培育出红色、紫色等特殊颜色及具有浓郁香味的向日葵，且经过科学规划种植，使葵园每天保持 20 万朵葵花常年盛放。“匪以花为美，有取心向日。孤忠类臣子，恒性若有德。”李赞的四句诗即葵园的真实写照。

友情链接 1－10　伊犁薰衣草花海

梦幻般的薰衣草，总是和浪漫与爱情融为一体。漫山遍野开放的紫色花田，不只是法国南部的专利，在中国西北一隅，新疆天山山脉脚下，美丽的伊犁河谷，数万亩的薰衣草已经满山遍野地绽放了。位于天山脚下，素有塞外江南之誉的新疆伊犁，以其独特的地理位置、气候条件，如今已建成了全国最大的薰衣草基地，并成为世界薰衣草八大知名产地之一。每年 6 月至 8 月，是新疆伊犁薰衣草花开的季节，香味扑鼻的薰衣草在风中摇曳。花乡十里，整个伊犁河谷都变成了香薰的世界。紫蓝色的花海随风起伏，仿佛大地上延展的梦境。方圆数里，都笼罩在薰衣草的馥郁芬芳里。李瓒的四白诗向日葵的真实写照。

友情链接 1－11　北京妙峰山玫瑰花谷

北京的门头沟区妙峰山镇涧沟村一带栽培玫瑰花，已有几百年历史，妙峰山玫瑰花堪称“华北一绝”。这里是我国的“玫瑰之乡”，世界两大玫瑰谷之一。进入玫瑰谷，就如同进入一个温柔乡，谷中飘溢出沁人的芳香，景色非常迷人。漫步山间小道，弥漫山谷的玫瑰花的馨香扑面而来，紫红的玫瑰花映入眼帘，令人浪漫沉醉。玫瑰谷赏花坪设立的“海誓山盟”石，矗立在千亩玫瑰园的顶峰之上，已然成为爱侣、恋人的许愿圣地，并且因为面向久负盛名的仙驻之所妙峰山金顶娘娘庙，更加赋予了“海誓山盟”石特殊而深远的含义。

（3）智能养生养老农庄。预计到2027年，中国65岁及以上人口约占总人口的比例将上升至14%。老龄化的加剧带来的是养老居住需求的爆发。未来将有一批老人，有着人生最高的财富净值、有着独立生活的养老观念，需求高质量的晚年生活。智能养生养老农庄在一般的健康护理、生活照料、社会参与、权益保护、特色服务等养老度假区中加入了绿色、科技、环保的要素，引入智能家庭，结合良好的生态自然环境，实现自在自由、智能科技的养生养老，在节约资源能源、人力物力的基础上让养老养生群体得到最细致周到的服务。

（4）主题农场农庄。主题农场农庄是以农耕文化、农产品自身特色为基础的，以休闲娱乐、生态度假为特色的主题农场公园。比如农耕文化博物馆、向日葵大地艺术、七彩花毯、奇异花卉园、农产品DIY公社等，主题农场公园一般与综合性景区结合，作为其中的一个体验板块。同时主题农场也与文化创意相关联，利用农业文化创意农业休闲住宿、农业特色餐饮、农业文化商品等，通过农场的主题来提升农场的个性化魅力，从而得到差异化发展。

友情链接1－12　北京波龙堡酒庄

集第一产业种植（或养殖）、第二产业加工、第三产业旅游（或餐饮）为一体，通过产业融合，不断升级产品附加值空间，从而将利润放大，获得三次产业的综合收益。波龙堡酒庄位于北京市房山区八十亩地村，成立于1999年，由中法合资兴建。2009年，成为中国第一个取得欧盟和美国有机认证的有机葡萄酒企业。波龙堡葡萄酒庄借鉴了法国著名酒堡的建筑风格，采用了“四位一体”的经营模式，即在原有葡萄种植及葡萄酒酿造基础上，还开发了葡萄酒主题旅游、专业葡萄酒品鉴、休闲度假等三大功能，形成了第一、二、三产业融合的发展模式。

友情链接 1－13　菲律宾玛雅农场

生态农业最早于1924年在欧洲兴起，20世纪三四十年代在瑞士、英国、日本等国得到发展；60年代欧洲的许多农场转向生态耕作，70年代末东南亚地区开始研究生态农业，走可持续发展的道路成为世界各国农业发展的共同选择。

菲律宾是东南亚地区开展生态农业建设起步较早、发展较快的国家之一，其中以玛雅农场最具有代表性。玛雅农场位于菲律宾首都马尼拉附近，从20世纪70年代开始，经过10年建设，农场的农林牧副渔生产形成了一个良性循环的农业生态系统。玛雅农场的前身是一个面粉厂，经营者为了充分利用面粉厂产生的大量麸皮，建立了养畜场和鱼塘；为了增加农场的收入，建立了肉食加工和罐头制造厂。随着农场的发展，经营主开拓了一块24公顷的丘陵地，扩大了生产规模，取名为玛雅农场。

为了控制粪肥污染和循环利用各种废弃物，玛雅农场陆续建立起十几个沼气生产车间，每天产生沼气十几万立方米，提供了农场生产和家庭生活所需要的能源。另外，从产气后的沼渣中，还可回收一些牲畜饲料，其余用做有机肥料。产气后的沼液经藻类氧化塘处理后，送入水塘养鱼养鸭，最后再取塘水、塘泥去肥田。农田生产的粮食又送面粉厂加工，进入又一次循环。

（5）高端私人农庄。随着社会经济的高速发展，位于金字塔顶端的高收入群体规模也越来越大，而他们的休闲方式也同样更加多样化，与从前以奢华为荣不同，目前回归田园、回归自然反而成了富豪们休闲的第一选择，因而私人农庄的需求也一直呈现增长的态势。高端私人农庄通常以某种特色种植为基础，充分发挥其代表的尊贵身份特征，如葡萄，咖啡豆、蓝莓等，这类种植通常与时尚高端消费紧密联系在一起，农庄主人不一定以此为营利目的，只是一种个人爱好，如收藏葡萄酒，自做咖啡等，或是通过在此举办私人派对的方式来扩大交际范围。

友情链接 1-14 大连金石滩蓝莓谷庄园

金石滩蓝莓谷庄园位于大连金石滩旅游度假区西部，南面金石滩国际会议中心，北依美国学校，东临黄金海岸，西接唐风温泉，地理位置优越，气候温润。蓝莓谷建于2004年，是一个环境优美、格调高雅、配套设施齐全的大连高端蓝莓农业生态庄园。蓝莓谷园区规划严格遵循“自然、生态、风格”的原则，所有建筑风格都与自然融为一体，是休闲养生的理想场所。该项目作为金石滩旅游度假区的一个新亮点，为金石滩度假区增加了蓝莓系列高端旅游产品。

4. 创意农业园、故事农业园

创意农业起源于20世纪90年代后期。人们借助创意产业的思维逻辑和发展理念，有效地将科技和人文要素融入农业生产，进一步拓展农业功能，整合相关资源，把传统农业发展为融生产、生活、生态为一体的现代农业，从而创造财富和增加就业机会。

国外农业创意有很多种类型，每种类型在各个国家几乎都有不同形式的存在。

（1）农田景观。农田景观创意就是利用多姿多彩的农作物，通过设计与搭配，在较大的空间上形成美丽的景观，使得农业的生产性与审美性相结合，成为生产、生活、生态三者的有机结合体。国外的这种创意有两种类型：一种是利用花卉打造壮丽的花田景观；另一种是在农田打造艺术图案。

花田景观的代表是荷兰的春季花海和法国的薰衣草花海。每年春季各色鲜花盛开，荷兰的大地被鲜花覆盖，花田犹如一幅色彩缤纷的大拼图，又宛若满载水彩的调色板，十分壮观和美丽。花田中不时有风车、农庄、小城堡等点缀其间。法国的普罗旺斯地区，连片种植的薰衣草打造出令人震撼的田园美景，营造出“花的海洋，香的世界”，薰衣草盛开时节，整齐的花垄伴随着山坡地高低起伏，点缀着树木、房屋，呈现出优美的画面，吸引着世界各地的游客。

（2）农田艺术图案。农田艺术图案的代表有三种。一是英国的麦田怪圈，二是日本的稻田艺术，三是美国的玉米迷宫。

英国最早的麦田怪圈是1647年在英格兰被发现的奇形怪状的麦田怪圈，吸引了很多游客参观。麦田怪圈遍及全世界，美洲、欧洲、亚洲、大洋洲，无处不在，但绝大部分在英国。

日本的稻田艺术是通过插播、套种等方式使稻田在大地上呈现出预先设计好的图案；在作物成长的不同阶段，颜色不断改变，呈现出“四时风景各不同”的景观。

美国的玉米种植面积大，有自然条件优越的玉米生产带。美国人在玉米田里创造了一种新的娱乐方式——玉米迷宫。在种植玉米之前，先设计一个迷宫图案，按图种植玉米；待玉米长成后，就成了一个玉米迷宫，供游客娱乐参与。目前，这种玉米迷宫已经发展到了包括加拿大、意大利、英国在内的多个国家。

友情链接1-15　紫海香堤艺术庄园

紫海香堤艺术庄园位于北京密云区古北口镇汤河村，其核心区占地面积为20平方公顷，主要种植了薰衣草、紫苏、马鞭草、洋甘菊等世界200余种珍贵香草品种，是北京市规模最大、品种最全的香草种植园。香草园以创意为切入点，以爱情为主题、浪漫为形式，通过对香草文化的包装和利用，极力塑造普罗旺斯式的浪漫氛围，打造“长城脚下的普罗旺斯”。“紫海香堤艺术庄园”是一个集养生、度假、休闲、体验、艺术创作、婚纱摄影、影视拍摄为一体的综合性都市型现代农业观光旅游区，也是集现代都市型农业、情景式休闲度假与文化创意产业三位一体的文化旅游模式。创造了创意农业产业发展的一个新模式。

友情链接1-16　日本北海道富田农场

日本北海道富田农场园内种植也由昔日以薰衣草为主，变成有多达150种花卉的农场，从每年4月花季开始，直至10月中旬，游人络绎不绝。农场内建有设施，制作各类花卉成品。由于花田的面积广阔，且颜色鲜艳，近年成为旅游热点，是来北海道旅游的必到之处。农场包括室外花田观赏和室内休闲体验的内容。室外花田观赏包含“花人之田”“幸之花田”“春之彩色花田”“秋之彩色花田”“彩色花田”和“薰衣草田”等花田观赏项目。室内休闲体验包含“花人之舍”“干花之舍”和“森林之舍”等休闲娱乐项目。

（3）农业节庆。农业节庆是依托当地的主导产业，将农耕文化、民俗风情融入传统节日或主题庆典中而开发的节庆，通过农业节庆活动推动旅游、会展、贸易及文化等行业发展，是“农业搭台、经济唱戏、文化传承”的一种创意。农业节庆是体验式和消费式相结合的农业创意类型，常常兼具吃、玩、赏、教等多项功能，其中吃、玩等休闲娱乐功能尤为显著。

友情链接 1－17　荷兰郁金香花节

郁金香是荷兰的国花，荷兰各地在郁金香花开季节都会举办郁金香花节，节日期间活动丰富多彩，最著名的就是花车巡游。义工们用鲜花做成各式花车，浩浩荡荡地在街道巡游，当地居民和国内外游客夹道驻足观看。也有花农将自家车用鲜花装饰后加入游行队伍。最早的郁金香花节至今已举办了60 多届。北荷兰省还会举办“鲜花马赛克”比赛，家家户户用鲜花“绘”出各种图案，比创意、比技艺，由游客进行评比。

友情链接 1－18　法国蒙特利马薰衣草节

法国的普罗旺斯地区，每到薰衣草盛开的季节，各个小镇都会举办规模不一的薰衣草节。最著名的就是蒙特利马薰衣草节。每年 7～8 月，大片薰衣草盛开。随着海拔的高度以及阳光从不同角度的照射，泛出那梦一般的紫晕。到处热闹非凡，一派节日的欢乐。薰衣草的花香和当地村民的民族歌舞，集市上的各式薰衣草的产品，都让游客彻底陶醉。

友情链接 1－19　美国得克萨斯州草莓节

美国得克萨斯州帕萨迪纳市举办一年一度的草莓节。每年的草莓节开幕式上都会推出一款名为“德州码”的巨型酥饼，其中 2005 年推出的面积达 177 平方米的草莓酥饼，还创下了吉尼斯世界纪录。

5. 市民农园

市民农园，又称社区支持农园，是指由农民提供耕地，农民帮助种植管理，由城市市民出资认购并参与耕作，其收获的产品为市民所有，其间体验享受农业劳动过程、乐趣的一种生产经营形式和乡村旅游形式。

友情链接 1－20　北京小毛驴市民农园

农园位于北京西郊凤凰岭山脚下，占地为 230 亩，采用社区支持农业（CSA）管理模式。作为绿蜻蜓家庭农场的会员，将在农场有一块自己的菜地，并可以在菜地上种植会员喜爱的各种有机的蔬菜，体验田野劳动，收获全家健康。在种植之初，预先支付整个自然季的菜地租金，并和农场签订协议。这一季中，可以随时带家人朋友到农场管理自己的菜园，农园工作人员做专业指导，同时分享农场的运作方式、面临的问题，以及解决的办法，也分享参与到这个活动中收获的改变与快乐。如果会员没有时间打理菜园，也可以选择托管型的菜园，或者配送型的家庭健康菜园。

6. 教育农园、亲子农业、乡村游学营地

（1）教育农园。教育农园是指经营者利用农业与农村资源，作为校外大自然教室，提供人们接近自然生态，参与农耕过程，体验农村生活，让人们实质地接触与了解农业生产、农村文化与生活，并经供求双方的互动互补，带动产业与教育发展的农业经营型态。

友情链接 1－21　美国 Throne 家庭农场

美国 Throne 家庭农场位于美国南加州马里布附近，自 1920 年至今已经经营了三代人。主要种植蔬菜、水果和鲜花等。其农产品不仅会出现在洛杉矶地区的多个农贸市场中，也会提供给不少有名的餐馆。

更重要的是，这里似乎已经成为附近地区青少年亲近自然和了解农业的一个基地。Throne 家庭农场会定期为孩子们组织农场观光活动，为他们讲解植物生长的特性，此外还会在假期提供青少年夏令营活动，为他们提供相对长时间接触自然的机会。

友情链接 1－22　德国巴伐利亚农场

德国巴伐利亚农场位于美丽的山坡上，在那里，可以远眺翠绿的平原和茂密的森林，聆听山涧里的潺潺流水、系在牛羊颈项下的铃铛发出的声响……这样一派田园美景怎能不吸引人呢？不仅如此，巴伐利亚国王留下的童话一般的宫殿和城堡，以及传统的骑士表演更是成为孩子们向往的地方。

农场是孩子的知识宝库。一块农家花园，里面长着各种蔬菜和草药；一片坡地，放养着壮实的奶牛；一个空中楼阁，里面是蜂房；一座铺着铺盖卷儿的棚子是牧人的栖息地……所有孩子想知道和应该了解的，这里都提供了最直观的认识。

农场是孩子的游乐天堂。除了现成的动物、拖拉机、割草机等各样机械车可看外，还有广阔的玩耍花园，花园里有给小孩子玩的沙坑、秋千，供大孩子开的赛车、挖土机等。

（2）亲子农业。亲子农业旅游是在农业生产的基础上进行延伸开发的，具有引导城市家庭体验乡村氛围和田园生活的功能。发展亲子农业旅游必须真真实实地将农业生产经营好，如果将农业生产表演化，那就势必会失去乡村旅游的原汁原味，削弱了乡村旅游对外来游人的应有魅力。

知识卡片 1－5 亲子农场模式

1. 租赁模式——亲子开心农场

欧美亲子农业伴随着休闲农业而产生，在经历了萌芽、观光采摘、操作体验度假 3 个阶段之后，目前，欧美发达国家的休闲农业已经进入发展的最高阶段——租赁阶段，以亲子开心农场为代表的市民农园模式是农业租赁经济最具代表性的产物。

通过这种租赁模式，城市儿童可以和父母一起体验农业生产、经营以及收获的过程，享受农耕生活的乐趣。在德国，能够拥有或租赁一小块自由的土地，已成为继汽车、住房之后一种新的财富象征。

2. 森林幼儿园模式——自然教育法

在德国，盛行面对 3～6 岁的幼儿园小孩完全户外的“自然教育法”，被称为“森林幼儿园”。在这类幼儿园的日常课程中，传统的教室被葱郁的森林取代，孩子们整日在户外活动，观察动植物、燃篝火、爬树、做游戏、画画，想休憩的时候，孩子们就躺到由树桩和树枝做成的巨大“沙发”里。德国许多室内幼儿园教师每周也都会带领孩子们去附近的森林里旅行一次。目前全德国已有超过 1500 个森林幼儿园，并逐步向英、美、日本等发达国家扩展。

3. 融合发展模式——“绿色假期”

现代农业与教育、旅游、生态等融合发展模式。意大利农业旅游是旅游业中一支新兴的生力军，称作“绿色假期”，它始于 20 世纪 70 年代，发展于 80 年代，到 90 年代已成燎原之势。“崇尚绿色、注重提高生活质量”，在“绿色假期”出现后成为意大利人的新追求。同时，意大利的农业旅游已与现代化的农业和优美的自然环境、多姿多彩的民风民俗、新型生态环境及其他社会文化现象融合在一起，成为一个综合性项目，使得整个农村成为一个“寓教于农”的“生态教育农业园”。

4. 乡村博物馆模式——历史大课堂

乡村博物馆是城市人缅怀乡村生活，农村当地人追忆往昔生活的场所，盛行于英国、德国、挪威、瑞典、加拿大等众多欧美国家。乡村博物馆往往以一个特色突出的村寨为载体，通过静态的设施展示和动态的生活展示满足参观者猎奇的心理，是兼具区域性、文化性的民俗展示园地。对于儿童来说，乡村博物馆是了解乡村生活变迁、区域历史沿革的体验基地；对于父母来说，可以在这里追忆历史，给孩子讲授历史知识。

5. 休闲娱乐模式

欧美亲子农业中，通过乡土化的休闲体验和趣味性的乡村娱乐活动，为消费者提供简单、有趣的乡村生活体验。在环境营造上，追求原汁原味，注重对自然、人文景观的保护，尽一切可能将旅游对自然景观的影响降至最低。在交通工具上，以步行为主，拖拉机、观光马车、小火车、自行车等是最常见的交通工具。在产品设计上，以简单化、原生态和趣味性为主，“玉米迷宫”“稻草堆”“小猪赛跑”“牧羊犬赶羊”等都是受人青睐的亲子产品。

6. 农业创意节庆模式

在美国农业节庆中，有南瓜节、草莓节、樱桃节等创意节庆活动。在美国很多地区都有草莓节，北卡罗来纳州草莓节、田纳西州草莓节、加州草莓节、佛罗里达草莓节等农业节庆历史悠久、形式多样，包括草莓采摘品尝、副产品加工制作、草莓小姐选举等，还专门针对儿童和残疾人设计了众多娱乐项目。

（3）乡村游学营地。乡村游学是一种观察型体验式感悟性学习，休闲农庄可以结合夏令营、冬令营、周末营以及青少年第二课堂的形式，把自然生态教育、趣味知识教育、传统国学教育、手工技能教育、艺术特长教育、职业体验教育等融为一体，寓教于乐，建设当地独具特色的青少年游学营地。

7. 高科技农园

高科技农园，立足农业优势产业，探索现代农业发展新路径，突出科技引领和示范带动，引进科技化和智能化项目，发展高科技农业。英国伊甸园是高科技农园的代表。

友情链接 1-23　上海崇明现代农业园区

崇明现代农业园区是2000年8月28日由上海市人民政府批准建立的市级现代农业园区，规划总面积为33平方千米，是一块利用滩涂资源围垦起来的新生地，园区内自然环境洁净，土地肥沃，水、土、空气、土壤均达到国家一级标准，具备生产绿色食品、有机食品的最佳生态环境，因此，2004年8月，被农业部授予"国家级绿色食品加工示范基地"，崇明现代农业园区是一个综合性现代农业开发区。

园区定位为都市型生态农业，发展目标是高效生态农业。已形成以种植业为基础的低碳农业示范区、以设施农业为基调的生态观光旅游、以崇明优质农产品深加工为主的三大主导产业。2010年12月，被上海市经信委、市商务委、市工商局为支持单位，市开发区协会、市商标协会等主办的"上海品牌园区"评选为"上海品牌建设优秀园区"。

崇明现代农业园区凭借取得的成就以及多年以来优质稳定的品质在消费者中的良好口碑，已形成园区农产品系列商标，如上海崇明现代农业园区开发有限公司注册的"申瀛"商标，上海老杜鸭鸭养殖有限公司"老杜"注册商标，上海健绿花菜合作社"新健绿"注册商标。其中"老杜"商标被认定为上海市著名商标，上海健绿花菜合作社"新健绿"商标被评为上海名牌产品，同时园区生产的大米、芦笋、西甜瓜、花椰菜等均获得上海市优质农产品称号。

友情链接 1-24　深圳太空作物园

深圳太空作物园建于2004年，占地面积为6万平方米，培育太空植物70余种。作为深圳农科集团与中国科学院合作建立的太空作物育种基地，是集科普教育、休闲观光、产品展示、科学研究、学术交流为一体的国内唯一一个太空作物主题景园。植物种子经过太空技术改良之后，可能会变得更加优良。太空植物按培育方法不同主要分为大棚区和露天区，按作用分则可分为药用植物、观赏植物、食用植物。比如说车前草、藿香正气草属于药用植物，荷花、皇冠花属于观赏性植物，而蛇瓜、老鼠瓜、向日葵则是观赏、食用两用性植物。

在深圳太空作物园，孩子们不但可以认识很多日常生活中常见的蔬菜、花卉、水果，还可以通过专门讲解增长太空农业知识，充分领略航天科技和大自然的神奇。深圳太空作物园区还配套有抓泥鳅、蹦蹦床、攀岩、沙滩排球等户外活动，拥有开展大型活动的场地。

深圳太空作物园自 2004 年 10 月开园以来，以其科普性强、安全保障好、活动内容丰富，吸引接待了共 10 多万中小学生和幼儿园小朋友来园开展春秋游活动和暑期夏令营，深圳太空作物园已经成为深圳及周边小朋友们春秋游的理想之选。

深圳太空作物园内展示了我国神舟系列飞船及俄罗斯飞船搭载过的 400 多种农作物。有体形硕大，近 200 斤的太空南瓜，形似老鼠的老鼠瓜，大如足球的太空茄子，小如鸡蛋的太空鸡蛋茄，色彩斑斓的太空辣椒，1 米多高的太空葫芦，营养价值高的太空番茄、黄瓜、丝瓜、辣椒、豆类，还有五颜六色的太空牵牛花、醉蝶花、兰花、彩叶草等太空花卉。

8. 农业文化遗产

全球重要农业文化遗产（GIAHS），在概念上等同于世界文化遗产，联合国粮食及农业组织（FAO）将其定义为：“农村与其所处环境长期协同进化和动态适应下所形成的独特的土地利用系统和农业景观，这种系统与景观具有丰富的生物多样性，而且可以满足当地社会经济与文化发展的需要，有利于促进区域可持续发展。”

按照定义及粮农组织所制定的标准，典型的 GIAHS 包括：①以水稻为基础的农业系统；②以玉米和块根作物为基础的农业系统；③以芋头为基础的农业系统；④游牧与半游牧系统；⑤独特的灌溉和水土资源管理系统；⑥复杂的多层庭园系统；⑦狩猎—采集系统。

自 2005 年，浙江青田稻鱼共生系统成为首批保护试点以来，截至 2014 年，我国共有 11 个全球重要农业文化遗产和两个全球重要农业文化遗产试点，分别是浙江青田稻鱼共生系统、江西万年稻作文化系统、云南哈尼稻作梯田系统、贵州从江侗乡稻鱼鸭系统、云南普洱古茶园与茶文化、内蒙古敖汉旱作农业系统、浙江绍兴会稽山古香榧群、河北宣化城市传统葡萄园、福州茉莉花种植与茶文化系统，江苏兴化的垛田传统农业系统、陕西佳县的古枣园，两个试点分别是陕西佳县古枣园、江苏兴化垛田。至此，获得“全球重要农业文化遗产”称号的项目全世界仅31个。

友情链接1-25 云南哈尼稻作梯田系统

哈尼稻作梯田系统主要分布在云南省红河州的元阳、红河、绿春、金平4县境内，总面积达82万亩，开垦历史已有1300多年。哈尼梯田拥有独特的灌溉系统和奇异而古老的农业生产方式，形成了江河、梯田、村寨、森林为一体的良性原始农业生态循环系统。哈尼稻作梯田系统是世界文化遗产，也是全球重要农业文化遗产、第一批中国重要农业文化遗产。

哈尼稻作梯田系统是一直延续使用和发展的稻作系统，在许多哈尼族的传说中都显示：哈尼人认为自开天辟地以来便有了稻子。1300多年来，哈尼族将哀牢山区三江流域的野生稻驯化为陆稻，又将陆稻改良为水稻，在得天独厚的生态环境中，使三江流域成为人类早期驯化栽培稻谷的地区之一。

良性循环是哈尼稻作梯田系统的核心，以水作为核心的水利系统构成了循环体系，但是没有森林的过滤和涵养，水利也可能转变为水害。哀牢山区，常年有茂密的植被覆盖，有高大的乔木，也有低矮的灌木丛，还有覆盖在地表的草地。在垂直的山地环境下，地形地貌、立体气候和植被三大自然条件为哈尼梯田农耕提供了水环境基础。冬末春初，从红河河谷蒸发升腾的水蒸气，在半山区受气流的压降，形成茫茫云海，在一片片茂密的森林中化成绵绵雾雨，大量倾泻在这一地区，孕育了广袤的森林；由于森林的巨大储水作用，在森林和崇山峻岭的管沟中，形成无数的山泉、水潭、溪流，造就了“山有多高，水有多高”的水源体系。林中管沟中流淌的无数溪流，在灌溉了梯田之后，又复归红河和藤条江水系中去。水分在这相对封闭的区域内升腾下泻，云海产生的雾养育森林，森林储存了雨、水，又排放出大量的溪流经过村庄，灌溉梯田，最后进入江河。以哈尼族“寨神林”崇拜为核心的传统森林保护理念，使这里的自然生态系统保存良好，为梯田提供着丰富水源。

生态的相互作用也在哈尼稻作梯田系统中发挥了重要作用。哈尼梯田，垂直落差1500多米；层层梯田拾级而上，最高可达5000多级，田埂有五六米高。哈尼族创造发明了“木刻分水”和水沟冲肥，利用发达的沟渠网络将水源进行合理分配，同时为梯田提供充足肥料。哈尼人还构建了多套微循环再利用系统，稻草喂牛，牛粪晒干做燃料，燃料用完做肥料，肥料养育稻谷；哈尼人珍惜土地资源，房前屋后的空地用来种菜，路边的墙缝也会成为菜地。此外，屋旁沟箐凡是有水的地方就会用来养鱼，鱼在池塘下面，池塘上面养浮萍，浮萍喂猪，猪粪喂鱼；鱼长大后又被放回梯田，用以捕食害虫、肥沃土地。

9. 老种子保护园

很多老种子濒临绝迹，挽救老种子最好的方式是当地农民能够有意识地每年续种，单靠农民的意识，难以挽救濒临灭绝的老种子。休闲农业园区可采取有机种植保留方式，收集各地濒危的老种子，然后给老种子建立档案，通过每年的种植来更新储存的种子，同时还可以将收获的蔬果供消费者食用。

（二）乡村住宿类乡村旅游新业态

1. 品质化乡村酒店

品质化乡村酒店是介于农家乐和商务酒店之间的一种新型酒店，是高于农家乐的服务标准，又借鉴了商务酒店的标准规范而成一体的酒店，既沿袭了农家乐的乡村农家特色，吸引了游客，又在酒店建设、经营管理、人才培训上融入了商务酒店服务规范和标准，使广大游客到乡村寻求乡土文化的同时，又享受到城市商务酒店的服务。乡村酒店兼具休闲、娱乐、求知、教育功能，将农业景观、生态景观、田园景观与住宿、餐饮设施进行结合，为游客提供乡村休闲体验。根据其功能活动及主题风格特色主要分为温泉康复疗养型、特色餐饮型、体验农事型、餐饮会议型、采摘休闲型、田园风格型、拓展登山型、特殊风格建筑型等。

友情链接 1－26　北京密云山里寒舍乡村酒店

山里寒舍乡村酒店位于北京密云区北庄镇干峪沟村。由于地处偏远，交通不便，干峪沟村村民逐渐外迁，导致大量民居闲置乃至荒废。2013 年，北庄旅游开发公司，以 50 年租用、二套闲置房入股合作等形式，收集了村里废弃或闲置的宅基地（或集体土地），并将传统民居院落改造成为高品质的乡村酒店，以“奢华与朴素混搭，舒适和自然结合”为特色，将城市化的星级酒店享受与乡村自然宁静的生活自然融合，目前开放的院落有 10 余座，价格从 970 元至 2300 元不等。

2. 个性化乡村民宿

民宿是大多依托村落景观、自然风景、特色地域文化等现有资源，利用自用住宅空间房间，以家庭方式经营，以乡土食宿接待，以特色农产品及地方特色歌舞表演为基本形态，为游客提供乡野生活的休闲旅居度假服务。民宿作为一种旧乡愁与新乡土相结合的产物，被称为有温度的住宿，有灵魂的生活。

我国幅员辽阔、地貌多样、气候各异、民族众多，使各地的民宿建筑风格迥异，如北京的四合院、陕西的窑洞、内蒙古的蒙古包、江南的水乡民居、皖南的徽派宅院、福建的客家土楼、湖南的吊脚楼、云南的一颗印民居和少数民族的干栏式建筑等，形成了色彩纷呈、流派林立的民宿建筑，成为乡村旅游吸引游客的亮点。乡村旅游的民宿一般分为两类：一类是紧邻市区附近的乡村旅游民宿；另一类是乡村度假的高档民宿。乡村民宿的硬件标准，一般建筑不超过 300 平方米，客房不超过 20 间，以 15 间为宜。房间数量多了，就变成了酒店，主人服务不过来，游客也会住得不舒心。乡村民宿建筑在设计建造中，要注意以下几点：

民宿建筑要具有乡土味。突出乡土文化、乡土本色的主题，力戒城镇化、不土不洋。小而美构建巧是民宿建筑的基本观念，精致而有特色是民宿建筑的时尚风格。在合理改造和利用老旧房屋的基础上，突出“农的性质”“家的感觉”“乐的氛围”，营造独具特色和个性化的生活空间，为游客创造世外桃源般的栖居之地。

民宿建筑要展示人的生活智慧。民宿建筑是美丽乡村建设的物理空间，在改建利用中要保留延续乡村建筑整体的传统性，传承性，力求把“在地元素”做到极致。因此，民宿建筑要以青山绿水田园池塘为基，周围乡土建筑为形，文化和谐乡村为魂，美丽宜居乡村为本，最核心是人的再乡村化，最本质是宜业、宜居、宜旅。

民宿建筑要把现有建筑机理与特色文化元素组合。乡村民宿建筑要发挥多元地域文化和环境优势，要营造“好山好水好空气”“茶米为食、丝麻为衣、竹陶为用、临泉而居”的生态环境，还要打造“有书、有茶、有咖啡”的人文环境。让游客回归田园、回归山水、回归自然，宿在民宿，乐在乡野。因此，民宿建筑从外部环境、内部结构、装饰设计、文化价值、服务内容等方面都要精心提炼和创新，努力将特色民宿建筑打造为既是住宿设施，又是旅游吸引物。让游客融入当地文化氛围，深度体验本土乡村风情，形成独特民宿建筑文化的魅力。民宿是乡愁的记忆，旧物是民宿生活的传承。

民宿的类型，主要有农园民宿、传统建筑民宿、景观民宿、海景民宿、艺术文化民宿、运动民宿、乡村别墅、木屋别墅等。

知识卡片 1－6　民宿空间结构

民宿空间结构主要包含堂屋、客房、卫浴、餐厅、休闲空间、营地空间和环境空间等部分。

1. 堂屋

堂屋是民宿接待的公共区域，相当于酒店的大堂，是旅游办理入住登记和退房手续的地方，是一个多用途的空间，同时也是游客对民宿留下的第一印象。堂屋要点缀具有乡土特色的标志性装饰，LOGO 文化墙要有视觉冲击力，给游客留下深刻印象，四周的色彩既要统一又要合理搭配。以园艺式的绿植，巧妙重组分割有限空间，预留出游客休息区域、小件行李存放处。修建中要注意游客进入住宿就餐的便利性，通道设置的安全合理，流线的顺畅，各种服务配套设施要完善。设门卫接待人员，让游客一脚踏进堂屋，就有回家的体验。真正的民宿，不是旅馆，是生活，这是非常重要的民宿精神。

2. 客房

民宿的客房面积普遍较小，大部分的服务功能都在公共区域完成，所以核心的设计也是由公共区域向外围扩张直至庭院的边缘。客房不追求材质的奢华和色彩的瑰丽，而应追求与自然风光的有机融合，从室内到室外的设计都尽量采用原生态的材质进行改造和利用。内部装修做到奢华与朴素混搭，舒适与自然结合，让游客在度假中能迅速找到大自然的归属感，享受乡村自然宁静的生活，真正体验到与星级酒店不同的欢畅与舒适。

客房的门或门牌要有特色，室内家具材质、工艺、色彩与民宿特色风格要吻合，地面及墙面装饰材料、图案色调要特色鲜明。客房立面色彩上应选择较轻快明亮的浅色系，以白、灰、米黄、木色作为主打色，材质以环保的木材为主。布草要选择棉麻、布艺、民族扎染等柔软舒适的针织品。注重别具一格的创意小品、工艺品的摆设，为空间增添活力。客房内所有的生活用品要一应俱全，如电视、电话、Wi-Fi 的接入使用，特色服务项目资料等，完全是星级酒店服务标准，但却比酒店更温馨。

客户的布置应以“轻装修，重装饰”为主，并做到节能环保。田园乡土风格是基调，让家的温馨、慵懒、简单、随意融入卧室的空间中。在设计中要有意将室内、室外的空间界限模糊，做到开窗是景，推门入画，让游客睡在山海间，住在人情里。

3. 卫浴

民宿设计中浴室常常视为辅助性质的房间，能省就省，省出来的空间多用于扩大生活领域。民宿设计要突破这种局限，要有较宽敞的卫生间，内设冲水马桶，全天供应冷热水，各种用品齐全，具有舒适性、隐私性。有条件的要刻意将洗浴与生活空间开放融合，给游客带来的是大自然延伸的错觉，加上柔软松厚的大浴巾与洗浴产品，给游客带来完全放松的沐浴享受。

民宿的公共厕所，要以技术革命为先导，“融厕于景”的设计方法。重点突出环保、生态与古朴的特点。绿色主题的公共厕所，从外观到内部装饰应具有民宿风格，并与周围环境融为一体，相得益彰，建筑材料最好就地取材。厕所要把通风、方便清扫冲洗放在核心，分区齐全，设施完备，有明确的标志引导，配备较宽敞的盥洗室，做好厕所内的景观小品，让厕所成为民宿建筑的一道景观。

厕所要安装生物高效化粪池，有条件的可安装泡沫封堵免水冲微生物粪便自降解环保厕所，目的是保证污物处理后达到排放标准，可供浇灌使用，最大限度地避免污染。

4. 餐厅

民宿的餐厅设计要突出乡村特色，在整体装修风格、空间营造、文化氛围打造上坚持乡土本色，突出个性化和特色化。以乡村环境为依托，原汁原味体验“舌尖上的民宿”，让游客体验自然生态的田园之乐。餐厅空间布局要把餐桌与通道空间、收银服务管理空间、厨房配餐调理空间以及盥洗室的公共空间巧妙分割，协调均匀，有利于操作服务。厨房要配备整体橱柜，备餐柜和抽油烟机，洗、切、炒操作分区，生熟分开，做到清洁干净整齐卫生。厨房可按游客要求提供特色餐饮服务，并有配套餐具。

民宿餐厅还是民俗文化深化、活化的展室，除农家传统的风味美食，还可陈列传统工艺作坊，蔬菜山货、乡村伴手礼陈列展览，以及民族民俗文化演艺，不仅为餐饮环境增色，也是旅游的吸引物。

5. 休闲空间

民宿庭院是浓缩的景区，是游客的休闲空间。设计风格上要与室内外形成呼应映衬，家具小品、植物水景、亭榭桥石等建筑元素要巧妙搭配，对古井池塘、原生树木进行保留。蔬菜田即是景观，果木林就是风景。一畦青菜、一架葡萄、一池锦鲤、一盏清茶、一把躺椅，看庭前花开花落、天边云卷云舒，营造庭院舒适的休闲空间，可以瞬间消融游客一切的身心疲惫。

民宿的四周环境一般植被繁茂，庭院围墙不论采用何种材质围合，都要通透美观，做到景墙艺术化。庭院门口绿植的氛围营造，多种植藤本植物，如爬山虎、紫藤、三角梅等，院内乔灌草花合理搭配，营造曲径通幽的意境，让庭院充满温馨精致的情调。

6. 营地空间

服务于旅游自驾车、房车的民宿营地设计，要充分利用乡村开敞的活动空间、生态氛围优越等条件，建成具有乡村风情的停车场和民宿营地。设计停车场功能，要包括车位、车道、人行区、洗车场的区域。交通设施部分则包括车位划线、地面箭头、坡道弯道警示、出入口门头标志牌等。使用建筑材料必须环保，垃圾污水处理设施要完备，建筑风格色彩与民宿自然环境要协调。

民宿营地要置入运动功能，丰富营地的体验内涵，并与乡村农园、民宿周边的景区形成产品组合。

7. 环境空间

民宿建筑要具美感，需要细心打造温馨舒适的度假空间，并用主人的理念，创造出具有特质的环境空间。环境是会说话的，因此不能忽视民宿环境中的任何细节，民宿环境的提升，采用最多的符号和元素是物件的摆设，游客会从中体验到民宿独特的文化氛围。民宿大小环境营造包括以下内容：

乡土工艺：如木雕、石雕、竹编、藤编、泥塑、陶艺、织布、刺绣、蜡染、扎染、贴饰、布艺、剪纸等；

水利要素：如古井、水车、辘轴、水磨坊、沟渠叠水等；

植物要素：如农作物、行道树、绿道、绿篱、盆景、湿地水生植物、野生植物资源等；

动物要素；如家禽、家畜、鸟类、水产、宠物、野生动物等；

地貌要素：如山地景观、河谷景观、湖泊、岩溶、梯田、峡谷等；

农田要素：如水田旱地、稻田麦浪、瓜果园、高粱地、甘蔗园、油菜花海、烟草花、大棚花卉等；

道路要素：如乡间道路、羊肠小道、田间便道、桥梁、石墩、独木桥、溜索等；

农具要素：如犁、锄、镐、铲、耙、耖、簸箕、石磨、风车、织布机、纺线机等；

游览设施：风雨亭、洗衣亭、码头、驿站、酿酒作坊、野餐烧烤点等；

庭院设施：如锅台、风箱、酸菜缸、酒坛、泥缸等。

民宿建筑设计有了旧物映衬的环境空间，唤醒的是游客乡村文化的记忆，找回来的是乡村的乡味乡情。

友情链接 1－27　台湾云山水小筑

十多年前的台湾，还没有什么经营民宿的概念，阿正抱着“回归自然，与大家分享美好事物”的简单信念，一马当先成为民宿业者的先锋。老板阿正不但是金瓜石民宿的先锋者，也是台湾乡村民宿发展协会创办者及第一届理事长。

云山水位于台北县瑞芳镇黄金山城的金瓜石，一个拥有大自然农场的民宿区，云雾多变化让这里随时有画面入眼帘，无论是飞云、青山或是流水，即使是高山所见的云海，于此也看得到，尤其是那海平面上的云海，船只缥缈于云海中的画面；虽无大树参天但却得天独厚地欣赏如高山气势的小山——无耳茶壶山和基隆山，金瓜石的天空是多变化的，海天一色似天非天的无际感！云山水是你到九份、金瓜石旅游时的最佳住宿选择。

云白山青水一弯，云山水凝聚了家族成员及亲朋好友的精神和心血，阿公种菜养猪、阿妈养鸡摘菜，左右邻居一起做芋圆，阿正负责对外事务，二姐负责内部，鼻头渔港外婆家的表哥们负责捕鱼，其他兄弟姐妹随叫随到，云山水特别为热爱东北角海岸——金瓜石、九份、水湳洞的游客准备了美味可口最地道的乡土风味餐，掌厨的是阿正的二姐，她以招待家人的心情，款待每一位上山的贵宾，在这里的每一道菜都是用最新鲜的食材做成的，虽然都是简单的食材和菜色，简单的料理手法，却让游客吃得到食物的原味。云山水是本土性且最单纯的民宿，这儿拥有最自然的景观。

来到这里不要太过匆忙，最好安排两天一夜或是三天两夜的行程，爬附近的茶壶山，或是到“废烟道”“斜坡索道”尽情探险。当然，也可以选择于屋檐下泡一壶好茶或斜躺在小木屋门前的长椅上，或静静品尝这里四季不同的鸟语花香，远眺太平洋，彻底地放松自己。

3. 高端化度假乡居

野奢度假乡居，环境优美的荒野之地高端度假开发利用，体现低调的奢华乡村主题。

野奢度假乡居所在地一般为环境优美、生态优良、环境幽静的野奢之地，拥有天然的度假条件；乡居具有独特的地方建筑特色，风貌特色突出；市场定位高，有较高的乡居接待档次和价格定位。

友情链接 1－28 泰国库德岛索拿瓦奇瑞度假村 Soneva Kiri，Thailand

Soneva Kiri 位于泰国第四大岛 Koh Kood 岛，中文名沽岛，自建造开业以来就饱受赞誉。“慢生活”“No News，No Shoes”“环境保护”“树顶餐厅”等标签就一直与它相关，Soneva Kiri 的确是达到了这种质朴风格的顶峰。Soneva 的独特理念，贯穿于整个度假村中，不论是环境、别墅、餐厅，还是人、服务，都让 Soneva Kiri 成为最值得去的度假目的地。

友情链接 1－29 南非 Buffelsdrift Game Lodge 帐篷酒店

屡获殊荣的 Buffelsdrift Game Lodge 酒店坐落在 Klein Karoo，提供享有山脉和野生动物水坑景致的独立帐篷，一个室外泳池俯瞰水面。活动包括野外驾驶、骑马以及与 3 头驯服的大象步行。每间空调豪华帐篷内设有一个私人户外淋浴、连接浴室和迷你吧。部分帐篷设有一个坐落在水滨的木甲板。这个无疟疾禁猎区拥有公共区域的免费无线网络连接。游客能看到犀牛、长颈鹿以及河马，且距离鸵鸟养殖场和 Cango Caves 洞穴不到 10 分钟车程。点菜餐厅设有一个水滨露台、一台大钢琴和壁炉，供应屡获殊荣的葡萄酒以及由当地新鲜食材所烹饪的 Karoo 美食。客房服务亦可提供。

友情链接 1－30 土耳其 Cappadocia 窑洞酒店

酒店坐落在 Cappadocia 中心山坡上，是一家传统土耳其窑洞酒店，可俯瞰 Pigeon Valley 山谷和 Uhisar Castle 城堡，相距镇中心只有 5 分钟的步行路程。酒店提供标准游客居住的房间以及豪华传统的窑洞游客居住的房间。部分游客居住的房间提供带 SPA 浴缸的浴室。所有游客居住的房间均拥有一间带淋浴的连接浴室。酒店在露台上提供早餐和晚餐，游客在露台上可将附近山峰和山谷的美景尽收眼底。游客可前往周边地区进行一日游观光活动。酒店附近提供骑马旅行和乘坐热气球的活动。游客可在晚上欣赏传统土耳其民间音乐和托钵僧舞蹈。

4. 树屋家庭舍园

树屋家庭舍园是民宿的创新产品，树屋家庭舍园，就像鸟儿们的家一样简单不乏温馨，四周围绕着精美的景致，每每想起树屋都会联想到住在唯美的屋宇中呼吸着大树的新颖气息。

友情链接 1－31　坦桑尼亚塔兰吉雷树顶酒店 Tarangire Treetops Lodge

塔兰吉雷树屋给人的第一眼，就是巨大的猴面包树，当地的马赛人把它看作神树，世代庇护着塔兰吉雷；而整个树屋酒店的大堂就围绕着树干而建，白帆布与树冠一起搭成了开放式的屋顶，很远就能望见，十分壮观。树屋酒店共有 20 套房间，分别搭建在周围的猴面包树上，互相之间保持着一定距离。

每间半露天的树上小屋都被用一种温馨的设计仔细地加以装饰。双人豪华房间的大型私人露台提供了观赏塔兰吉雷神奇景观的视野，每间高架客房为冒险野外旅游戏剧性的每一天提供了一处宁静的庇护所。木地板与树干交错支撑，帆布隔开卧室与洗手间，阳台直接延伸进了丛林中。

5. 乡村营地

乡村营地当前正与国际积极接轨，迎接需求旺盛的自驾游客群。野营地旅游是国际上非常流行的一种旅行方式。从营地的功能定位而言，营地可分为目的地型营地、驿站型营地及景区依托型营地三类。营地型旅游目的地，综合了露营生活体验、户外用品展销、商务会展、户外娱乐等多种功能于一体。营地占地面积较大，对可建设用地需求较高，如 2014 年对外开放的北京龙湾国际露营公园；驿站型营地是区域内旅游服务设施的有机组成部分，位于自驾游游线沿途的城镇或交通节点附近，营地内提供餐饮、住宿、车辆维护等基础型营地项目，部分营地同时配置少量的互动娱乐项目；景区依托型营地依托大型旅游景区或景区组团而存在，是景区的特色体验项目与住宿接待设施。营地的建筑规模依据景区发展需求而定，对可建设用地需求相对宽松；建筑风格则需与景区生态环境及文化氛围相协调，如2006年开营的中天行·尚旅死海营地。

按照资源基底，自驾车营地还可分为滨海型营地、山地型营地、草原型营地、湖泊型营地、森林型营地及乡村营地等多个类型。

从房车宿营地类型来看，正在向多样化发展。现有房车宿营地既有传统的各种住宿形式（如野营帐篷、可牵引的移动住宅、旅行挂车、野营车或山区木屋），也有创意性的住宿形式（如树屋、配有家具和帐篷屋顶的度假小屋、蒙古包、印第安人的圆锥形帐篷或旅行挂车等），房车宿营地的供给类型更为丰富多样，舒适等级更加细分化。法国在宿营地共安置了27000座可牵引型的移动住宅，其中的40%都安装在四星级和五星级的宿营地。宿营地中基础设施迅速增加，诸如水上运动设施、桑拿、SPA、海滨活动设施、体育运动设施、餐馆等。目前约有40%的宿营地具备一项大型的活动设施。

友情链接1－32　成都都江堰因地哥自驾游营地（中法合作）

成都都江堰因地哥自驾游营地是高标准、高规格、生态环保的具国际标准的示范营地。其位于都江堰玉堂镇外江边，根据国际成熟的自驾游露营地标准规划建设的高端自驾游营地，营地总占地约190亩。营地包含了接待中心、房车营位区、移动别墅区、VIP木屋区、帐篷区、自助营位区6个区域，通过步行文化景观道和骑行绿化环保道将各个功能区有机的联系在一起。营地不仅能提供中法特色美食，还有专业的户外活动中心、房车租售，通用航空等特色业务，实现吃、住、娱、行一体化服务。都江堰川旅因地哥自驾游营地旨在与自然相融合，带来最贴近自然的感官体验，倡导了人与自然共融的理念，引领了全新旅游休闲运动的生活方式。

友情链接 1–33　北京丰台区“桃花深处”汽车营地

北京桃花深处汽车营地，位于北京市平谷区北部浅山地带的群山环抱之中，风景优美、交通便捷。桃花深处汽车营地引入国际房车露营协会五星级标准，是适合国人习惯并且与国际接轨的露营地。北京桃花深处汽车营占地9万多平方米，分为房车区、帐篷区、山地木屋区、烧烤区和休闲健身区5个功能分区。房车区分为拖挂式房车营地和自行式房车营地，水电设施齐备，可停靠房车30辆；帐篷区设立营位50个，分区建设；山地木屋区现已建设欧美田园风情木屋有6套，面积为70～150平方米，二期工程将再建30套左右；烧烤区设置多个自助式烧烤台和用餐桌椅；休闲健身区设有咖啡厅、超市、文化沙龙、汽车影院、网球场、篮球场、采摘区、垂钓区、有氧健身步道等休闲健身设施。

友情链接 1–34　Feriepark 自驾车营地

Feriepark 自驾车营地位于丹麦菲英岛东部海岸的一个五星级主题度假汽车营地。营地的设计风格无论是室内场馆还是室外户外区域都具有安徒生故乡所有的浓郁童话色彩。Feriepark 营地共有300个露营营位，由于拥有非常好的度假口碑，每到露营的旺季，营位都需要提前半年预订。但是，Feriepark 营地还是会留出25个营位，供临时机动的露营者预订。

Feriepark 营地有一个非常大的室内水上娱乐区，游客除了体验水上休闲的乐趣之余，还可泡在热水浴缸或桑拿池中侃侃而谈。在营地室外有一个近200年历史的农庄城堡，营地依城堡的护城河走向修建了几个童话风格的室外泳池。营地的基本功能区分为：游客接待中心，商店，主题餐厅，露天游泳池、室内水上乐园、热水按摩浴池，桑拿浴室；电影院、游客休息中心、动物区域、公共电视房、洗衣房，带独立卫生间的家庭浴室、电话、自行车租售店；儿童主题活动室、乒乓球、游戏机、美食；篝火广场及烧烤广场。

（三）康体度假类乡村旅游新业态

1. 养生山吧

养生山吧是指依托山地资源，以绿色健康、修身养性为经营理念，可从事颐养身心、健康休闲、舒适度假的活动场所。它将绿色、养生理念融入乡村旅游发展，以自然生态、环境保护为出发点，提供符合人体安全、健康的宜憩、健康的颐养产品，并引导社会公众的节约和环境意识。

友情链接 1－35　湖北龙王垭养生山庄

龙王垭养生山庄位于湖北竹溪县，是竹溪县建设“能源竹溪、生态竹溪、人文竹溪、宜居竹溪”和发展旅游业的重要建设项目之一，是一家集避暑、旅游观光、茶文化体验、特色餐饮、住宿、会议、垂钓、娱乐、健身、休闲为一体的综合性旅游度假酒店。养生山庄远离都市的喧嚣，春天茶树吐绿、山花烂漫；夏天云遮雾绕、处处盈翠；秋天天高气爽、赤霞映日；冬天雪花飞舞、银装素裹。山庄建筑集亭、廊、湖、眺台、人文景观为一体，实为亲朋好友聚会、会议接待、商务宴请、旅游、避暑、养生、休闲的首选胜地，为竹溪茶产业的发展打造了新的展示平台，为竹溪旅游休闲增加了新的空间。

2. 户外运动基地

户外运动基地可提供汽车竞速、摩托竞速、赛马、高尔夫、攀岩、运动拓展等综合户外运动的场所，具备各种运动设施和服务条件以及举办各种赛事的能力条件。

友情链接 1－36　河南汝阳大虎岭户外运动基地

该乡村户外运动基地，可以进行越野汽车、摩托车、山地自行车、跑马、射箭、滑翔、滑草、徒步穿越、拓展、CS 野战等多种户外活动，拥有摩托车全国超级越野公共赛基地和 WRC 世界汽车拉力锦标赛基地。

3. 乡村度假胜地

“2015 国际乡村旅游大会”正式开幕。来自联合国世界旅游组织、亚太旅游协会、国家旅游局等 200 多位旅游大家和国内外乡村旅游专家共聚一地。这次乡村旅游大会上正式宣布湖州成为国际乡村旅游大会永久会址，每两年举办一次。同时，会上发布了“世界丝绸之源”探秘之旅和“世界十大乡村度假胜地”。在会上，湖州获颁“世界十大乡村度假胜地”，与越南沙坝、巴西亚马逊、塞尔维亚贝尔格莱德以及中国的台湾、郫县、栾川、婺源、锦江和西江一起，成为世界乡村旅游的标杆。

（四）民族民俗文化类乡村旅游新业态

1. 民族风苑

民族风苑是以少数民族建筑、服饰、风俗生活形式和宗教信仰与生产方式等为依托，集中展示少数民族风情，以提供少数民族风情体验为特色的旅游休闲娱乐综合接待场所。

友情链接 1－37　新疆郝巴郎歌舞庄园

新疆郝巴郎歌舞庄园位于新疆伊犁察布查尔锡伯自治县八乡境内，距离县城中心约 12 千米，距伊宁市 10 千米。进入庄园，自然、质朴的维吾尔人家特有的气息扑面而来。

郝巴郎主楼在设计建造时不仅体现了民族传统，还添加了充满现代气息的各种元素，建筑外观融合了欧式建筑的典雅大方。走进主楼，就能发现建筑内部体现了维吾尔族装饰的明快与富丽，创造出了一种独特浓郁的文化氛围。暖色调的主题给人以回家的感觉，这庄园简直可以说是一座浓缩的维吾尔族风情博物馆。来这里休闲、就餐的游客在享受维吾尔族传统美食、体验高品位就餐环境的同时又可以了解到维吾尔族人的文化和民俗风情。那些皮鼓、手鼓，还有热瓦普讲述着一个个久远的故事，也传递着主人的深情厚谊。时空仿佛在这里翻转，梦境与现实在这座建筑内重叠，让人们感觉置身于瀚海深处的南疆古城。

2. 乡村博物馆

乡村博物馆：选定古民居、古村落、古街巷，进行保留、保护和维修利用，建成综合性、活态化的乡村博物馆。

乡村博物馆应做好保护和活化乡村历史文化，包括风情文化、建筑园林文化、姓氏文化、名人文化、饮食文化、茶酒文化、婚庆寿庆文化、耕读文化、节庆文化、民俗文化、宗教文化、作坊文化、中医文化等。

友情链接1－38　罗马尼亚海勒斯特勒乌公园乡村博物馆

一座介绍罗马尼亚农村建筑艺术、民间艺术和农民生活习俗的露天博物馆，是一个占地10公顷的大花园，展厅就是散布在其中40个院落中的66座乡村建筑。这些建筑包括房舍、教堂和作坊等，均是20世纪30年代从罗马尼亚各地农村搬迁过来的。乡村博物馆不仅是参观游览的好地方，也是民间歌舞演出和手工艺表演的好场所。博物馆每年都举办民间歌舞比赛和手工艺品制作比赛。

友情链接1－39　贵州梭戛苗族生态博物馆

梭戛苗族生态博物馆位于贵州省六盘水市六枝特区与织金县交界处的梭戛乡，海拔1400～2200米，面积为120平方千米，12个自然村寨，总人口有5000余人。梭戛苗族生态博物馆是中（国）挪（威）两国元首共同签署的文化项目，于1998年10月31日建成开馆。梭戛生态博物馆是亚洲第一座民族文化生态博物馆。

3. 乡村艺术村

乡村艺术村为艺术家创作研究提供时间、空间支持，让艺术家进入一个充满鼓励和友谊的乡村村落环境。在国外乡村艺术村很普遍，国内需大力发展。

友情链接 1-40　昆明石林大糯黑艺术村

大糯黑艺术村位于云南省石林彝族自治县城东南30千米处，是石林彝族自治县阿诗玛民族文化旅游生态试点村之一。糯黑村石板房是昆明市石林彝族自治县糯黑村较具特色的传统民居建筑样式。大糯黑村坐落在绿树成荫、群山怀抱的圭山深处。糯黑村石山众多，石材纹路清晰、层次分明，为彝族撒尼人建盖房屋提供了丰富的石材和木料。勤劳的撒尼人借此创造了独具特色的石板房。糯黑石板房多为两层，楼上、楼下各三间，梁、柱、椽、楼均为木料，山墙、背墙和围墙用石板垒筑，地板用薄石板铺筑，造型独特美观，实用牢固。石板房给人一种坚不可摧的安全感，大糯黑村世世代代以山上的层石搭屋建房。这些青石层层叠叠地垒在一起，颜色深深浅浅，或朴素或沧桑，记录着岁月的痕迹和撒尼人的生活变迁。独特的石头景观为糯黑村赢得了“石头凝固成的村寨”“石中精灵”“创客之家”等美誉，深受画家、摄影家及众多旅游爱好者的青睐，一年四季到这里采风的文化人士络绎不绝。

4. 民间技艺传承村落

民间技艺传承村落指的是具有特色传统民间技艺文化的传承村落，利用传统民间技艺进行旅游观光、传统文化教育和旅游工艺品生产的特色村落。

友情链接 1-41　日本水上町“工匠之乡”

日本水上町是一个将生产方式中的乡村传统手工工艺文化发挥到极致的旅游开发案例。1990年，水上町当地政府提出“农村公园构想”，将当地观光资源最大化，重点培育传统特色手工艺产业，辅以温泉养生度假旅游开发，进行产业化发展和整体营销，提供产品生产的现场教学和制作体验，大力发展特色体验旅游，获得了极大的成功。目前已经形成“人偶之家”“面具之家”“竹编之家”“茶壶之家”“陶艺之家”等20多个传统手工艺作坊，充分体现了日本执着认真、精益求精的工匠文化，是水上町旅游一张极具吸引力的名片。

5. 传统建筑文化古村镇

传统建筑文化古村镇指的是具有地方建筑文化特色的古村、古镇或传统聚落，独特的地方建筑文化特色形成独特的旅游吸引物，是进行观光、教育旅游的绝佳之地。

友情链接 1－42 日本“合掌村”

日本岐阜县素有“森林与溪流之国”的美称。合掌村就坐落在岐阜县白川乡的山麓里。“合掌造”房屋建造于约300年前的江户至昭和时期。为了抵御大自然的严冬和大雪，村民创造出适合大家族居住的建筑形式。屋顶为防积雪而建构成60°的斜面，形状有如双手合掌，因此得名。世界遗产评定委员会这样评价：这里是合掌造房屋及其背后的严酷自然环境与传统的生活文化，以及至今仍然支撑着村民们的互助组织“结”的完美结合。

（五）餐饮美食类乡村旅游新业态

餐饮美食类乡村旅游新业态主要是在原来突出地方特色饮食的基础上，逐步向就餐环境的特色化和生态化以及菜品文化的深入挖掘等方向发展，体现为餐饮环境的优化和特色化趋势以及饮食文化的挖掘两大方面。

友情链接 1－43 浙江省牛栏猪舍餐厅

在浙江桐庐县江南镇荻浦村，美丽乡村建设把闲置多年的牛栏猪舍“由废变宝”，既保存了游客对农村乡愁的记忆，又注入了现代小资生活的时尚元素，成为独特的风景。猪栏茶吧坐落在农家院子里，六间大小不一的猪栏错落有致地排列，郁郁葱葱的藤蔓植物爬满卵石堆砌的猪圈墙，每个猪栏还有个“萌萌哒”的名字：快乐猪、好运猪、幸福猪……竹编篮、猪食槽、木桶等就地取材的装饰品，增添了质朴的气息。

友情链接1-44　河南省新郑居易生态餐厅

新郑居易生态餐厅位于河南省新郑市西城区新密路与蓝晶路交叉口，长为90米，宽为40米，建设面积为3600平方米，温室长度方向两端为两个婚宴大厅，因此建筑结构为重型钢结构，长为25.2米，宽为40米；中间为连栋温室结构，10.8米跨度，共四跨，长为43.2米；开间为8米，共有5个开间，开间总长度为40米。居易生态餐厅建设高为6米，顶部覆盖德国拜耳的8毫米双层中空透明阳光板，使用年限为15年以上；餐厅配备电动顶开窗系统，电动外遮阳拉幕系统，侧面强制排风系统。餐厅内部绿树如荫，小桥流水，给人带来一种“采菊东篱下，悠然见南山”返璞归真的感受。专业现代农业园区、休闲农业观光园、农业主题公园、休闲农庄的规划设计；专业建造智能温室、电动内外遮阳、无土栽培、生态餐厅、温室观光园等项目。

生态餐厅又叫温室餐厅、阳光餐厅、休闲餐厅、天然餐厅等名称。这些餐厅是由种植温室繁衍而来，它们共同的特点是餐厅内种植或装饰有植物、花草，以及建造有各种景观。但各个名字的含义也有不同之处，温室餐厅是以温室为基础发展而成，它的特点是温度、湿度可调整为就餐者感到舒适的范围；阳光餐厅的特点是以阳光为能源；休闲餐厅含义较广，没有清楚地表明餐厅性质。几种名称之中，以生态餐厅这个名字为最科学、合理，最能准确描述这类餐厅的个性，也是最有前途和可持续发展的一种餐厅产业。生态温室餐厅是将现代设施农业和绿色餐饮完美结合的产物，以人为本、餐饮为主、景观为辅的一种大型温室类建筑，把温室的轻巧、便捷、明朗的特点与建筑的多功能性融为一体，餐厅有充满绿色的自然环境，把大自然丰富多彩的生态景观“微缩化”和“艺术化”。它综合运用建筑学、园林学、设施园艺学、生态学等相关学科知识进行规划、设计和建设，以设施调控技术、农艺栽培技术来维护餐厅的优美环境，形成以绿色景观植物为主，蔬、果、花、草、药、菌为辅的植物配置格局，结合假山、瀑布、小桥流水、竹木亭阁的园林景观，为就餐者提供绿色、优美、舒适、悠闲、宜人的就餐环境，安全、可口的生态（有机）食品，采用节能、节水，残渣、废弃物循环再利用环保措施的可持续运作模式，摆脱了传统意义上的温室只用于种植的局限性，使温室具有餐饮功能、观赏功能、休闲功能、娱乐功能、绿色食品推广功能、节能环保功能等。

一般生态餐厅的空间较大，远离闹市区，餐厅内被绿色的植物或鲜花分割、装饰，环境幽静，使用餐者有身处世外桃源之感。有些生态餐厅建立在自身具有蔬菜、鱼、肉食品等自给的农业园区或农场中，可以通过种植（为餐厅提供新鲜蔬果，为养殖提供菜叶下脚料，为沼气发酵提供有机废弃物）、养殖（为餐厅提供鱼、肉食品，为沼气发酵提供粪便）、餐厅（为养殖提供残剩食物，为沼气发酵提供有机废弃物和废水）、沼气（为种植业提供优质肥水，为餐厅提供沼气新能源）来实现循环利用的生态模式，这种园区有助于推进社会和谐和可持续发展，应该是重点支持、发展的一种餐饮业。

友情链接 1－45　台湾花露休闲农场花色餐厅

园区所栽种的香草植物及芳香玫瑰花，都能成为桌上佳肴，例如，香水玫瑰餐、园区内采撷花草冲泡成的花草茶、农场栽种的有机菜也不容错过。老板还煮得一手好菜，如桂花醋养生蔬果虾、迷迭香宫保肉丁、茶叶山鸡、水果海鲜火锅巴。这里也有特别设计的园林餐厅，你可坐在鱼儿悠游的池塘或草地旁，享用早餐或下午茶，怡然自得地享受香草有机餐。餐厅自家做的松饼，端上来时还是热乎乎、外皮还是酥脆的，配上有颗粒的草莓果酱更是美味。这里的迷你海鲜饭也很值得推荐。

友情链接 1－46　澳大利亚突奇鳟鱼农场

这个农场最大的特色就是让游客体验钓鳟鱼的乐趣和吃鳟鱼的美食享受。垂钓虹鳟鱼后，将鱼交由主人亲自为你处理烧烤，用餐前主人都会细心地为每个游客挑出鱼刺，并搭配农场生产的新鲜蔬果、色拉及特制的羊乳吉士和饼干蘸酱，使游客充分享受农庄生活的乐趣。

（六）田园风光类乡村旅游新业态

1. 微田园

微田园，就是在乡村民居规划出前庭后院，让老百姓在小庭院中种植时令瓜果菜蔬，形成一个挨一个、一群又一群的“小菜园”“小果园”“小桑园”。在许多地方，一个“微田园”，小到几厘地，大的一般也不过两三分，既增添了农家情趣，又增加了农民收入，让他们切切实实得到了实惠。农民群众把这两三分小天地亲切地称为“微田园”。这一项目最早起源于四川汶川地震后的灾后重建，2014 年，开始向全国其他省市推广。现在到新村观光、休闲、度假、体验的市民日渐多起来。

友情链接 1－47　广西壮族自治区大岭村“微田园”

广西贺州富川古城镇大岭村注重引导农民拆除影响卫生的闲杂房，切实保护生态环境，将拆除的老砖老瓦就地消化，在村民的房前屋后建设小花圃、小菜园，打造“微田园”，见缝插绿，种植水果、蔬菜和花卉，形成一个个小果园、小菜园、小花园，打造“果中村、树中村、菜中村、花中村”，既可以美化环境，又可以保持农民种菜种地的生产生活习惯，展现了农村特有的田园景观和风貌。计划在“空心村”连片建设青砖瓦房三间堂式的富川传统民居，继续实施民居生态改造提升工程，围绕山水田园，打造“望得见山，看得见水，记得住乡愁”的水岸田园风光。

2. 乡村田园综合体

乡村田园综合体是集合大型生态农业、旅游休闲度假、田园生态居住于一体的田园型观光休闲宜居园区。

友情链接 1－48　无锡田园东方

无锡田园东方位于中国水蜜桃之乡无锡惠山区阳山镇，集生态高效农业、农林乐园、园艺中心为主体，体现花园式农场运营理念的农林、旅游、度假、文化、居住综合性园区。打造活化乡村、感知田园城乡生活，将生活和休闲相融合。选取十座老房子修缮保护，保留村内古井、池塘、原生树木，最大限度地保留了村庄的自然形态。

（七）涉外乡村旅游新业态

涉外乡村旅游新业态一方面体现在外国人按国外的先进理念开办的乡村旅游，另一方面指的是单独以外国人为目标市场的乡村旅游。

1. 洋家乐

洋家乐意指外国人办的农家乐。洋家乐崇尚回归自然、返璞归真，并坚持低碳环保理念。这些高端洋气的农家乐，受到了大量外国友人和都市白领的青睐。

友情链接 1－49 浙江省莫干山裸心谷

近年来，在浙江省德清县莫干山麓，由部分外籍人士创办的低碳旅游新业态——“洋家乐”正渐成风尚。

裸心谷位于浙江省莫干山，项目占地400亩，建筑用地20亩，坐落于私人山谷之中，四周环绕着大型水库、翠竹、茶林以及小村庄。其设有121间客房，分布于独栋树顶别墅及夯土小屋之中。裸心谷已成为获得LEED白金级可持续发展证书的度假村。

在裸心谷，有各种亲近自然的活动——徒步、山地自行车、骑马、射箭、露天泳池、露天剧场等，而城市中司空见惯的娱乐活动一概不要。

2. 国际驿站

国际驿站以家庭（户）为基本旅游接待单位，并形成一定规模的经营主体，它所接待的群体以国际游客为主，游客居住国际驿站可亲身体验当地人们的日常生产、生活过程，可参与中国传统或当地传统节日及其他特色活动，参与人们日常休闲及娱乐活动，可观赏独具中国或地方特色的自然和人文景观等，获得物质和精神上的纯中国式乡土旅游体验。

三、乡村旅游业态的未来发展

综合过去和目前的乡村旅游发展业态，未来乡村旅游业态发展将呈现五大发展趋势，即技术化趋势、产业融合化趋势、特色化趋势、升级化趋势和精品化趋势等。

1. 技术化趋势

乡村旅游的技术化趋势主要表现在乡村旅游的信息化趋势和服务的自动化趋势方面。随着智能科技进军乡村旅游，出现乡村智慧旅游，智慧旅游在实现乡村旅游服务的智能化方面表现为互联网和移动终端在乡村旅游的广泛应用。另外，随着乡村旅游用工成本的增加，乡村旅游标准化服务的环节逐渐出现机器代替传统人工服务的现象，智能机器人越来越多地出现在乡村旅游服务领域。

2. 产业融合化趋势——与其他产业融合速度加快，出现跨产业的新业态

乡村旅游产业融合发展的路径主要有以下三种。①乡村旅游业要与当地的形象和基础设施建设融合发展，乡村旅游产业首先需要融入当地的形象宣传与基础设施的规划与建设工作中。②乡村旅游业要与当地多种旅游相关设施与活动融合发展，需要与当地的农业、工商业等单位合作，设计与推广相应的产品与服务。③乡村旅游业要与客源地、中转地与延伸地的政府及相关产业融合发展。乡村旅游产业的最大特点之一是游客在乡村的异地活动，即游客从客源地出发，到乡村旅游目的地、中转地与延伸地进行各种旅游活动。如果能与客源地、目的地、中转地、延伸地的政府机构及相关产业融合发展，就可以为游客提供一条无缝衔接的优质旅游线路，在增加对游客吸引力的同时，也可增加旅游经济价值。

3. 特色化趋势

乡村旅游初始阶段的发展会出现产品同质化和无序化竞争阶段。随着竞争的加剧，市场逐步细分，乡村旅游的特色化趋势愈加显著，乡村旅游的主题特色愈加突出。大众型无特色的乡村旅游产品逐步被市场淘汰，特色突出的优质乡村旅游产品逐显生命力，满足特定细分市场需求的特色乡村旅游越发火爆。

4. 升级化趋势

乡村旅游的市场升级表现为城市居民从原来的乡村观光旅游发展到现在的乡村休闲度假游，并逐步向将来的康体运动体验教育游发展的趋势。乡村旅游市场的升级倒逼乡村旅游产品升级，以满足城市旅游者不断提升的需求。

5. 精品化趋势

乡村旅游起始阶段，乡村旅游的食、住、行、游、购、娱等旅游产品呈现出经济、低价、粗糙的特点，随着乡村旅游的逐步规范化发展，旅游者对乡村旅游过程中的食、住、行、游、购、娱的要求也越来越高，乡村旅游的产品提供者也需要提供越来越精品化的产品以满足日益提升的乡村旅游者的要求。

参考文献

[1]刘德谦. 关于乡村旅游、农业旅游与民俗旅游的几点辨析[J]. 旅游学刊，2006(21):12－19.

[2]卢云亭，刘军萍等. 观光农业[M]，北京:北京出版社，1995:81.

[3]杨旭. 开发"乡村旅游"势在必行[J]. 旅游学刊，1992(7):38－41.

[4]王仰麟. 区域观光农业规划的理论与案例研究[J]. 人文地理，1999(14):17－21.

[5]杜江，向萍. 关于乡村旅游可持续发展的思考[J]. 旅游学刊，1999(1):15－18.

[6]何微. 把握乡村旅游文化特性深挖民俗文化内涵——以成都三圣乡为例[J]. 乐山师范学院学报，2004 (19) :86 －89.

[7]吴必虎. 区域旅游规划原理[M]. 北京:中国旅游出版社，2001:270.

[8]贺小荣. 我国乡村旅游的起源、现状及其发展趋势探讨[J]. 北京第二外国语学院学报，2001 (1): 90 － 94.

[9]王秀红. 我国乡村旅游研究述评[J]. 重庆工学院学报，2006(20):114－119.

[10]刘承良，吕军. 中外乡村旅游地开发研究比较分析[J]. 湖北大学学报:自然科学版，2006(28):91－96.

[11]何景明,李立华.关于"乡村旅游"概念的探讨[J].西南师范大学学报,2002(9):125-128.

[12]蒙睿,刘嘉纬,杨春宇.乡村旅游发展与西部城镇化的互动关系初探[J].人文地理,2002(17):47-50.

[13]马彦琳.环境旅游与文化旅游紧密结合[J].旅游学刊,2005(20):63-67.

[14]杨敏,白廷斌.乡村旅游对农村产业结构调整和优化的影响[J].云南民族大学学报:哲学社会科学版,2006(23):89-92.

[15]邹统钎.乡村旅游发展的围城效应与对策[J].旅游学刊,2006(21):8-9.

[16]王兵.从中外乡村旅游的现状对比看我国乡村旅游的未来[J].旅游学刊,1999(5):38-42.

[17]肖佑兴,明庆忠,李松志.论乡村旅游的概念和类型[J].旅游科学,2001(3):8-101.

[18]范春.论乡村旅游的开发[J].渝州大学学报:社会科学版,2002(19):20-23.

[19]黄成林.黄山市乡村旅游初步研究[J].人文地理,2003(18):24-28.

[20]孙飒.论体验经济时代乡村旅游的发展[J].安徽农业科学,2006(34):378-379.

[21]张益清,刘艳霞.解读"2006 中国乡村游"[EB/OL].[2006-5-9].HTTP://WWW.tea5.org.

[22]方起东:乡村旅游发展的新趋势与新业态 http://www.17wh.com/lxj/20150831/114152.html.

[23]John Brohman. New directions in tourism for third world development[J]. Annals of Tourism Research,1996(23):pp.48-70.

[24]Bill Bramwell ,Bernard Lane. Rural Tourism and Sustainable Rural Development [M],U K: Channel View Publications ,1994:pp.237-241.

[25]Edward Inskeep. Tourism Planning: An Integrated and Sustainable Development Approach[M].US : Van Nostrand Reinhold ,1991:pp.126-129.

[26] Per Ake Nilsson. Staying On Farms – An Ideological Back – ground[J]. Annals of Tourism Research ,2002(29):pp. 7 –24.

[27] Richard Sharpley. Rural tourism and the challenge of tourism diversification: the case of Cyprus[J]. Tourism Management,2002(23):pp. 233 –244.

[28] Per Ake Nilsson. Staying On Farms – An Ideological Back – ground[J]. Annals of Tourism Research ,2002(29):pp. 7 –24.

第二章

乡村旅游策划

旅游是一种求新求异的社会生活方式，旅游业的发展就是为游客创造这种求新求异的生活方式的过程，本质上是一个创意生产和实施的过程。策划就是为了生产创意，本质是创新。乡村旅游策划是乡村旅游创意的生产过程，是乡村旅游发展的“第一道工序”和最大生产力。对乡村旅游资源的认识、评价和把握，是乡村旅游策划的基础；对市场的研究和把握是乡村旅游策划成功的关键；对旅游产品体系的策划是乡村旅游策划的重点和难点。乡村旅游策划建立在乡村、旅游和策划三个概念之上，是以乡村旅游资源为基础，通过创造性思维分析旅游资源特色和目标市场需求，定位主题特色，策划旅游产品，满足旅游市场需求并实现多目标多主体和谐共赢发展的过程，主要包括主题策划、产品策划和形象策划三个方面的内容，本章分三节分别论述。

第一节　主题策划

乡村旅游的主题是指乡村旅游目的地（景区或景点）所反映的主要题材，是乡村旅游资源、市场定位和核心项目所反映出来的核心旅游产品内容及形象。主题是乡村旅游的灵魂，主题策划是乡村旅游目的地开发的第一步，也是最关键的一个环节。一般而言，主题策划应基于对旅游地资源的分析，根据目标市场的需求，提炼出具有个性与特色的发展主题。

一、资源分析

资源分析就是要搞清楚“我有什么”，即进行乡村旅游资源调查，分析乡村旅游资源特色。乡村旅游资源是指位于乡村范围内的旅游资源，包括吸引旅游者进行乡村旅游活动的乡村自然景观、文化景观和生态环境。基于自身资源特色而提炼出来的乡村旅游产品开发主题是资源导向型主题，重视对旅游资源自身特色的把握，充分反映乡村旅游资源优势和潜力。资源导向型主题定位主要有综合型定位、特色性定位和多元化定位三种类型。

（一）综合型定位

对于综合评价高，但各要素都不很突出的资源来说，可以立足于旅游资源的综合呈现，反映旅游主体的特征，进行综合型定位。综合型定位概括性强，适用于文化元素比较广泛、资源相对丰富的区域。

（二）特色型定位

特色型定位以旅游资源中最具有吸引力、最能影响旅游形象的要素为重点进行主题定位。特色型定位主要是针对游客群体需求，所以要对目标受众有所判断。

（三）多元化定位

多元化定位兼顾多个旅游元素，既注重综合化，又注重特色化，一般包含两个以上的资源特色。多元化定位切忌以偏概全，在定位时首先要对自身有一个客观的考量。

资源导向型主题定位切忌定位过高或过低，过高的评价有可能难以获得市场认同；评价过低，则可能策划、开发出来的旅游产品不能展示出旅游资源的魅力，或者使得本可开发的旅游资源的价值被忽视。

二、市场分析

市场分析就是要搞清楚“市场需要什么”，主题要找准市场需求热点。市场分析需要做好分析目标市场状况、了解消费者需求偏好和客观对比竞争对手三项工作。市场分析是一项专业性较强的工作，在条件允许的情况下，应该尽可能找专业的市场调查及策划公司来完成。

基于市场导向的乡村旅游产品主题策划是针对原赋旅游资源比较匮乏的情况所进行的主题策划。这类主题策划的重点在于创意本身的新颖性和市场号召力，即以根据本地历史文化和自然环境为支撑，创造性地打造人无我有的乡村旅游体验方式以适应游客需求。因此，市场导向型的主题策划要求策划者要对市场十分熟悉，确定明确的市场目标，然后围绕明确的市场目标，打造一个具有核心吸引力的主题。围绕这个主题进行旅游要素的功能配置，包括空间布局配置、景观配置等，主要包括以下几项工作。

（一）分析市场需求状况

通过问卷、访谈、观察等手段获取乡村旅游市场需求的总体概况，包括人口特征，如年龄、性别、收入、教育水平、职业，以及旅游偏好、出游时间等，对乡村旅游的需求特征、热点、主流和趋势进行摸底。

（二）确定细分市场

在了解市场需求状况的基础上，结合自身条件从中发现细分市场的机会。常见的市场细分标准包括人口统计特征、地理区位特征、心理特征及消费行为特征 4 个角度。人口统计特征又可细分为年龄、收入、职业、家庭规模/生命周期、教育水平等；地理区位特征指游客所处地理空间，不同地方的游客具有不同的旅游休闲偏好；心理特征包括游客的价值观、生活态度、兴趣、活动爱好、旅游动机及个性特征等；消费行为特征包括旅游习惯和偏好、旅游目的及寻求的效用等。

（三）竞争者调查分析

在乡村旅游开发前期的市场可行性探索中，对竞争者调查分析是否充分是影响项目开发成功与否的重要因素。对于乡村旅游的投资与经营，竞争者调查分析主要包括以下内容：

——在具有直接威胁的区域内，还有哪些乡村旅游项目在开发？它们的经营状况如何？

——区域内有什么乡村旅游项目？主要卖点何在？采用何种销售方式？可借鉴的优点是什么？不足之处在哪里？

——区域内现有的乡村旅游项目供应是否存在相对空白点或需求未被满足？如何有效地回避竞争压力？针对竞争对手产品定位、广告宣传方面的特点，应该采取什么措施？

——在拟实施的乡村旅游项目的辐射范围内，是否还可能出现其他竞争者？与其他乡村旅游项目相比，拟实施的项目在周边环境及配套方面，存在何种优、劣势？该如何应对市场后进者的挑战？

三、主题选择

基于前两者的分析，可以从资源条件、市场需求和外部环境三个方面综合考虑进行主题提炼。主题选择要综合考量、定位清晰、突出优势并切合实际。

（一）资源条件

资源特色是首先应该考虑的因素，特别是对于那些具有垄断性或者是有竞争优势的旅游资源特色，就应该成为主题定位的首选。不过，同其他产品的竞争关系可能对乡村旅游开发的主题定位产生重大影响，有时为了避免不利的竞争局面，主题选择甚至会抛弃旅游资源自身原有的主要特色。例如，云南玉溪市红塔区气候条件比昆明好，真正是冬无严寒，夏无酷暑，是比昆明还要正宗的“春城”，但由于玉溪市红塔区处在昆明“春城”的形象遮蔽区内，使得其旅游主题定位必须绕开“春城”形象。

交通方式对乡村旅游主题选择也有重大影响，主要表现在不同类型的乡村旅游产品对可进入性需求的差异上。度假型乡村旅游产品对可进入性及交通的便捷性、舒适度要求较高，而对观光、徒步、户外拓展等产品的要求就不太严格。

友情链接 2－1　北京市密云县口门子村的“渔村”主题

口门子村作为北京市区域内典型的自然渔村，是京郊众多乡村旅游目的地中渔文化气息极为突出之地，有较好的渔业资源基础。口门子村的乡村旅游发展，就是基于的渔业资源特色，围绕着“渔村”主题，以竹林、篱笆、茅屋，烘托浓厚渔家氛围；通过钓鱼、做鱼、食鱼，让游客领略正宗渔味美食；通过渔歌、渔技、渔船体验渔夫传统技艺；以渔雕、渔灯、渔饰等旅游商品，带回渔村美好回忆，最终达到“处处有景、景景各异、人随景动、由景生情”的效果，树立“京都第一度假生态渔村”的乡村旅游特色业态品牌。

（二）市场需求

旅游产品是为满足市场需求而开发的，而且通常指向某些特定的细分市场。对具体的细分市场进行针对性分析，策划出具有市场吸引力的产品是乡村旅游主题选择的目标，也是关键。此外，不同类型和不同等级产品应对竞争的能力不同，市场竞争也是确定主题定位的重要方面。一般而言，度假休闲类产品重游率高，应对的竞争压力相对较小，观光类产品的重游率较低，竞争压力就大，市场竞争因素在主题选择上所占的比重也就更高。游客的心理认知是游客对乡村旅游主题的直接主观感受，本质上是市场认同。游客的心理认知对乡村旅游的主题定位有着基础性的决定意义。

（三）外部环境

外部环境既可以通过影响供给和需求影响乡村旅游产品，也可以直接作用于乡村旅游主题，既可以是积极影响，也可以是限制性约束。比如，风景优美的水库和湖泊，从资源特点上来说可以将休闲垂钓作为开发主题，但如果是水源地或者为了游客安全，实际操作中可能就不能以此为主题。

友情链接 2-2　成都锦江区三圣乡“五朵金花”的错位发展

成都市锦江区三圣乡位于城乡接合部，三圣花乡旅游区是国家4A级旅游景区，全国首批农业文化产业示范基地，占地面积为12平方千米。“五朵金花”指三圣乡的五个小村子，分别是“花香农居”的红砂村、“幸福梅林”的幸福村、“东篱菊园”的驸马村、“荷塘月色”的万福村、“江家菜地”的江家堰村。“五朵金花”以花为媒，文化为魂，错位发展，竞相开放。花乡农居是以发展小盆花、鲜切花和旅游产业为主导的观光农业特色景区；幸福梅林围绕梅花文化和梅花产业链，发展旅游观光产业；江家菜地以认种的方式，把传统种植业变为体验式休闲产业，实现城乡互动；东篱菊园突出菊花的多种类和菊园的大规模，形成了环境、人文、菊韵、花海的交融；荷塘月色优美的田园风光，成为绘画艺术创作、音乐开发及相关产业为一体的艺术村。

第二节　产品策划

乡村旅游主题确定后，需要有具体的乡村旅游产品来体现和支撑。从游客需求的角度看，乡村旅游产品就是乡村游客出游一次所获得的整个经历；从满足需求的角度看，乡村旅游产品就是乡村旅游经营者提供给旅游者的接待条件和相关服务。乡村旅游产品策划是乡村旅游策划的核心和落脚点，目的是创造出形式新颖、内容丰富、体验深刻的乡村旅游产品，包括食、住、行、游、购、娱6个方面的内容。乡村旅游产品策划的方法没有固定模式，但也有一定的规律可循，其要领就是瞄准游客体验，对旅游产品所涉及的环节进行形式和内容上的创新与组合，通过给游客创造一种具有特色的视觉、听觉、嗅觉、味觉、触觉体验，达到旅游经营者所期望赋予游客的身心体验状态。

一、“食”在乡村

乡村旅游项目开发中有诸多要素和环节需要把握，其开发成功的秘诀也有很多，其中最基本也是最重要的应该是“食”字诀，即做好农家餐饮。民以食为天，乡村美食一直都是乡村旅游里最具吸引力的旅游要素，很多乡村旅游地都是因其风味俱佳的美食引得大批的食客和旅游者前去。大批游客到乡村来旅游，除了欣赏当地的田园风光和山水美景，领略淳朴自然的生活情趣外，还有一个重要的目的就是品尝各种独具风味的餐饮佳肴。因此，乡村旅游经营者要在干净卫生、原汁原味、营养健康、用餐环境、餐饮文化等方面下功夫，抓住游客的胃，留住游客的心。作为最具体验性的产品，在策划上可以通过在食材、制作和烹饪方式、餐具、就餐环境、用餐服务等方面大胆创新，推出适应市场需求的美食产品。不过，需要注意的是，创新要在国家法律框架下进行，同时要考虑文化背景和民众心理接受能力，不能单纯地为了创新而创新。

（一）食材策划

乡村饮食相较于城市餐厅里的食物，最大优势就在于食材。无添加剂的新鲜果蔬、自然状态下放养的家禽、牲畜正是乡村美食的核心竞争力，许多城市居民和食客平日喜好驱车前往城市周边的农家乐或休闲农庄享受美食就是因其健康生态的食材。所以，在“吃”的方面，食材永远是乡村旅游美食产品策划的最基础要素。自然放养的生态野猪、野鸡和山茅野菜对于久受食品安全问题困扰的城市居民来说，是绿色、无公害、健康的代名词。例如，台湾苗栗的花露休闲农场，游客除了赏花闻香外，还有不可错过的花香美食餐饮。园区所栽种的香草植物及芳香玫瑰花，都能成为桌上佳肴。

（二）制作和烹饪方式

乡村传统的食物制作技术对城市游客具有一定的吸引力，保留和恢复这些传统的食物处理方式是乡村旅游美食产品应该具有的思路之一，如磨豆腐、舂年糕、腌咸菜、制作香肠、制作火腿等。另外，独特的烹饪方式也是吸引城市游客的有效手段之一，如将米饭放在竹筒里蒸熟或者烤熟，就给常年吃电饭煲煮饭的城市游客完全不一样的体验和感受。再如，同样是提供以鱼为主的美食，可以提供“一鱼多吃”的烹饪方法，满足不同游客的需求。

（三）餐具的创新

独具特色的传统乡村饮食器具通过材质、形制、纹饰、大小、色彩等方面体现传统的乡间味道和特点，不仅能烘托乡村特色，而且还能丰富游客的体验，是增加乡村旅游吸引力的重要方面。比如，大碗盛菜、大碗喝酒、大碗吃饭就是典型的传统乡间特色；城里人吃惯了高压锅炖鸡，而用土锅炖鸡就可以给城市游客营造一种不一样的乡土气息。

（四）就餐环境的创新

用餐环境也是体现农家和乡村特色的有效手段，具有典型农家或乡村特色的场所能给城市游客营造一种特殊的环境感受——另外一种生活情调。除此之外，还可依托乡村环境进行大胆创新，别出心裁地推出让人耳目一新的就餐环境和场所，比如，在森林资源比较好的地方可以考虑策划树冠餐厅，在滨水空间可以策划水景餐厅甚至水下餐厅，在山坡地段可以策划窑洞餐厅等。

（五）用餐服务的创新

在基本条件的提供方面，除了服务员的基本服务水平的培训，整个餐厅的服务意识都要人性化而全面，譬如提供给婴儿的高脚椅、防偷盗的椅套、供游客打发等餐时间的杂志等，在品尝美食的同时享受到能比肩星级酒店的服务，定能增加游客的多次到访率。此外，在服务方式上别出心裁、大胆创新，往往能出奇制胜，吸引游客的关注。例如，“吃”是人类生存的第一需要，“舞蹈”则是随原始人类的劳动、狩猎生活而产生的艺术，昆明“吉鑫宴舞”将规模宏大的宴舞与地方民族风情相融合，既展示了地方民族的美感又给了游客印象深刻的体验，一经推出就受到的市场的好评，经久不衰。

（六）菜品创新

地方美食是一个地域独具吸引力的名片，既让游客享受美味又传播地域文化。对于统一乡村旅游目的地内的经营者而言，除了做好本地特色菜品外，还需要策划设计出具有自家特色的菜品。只有这样，才能让整个地区在菜品上能够百花齐放，在突出地方整体特色的基础上，形成一家一品，一家一特色。

（七）饮食文化传播

1. 健康的饮食文化

尽量选用当季的新鲜果蔬，高蛋白低脂肪的肉类，增加五谷、果蔬的配比。烹饪的时候少油少盐，保持食物的本味。在游客享受美食的同时也向他们传播健康的饮食文化，也是乡村旅游产品文化内涵的有效体现。

2. 节俭不浪费的传统美德

勤俭节约是中华民族数千年来的传统美德，然而随着人们生活质量的提高，越来越多的人开始忽视我们民族的基本德行，浪费成风。在提供用餐服务的同时，也应向游客提出吃多少点多少的建议，倡议“光盘行动”，并提供打包服务，传播不浪费粮食的饮食文化。

二、“住”在乡村

乡村住宿是在乡村旅游的发展带动下，融合乡村旅游特色的农家环境，并借鉴城市酒店管理与运营模式而推出的住宿产品。

（一）乡村旅游住宿产品应具备的条件

1. 乡村旅游住宿产品应具有乡村文化性，能够表现当地乡土文化气息，将当地的乡村生活、风土人情融入其中。游客进入乡村酒店可以感受到浓郁的乡土气息，领略到朴实的乡村人文精神。

2. 应具有齐全的接待服务设施，能够将农业景观、田园景观或生态景观与住宿、餐饮设施进行结合，以满足游客对乡村休闲、度假、娱乐、求知等需求。

3. 在接待服务上，所提供的接待服务与城市酒店的最大区别就是独具文化个性，讲究文化参与、主客互动。

（二）乡村旅游住宿产品的策划要点

1. 建筑风格及装潢装饰乡土化

建筑风格是旅游者对乡村住宿的第一印象，乡村旅游住宿从建筑风格设计到内部环境营造都应体现乡土特征。第一，住宿设施的建设应符合本地建筑风格，与当地乡村社会、自然环境相融合，要求少建宾馆、高星级酒店等城市旅游住宿项目，尽可能运用具有地方特色的建筑元素建设特色旅馆，如北京四合院元素、湘西吊脚楼元素、福建土楼元素等。第二，装潢装饰应充分反映当地文化特色，突出乡村情趣。第三，建筑应尽量以分散式布局的低层小体量形态为主，以保持与乡村整体风貌的协调性。

2. 建筑建设及配套设备绿色低碳化

一方面，乡村旅游住宿产品建筑材料的选用尽量就地取材，使用当地纯天然、可循环的材料，避免钢筋水泥等现代城市住房建材的大量使用，这样既可以体现低碳环保，又可以降低成本。客房设计讲究绿色环保，如客房设计成东西朝向，这样能保证房屋一天当中大部分时间都有自然光射入，减少照明设备的使用；房屋刷浅色，通风的屋顶或遮蔽式的墙壁，则可以减少对热的吸收，节省空调机电量等；另一方面，客房内尽量不提供一次性用品，倡导游客自行携带客房“六小件”，彰显低碳环保的旅游风气。

3. 外部环境打造生态化

乡村旅游住宿项目应尽量选择环境幽静、自然生态景观优美的地方建造，如造在湖滨、溪边或田园，使居所置身于大自然之中。注重外部景观营造，配套打造农家院，或营造“荷塘月色”等的住宿景观，使旅游者充分体验到自然之乐。

（三）几种常见的乡村住宿产品形式

1. 乡村民宿

乡村民宿多以普通民居改建而成，有的把家中多余的住房供住客租用，有的把空余的老宅装修而成，有的专为游客而建，规模不等，大到拥有几十间房，小到只有几间客房，接待数量有限。乡村民宿价格实惠又有地方风格，不管是有时代感的老宅子还是新建的居所都保留当地传统的建筑风格，不过多关注外表的华丽和张扬，内在的品质要精细，在细节上处处能体现出精致、卫生的乡村风情。服务虽做不到星级酒店的细致，但富有家庭味、乡土味以及人情味。

中国台湾的民宿以其特有的个性，独特的建筑造型和气质、主人的亲和力和精致舒适的房间布置，以及纯粹田园式的居住环境，使其成为台湾旅游吸引力的一部分。台湾乡村民宿根据地区地理条件与特色大致可分为景观型、少数民族部落型、农园型（果园、菜园、茶园）、温泉型、传统建筑型和艺术文化型六个类型。

台湾乡村民宿经过多年的发展，已经形成独特的风格和特色，其中值得我们学习和借鉴的主要有以下几点：

（1）注重休闲气氛的营造和房间的舒适性，除了提供洁净的住宿环境，还营造一种温馨家园的感觉，游客可与主人共餐、话家常。

（2）民宿多样化的主题风格很受喜爱，很多民宿融合了当地的自然人文环境要素，再加上创意和美学元素打造成了颇具特色、不同主题的民宿产品。如人文艺术主题、怀旧复古主题、家庭温馨主题、原住民风情、丛林秘境主题、异国风情主题、田园乡村主题等。

（3）运用信息技术的能力，使游客能够以较低的成本搜寻到完整的民宿信息。

2. 乡村度假酒店

乡村度假酒店依托清新的空气、优美的环境，嵌入乡村田园基底，高端私密，融入地方特色建筑风格，不仅给游客高层次的体验，也使游客感受到厚重的文化底蕴。舒适度是乡村度假酒店所有的客房首要标准，一切设施都以此为目标。一般来说有以下特点：

（1）选址一般位于山里乡间，相对于城市来说较为宁静；

（2）偏向设计类酒店，有自己的独立风格，普遍较为朴素；

（3）价格相对于悦榕庄、安缦等度假式酒店便宜些；

（4）总体规模不大，但多人房、家庭房等房型比例大；

（5）酒店服务的自助化程度较高；

（6）其他配套娱乐活动较为丰富，如提供烧烤器具和材料，短途线路包车一日游，园林果实采摘等。

友情链接 2-3　古山村改造的成功典范①

古山村位于北京市密云区北庄镇，是个世外桃源般的地方。这里炊烟依旧，原始风貌犹存，古树的老井山花、石磨草屋篱笆，让人陶醉在“山深人不觉，犹在画中游”的意境。虽然生态环境优越，但毕竟地处偏远，干峪沟这个小村庄也像中国很多空心化农村一样难逃日益荒凉、日渐凋敝的命运，整个村庄仅有十几位老人生活于此。

干峪沟村户籍人口仅有 41 户 71 人，平均年龄超过 60 岁，常住人口不足 20 人。随着年龄结构逐渐老化，年轻劳动力纷纷外出谋生，造成土地和山场无人打理，全村有 43 处宅院，大多处于闲置状态，村庄凋敝的程度日益加深。

2013 年，干峪沟的命运因为投资集团的到来彻底发生了改变。仅仅几个月的时间，干沟峪就从一个穷乡僻壤的小山村，变成了“山里寒舍”乡村酒店。

1. 创意：连树带屋租下“空心村”

投资集团从农户手中租赁到 33 套宅院，共计 130 多间房。同时还承租了村民 100 多亩土地和上万棵果树。

2. 产品：一切以原汁原味契合用户诉求

投资集团在废弃或搁置的宅基地上改造成了 86 套创意乡村民居，以及 15 亩公共配套功能设施，形成了创意乡村休闲度假区。目前，可对外接待的院落共有 17 套，3 种房型：乐活、乐悠、乐享。

3. 外观：原生态农家院落

山里寒舍保留了原生态特征，石头路，石头围墙，圈起一个个小院，看起来与村里的其他农院并无二致。

---

① http://mp. weixin. qq. com/s? __biz = MzIzMzA0MjQxNA = = &mid = 402160935&idx = 1&sn = b2678a3f8b3f8ce22b4 f669af40a73b1&scene = 23&srcid = 11308nsrcxFpmfQCPFdk7x4u#rd.

4. 内部：糅合中西设计+五星级客房+“老物件”家具

室内融合古朴与现代理念，五星级的客房及卫浴设施，中西餐厅，无线网络覆盖；木门、木窗内加衬双层塑钢玻璃门窗，青石铺地，安装地采暖设施。家具摆设颇费心思，很多衣柜、条案、桌子都是从村民手里淘来的“老物件”。连门牌都是用时令和节气命名，无处不透着悠久的乡舍韵味。

5. 农耕体验：果树采摘项目+家禽喂养项目

山里寒舍有上万亩的农作物，特别是各类果树，每个季节都有不同的采摘项目。山里也养殖了很多家禽，游客可以来到田间和小动物们互动，亲手去喂养它们。

6. 餐饮：就地取材+原始柴锅炖菜

山里的饮食带有浓浓的乡土气息，以炖菜为主，用最原始的柴锅炖出来。原材料就地取材，如天然种植的农产品、放养的鸡、山里的蘑菇、农家喂养的猪、密云水库的鱼等。并且村中的妇女主厨，味道是地道的农家味。

此外，山里寒舍还有其他的配套设施，如中西餐厅、多功能会议厅、水榭露台、游泳池和迷你高尔夫球场等。在度假区内，还有一段明代长城，游客闲暇时可以攀爬游览。

7. 模式：向“大牌”学习，连锁不复制

经营管理、宣传推广等成本是单体酒店的一大软肋，山里寒舍同样面临这样的问题，搞连锁品牌化便成为单体酒店提档升级的路径选择。2013 年，山里寒舍团队紧接着又打造了另外一个项目——山里逸居，同样位于北京近郊的密云区。山里逸居也并没有简单复制山里寒舍，而是相对独立的项目，既保留了所在村子黄岩口村的原汁原味，内部又充满国际设计元素，给人在山里“逸”然居住的独特体验。

8. 未来：借力专业酒店资源，实现度假品牌规模化

由于山里寒舍的运营团队不是专业旅游酒店出身，缺少对酒店的管理运营经验。随着企业规模达到一定程度，山里寒舍急需与专业公司进行合作和开发。

2015 年 3 月，山里寒舍与首旅酒店合作，成立首旅寒舍。首旅寒舍受托对“山里寒舍”和“山里逸居”进行品牌管理。

2015 年 9 月，山里寒舍与去哪儿网、首旅酒店、它山堰共同成立合资公

司，投资高端精品乡村酒店。

3. 乡村会所

在总体规划上，乡村会所嵌入乡村基底，走高端私密的路线；外观上融入当地建筑文化元素，底蕴厚重；整体上依托私家田园腹地，打造低密度、私密性文化艺术休闲与居住空间。乡村会所很大程度上还原了一些消费者心中关于世外桃源的梦想。

友情链接 2－4　浙江省德清县枫华乡村会所

腹地环境：枫华会所位于浙江省德清县莫干山镇，毗邻莫干山风景区，会所占地面积上千平方米，依山傍水。背靠莫干山竹海，视野所及处是片片青翠的竹林，清澈的小溪缓缓地流过。周围的环境幽雅恬静，空气清新，有如陶渊明笔下“采菊东篱下，悠然见南山”的世外桃源。溪边的石墙斑驳着爬山虎，墙上悬挂着多年前的水车，前院是一个大庭院，有秋千、葡萄架、实验田，是体验田园生活的一个好去处。

会所风格：会所采用多建筑楼整体连接结构，以递增的楼层数构建出整体阶梯形的新型格局。会所坚持节能减碳和有效利用资源杜绝浪费的宗旨，楼的主体结构为不腐木建造，横梁、支柱，都是整株不腐木塑成，古朴的纹路和清新的木香，为整栋楼营造了更为自然的气氛。墙面为青石砖与石灰水泥的完美结合，青石砖的坚韧和水泥的柔软融合在一起，完成了似 20 世纪 80 年代重现的淡雅和古韵。围墙则是剩余石料垒砌而成，不规则的形状，些许凌乱的墙面，为整个木质楼层平添了一份和谐感。

4. 度假木屋

度假木屋的特点是自然、古朴、野趣，符合绿色环保的理念。度假木屋通常规模较小，建筑风格也不尽相同，一般分散式布局。有独栋式的，也有复合式的，既提供住宿，也提供烹饪、休闲娱乐等服务。建设位置选择比较考究，一般建在海滨、湖滨或相对偏远的森林中、植被茂盛的山林，多因地势而建，错落有致。

5. 农家别院

农家别院是利用乡村旅游区内的传统民居改造而成的供家庭、团体游客度假使用的住宿设施。这类乡村旅游住宿项目的设计应保留乡村民居特色，可以以篱笆为外墙，营造“前有菜地鱼塘、后有花卉绿树”的乡村休闲氛围；厨房庭院等配套这里一应俱全，在周边环境打造过程中要把农耕生活形态的一些典型景象提纯集萃，在住宿环境中展示出来，如将牛羊慢踱、鸡鸣狗吠、村口老树、门前小溪、戏台等农耕生活形态融入别院的建设中。

三、“行”在乡村

旅游六要素里的“行”包含两个方面的内容：一是道路建设，包括旅游地的外部可达性和内部道路建设；二是用于代步的交通工具。这里主要讨论的是乡村旅游景区、景点内部的道路交通建设。实际上，只要乡村旅游目的地占地面积达到一定规模，就存在“行”的问题。和外部交通要求“旅速游缓”不一样，目的地内部“行”的产品核心就是一个完备的“慢行”系统，让游客放慢脚步尽情欣赏乡村美景，更为游客营造一个悠闲的度假氛围。

（一）交通道路规划设计

乡村旅游内部交通道路要同时满足游客游览及景区内生活生产所需的物料、燃料和垃圾的输送需求。总的来说，乡村旅游内部道路根据游览线路、旅游景点分布而安排，依势而建，在选址和建设中要求不能破坏原有的自然景观、植物群落和水系等，尽可能不建设旅游公路，道路的规划建设应注重体现生态性。一方面，道路材质要就地取材，尽量与周边环境相融合；另一方面，依据旅游资源分布情况设计多样化的游览道路，增加游览的趣味性。乡村旅游内部交通道路规划主要有以下几种类型。

1. 景区主干道

景区主干道为乡村旅游景区（点）内游客通行和景区（点）经营管理使用的主要道路，其路径规划要充分尊重地势及生态环境，不宜建设高级旅游公路、柏油路等城市化道路，而应规划仅供电瓶车、新能源车等通行的旅游道路，机动车、私家车不得通行。主干道两侧种植乡土树木或观花乔木，将其打造成为乡村旅游景区（点）的引景走廊。

2. 游步道

游步道是乡村旅游景区（点）内供游客徒步游览的道路。游步道的建设应顺应地势，尽可能利用现有的乡村小路和山道，减少道路建设对环境与景观的破坏。游步道的路径规划要尽可能构成旅游回路，形成景区内的游路网和乡村聚落联接网。道路材质的选择应就地取材，根据景点的不同选用当地无污染的生态材料，如原木、块石、碎石、鹅卵石等。实际上，在桥、栏、石、植被等的搭配下，游步道本身也可作为重要的乡村景观。因此，游步道的建设在保证各个景点之间自由畅通时，也要尽量保持自然野趣。

3. 健身步道

登山道利用乡村旅游区的天然泥土、沙石建设，根据不同山势地势、功能和资源条件选择不同的走势，避免走回头路；道路的建设应考虑原始生态景观的保护，路边设置简单的指示牌，危险处设置护栏、警示牌等。

友情链接 2－5　北京市顺义五彩浅山步道

五彩浅山滨水国家登山健身步道，规划线路总长为 280 千米，串联龙湾屯、木林、张镇、大孙各庄及北石槽等浅山五镇，设综合服务驿站 6 个，成为集自驾车、山地自行车、登山步道“三位一体”，国际领先、国内一流的登山健身步道，并成为全国著名的都市运动目的地和生态消费地。

五彩浅山步道针对不同人群需求，分别构建半天至 1 天、1～2 天、2～3 天的主题登山健身游程，最长可提供 7～15 天登山健身游程。为不同年龄段和体能类型的人群提供多元化的步道选择，按照步道难度划分为高难度、中低难度、低难度步道。在路径中设置了休息站、露营地、救援系统、景观平台、亭台景观等辅助设施，为登山者提供便利。

4. 自行车道

自行车道作为一种既健身又环保的旅游交通项目，在乡村旅游地受到了众多旅游者的喜爱。自行车道可选择本地原有的交通土路扩宽、平整，或依山势修路，线路规划时而平坦，时而起伏曲折，增加体验性，并且保证自行车道沿途风景优美，以实现健身、观景的目的。自行车的交通方式非常适合观看乡村景观，例如，浙江丽水市松阳新兴镇生态茶园通过修建长达10多千米的绿色廊道工程，并专门配备越野自行车和休憩点，使得“骑行游赏”成为欣赏这连绵起伏、错落有致“茶海”景观的最佳方式。

5. 水上交通

在以湖泊为主要旅游资源的乡村旅游地区，设有湖滨栈道、汀步、汀步小桥、平板曲桥、拱桥等水上交通道路，这类交通道路既满足通行需要，又成为景区的特色景观。

（二）交通配套设施规划设计

1. 旅游交通工具规划

乡村旅游外部交通工具主要有公共汽车、轮船、飞机、自驾车等4种形式。内部旅游交通工具形式多样，具有一定乡村特色。这里所说的旅游交通工具规划专指乡村旅游景区（点）内的交通工具。

首先，乡村旅游交通工具的规划应遵循生态环保的原则，尽量采用污染小、能耗低、噪声小、节能化的交通设施，如电瓶车、纯电动车、混合动力汽车、环保小火车等。交通工具的规划还应与道路规划相结合，道路规划中多铺设游步道、小径、台阶等，减少交通工具的使用。其次，乡村旅游交通工具的规划应彰显乡村特色和趣味性，规划设计传统的以人力、畜力为动力的交通工具，如轿子、骑马、牛车、羊车、索道、船只、热气球等，在满足旅游通行的同时增加游客的旅游体验。

2. 停车场规划

随着私人拥有轿车的比例越来越高，自驾车旅游成为乡村旅游的主要出行方式。自驾车游客数量多了，就存在车辆停放的问题。一般在游客比较多的乡村旅游区应建设大型生态停车场，在各旅游景点适当位置设置小型停车场。一方面，停车场的建设应遵循“生态环保”原则，配套设施取材符合环保标准，停车地面铺设草坪砖，并加强停车场四周的景观绿化，使停放车辆掩映在绿色“车库”中，尽显乡村自然、生态的风姿；另一方面，停车场停车位面积及间距核定可参考《城市道路交通规划设计规范》的相关要求，空间大小设定应建立在科学合理的游客容量测定基础上，并为未来发展留有余地，以保证乡村旅游区的可持续发展。

四、“游”在乡村

“游”在传统大众观光游览活动中是最核心的旅游活动要素，在以休闲度假体验为主要特色的乡村旅游活动中相对被弱化了，但这并不表明乡村旅游不需要“游”。实际上，乡村旅游的吸引力，一部分也是源自乡村景观的美感，即便没有壮阔的湖光山色，单是原生态的乡村样貌就足以满足人们对乡村景观的向往。

（一）乡村景观类型

1. 乡村田园景观

自然田园风光是乡村景观中最主要的构成部分，是乡村旅游景区建设的基础。它包括大规模成片的农田带、多种类经济果林、蔬菜园区，一定面积的天然或人工水面等。

2. 乡村聚落景观

聚落是人类活动的中心，它既是人们举止、生活、休息和进行社会活动的场所，也是人们进行生产劳动的场所。我国的乡村聚落分为集聚型，即团状、带状和环状村落；散漫型，即点状村落；特殊型，表现为帐篷、水村和土楼。乡村聚落的形态、分布特点及建筑布局构成了乡村聚落景观的丰富内涵。这种景观具有整体性、独特性和传统性等特点，反映了村民们的居住方式，往往成为区别于其他乡村的显著标志。

3. 乡村建筑景观

乡村建筑景观包括乡村民居、乡村宗祠建筑以及其他建筑形式。不同地方的乡村民居均代表一定的地方特色，风格迥异，给游客以不同的感受。如青藏高原的碉房、内蒙古草原上的毡包、苗乡的寨子、黄土高原的窑洞、客家的土楼等，千姿百态，都具有浓郁的乡土风情。乡村宗祠建筑，如气派恢宏的祠堂、高大挺拔的文笔塔、装饰华美的寺庙等，是乡村发展的历史见证，反映出乡村居民生活的某一面。

4. 乡村农耕文化景观

我国农业生产源远流长，乡村劳作形式种类繁多，有刀耕火种、水车灌溉、鱼鹰捕鱼、采药摘茶等，这些都充满了浓郁的乡土文化气息，体现了不同的农耕文化，对于城市居民、外国游客极具吸引力。

5. 乡村民俗文化景观

乡村民俗反映出特定地域乡村居民的生活习惯、风土人情，是乡村民俗文化长期积淀的结果。除了各民族的传统节日，还有农村的游春踏青、龙舟竞渡、赛马、射箭、荡秋千、赶歌等各种民俗活动都具有较高的旅游开发价值。乡村风俗习惯，如我国各地的舞龙灯、舞狮子，陕北的大秧歌，东北的二人转，西南的芦笙盛会都脍炙人口。还有各地民间工艺品，如潍坊年画、贵州蜡染、青田石刻以及各种刺绣、草编、泥人、面人等，无不因其浓郁的乡土特色而深受游客青睐。

（二）乡村景观产品策划

1. 田园景观策划

通过以农业景观代替园林绿化景观，如保留和提升大尺度的稻田、花田、茶园、竹林等“物美价廉”的农业景观资源，加上原有的野花、野草等地被植物资源，不但可以形成层次丰富多样的立体田园景观，而且相比园林绿化可以大幅度降低景观成本。

为了满足旅游开发的需要，可以在不丧失生产能力的前提下，改变农田的规格和布局，吸引游客。如构建植物迷宫、造型植物、模纹植物、模拟名画、大地艺术等。

此外，还可以通过合理控制农作物的品种和种植时间，以繁茂的花果为游客提供游憩空间和体验载体。不同成熟期、不同色泽、不同花期的品种合理搭配都能创造出宜人的乡村景观，如云南曲靖罗平的油菜花节就是通过人为控制农作物的种植，形成规模效应。

2. 现代农业景观策划

随着科学和生产力的发展，刀耕火种的时代已经一去不复返。农业生产方式在不断进步，嫁接、扦插、克隆、杂交育种等高科技的应用，轮作、套种、间作、地膜覆盖种植、大棚栽培、立体种植、反季节种植、工厂化养殖等新的种、养方式的应用，使得现代化农业呈现五彩斑斓的景象。以农业高科技为指导，引进国际先进技术，形成以循环农业、低碳农业为特色的，集种植、养殖为基础的现代农业产业园，再用旅游休闲进行资源组合，就可以为游客提供集观光、科普、美食、休闲、度假于一体的高科技农庄。

现代高科技农业生产出来的各种各样的农产品，如各种粮食作物、经济作物、瓜果蔬菜、花草树木以及各种畜牧鱼类等，不仅具有观赏性、科普性，还可以作为原材料为游客提供美食，供游客购买。让游客了解这些植物的名称、特征、分类、生活习性，如何播种、育苗、浇水、施肥、除草、灭虫等，了解农业生产的类型、季节性、周期性、各类农业生产的基本条件、农业生产的地区特点、生产过程等，增加游客的现代农业理性知识。

3. 乡土建筑景观策划

乡土建筑蕴含着丰富的历史、科学和艺术价值，能直接表达乡村的个性特征。乡村建筑能够充分展现人的生存智慧，无论是清丽婉约的水乡古镇，还是质朴自然的黄土窑洞，都是乡村人祖辈智慧的结晶，对乡土建筑的改造与利用，应当积极听取乡民的意见，尊重乡土建筑随着时间的推移而出现的变化，尊重其结构的特色和完整性。乡土建筑景观策划主要应做好古村落、古建筑的恢复与保护，营造乡村氛围。对于已经消失的乡土建筑景观，恢复重建的设计理念应尊重当地建筑文化、遵从示范意义、尊重当地村民的生活方式，力求反映原文化、原住民、原艺术、原生态、原建筑。村庄空间发展应尊重村落传统肌理，鼓励民居建筑原址改造和新建，维护依山、傍水、绕林、环田、自然延续的传统乡村格局。接待服务设施和设备的改造和恢复秉承“外土内洋”的原则，保持传统、古朴的外观，同时内部装修可以采用现代化的材料的风格。

五、“购”在乡村

乡村旅游“购物”通过旅游把当地的土特产销售出去，让农民直接受益，对于提高乡村旅游的效益，丰富乡村旅游产业链具有重要的意义。乡村旅游商品是乡村旅游购物体系的基础和核心，通常包括土特产品、手工艺产品、旅游纪念品。

（一）乡村旅游商品的开发原则

1. 突出地方特色

乡村特色是乡村旅游商品的生命。一方面，乡村旅游商品制作要就地取材，制作工艺、风格要尽可能保持“原汁原味”；另一方面，要根据各地具体情况及资源特点，开发个性化、差异化的乡村旅游商品。

2. 深入挖掘文化内涵，提高附加值

乡村旅游商品规划应充分挖掘具有地方特色的民间工艺、土特产品、风味美食等的文化内涵，通过综合开发和包装加工，形成丰富多样的旅游商品系列。如茶叶加工成的中国结、挂坠等工艺品，竹笋、果蔬等农产品，制成各种干货、袋装食品、罐头、饮料等。

旅游商品的附加值在于创意，基于资源特色的大胆创新，可以为旅游商品带来巨额的溢价空间。比如，花卉种植区可以依托规模化产业形成的农业基础，通过加工、销售与种植花卉相关的产品盈利，比如薰衣草香皂、花卉手工制品、薰衣草精油、香水等。

3. 创新商品包装设计

乡村旅游商品生产者应该在旅游商品包装设计上下功夫，以地方独特原材料作为乡村旅游商品的包装原料，考虑旅游者的消费习惯和生活方式，在保持传统特色、追求原汁原味的基础上，改变旅游商品的包装设计，突出旅游商品的纪念性、礼品性，以便携、美观、多样化的包装来刺激旅游者的购买欲望。

4. 方便的购物设施规划

乡村旅游购物点的设置要结合乡村游客的活动规律，注重与游客的游览过程结合，通常在旅游接待区、主要景观节点或休憩、娱乐设施附近设置相应购物点。同时，购物重点布置在出口通往停车场的道路上，以方便游客购物。乡村旅游购物点的建筑风格要与周边环境相协调，体现乡村古朴的特点。

（二）旅游商品策划

1. 土特产品

土特产品是具有浓郁地方特色，以地方原料或地方具有一定垄断性技术、历史悠久的传统工艺为支撑而生产加工的产品。茶叶、中药材、保健产品、食品、饮品等种类众多的农副产品、地方名特产品等，都可以开发成乡村旅游商品。特色性和地方性是旅游商品的生命，对土特产品更不例外。土特产类旅游商品大多生产在偏远乡村地区，其开发仍停留在传统手工业或作坊的基础上。在土特产类旅游商品的开发中，不应拘泥于传统工艺的原型，必须深入研究，对资源进行深度加工，挖掘民族、地方、民间的文化内涵，根据现代人的审美、消费体验心理进行加工、转换和筛选，开发出跨越传统的创新产品。

2. 手工艺品

我国广大乡村地区散布着大量的民间艺人，手工艺品在乡村有悠久的设计、生产传统和历史，积累了丰富的经验，同时，乡村地区有丰富多样的工艺美术品创作材料和文化主题，发展空间巨大。手工艺品主要包括雕塑、漆器、陶瓷、编织、金属工艺品花画、织绣等。成功的手工艺品策划，不仅可以成为乡村旅游地巨大的收入来源，而且对于乡村旅游地的品牌形象形成也有促进作用，如台湾的桃米村本是一个地震废墟，该村利用本土蕴藏的丰富生态资源，将 23 种不同形态的青蛙和 56 种色彩斑斓的蜻蜓作为特色，依据两种小动物设计出各种可爱的卡通形象，遍布乡村醒目位置，并鼓励村民用纸、布、石头等乡村材料，制成手工艺品，很快成为畅销旅游商品，也使整个村子成为远近闻名的昆虫生态文化体验休闲区，每年都有大量的游客前往体验和观光。

3. 旅游纪念品

纪念品包括文化类商品和旅游专门用品，前者包括介绍地方历史、景物等的书刊、图片、光盘、字画金石、文房四宝等；旅游专门用品包括旅游鞋帽、太阳镜、防寒防暑用品、电筒等。纪念品的策划与开发要注意与乡村旅游目的地的宣传相结合，将商品赋予乡村地方内涵，突出其“纪念”意义。

六、“娱”在乡村

乡村旅游娱乐项目是乡村游客体验乡村休闲生活和乡村文化的重要载体，通过体现休闲旅游活动的情与趣，让游客通过参与娱乐项目在身心上感到放松、快慰和愉悦，使乡村游客在乡村旅游过程中获得更丰富的旅游体验。

（一）乡村旅游娱乐策划原则

1. 以人为本原则

以人为本要求乡村旅游娱乐项目的策划要遵循人体生理和心理的规律，满足游客的现实的和潜在的需求，注重游客生命质量的提高，并通过有效的规划和导引，使游客在娱乐过程中体验到身心愉悦。

2. 乡土特色原则

旅游的本质是追求与自己原来的生活环境、生活习俗不同的感受和观感，乡村旅游也不例外。因此，乡村旅游娱乐项目要以乡土化、地方化和民俗化为原则，让游客能够在乡村旅游过程中充分感受到乡村与城市不一样的乐趣。这就需要在乡村旅游娱乐项目的策划过程中，充分发掘当地的特色文化和奇特的游乐方式，把丰富的文化内涵融入新奇的娱乐方式中，让游客享受到独特的游乐方式。

3. 情景化原则

乡村旅游娱乐方式的设计，应对观赏性资源、文化资源等进行情景化改造与设计，形成情景化的场景、情景戏剧化的环境。通过情景化设计，将自然与文化资源，转变为人性化的观赏过程，转变为具有吸引力，可使游客兴奋的产品。比如乡村常见的采摘蔬果、参与农村节庆、荡秋千等活动，通过情景化打造成方便游客参与的乡村娱乐项目，让游客通过参与体验丰富阅历又增长见识，可以丰富游客对乡村生活情趣的体验。

（二）乡村旅游主要娱乐活动

乡村旅游娱乐项目可以分为基本休闲项目、趣味娱乐项目、农业体验项目、民俗文化参与、康体保健项目、科普艺术参与、手工艺制作等。根据乡村旅游资源特色以及旅游需求的不同，乡村旅游娱乐项目可以概括为表 2 -1 所示的主要类型。

乡村旅游娱乐项目的规划设计应依托乡村旅游区的各类自然与人文旅游资源，综合考虑不同阶层乡村游客的需求差异。除了卡拉 OK、扑克、麻将等常规娱乐活动外，应主要策划安排运动类、疗养类、农事体验类等城市少而又利于身心健康的娱乐项目。

表 2-1　乡村旅游娱乐项目主要类型

类型	具体项目
水域活动	垂钓、游泳、泛舟、漂流、冲浪、快艇、潜水、航行、沙滩排球、日光浴等
空中活动	轻型飞机驾驶、蹦极、滑翔、跳伞、热气球等
陆地活动	野外探险、洞穴探险、攀岩、远足、溯溪、骑马、骑山地自行车、山地高尔夫、滑草、高山滑雪、狩猎、拓展训练等
文化活动	考古、探访历史文化遗迹；民间杂技、民族歌舞表演；学习民间传承、手工艺；欣赏乡村民谣、参加农村音乐会；品尝地方美食；参观工农业、手工艺企业、博物馆和民间艺术工作室；园艺培训等
康体疗养活动	瑜伽、泡温泉、森林 SPA 等
休闲活动	观鸟、观察野生动植物、写生、摄影、赏花、赏景、酒吧休闲、篝火晚会、露营、野餐等民间娱乐活动
农事活动	耕作、纺纱、碾米、做豆腐、放牧、挤奶、捕捞、采摘、酿酒、农产品加工
主题农业活动	葡萄酒节、苹果节、草莓节、田野节等
童趣活动	荡秋千、玩弹弓、捉鱼捉虾、自制玩具、宠物饲养、放风筝等
商务活动	小型会议、公司年会、团队拓展训练等
其他活动	农产品展销、乡村节庆活动

第三节　形象策划

旅游产品的开发是旅游业发展的物质基础，但是旅游产品的不可移动性，决定了旅游产品要靠形象的传播，使其为潜在游客认知，从而产生旅游动机，并最终实现出游计划。因此，要使旅游地的旅游业能可持续发展，保持旺盛的生命力，树立与维持旅游地在游客心目中的良好形象也是关键。在激烈的旅游市场竞争中，形象塑造已成为旅游地占领市场制高点的关键。

一、形象定位

形象是企业文化的综合反映，是企业通过自己的行为、产品、服务在社会公众心目中绘制的图景和造型，是公众以其直观感受对企业做出的全部看法和评价。旅游企业形象，是指公众对旅游饭店、旅行社、旅游交通和其他旅游产品的经营者的看法和评价；而旅游地的形象则是公众对这一地区所有产品、服务、设施、环境等总的看法和评价。旅游者每到一个地方观光，心里总会留下一些与从前的经历不同的印象。旅游地的吸引力在很大程度上来自呈现给公众的形象。这种形象，一部分来自直接或相关的经验，而另一部分则来自信息和宣传。乡村旅游形象是乡村旅游地对客源市场产生吸引力的关键，是乡村旅游地的象征，不仅是乡村旅游地的软实力，也是核心竞争力之一。

乡村旅游形象定位，要在对旅游地人脉、文脉、地脉等各个方面整体把握和研究的基础上，对旅游地形象现状进行调查和研究，找准主题形象，主要包括以下几个方面的工作。

（一）形象现状的调查与识别

旅游形象现状调查首先要调查旅游地的知名度和美誉度。旅游地的知名度是旅游者包括潜在旅游者对目的地识别、记忆的状况。其测算公式为：

知名度 = 知晓旅游地的人数/总人数

知名度本身并无好坏之分，但好与恶都可以提高知名度。

旅游地的美誉度，是指旅游者对旅游目的地的褒扬、赞赏、喜爱情况。其测算公式为：

美誉度 = 称赞旅游地的人数/知晓旅游地的人数

旅游形象现状的调查还考虑到认可度，所谓旅游地的认可度是指旅游者把旅游地的产品和服务纳为自己消费对象的程度，其测算公式是：

认可度 = 行为人数/知晓旅游地的人数

这样，就可以将旅游地形象状态与旅游者对目的地可能的选择行为的对应关系表现出来，如表 2－2 所示。

表 2－2　旅游地形象状态及被选可能性

知名度	美誉度	认可度	旅游地形象状态	旅游者选择可能性
高	高	高	好且吸引人来，热点	最高
高	高	低	好但人来的不多	最小
高	低	低	臭名远扬，难转变	最小
低	高	高	美名不远，可提高	大
低	低	低	臭名不远，可转变	小

（二）旅游地形象构成要素调查

对旅游地形象构成要素的调查，除了需要了解游客对某旅游地知道或不知道的情况，以及对旅游地具有好或不好的一般感知形象外，还要进一步了解该旅游地在旅游者心中究竟具有怎样的形象内容，旅游者为什么会形成这样的印象，旅游地本身有哪些要素使旅游者形成这样的印象，或者说，一提起该旅游地，旅游者心中会想起什么，会用怎样的词语评价、描述、传播它。在具体的旅游地形象构成要素调查中，实际形象因子不可能在所有旅游地中是统一的。一般来说，通过设计调查问题，可以测量出旅游地实际形象的构成因素，从而帮助挖掘出最具特色的内容，确定目标形象。

对于上述两个方面的调查，特别是关于旅游者对该旅游地的形象的认知信息，一般难以找到现成的资料，需要通过调查获得第一手资料，基本的调查过程主要包括以下几个步骤：

1. 确定调查目标。
2. 明确调查方向。
3. 选择抽样方法。
4. 拟订调查问卷。
5. 组织与实施调查。
6. 对调查数据进行分析。

（三）地方性分析

地方性研究是旅游形象设计的基础工作之一，其主要任务就是通过对乡村旅游地文脉的把握，对地方历史文化的“阅读”提炼，总结该地的基本风格，包括文化特质和自然特性。“地方性”往往能反映一个区域的总体吸引物特征，如北京是以历史文化与首都风貌来与众多城市相区别的。“地方性”研究包括自然地理特征分析、历史文化特征分析和现代民俗文化分析。

1. 自然地理特征

一个地方在地理特征方面具有与其他地区截然不同的特征或者占有特殊地位，都有可能被强化开发为吸引旅游者的事物，在感知主体中心中占主要位置。如黑龙江省地处中国最北，“寒冷”是旅游者对它最直观的感知，黑龙江省就把旅游形象定位为“黑龙江——中国最 COOL 省”。

2. 历史文化分析

地方性研究还要对地方的历史过程进行考察分析，寻找具有一定知名度和影响力的历史遗迹、历史人物、历史事件和文化背景，作为地方性显要因素，利用当地历史文化进行特色挖掘很重要。

3. 民俗文化研究

对当地民族文化和民俗文化的考察分析，提炼出富有地方特色的景观特征。特别是在一些少数民族集中的地区，民族文化往往构成富有旅游号召力的精粹内容，为旅游形象的设计和旅游目的地的影响打下坚实的基础。

（四）旅游资源特色分析

旅游景观资源是旅游者感知的一个重要内容，形象特色的挖掘首先得挖掘现有资源，在资源分析的基础上打造旅游形象，这样才对旅游者有吸引力和感召力。特别是对于新开发的旅游目的地，更要以旅游资源为基础，挖掘其特色，整合强势旅游产品，打造旅游目的地主题形象。例如，四川省成都市郫县友爱镇农科村，早在1992年全村就有一大半农户从事花木种植，现在通过示范带动扩村后，花卉种植面积已达1840亩，花木盆景是农科村最重要的旅游资源。基于此，农科村提出打造“中国盆景之乡”的旅游形象。

（五）形象定位方法

1. 空位定位

空位定位是旅游形象定位最基本、最常用的一种方法。因为旅游形象存在空缺，所以，只要努力填补这一旅游形象空位，就能树立一个独特的旅游形象。例如，青岛的地景大道，就是采用空位定位的方法，塑造出中国首个“地景大道”的旅游形象。地景大道是以即墨路、德平路、辽宁路、“901”原地下人防设施为基础，自南向北呈“一”字形布局的大型地下商业综合体，全长为1000米，设有10个出、入口，集旅游观光、购物消费、休闲娱乐、电玩游艺、4D影院、休闲餐饮、地下人行通道等多功能为一体，为广大市民、游客提供一处地景旅游的观光地、地景商业的消费地、地景文化的体验地、地景时尚的展示地和地景休闲的集聚地。

2. 地位定位

定位决定地位，反过来也是，地位决定定位。地位定位是旅游形象定位普遍采取的一种方法，每个旅游地的旅游形象诉求不一样，对于那些垄断资源的旅游地，且定位在同类旅游资源的第一位，利用人们对“第一”“唯一”或者“最大”的好奇心和崇拜心理，以其无法替代性的“地位”来对其进行定位。例如，“感受黄山，天下无山”采用的就是地位定位的方法。

3. 插位定位

插位定位依据的是插队原理。如果和处于领先地位的旅游地进行正面竞争，困难校大，而且很难得到公众的接受和认可。但如果按部就班，一时恐怕很难树立形象，插位定位不失为一种有效的旅游形象定位方法。例如，众多“××之乡”“××之镇”的形象定位，实际上就是一种插位定位方法。

4. 抢位定位

先发制人，抢占有利的旅游形象定位，也是旅游形象定位中的一种有效方法。例如，江苏省张家港市的旅游形象定位是“天堂之上”，就是一种抢位定位的方法，其借助“上有天堂，下有苏杭”这一深入人心的旅游概念，使得张家港在形象中抢占到一个非常有利的位置，而张家港就其位置而言，在地图上的确也在具有“天堂”之称的苏杭的上面。

5. 虚位定位

所谓虚位以待，虚位定位成为时下旅游形象定位最盛行的一种方法。大量的实践和事实表明，具有优势、具有特色、具有内涵的旅游地毕竟属于少数。中国乡村旅游的蓬勃发展，各地乡村旅游如雨后春笋，茁壮成长。然而很多乡村毕竟特色不够，在底气不足的情况下就是一种“虚位定位”的策略，往往也会收到很好的效果。“××天堂”“××胜地”，采取的就是一种“虚位定位”方法。

二、形象设计

乡村旅游形象设计就是要使旅游地深入潜在游客心中，占据其某处心灵位置，使旅游地在游客心中形成生动如画、鲜明而强烈的感知形象。乡村旅游地形象设计的主体是形象的定位，然后通过视觉化的表达将形象呈现出来。

（一）乡村旅游地视觉景观设计

视觉景观的美感和吸引力是乡村旅游地发展的永恒因素之一，开发、设计、美化、发展乡村景观的视觉因素，是塑造乡村旅游地形象的重要组成部分。乡村景观主要由乡村田园景观、乡村聚落景观、乡村建筑景观、乡村农耕文化景观和乡村民宿文化景观所构成。他们具有丰富的内涵，与城市景观形成巨大的反差。所以乡村旅游地的视觉景观形象设计只能是突出乡村景观特色，展现特有的乡村意象，重点放在景观斑、景观廊、景观基的空间组织和文化体现上。

乡村旅游地是一个以自然成分为主的人工生态系统，一个自组织、自调节的开发系统，一个有人参与的主动系统。因此我们在进行视觉景观形象设计时，要遵循生态规律，树立生态观念，用生态美学标准进行构思、加工改造。传统美学中，强调建筑形式与功能的结合，注重体量、色彩、比例、尺度、材料和质感等视觉审美要素以及空间给人的心理感受。其实，在自然界中，众多生命与其生存环境所表现出来的协同关系与和谐形式本就是一种自然的生态美。

生态美学具有三个基本特征：一是生命力，要求我们规划设计的乡村景观应具有良好的生态循环再生能力，如珠江三角洲部分保留的桑基鱼塘、蔗基鱼塘、果基鱼塘等；二是要体现和谐，要求人工与自然互惠共生，各有所得，相得益彰，浑然一体，即人工构筑物与生态环境形成一种和谐美，如江南水乡；三是健康，在争取人工与自然和谐的前提下，创造出无污染、无危害，使人生理、心理得到满足的健康旅游环境。

生态美学要求我们在具体设计建筑时，首先，要维护地方的尺度，使新建筑不影响该地区目前的“图景”和“特点”；其次，运用当地建筑材料，如木材、石料、竹子、藤类等自然材料，色彩要与环境协调，即建筑可采用“内部现代化，外观自然化”。再次，运用适应当地气候的建筑方式；最后，运用环保节能的建筑技术。此外，要杜绝诸如垃圾成堆、污水横流厕所卫生差等“视觉污染”。

在视觉景观设计中，值得注意的是，各要素的设置要与所处环境相适应，当视觉突出效果与环境不协调时，要予以适当的改造变通，不能一味地强求“标准”。

（二）视觉符号系统设计

视觉符号系统不仅有助于旅游者完成实地旅游活动，能借此传达和影响旅游者对目的地的引致形象，还能强化旅游者通过实地旅游所形成的旅游地直接形象。旅游地视觉识别符号系统是一种符号解释系统，能实现旅游地形象力所要求的清晰、易懂的特征；另外，通过理念一致的设计，使众多分散的符号在确定的空间范围内形成统一的形象特征，能给游客以强烈的形象力。

视觉符号系统包括标识符号和应用符号系统。标识符号系统包括旅游地名称、旅游地标徽、标准字体、标准色、象征吉祥物等。标识符号系统的设计要体现地方特色，简练、艺术性强、识别度高。应用符号系统包括旅游地纪念品、办公及公关用品、指示类应用设计、广告等。应用符号系统的设计亦要体现地方特色和时代特点，与旅游地总体形象统一。

友情链接 2 – 6　北京密云区旅游形象道设计

密云区旅游发展的实践证明，扎根地域文化、吸收乡土元素、反映乡村意境的乡村旅游形象是鲜活的，易被大众欢迎和接受。密云区的乡村旅游形象道塑造也是我国乡村旅游发展的一个典范。

综合形象设计理念：设计者既要提炼以乡土、自然元素为主体的乡村旅游形象，又要照顾到大景区内其他旅游形态，使得形象设计不过于单调。

村庄入口区：村庄入口区体现村庄主要标识牌，同时也有村庄的导示牌，标识明显、清晰。四周环境是具有特色的绿化景观。

街景布置：传承北方民居风格，按照南北轴线对称布置房屋和院落，坐北朝南，硬山式屋顶，屋顶双坡水，铺设陶制灰瓦或红瓦；墙面以青砖和红砖为主，大门内建影壁；门窗外饰为木质或仿木质，以带有传统符号的窗格装饰；沿街房屋外立面保持整洁，禁止私建乱搭，堆放杂物。

建筑物材质：屋顶材质为陶制灰瓦或红瓦，禁止使用彩钢瓦及玻瓦；墙面以石材、青砖或红砖为主，仿石材、青砖或红砖贴面为辅，粉刷次之；石墙自然缝，青、红砖白色砖缝，禁止使用瓷砖作为外墙贴面；门、窗外饰以木材或仿木材质为主；墙裙及踢脚以石材、人造石材包裹，禁止用彩色涂料粉刷。

照明系统：街巷宽度大于 4 米时，设置高度为 4 ~ 6 米的路灯，距离每 30 ~ 40 米放一盏；街巷宽度小于 4 米时，设置高度为 4 米以下的庭院灯，距离每 20 ~ 30 米放置一盏；庭院灯灯罩样式的选择与村落整体风格协调统一；灯杆的颜色选择避免使用红、黄、蓝等过于醒目的颜色，宜选用黑、棕、墨绿、墨蓝等沉静、雅致的颜色，以达到与周边景观的和谐。

绿化及小品：结合当地自然和人文特点，营造具有区域历史文化特点和地方特色的绿色景观，因地制宜，种植植物的区域适用性强；村庄内的绿化要充分利用房前屋后、街边空地进行绿化种植。村内大树、古树要有支撑和保护设施，古树挂牌，设专人养护管理；小品可以丰富景观层次，增加旅游趣味。小品风格、立意符合乡村特色，不建议出现过于抽象或城市化的小品。

公共卫生设施：在公共服务区，如停车场或游客接待中心的合理位置；风格与环境相协调；周边1~3米内要有绿化带；专人管理设施完备，保证内部和外部环境整洁卫生。

村庄入口导示牌：村庄入口导示牌和具有引导功能的景观小品，其风格突出乡村风情，标识清晰、醒目，选址与周边环境相协调；导示牌距离公路不小于5米；导示牌使用环保材质，安装安全、稳固。

门头牌匾：采用传统北方门头牌匾和田园立式牌匾，牌匾与建筑风格相吻合；避免采用广告灯箱或明亮金属类材料作为牌匾。

三、形象传播

旅游地形象传播的最终目的是把旅游目的地的形象用某种媒介传达给旅游者，让旅游者对旅游地形象产生深刻并且良好的印象，只有媒介和旅游者之间有了有效的互动，才能有效地把旅游形象深入传播到旅游者的心中。

（一）形象传播内容

1. 景观形象

乡村旅游景观形象是乡村景观在人类感知的过程中形成的记忆性、分辨性的整体特征形象，具有明显的可识别性，是人们区别于其他乡村旅游地的形象特征。在旅游项目开发、景区建筑风格以及综合环境建设等方面，都必须与旅游地总体形象相协调，以增强旅游景区的整体美感。旅游景观形象应尽可能新颖并赋予旅游景区、景点一种个性，一种易于辨别记忆的面貌，特别是在第一印象区、村镇核心区和核心景区景点三个集中体现乡村旅游区景观形象的地方。为此，要依托旅游景区、景点的资源特色，采用反映当地特色的设计方案和原材料，对设施赋予富有想象力的处理，反映景区景点与气候属性，为游客提供与当地居民、工艺品和风俗习惯接触的机会，营造乡土氛围。

2. 文化形象

乡村旅游文化形象主要是对主题的具体化，使乡村旅游地的文化主题与内涵转变为游客直接认知的形象，包括景观综合形象、建筑小品、标识系统、宣传品、旅游企业文化等，以利于引导游客从不同侧面认知旅游区的文化内容。文化形象要借助环境各要素传递出的氛围来体现。高品位旅游形象的塑造需要依托高品位的旅游资源和媒体条件，通过突出旅游景区（点）的文化特征，在塑造内涵丰富且易于识别的文化形象基础上才能实现。

（二）形象传播手段

1. 形象广告

要合理利用报纸电视的专题报道、专题片的宣传效应，充分利用画册、明信片、挂历、邮票、宣传材料的传播效应，通过组织报纸电视采访、有关书籍的出版、电视节目的拍摄和利用互联网进行网上宣传来促进旅游形象的有效传播。

2. 公关策划

积极参加、组织各种与旅游有关的展览会、交流会、研讨会、演出会、招商引资会、新闻发布会等形式的公关活动，邀请专家学者、旅游企业的管理人员、著名作家、有广告影响的新闻媒介的记者来旅游地旅游参观，以扩大旅游地知名度。

3. 自媒体传播

首先要寻找一个好的媒体传播平台。微信、微博、QQ 群、贴吧、论坛，或者自己搭建一个网站。塑造一个大家喜欢浏览并持续反复光顾的微博或是微信公众号，需要博客经营者持续提供目标浏览者感兴趣、有价值的信息。

自媒体的特点是“关系”“互动”，因此，切忌办成一个官方发布消息的窗口似的冷冰冰的模式。要给人感觉犹如一个人，有感情、有思考、有回应、有自己的特点与个性。

“活动 + 奖品 + 关注 + 评论 + 分享”是目前自媒体互动的主要方式。除此之外，经营者认真回复留言，用心感受游客的思想，更能唤起游客的情感认同。这就像是朋友之间的交流一样，时间久了会产生一种微妙的情感连接，而非利益连接，这种联系持久而坚固。当然，适时结合一些利益作为回馈，游客会更加忠诚。

4. 会展活动

通过举办和参加展览会来传播旅游形象。展览会是在特定条件下运用一系列具有一定规模的实物来展示乡村旅游形象和旅游商品形象的专题性活动，具体形式有旅游商品交易会、旅游投资贸易洽谈会、旅游博览会等。

5. 户外传播媒介

户外传播媒介包括霓虹灯、广告牌、电子显示屏、Q 板、路牌、灯箱、车船、气球等形式。户外传播媒介的宣传内容一般比较简单、侧重于旅游地名称，对刺激公众的旅游消费欲望有一定作用。

6. 节事活动

旅游节事由于在时间发生期间高强度、多方位、大规模的宣传活动以及引起的广泛关注形成了巨大的轰动效应，能够使更多更广的人通过各种媒介或实地游览对旅游目的地留下深刻印象，从而在短期内强化了旅游目的地形象。旅游节事策划和设计，关键是选择和发展标志性的旅游节庆，其中节事的主题和级别最为重要。节事策划可大致分为两类：一是节事设计，即目的地节事从无到有，进行创意策划；二是节事运作，即对已确立的节事活动进行运作策划。能够成为某个地方的标志性节庆活动的选择是非常广泛的，不论是世界性的盛事还是地方性的节庆，不论是外来的节事活动还是本土的传统节日，不论是偶尔为之的节事，还是循环定期举办的节事，都可以发展和培育，成为旅游节庆。

参考文献

[1]陆素洁. 如何开发乡村旅游[M]. 北京:中国旅游出版社,2007.

[2]王衍用,曹诗图. 旅游策划理论与实务[M]. 北京:中国林业出版社,2008.

[3]王衍用,宋子千. 旅游景区项目策划[M]. 北京:中国旅游出版社,2007.

[4]王云才,郭焕成,徐辉林. 乡村旅游规划原理与方法[M]. 北京:科学出版社,2006.

[5]杨振之. 旅游项目策划[M]. 北京:清华大学出版社,2007.

[6]尹隽. 旅游目的地形象策划[M]. 北京:人民邮电出版社,2006.

第三章

乡村旅游营销

乡村旅游作为美丽乡村建设的重要模式已经进入了新的发展阶段，认真分析现状，发现问题，树立科学的乡村旅游市场营销理念，并采取行之有效的策略，对于提高乡村旅游产品的竞争力意义重大。乡村旅游营销是指基于乡村旅游市场的游客需求而进行的一系列商业活动的过程。本章主要讨论乡村旅游营销的五个方面的问题：乡村旅游市场细分、乡村旅游的产品策略、价格策略、渠道分销策略及促销策略。

第一节　乡村旅游市场细分

面对有不同旅游需求和欲望的游客，任何乡村旅游产品都不可能满足市场上全部游客的所有需求。乡村旅游经营者只能根据自身的优势与资源，从事某方面的生产、营销活动，选择适合自己经营的目标市场，以满足一部分旅游者的相关需求。因此，乡村旅游要通过基本的市场细分来选定自己的目标市场，进行市场定位，以便制定有效的旅游市场营销战略和对策。通过市场细分的作用可以帮助乡村旅游经营者发现市场机会，掌握目标市场的特点，从而制定市场营销组合策略，提高乡村旅游企业的竞争能力。

乡村旅游市场细分是指企业根据旅游者特点及其需求的差异性，将一个整体市场划分为两个或两个以上具有相类似需求特点的旅游者群体的活动过程。由于旅游者的购买欲望、购买实力、地理环境、文化、社会、购买习惯和购买心理特征的不同，决定了旅游者之间的需求存在广泛的差异。通俗地讲，旅游市场细分就是将一个大市场划分为若干个小市场的过程，将在某一方面具有相同或相近的旅游需求、价值观念、购买心态、购买方式的消费者分到一起。

知识卡片 3－1　乡村旅游市场细分的依据

通常，旅游企业是组合运用有关变量来细分市场，而不是单一采用某一变量。概括起来，细分旅游者市场的变量主要有地理变量、人口变量、心理变量、行为变量这四大类。以这些变量为依据来细分市场就产生了地理细分、人口细分、心理细分和行为细分四种市场细分的基本形式。

1. 按地理变量细分市场

即按照旅游者所处的地理位置、自然环境来细分市场。例如，根据国家、地区、城市规模、气候、交通、城乡、人口密度、地形地貌、行政区等方面的差异将整体市场分为不同的小市场。地理变数之所以可作为市场细分的依据，是因为处在不同地理环境下的旅游者对于同一类产品往往有不同的需求与偏好，他们对乡村旅游企业采取的营销策略与措施会有不同的反应。

2. 按人口变量细分市场

即按人口特征或统计变量细分市场。主要以年龄、性别、家庭人口、家庭生命周期、收入、职业、教育程度、社会阶层，宗教信仰或种族、国籍等为基础细分市场。如，由于生理上的差别，男性与女性在线路、产品类型、旅游必需品等旅游产品的需求与偏好方面均有差别。

3. 按心理变量细分市场

即根据旅游者所处的社会阶层、生活方式、个性特点等心理因素对旅游者细分。社会阶层指在某一社会中具有相对同质性和持久性的群体。处于同一阶层的成员具有类似的价值观、兴趣爱好和行为方式，而不同阶层的成员对所需的乡村旅游产品也各不相同。识别不同社会阶层消费者所具有的不同特点，可对很多乡村旅游产品的市场细分提供重要依据；个性是指一个人比较稳定的心理倾向与心理特征，它会导致一个人对其所处环境做出相对一致和持续不断的反应。一般情况下，个性会通过自信、自主、支配、顺从、保守、适应等性格特征表现出来。因此，个性可以按这些性格特征进行分类，从而为企业细分市场提供依据。

4. 按行为变量细分市场

对旅游者行为的评估，即根据购买者对乡村旅游产品的了解程度、态度、使用情况及反应等将他们划分成不同的群体。很多人认为，行为变数能更直接地反映消费者的需求差异，因而成为市场细分的最佳起点。

友情链接 3-1　独具魅力的粉红色航线①

粉色航线是根据妇女特点设计、专门为女性顾客服务的航线。近年来，职业女性的赚钱能力有增无减。她们财政独立，消费能力强，成为一股推动各地经济的新力量。一些精明的商人纷纷转攻急速增长的女性市场。于是，一些女性专属消费领域也应运而生，"粉色航线"仅是一个缩影。英国企业家亚当·查尔斯创立了世界上第一条"粉红色航线"。该航线致力于为女性提供一流的时尚服务。"粉红色航线"于 2007 年 6 月首航，由英国利物浦的约翰·列侬机场飞往巴黎，150 名乘客全部是女性，于 2007 年 6 月开始运营，总部设在英国利物浦。搭乘"粉色航班"，穿梭于世界时尚之都，过去只可能在好莱坞电影《律政俏佳人》里出现的场景，如今成为现实。现年 24 岁的英国年轻企业家亚当·查尔斯建立了世界上第一条女性专属航线，创造了民用航空业的新亮点。

粉红色航线被赋予了甜美、柔和、热情和浪漫等元素，是最具女人味儿的色彩。在高度信息化的五彩缤纷的世界里，粉红色飘满全球，是时尚流行中的主色调。因此，也成为各商家用来吸引女性的战无不胜的"广告色"。粉红色的服装、粉红色的手机、粉红色的妆饰、粉红色的海滩、粉红色的鸡尾酒会等，一系列专为女性设计的产品或服务应运而生。

---

① 粉色航线. http://baike.baidu.com/view/2130454.htm.

一、乡村旅游的需求类型

人们对乡村旅游最重要的需求可以抽象为一种对乡村“意象”的梦想，它是对“乡村之美”的追求，这种由乡村的“意象”给人们所带来的“乡村之美”，是乡村旅游业赖以生存和发展的永不衰竭的源泉，这不仅包含对乡村田园风光、民俗风情的审美欣赏，还包括对乡村生活与农业生产劳动体验的向往。随着乡村旅游市场从观光旅游向休闲旅游和康体度假旅游发展，乡村旅游的需求类型大致分为以下五类：

（一）对回归自然的渴望

由于我国城市生活环境越来越拥挤，城镇居民已厌倦了喧嚣紧张的城市生活，希望通过乡村旅游暂时远离喧嚣的生活环境，寻求一种回归自然的享受并通过参与各种农事活动获得身心的放松和娱乐。

（二）求新求知需求

我国城镇居民，平时跟农村很少有业务往来，由于长期生活在都市，他们缺乏对于农村、农事和大自然的基本了解，尤其是少年儿童，对乡村旅游地各种独特农村设施和淳朴民风民俗的好奇，使得越来越多的城市居民前去乡村旅游景区旅游，了解当地的文化习俗、民间艺术等，拓宽视野，感受文化艺术之美，扩大知识视野和陶冶情操，以满足自己求知求新的需求。

（三）怀旧情结驱使

首先，由于我国特殊的历史，很多人都曾下乡插队当知青，有过在农村生活、劳动的经历，尤其是20世纪60年代到70年代知识分子接受贫下中农再教育运动，这使相当一部分城市居民与农村、农民发生了或多或少的直接、间接的关系。这部分人多有重新感受那种田野风情，缅怀当年往事的怀旧情结。

（四）康体养生需求

随着我国老龄化时代的到来，除了传统乡村旅游业态以外，更出现了康体养生、山地运动等乡村旅游新需求，为乡村旅游的发展开拓了新的空间。乡村旅游者，希望能够享受城市环境所不能带来的精神上的感受及物质上的需要，因此他们会更加注重农村的生态环境是否良好，食品是否绿色卫生，空气是否清新等，同时在这里进行一些体育活动，强身健体。

（五）参与互动意识

随着旅游者的日益成熟，城市居民越来越期望能够主动参与到乡村旅游活动中。如以往对农家乐的需求，主要体现在餐饮上，最近几年游客期望“参与互动性娱乐”的要求越来越高，不但要求欣赏到独具特色的乡村旅游，而且还可以亲自采摘果实和干农活，或让游客参与乡村旅游商品的生产、制作过程，既充分调动了游客的好奇心，又能让游客体验到自己创作的意义，满足游客的心理需求。游客能够全方位地主动体验乡村生活，这样更能加深游客对乡村生活的印象。

当然，我国城市居民参加乡村旅游的需求是多方面的，并由此构成人们对乡村旅游的复合型需求。

二、乡村旅游目标市场策略

随着人们生活水平的提高，很多都市人都热衷于乡村旅游，使乡村旅游成为都市生活的主要部分。以城市居民为客源市场的乡村旅游开发可以考虑将适合自己的目标市场确定在周末工薪阶层乡村旅游市场、城镇学生乡村旅游市场、以家庭单位出游的乡村旅游市场以及私营工商业的业主、城市个体、离退休职工乡村旅游市场和入境游游客等几个细分市场上。

友情链接 3－2　耕育农园——让孩子在劳作中收获知识①

耕育农园是农场经营者以农业生产、自然生态、农村生活文化等资源为内涵，对中小学生或一般游客设计体验活动，经由翔实的解说服务方式，满足游客知性的需求，完成自然教育，同时促进城乡交流的一种休闲农业经营形态。

目前，都市的很多小朋友，对农产品常识了解不足，是一个非常值得关注的课题，自然教育就是最好的解决办法。现在自然教育课程大都是一些商业机构组织，费用在 100～400 元，但是仍有很多家长愿意带孩子参加课程。有商业

① 作者:智慧农夫.教育农园——让孩子在劳作中收获知识.[2015－07－24].http://www.haokoo.com/else/6086943.html.

机构表示每次推出的课程报名人数都会远远超过预期。在中国环境污染严重的情况下，通过在农园中学习自然教育课程，引导孩子了解大自然，爱护环境，在教学过程中唤起孩子珍爱自然的自觉意识，培养户外自然环境的观察及认识能力，保护认识环境从娃娃抓起。

知识卡片 3－2 以市场为导向的乡村旅游产品开发的一般模式①

以市场为导向的乡村旅游动机和旅游产品开发形式见表 3－1。

表 3－1 以市场为导向的乡村旅游动机和旅游产品开发形式

旅游动机（市场对产品需求）	旅游产品开发形式（或措施）
欣赏优美质朴的乡村风光（或田园风光）、回归自然、体验良好的生态环境	美化乡村环境，尽量保持乡村的自然性与原始性，村庄建设要规划，规模要限制，风格上要符合当地特色，体量与颜色要与大环境相协调，按季节变化种植不同农作物（水果蔬菜），营造独特的田园风光，体现人与自然的和谐
欣赏独特的民俗风情	让游客能直接参与体验真实的民俗活动，或以民俗馆（表演）进行集中展示
求知与教育孩子	介绍农业知识，让游客能参观或参与农事活动（工艺制作），体验农家日常生活
从事野趣活动	提供有关工具，开展垂钓、捕鱼、捉蟹、捉鸟等活动项目（必要时传授有关知识与技巧）
参观高科技农业园	运用现代高科技，开发集观光、采摘、制作、餐饮等为一体的多功能、富特色的农业园
欣赏独特的自然或人文景观	将独特的自然或人文景观直接转化为旅游产品（必要时挖掘与丰富文化内涵），让游客游览观光，并给游客介绍有关景观的文化内涵
品尝（购买）地方土特产	开发当地特有的粮食、蔬菜、水果、家禽动物、茶叶等土特产品，采用独特的烹饪技术，为游客提供地方特有的饮食品
参与娱乐活动	开发漂流、攀岩以及一些富有地方特色的竞技活动

乡村旅游产品是营销的载体，乡村旅游营销要继续加快产品的开发速度，适应目标市场的个性化需求。同时完善旅游产品的配套服务设施建设，提升旅

① 万绪才. 基于客源市场的乡村旅游产品开发研究——兼论南京市江心洲乡村旅游产品开发的问题与对策. 东南大学学报(哲学社会科学版). 2007. 9(5):58.

游服务质量，提高市场的美誉度和认可度。根据各个旅游细分市场的独特性和乡村旅游企业自身的目标，共有三种目标市场策略可供选择。

（一）实施差异化策略

实施差异化策略，就是指乡村旅游企业根据各个细分市场的特点，相应扩大乡村旅游产品的种类，以充分适应不同消费者的不同需求，并以此制定不同的营销办法，从而扩大销售量。目前，乡村旅游产品雷同，市场竞争激烈，实施产品差异化策略迫在眉睫。实施差异化策略在具体的思路方面可以考虑：一是增加寻幽探险和健身内容，如定向越野、生存游戏、漂流、冲浪、空中滑翔、翼装飞行、帐篷营地等个性和时尚的旅游方式。农村的丘陵、山地、草原、河流和湖泊为这类活动的开展提供了条件；二是推出各项专题旅游，如“城市上班族，假日做农夫”“市民小菜（果）园”“教你编织和使用农具”等专题旅游，丰富旅游产品；三是注重开发休闲农业旅游产品。

友情链接 3－3　休闲旅游，让途牛与众不同

截至北京时间 2014 年 5 月 9 日 22：45，继携程、艺龙和去哪儿之后，途牛成为中国第四家上市的 OTA 企业，也是其中唯一一家主打“休闲旅游”概念的差异领先者。

在纳斯达克敲钟现场，途牛旅游网 CEO 于敦德不无感慨地说：“8 年前，我们预见了休闲旅游的巨大市场空间，进入了这个对我们来说全新的陌生行业，树立了‘让旅游更简单’的使命，并一直专注至今，创建了一个可信赖的休闲旅游品牌。今天，我们很高兴地看到，我们已经建立了行业领先地位，并不断引领行业发展。我们预见并促进了行业的分工合作，通过将休闲旅游与互联网结合加速了行业效率与体验的提升，同时不断引领行业标准的建设。”

优点：在乡村旅游产品设计或宣传推销上能有的放矢，分别满足不同地区消费者的需求，可增加旅游产品的总销售量，同时可使乡村旅游企业在细分小市场上占有优势，从而提高市场占有率，在消费者中树立良好的企业形象。

缺点：会增加各种费用，如增加乡村旅游产品的改良成本、制造成本、宣

传管理费用等。

友情链接 3-4 丽江格拉丹帐篷酒店[①]

特别的营地，离天最近的帐篷酒店——丽江格拉丹帐篷酒店营地，是国内首家低碳环保绿色的高端帐篷度假营地，是国内第一家五星级的帐篷营地，也是世界上唯一的高海拔帐篷酒店。格拉丹草原是老君山国家公园的一部分，是一个没有被外界打扰过的世外桃源，被称为“天上的草原、丽江的最后一片净土”。营地海拔3600米，拥有42平方米帐篷房、全景观卫浴间、帐篷餐厅、帐篷书吧、73平方米的帐篷酒吧，房价包括三餐，中餐有虫草炖鸡，晚餐有烧烤啤酒。一切都保留最自然的状态，有180°落地玻璃全景观，在帐篷里一览草原美景：甩着尾巴的牦牛、慵懒的绵羊，错落有致的帐篷。在这里完全释放天性，回归真实的自我。

（二）保持乡村文化特色

农村环境的独特性形成了城市居民对乡村旅游的巨大需求，乡村旅游开发应立足于自身的生态农业特色和文化特点，把相关文化资源、文化素材旅游化，提高文化品位，增强游客的参与性，设计出高质量的乡村文化旅游产品。乡村旅游经营要依据自身的地域环境，寻找独特的发展方向，并且尽可能地形成规模、形成景观效应。如滨州市香坊王村大地乡居、八大主题宾舍、一间房一个故事。以乡村闲置农宅为依托，集合地方风物特产与地域文化元素，创意出精致且带有浓郁地域标识的时尚乡土度假空间，打造集主题住宿、休闲餐饮、创意农礼购物、乡村沙龙活动等多种功能于一体的小而美的乡居艺术客栈。

（三）积极拓展产品组合

乡村旅游的精髓是自然生态与传统文化的完美结合，具有很大的市场发展潜力。可以通过对休闲度假、农业修学、考察、土特产品购物等类型乡村旅游

---

① 丽江格拉丹帐篷酒店——离天最近的帐篷酒店.来源:中国露营网.[2013-11-5].http://www.51luying.com/portal.php?aid=1967&mod=viewhttp://www.shsee.com/xxny/11251.html.

产品的开发，拓展旅游产品组合宽度；通过与生态旅游和民俗文化旅游的紧密结合进行产品创新，增加产品组合的深度。具体思路有：与修学旅游相结合；与广博的乡村食文化相结合；与养老业开发相结合；增加乡村的科技含量。

进行乡村旅游市场细分，准确定位市场目标，主要是选择城镇区域或者经济发达地区中具有回归自然、享受自然甚至是保护自然等需求的旅游者。但由于各乡村旅游产品所处地理区位环境、资源特性、知名度、种类及其生命周期、主体经营实力及市场营销战略等的不同，在具体选择目标市场时也是不同的，所采用的策略也不一样。在实际操作中，要依据各地方经济状况、发展水平、交通状况等来确定目标客源市场区域和开拓市场的先后顺序。与乡村旅游产品距离近的市场和富裕起来的地区和人群都可以作为潜在目标市场。要改变由空间距离一种因素决定目标市场的做法，在目标市场选择过程中，要从营销主体资源、目标、竞争优势和市场规模等方面对细分市场进行评估，所选择的目标市场必须与生态旅游市场营销主体的经营目标、产品形象、所拥有的经营资源等相符合，否则，就应该放弃此类细分市场。

友情链接 3–5　北京“紫海香堤”多元创意产品组合模式①

“紫海香堤艺术庄园”位于北京密云区古北口镇汤河村，其核心区占地面积为300亩，主要种植了薰衣草、紫苏、马鞭草、洋甘菊等世界200余种珍贵香草品种，是北京市规模最大、品种最全的香草种植园，是一个集养生、度假、休闲、体验、艺术创作、婚纱摄影、影视拍摄为一体的综合性都市型现代农业观光旅游区，也是集“现代都市型农业”“情景式休闲度假”与“文化创意产业”三位一体的文化旅游模式。香草园以创意为切入点，以爱情为主题，浪漫为形式，通过对香草文化的包装和利用，极力塑造普罗旺斯式的浪漫氛围，打造“长城脚下的普罗旺斯”，创造了创意农业产业发展的一个新模式。

---

① 山合水易研究中心．创意农业规划设计案例分享之“紫海香堤”多元创意组合模式．[2014–09–26]. http://www.shsee.com/xxny/11251.html.

第二节　乡村旅游的产品策略

旅游产品是指能提供给市场，用于满足旅游者某种欲望和需求的旅游吸引物，包括提供旅游服务的载体、旅游服务、旅游活动场所、经历体验等。即旅游目的地向游客提供一次旅游活动所需要的各种服务的总和。乡村旅游产品是营销的载体，要继续加快乡村旅游产品的开发速度，适应目标市场的个性化、多元化的需求。同时完善乡村旅游产品的配套服务设施建设，提升旅游服务质量，提高市场的美誉度和认可度。乡村旅游产品要注重开发的功能，要求产品有独特的卖点，把旅游产品的功能诉求放在第一位。

一、旅游产品的生命周期策略

产品生命周期理论对于乡村旅游企业分析产品市场中的地位和发展趋势，及时开发新产品，改良过时产品，有针对性地制定正确的产品策略都有重大意义。生命周期是指旅游产品在市场上维持的时间长度，其中包括导入期、成长期、成熟期和衰退期四个阶段，如图 3 - 1 所示。

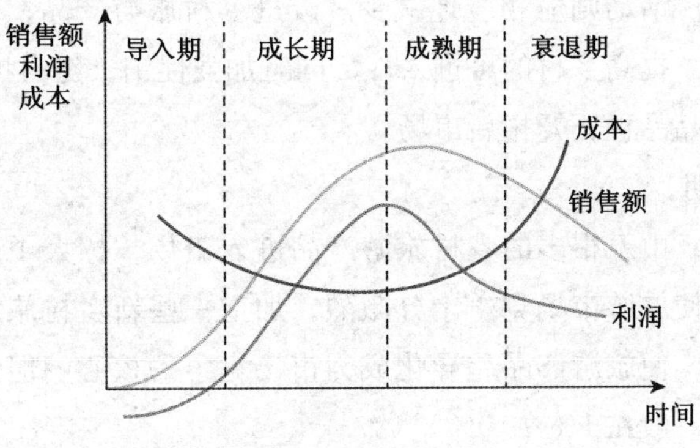

图 3 - 1　产品市场生命周期图

（一）推出期（导入期）

由于旅游产品尚未被消费者了解和接受，因此旅游者的购买很多是试探性的，几乎没有重复购买，导致销售量增长缓慢。并且为了使旅游者认识旅游产品，旅游企业又需要做大量广告和促销工作，使旅游产品的投入和销售费用较大，导致旅游企业往往利润极小，甚至亏损。

营销策略：当乡村旅游产品处于导入期，促销的主要目标是使旅游者认识乡村旅游新产品。乡村旅游企业宜以一种低姿态的方式，采用缓慢渗透策略进入市场，进行各种的广告宣传和营销公关，运用各种促销手段宣传，使市场尽快接受乡村旅游产品。通常的方法是媒体宣传或组织业内人士考察，直接邮件、微信（微博）促销。随着产品知名度打开，再慢慢提高价格，收回投资。

（二）成长期

由于前期旅游宣传促销的效果出现，旅游者对乡村旅游产品逐渐熟悉，越来越多的人购买乡村旅游产品，重复购买者也逐渐增多，使乡村旅游产品在市场上开始有一定的知名度，乡村旅游产品销售量迅速增加，销售额迅速增长，增长率在10%以上。

营销策略：当乡村旅游产品处于成长期，促销的主要目标是增进旅游者的兴趣与偏好，扩大乡村旅游产品的销售量。这时，乡村旅游广告仍需加强，但广告的重点在于宣传乡村旅游产品的品牌和特色，同时强化旅游公共关系的作用，旅游营销推广活动则应相应地减少。改进乡村旅游产品，进一步完善基础设施的配套建设，提高乡村的可进入性，同时加强促销，努力扩大市场占有率，增加乡村旅游产品品种，开拓新市场。

（三）成熟期

在这个阶段，由于很多的乡村旅游产品进入市场，扩大了旅游者对乡村旅游的选择范围，使旅游市场竞争十分激烈，加上一些新乡村旅游项目对原有旅游产品的替代性，使旅游产品差异化成为市场竞争的核心。但是销售额的增长幅度越来越小，一般在1%～10%。

营销策略：当乡村旅游产品处于成熟期，这时竞争者增多，广告侧重点应在于突出本产品区别于竞争产品的优点。同时要增加促销投入，给旅游者以优惠，配合使用人员推销和营销公关，以稳定乡村旅游产品的销售。同时应开发新市场，提升产品质量，提升旅游技能，旅游服务标准化，增加服务项目，用差异化战略来吸引旅游者，可从服务、价格或产品的功能等方面将自己与其他同类产品区别开，开辟多种销售渠道；开发新产品，适应游客日益变化的旅游需求。

（四）衰退期

衰退期是指乡村旅游产品进入了更新换代的阶段，由于新的乡村旅游业态已进入市场并逐步地替代老业态，除少数名牌乡村旅游产品外大多数旅游业态销售量逐渐减少。这时，旅游企业若不迅速采取有效措施使乡村旅游产品进入再成长期，以延长旅游产品的生命周期，则旅游产品将随着市场的激烈竞争以及销售额和利润额的持续下降而面临转型、转产或倒闭。

营销策略：当乡村旅游产品进入衰退期，市场上出现了旅游新产品，这时乡村旅游企业应以旅游营业推广为主，保持提示性的旅游广告，吸引偏爱的旅游者继续购买旅游产品，以便回收更多的资金；降价也是遏止或减缓衰退的最有效的办法，可将原投入的资源集中于一些最有利的细分市场和销售渠道中，缩短经营战线，适当改进也可以达到更新市场形象、刺激消费的作用，着手新产品的投放，完成乡村旅游产品的更新换代。

二、乡村旅游新产品策略

产品创新是现代企业发展的焦点。乡村旅游产品设计创新是一个以旅游目的地可持续发展为导向，全方位提高产品质量、拓宽产品功能的系统工程。它至少包含两层含义：其一，从单个乡村旅游产品项目来看，创新表现为充分利用旅游资源和促使旅游资源的有效配置，达到旅游产品质量的提高和功能的增强；其二，从产品生命周期过程考察，它贯穿于乡村旅游产品的规划设计、制造与维护、营销、消费等全部过程，是旅游产品质量创新、功能创新、管理创新的一种组合创新过程。

乡村旅游产品具有一般旅游产品的共性，但乡村旅游产品也具有其特殊性，因此，乡村旅游新产品开发要遵循：市场需求原则、注重特色原则、择优开发原则、可持续发展原则。

友情链接 3－6 大理乡村旅游——择优开发

依托优美的自然风光、独特的民俗风情和保存完好的古镇村落景观，大理白族自治州通过彰显特色，择优开发打造一批特色旅游乡村，催生起一股“乡村旅游”热。首先是大理洱海东岸的千年古渔村双廊，随着乡村旅游业的发展，渔舟在波光粼粼的洱海上荡漾，延伸至湖面的半岛上白族民居式的客栈林立，使这个原本名不见经传的小渔村已经成为知名的旅游度假目的地，2013 年，接待游客量达 135 万人次。在大理，双廊这样的特色旅游乡村还有很多。以特色产业为支撑的鹤庆新华村银器制作、剑川狮河村木雕制作；以民族风俗文化见长的云龙诺邓白族古镇、南涧宝华镇彝族“跳菜”之乡；以茶马古道文化为依托的剑川沙溪寺登村、弥渡密址古镇、祥云云南驿；以“农家乐”体验项目为主体的洱源梨园村、宾川鸡足山镇寺前村等旅游特色乡村已成为人们度假休闲的好去处。

旅游新产品的开发，是旅游业长期生存的必要条件，也是旅游企业保持活力和竞争优势的重要途径。乡村旅游企业通常可以采用以下几种策略开发新产品：

（一）乡村旅游全新产品导入策略

新产品通常需要大量的广告预算来唤起消费者的注意并促成最终购买。乡村旅游企业在旅游新产品投入期的策略思想重点应突出一个“快”字。在制定营销策略时，一方面，要认识到新产品的优势、特色，敢于在促销方面投入；另一方面，对竞争带来的风险、压力要有足够的估计，果断迅速地采取措施，促使它较迅速地进入成长期。把握市场变化、适应乡村旅游消费者的需要，抢占市场先机。同时，应加大广告宣传力度，运用各种促销手段，宣传产品特性，实行全方位推销策略，使产品尽快提高市场占有率。

（二）乡村旅游产品更新策略

1. 乡村旅游资源重组策略

乡村旅游资源是旅游产品开发的依托。乡村旅游企业开发新产品，必须更新资源观念，重新认识现有的旅游资源，一是以市场为导向组合资源，要能够激发旅游者的旅游动机，满足或创造旅游需求。二是以文化为纽带组合资源。可分别以自然要素为对象的生态文化、以宗教与民俗为主题的传统文化、以高新科技和新文化为代表的现代文化等多种类型的文化特色来组织开发新产品。三是以经济效益为导向组合资源。在充分利用和挖掘其旅游资源优势的基础上，推动乡村旅游资源的优化组合。

友情链接 3－7　乡村旅游示范县提升旅游产品形象

河北涉县是全国休闲农业与乡村旅游示范县，具有悠久的农耕文化和丰富的乡村特色景观。为庆祝新中国成立60周年，涉县对全县红色旅游资源进行重新整合，主打红色文化牌。该县整合一二九师司令部旧址、左权抗日殉国公墓、晋冀豫边区政府等红色旅游景点，推出“游红色圣地，留红色记忆”“品农家饭菜，赏革命剧目”“轻松游览一二九师，深刻感受革命圣地”等系列红色套餐以及“当一天八路军”体验式活动，并新增加了推石碾、纺线等特色活动，让前来接受教育的青少年穿八路军衣、吃八路军饭、唱八路军歌，推出“红米饭”“南瓜汤”等特色美食，让游客追忆红色岁月的同时，一饱口福。

2. 乡村旅游产品升级策略

由于旅游需求的拉动与市场的不断完善，乡村旅游市场竞争不断加剧，必须通过产品升级策略不断地营造新的产品来延长旅游产品的生命周期，以满足不断变化的市场需求。

（1）提升旅游产品形象。旅游产品形象影响着人们对其心理的感知程度。提升旅游形象是指在原有乡村旅游产品形象的基础上提炼新形象，从而使旅游者从一个全新的角度来认识原旅游产品，并产生强烈的兴趣。

（2）提高乡村旅游产品品质。提高旅游产品品质的一个重要途径是持续地对旅游产品规划设计与管理进行完善与改进，对原有旅游资源进行深度开发，不断丰富原有旅游产品的内容。包括实体产品开发（农副产品、乡村纪念品等）和服务产品开发（餐饮、民宿、教育、游乐等），与模式创新类似，需要本地化思维和跨界思维，如纵向的包括根据本地消费市场习惯及农产品资源情况，开发若干小而美（品质优良、包装独特、产品背后故事吸引人）的产品线，主攻景区在地消费。

（3）提高旅游产品的科技含量。引入和应用高新技术，设计大创意、大手笔的旅游产品。比如将城市儿童职业教育体验项目概念引入休闲农园，开发成乡村版的职业教育体验项目产品，将美国童子军训练营及网络游戏中的练级系统和荣誉系统引入乡村夏令营生存体验营项目产品中，促进消费者与项目的高度黏合。

友情链接 3－8　云南昭通大山包翼装飞行首次表演

云南昭通市大山包景区，位于云贵高原北部，海拔约 3100 米，风光秀美，山势险峻。作为国家级自然保护区，是国家一级保护动物“黑颈鹤”的主要越冬栖息地。被国际翼装飞行组织认证为“世界最高公路直达跳点翼装飞行基地”。于是在前期开发的基础上，昭通大胆引入和应用高新技术，设计大创意、大手笔的旅游产品。2015 年 11 月 2 日，第四届 AOPA 国际飞行大会暨 2015 首届昭通国际翼装飞行爱心世界杯赛，在昭通大山包景区进行首次试飞，标志着赛事正式启动。飞行画面引爆探险旅游爱好者的激情。全世界仅有 600 多人玩翼装飞行。翼装飞行打响大山包景区的名气，国际翼装飞行赛事有望落户云南。

三、乡村旅游的品牌策略

通观乡村旅游产品的发展情况，近几年逐步形成一些乡村旅游品牌，如浙江湖州乡村生态旅游、河南安阳林州太行大峡谷、洛阳市栾川重渡沟、西江千户苗寨、大理双廊乡村客栈休闲游等，乡村旅游渐为人们接受、认可，并慢慢成为周末放松、消闲的理想选择之一。

（一）品牌定位

乡村旅游要在众多旅游项目中取胜，一定要先进行品牌定位。乡村旅游品牌定位是根据乡村旅游的竞争状况和产品优势，确定其在旅游业中的竞争优势，根据乡村旅游者的需要和动机进行品牌定位，并通过其品牌形象设计，使消费者能选择其旅游产品。品牌定位是一个复杂的系统工程，从品牌差异性、乡村旅游产品的购买价值、传播媒体、经营管理以及技术和服务创新方面给予定位，目的是追求卓越、完善的服务。如乌镇的强势营销措施不但在短期内迅速提高了乌镇的知名度，更为成功的是，整个媒体中不断强化了水乡古镇的“虚拟形象”，即“水乡古镇就是乌镇那样”的一个品牌形象。

友情链接 3－9 沈阳乡村旅游品牌形象定位

沈阳市乡村旅游从大品牌的角度定位为“休闲天籁乐，美丽沈阳村”，该定位凸显沈阳乡野风光的自然、美丽，让游客觉得这是一个“远离城市喧嚣、远离工作烦扰、回归自然”的好去处。在乡村旅游品牌形象宣传上，将东北民俗、满族风情、二人转和大秧歌等地方文脉作为宣传要素，提升沈阳乡村旅游竞争力，对外宣传口号为“观满族风情，赏田园风光，尝农家美食，唱东北二人转，舞东北大秧歌，轻松悠闲乐逍遥”。宣传口号中“观满族风情，赏田园风光，尝农家美食，唱东北二人转，舞东北大秧歌”体现了沈阳的地方文脉特征，强调了文化内涵；宣传口号中“轻松悠闲乐逍遥”抓住了目标市场的心理需求特征，适应了人们回归自然的生理需求。该宣传口号的提出对沈阳市乡村旅游的宣传推广能起到有效的助推，让游客更深切地感知沈阳市乡村旅游形象，提升沈阳市乡村旅游品牌的竞争力。

（二）品牌经营

乡村旅游产品是有形的物体和无形的服务的总和。它与别的产品不太一样，对于旅游产品来说后者更为重要。旅游是为了赚钱，但仅仅为赚钱还是不够的，一些景点的欺客行为引起游客的不满，正是说明服务承诺很重要。消费者支付费用是为了求得舒适，而不是花钱来买气受。因此，服务承诺要落到实处。品牌的营销也是一个推广作用，可以让外界了解本地，这种推广价值是无穷的，有些地方仅仅以一个旅游项目而闻名。例如山西省大寨过去是作为政治的宣传形象，如今它的乡村旅游却又适合城里人的口味，这样使其重新焕发青春。大寨通过这种方式可以把其艰苦奋斗的优良传统推广到全国。江苏华西村也把乡村旅游作为一个产业来抓，并成为推广其治村经验的一种方式，其价值却是无量的。一些富裕的农村都把其品牌营销作为一个重点来抓，河南南街村如今仍然矗立着毛主席像，并由专门人员值班，成为乡村旅游的一大风景线。假如把这一项内容取消，南街村旅游就没有什么特色了，也没有什么品牌而言了。所以每一个乡村旅游项目都可以有其品牌营销策略。

（三）品牌经营策略

品牌是一个企业的灵魂，在中国，适合大众的旅游是最受欢迎的。乡村旅游是项新兴产业，需要学术界和经营者的共同呵护，在品牌经营策略中，要善于学习国外在这方面的宝贵经验，乡村旅游品牌战略必须：①具有特色的乡村旅游品牌个性。有特色才能吸引人，乡村旅游最大困难是争取客源的压力，占领其市场份额也是取决于游客来源的多少，对乡村旅游也要严格遵循国家质量体系认证标准，使其标准化、系统化。②大胆引进 CI，为企业树立形象。CI 是一种产品和企业形象设计的总称，是指企业标志（Corporate Identity），指那些造型单纯、意义明确的统一、标准的视觉符号，一般是企业的文字名称、图案记号或两者相结合的一种设计。把乡村旅游作为一个产业来经营，树立乡村旅游价值观，最大限度地实现旅游企业的经营目标。

友情链接 3－10　江苏盐城旅游标识

盐城新旅游标识中，蓝色与绿色代表了盐城的蓝天湿地，象征着盐城自然、和谐、美好的愿景，而鹤顶的鲜红，鹤羽的黧黑，麋鹿的褐色，和谐的组合，在展示盐城以生态湿地为主体的绮丽风光、优越的生态环境和丰富的生物资源的同时，也充分体现了盐城作为“中国优秀旅游城市”的平和与亲切，热情和包容，既反映了盐城的自然风貌、人文风情，也象征着旅游的舒适、安全与幸福。标识设计运用了中国画的写意技法，简洁、传神，似一幅水墨画，如梦如幻，灵动飘逸，充分展示了盐城旅游的独特魅力。

盐城旅游
Yancheng Tourism

（四）品牌国际化

进入WTO后，我国乡村旅游也面临着挑战。外资也可以参与一些景区的经营，已经出现外国人经营农场、客栈、“洋家乐”等发展乡村旅游的形式。如北京顺义的意大利农场，通州的中以农场，大理喜林苑客栈等，这些乡村旅游产品和项目日益国际化，对我国乡村旅游提出了新问题。

友情链接3－11 大理喜林苑客栈国际化模式①

大理喜林苑（LindenCentre）客栈是美国人Linden（林登）在大理开设的中国客栈，它依托于优美的自然风光、悠久的历史文化、丰富的民族风情和宜人的气温气候资源，以大理喜洲白族文化作为载体，把客栈置身于田野之中，置身于当地农耕文化及白族村民的现实生活之中，深度挖掘开发当地民族传统文化，满足了国外游客独特的生态型旅游体验需求，创造出文化、环境、教育“三结合”的高端生态旅游发展模式。喜林苑除以平时的文化交流和主题旅游活动来吸引服务游客外，每年举办中西多民族圣诞晚会，邀请当地少数民族的中小学生、本地村民、外国朋友与游客共同联欢，联欢节目用英语同步向国际传播。不失时机地扩大文化宣传、进行网络市场营销，使这个文化会所性质的客栈，很快从一个乡村小客栈跃升为全球知名的国际文化交流会所，成为国际旅游目的地，成为美丽中国的一张名片。喜林苑获得了TRIPAD－VISOR年度最佳中国酒店奖、中国可持续旅游奖、GlobalVisionAward全国唯一奖、中国最浪漫最神秘客栈等称号。

喜林苑客户主要是欧美高端客户，它让国外游客体验中国农村生活“家”的感觉，体验白族村落的宁静自然，形成了自己的特色：一是发展理念有别于传统的观光旅游，注重异域文化交流与度假旅游，注重田野生态休闲体验，让入住本身也成为一个旅游产品；二是以国外专家学者和国外学生团队为主要客户群体；三是利用信息网络和优质服务方式，并由精通英文和熟悉白族文化的

① 杨复兴. 云南大理乡村旅游的国际化发展趋势. 来源：中国旅游报 · 第一旅游网. [2013－02－17]. http://www.aatrip.com/bencandy.php? fid－103－id－1890－page－1.htm.

专业人员直接与游客对话、服务，与国际旅游市场接轨，直接国际化；四是具有国际视野和国际水准的投资商及其职业经理人来开发营运，特别是经营团队都把此客栈经营当作一项自己发展成长的人生事业，特别用心、用情发挥各自的智力、心力和体力，注重细节和上乘服务，提高了乡村休闲度假旅游产品的国际竞争力，成为乡村旅游国际化发展的成功典型。

第三节　乡村旅游价格策略

在市场上，乡村旅游产品也同其他商品一样要通过交换来体现其自身的价值。乡村旅游产品价格，就是旅游者为满足自身旅游活动的物质和精神需要而购买的旅游产品的价值形式。从旅游者和旅游企业这两个不同的角度，可将旅游产品分为整体旅游产品和单项旅游产品。游客在旅游过程中可根据自己的需要购买整体旅游产品或单项旅游产品而形成几种基本的旅游价格表现形式，具体体现为：①旅游包价，即指价格包括食、住、行、娱为一体的系列服务，又叫“一揽子旅游”或被俗称为“一条龙服务”；②旅游单价，指旅游者零散购买一个整体旅游产品中的各个单项要素所支付的价格；③旅游差价，是指同种旅游产品由于在时间、地点或其他方面的不同而导致的不同价格；④旅游优惠价，是指在乡村旅游产品基本价格基础上，给予消费者一定的折扣和优惠价格。

友情链接 3－12　昆明野鸭湖旅游度假区食、住、行、玩“一条龙服务”

野鸭湖度假区位于昆明东北风景名胜区金殿后 10 千米，以其优美的自然风光、新鲜的空气、环保无污的绿色食品和众多的娱乐健身活动项目，受到了省内外游客的好评和喜爱，成为昆明人节假日休闲度假地之一。实行旅游包价食、住、行、玩一条龙服务，包括可以划船、玩溜索、过吊桥、走情人谷、玩拓展等服务项目。

友情链接 3－13　广东从化乡村旅游享五折优惠①

中国旅游日（2013 年 5 月 19 日），一场以“休闲惠民，美丽从化”为主题的从化旅游推介活动在从化新世纪广场举行。据介绍，对于家庭游客来说，只需花 30 元便可以在一天内玩遍“大金峰生态景区＋广东省最美乡村溪头村”两个景区。由于目前旅行社与商家有合作，所以游客每人包餐仅需 30 元，而 2012 年同期则要 60 元，相当于打了一个 5 折。2014 年，从化市全年接待旅游人数为 1457.47 万人次，旅游收入为 52.57 亿元，同比增幅分别为 19.38% 和 22.19%。从化旅游竞争力在全国县（市）中排名第八，连续两年蝉联广东全省县（市）第一。

一般来说，乡村旅游企业产品的定价策略主要有新产品价格策略、心理定价策略、促销定价策略、改进价格策略和需求价格策略等。

一、新产品价格策略

所有的乡村旅游产品都有自己的市场寿命周期。乡村旅游企业应该根据旅游产品寿命周期各阶段的不同特点和变化趋势，从市场的需要出发，有针对性地对价格进行调整。

（一）撇脂定价策略

这种策略是指乡村旅游新产品上市初期，价格定得很高，随着时间的推移而逐渐降低售价。其目的是想在短时间内收回产品的研发成本并获取高额利润。这种策略属于高价格策略，由于这种策略宛如从牛奶上层中撇取奶油（脂），因而所制定的价格称为撇脂价格。

撇脂价格策略不仅能在短期内获取大量利润，而且可以在竞争加剧时采取降价手段，既可限制竞争者的加入，又符合乡村旅游消费者对待价格从高到低的客观心理反应。一般当市场需求较高时，适合采用这种定价策略。制定较高

---

① 从化乡村旅游享五折优惠. 广州日报.（2013－05－20）[2015－12－10]. http://gzdaily.dayoo.com/html/2013－05/20/content_2251991.htm.

的价格，不会刺激更多竞争者进入市场，有助于形成新产品优质的形象；虽然有可能销售量不大且投入资本较高，但企业仍能获得高额利润。当然，高价也可能给旅游者带来企业“太黑”的印象，而损害到乡村旅游企业的形象。

这种定价策略作为一种短期的价格策略，适用于具有独特的技术、不易仿制、资源垄断性强、被替代性小、不容易迅速扩大等特点的乡村旅游新产品，利用消费者求新、求奇、求特的心理，迎合市场上高消费或时尚性的要求。如，黄山风景区是中国4处、世界23处“自然和文化”双遗产之一，2002年5月开始把门票大幅度提高，而游客量却不降反升，究其原因，主要是资源垄断性强，被替代的可能性小。

（二）渗透价格策略

这种价格策略正好与撇脂定价策略相反，它是利用在旅游新产品投入市场时，消费者有求实惠的心理，将新产品以较低的价格推出来吸引消费者，以期很快打开市场，扩大销量，待销路打开后，再逐步提高价格。这种策略就像将水倒入泥土当中，水很快就会从缝隙里渗透进去，因而称这种策略为渗透价格策略。

这是一种低价格策略，由于价格偏低，有利于迅速打开旅游产品的销路，扩大市场销量，增加盈利。同时还能阻止竞争对手介入，易于旅游企业自己控制市场。但是，运用这种价格策略，也可能会导致投资回收期较长，若产品不能迅速打开市场或遇强有力的竞争对手，可能会遭受重大损失。因而，这种价格策略的运用要具备相应的条件：市场对价格高度敏感，低价有助于市场扩展；随着销量增加和经验的积累，企业能降低单位成本；可阻止竞争者进入市场。

渗透价格策略作为旅游企业的一种长期价格策略，往往适用于能尽快大批量生产、特点不太突出、易仿制、技术简单的新产品，如乡村的观光旅游类产品、民宿、农家乐产品等。但要注意游客因消费环境恶化或服务质量下降而不满。如有一家近郊特色自助火锅店新推出30元每位的价格，吸引了大量的周末游客，但因就餐游客太多，餐厅场地容纳不下，一部分游客不得不排队等候，不愿等候的游客纷纷离去，就餐的游客也因就餐场所过于拥挤喧嚣而烦恼，餐馆红红火火一段时间后，便又趋于沉寂。

（三）满意价格策略

这是一种折中价格策略，它吸取上述两种定价策略的长处，采取比撇脂价格低但比渗透价格高的适中价格，其方法是先搞期望价格调查和预测，根据消费者对新产品所期望的支付价格来确定。这种定价策略既能保证旅游企业获取一定的初期利润，又考虑了消费者的购买能力和购买心理，能够增强旅游消费者的购买信心，使消费者比较满意这种价格标准。因此被称为满意价格策略，有时又称为“温和价格”或“君子价格”。

二、心理定价策略

乡村旅游消费者尤其是对价格较为敏感的消费者，对乡村旅游产品或服务的认可、购买，往往是通过价格因素来判断的，因而就可在定价中利用旅游消费者对价格的心理反应，刺激消费者购买乡村旅游产品或服务。

（一）尾数定价策略

这种定价策略也称为非整数定价策略，即给旅游产品定一个带有零头数结尾的非整数价格，由于旅游消费者一般认为整数定价是概括性定价，这种定价是有水分的，是不准确的，而非整数定价则会使消费者认为是经过精确计算的最低价格，其价格是对消费者认真负责的、是合理的，因此，即便是产品定价稍高了些也觉得不太贵。因为世界各地的消费者有不同的风俗和消费习惯，所以不同的数字在不同国家和地区代表着不同的含义。如经营者可以较多地利用尾数6、8或9为定价策略，因为在中国消费者心目中认为6、8或9是表示吉祥的数字。“6”代表“顺”；“8”其谐音是“发”，有“兴旺发达”之意；“9”在人们心目中是“好事长久”。非整数定价策略可以使消费者产生价格偏低的心理感觉，例如认为98、99元是几十元，而101元则是一百多元。另外，非整数定价容易使消费者产生价格下降的心理错觉。因为当一种商品价格靠近整数以下时，会使消费者产生价格下降的印象，而当商品价格在整数以上时，会给消费者造成商品可能提价的印象，抑制他们的购买欲望。

（二）整数定价或方便定价策略

这种定价策略是指旅游企业在定价时，采用合零凑数的方法，制定整数价格。这是因为在现代旅游活动中，由于旅游产品或服务十分丰富，消费者往往靠价格高低来辨别产品的质量，对于一些旅游产品，实际很多消费者都不太内行，采用整数价格反而会提高产品的身价，使消费者产生“一分钱一分货“的感觉，从而促进旅游产品的销售。如乡村旅游活动中的一些民间历史工艺品、字画以及高档山庄、度假村的客房价格等往往采用这种定价策略。如租金 500 元一天的豪华套房不宜改标为 495 元。另外，对于一些乡村旅游小商品或散装商品可以包装成：1 元、2 元一小袋，便于购买或一次性使用，就没有必要定为 0. 8 元或 1. 8 元使得找零钱非常麻烦，这就是方便定价。

（三）分级（分档）定价策略

因为消费者对许多乡村旅游产品的需求是呈阶梯形状的，而有时旅游消费者对同类旅游商品又很难感觉到其价格的细微差别，分级（分档）定价策略就是把某一类旅游商品按不同品牌、不同规格、不同型号划分成若干档次，对每一档次的商品制定一个价格，这样标价就可使消费者觉得不同价格反映了产品质量上的不同品质，不但可便于消费者的挑选，也简化了商品交易的手续，同时还能满足不同消费者的消费水平和消费习惯。旅游企业中，旅行社经常采用这种定价策略，对同样的旅行线路产品就分为豪华、普通和特价三种价格，分别以不同的价格吸引不同的旅游者；客栈也常常采用这种定价策略来确定房价结构，对客房分级定价，制定不同的价格。但要使不同等级的产品在质量、性能、额外利益等方面有着明显的区别，使旅游者确信房价的差别是合理的。

（四）声望定价策略

这种定价策略是指针对消费者“价高质必优”的心理，对在消费者心目中有信誉的产品制定较高的价格，以满足某些消费者追逐有名气旅游产品、崇尚名牌、声望等的心理。一般来说，乡村旅游企业采用这种定价策略所制定的价格，往往为本行业中同类产品中的较高价格甚至为市场中的最高价。当然，运用这种价格策略必须慎重，如果滥用到一般性旅游企业及一般产品或服务中，就会造成消费者的厌恶，给商品销售造成损失。

友情链接 3－14　浙江乌镇水乡古镇的声望定价策略

乌镇水乡古镇属于需求弹性系数比较大的乡村旅游产品，全国优秀的类似江南水乡古镇还有西塘、周庄等。乌镇门票为 120 元，而同时期与乌镇同是水乡古镇的周庄和西塘门票同为100元，结合游客对乌镇独具特色的江南水乡意境的向往，乌镇适度高于同类水乡古镇的定价，以打造品牌声望与影响力。其定价方式应该先从旅游者体验后的认知价值和产品成本之间找到平衡点为基础，来制定旅游体验产品价格策略。总体上是一种捆绑定价策略，即乌镇在将古镇全面景区化，并进而推向市场之际，就将乌镇景区内的各个景点设立一个总价格销售，把乌镇整个古镇作为一个整体景区，将多张景点门票汇成一张古镇游览门票，从而奠定了乌镇在江南水乡旅游市场中的领导地位。这样游客一张联票尽可游览完乌镇景区，不会再有额外的门票支出，极大地便利了游客，提高了当地的旅游收入。

三、促销定价策略

促销定价策略是指在制定价格时要考虑企业促销活动的需要，使价格的制定能够为促销活动服务。常见的旅游业的促销定价策略有价格领袖策略和专门事件定价策略。

（一）价格领袖策略

当乡村旅游企业为新推出的产品进行促销时，实行大幅度降价策略，在很短的时间内将价格降至成本以下以吸引旅游者。其目的在于鼓励旅游者大量购买产品，从而广泛扩大新产品的知名度。但这种策略也容易使旅游者对产品的质量或档次产生怀疑，并对其形成一个低档产品的印象。

（二）专门事件定价策略

指乡村旅游企业专门组织活动通过价格优惠进行促销，或利用节假日时机进行价格促销。采用这一策略，必须保证企业有足够的服务设施和服务人员。

友情链接3－15　云南巍山小吃节促销乡村旅游产品

近几年，巍山每年都会举办一次特色小吃节，让更多的人了解巍山小吃和巍山的历史。小吃节期间，巍山小吃街热闹非凡，一场百余种大理小吃聚集的特色小吃盛宴在古城摆开。商贾聚集，形成了兼容并包的饮食氛围。通过该项专门事件，打造巍山小吃一条街，树立了“吃在巍山”的品牌，同时，以优惠价格包装推出“永建东莲花村—巍山古城—巍宝山”巍山旅游半日游、一日游、二日游精品线路，提升了知名度，使巍山东莲花村、西莲花古村古镇与剑川沙溪古镇一样，成为大理乡村旅游的新亮点。

我国的乡村旅游在知名度、资金实力方面相对于风景名胜区都处于弱势，目前我国开发的乡村旅游多是处于城市近郊或者景区（点）附近，其客源以城市周末、节假日休闲度假游客为主，家庭出游的比例大，主要出游形式为散客旅游，需求弹性大，对价格敏感性较强，所以在价格方面一般以低价为主，采取慢速渗透策略。

四、改进价格策略

据调查显示，一方面，旅游费用已不是影响人们选择是否出游的关键因素，大部分游客已具备了与旅游消费水平相对应的经济能力。但另一方面，又有37.26%的游客因价格太贵而对旅游经历感到不满，且收入越高，不满意的比例越高，实际上游客抱怨的并非价格，而是价值。我国乡村旅游现处于旅游市场的低端，产品质量不高、价格低廉。所以在乡村旅游发展到一定程度后，应修正乡村旅游在旅游者心目中的低端产品印象，向上扩展产品线，从偏好价格竞争转向更为务实的品牌建设，减少低层次的价格战。应坚决消灭价格欺诈或价格歧视，最大限度地减少旅游景点的不合理收费或乱收费现象。

五、需求价格策略

需求价格策略就是以市场需求状况为依据，来决定乡村旅游产品价格的一种定价策略。市场需求旺盛、供不应求，价格可略为定高，以增强产品价格的盈利能力。相反，需求疲软、销售不畅，价格可略为定低，以增强产品价格的竞争能力。具体低到什么程度，要以满足乡村旅游企业最低盈利需求为前提，以不高于竞争对手同类产品价格为依据，以扩大市场销售的目标。

第四节　乡村旅游分销渠道策略

乡村旅游分销渠道是旅游产品与市场相对接的桥梁，也是乡村旅游赖以发展的支柱之一。目前乡村旅游存在重营销推介、轻渠道建设的现象。一般政府在对乡村旅游产品进行推介之后，许多企业并没有随之建立起有效的分销渠道。旅行社等中间商无利可图，在旅游线路设计中一般不愿意安排乡村旅游，使大量外地游客的潜在需求无法顺利转变成行动。致使乡村旅游企业无法很好地借助旅行社这个最有力的传统渠道。如何将自己的产品以最有效的方式销售给游客，在很大程度上影响到乡村旅游产品的生命力。

一、乡村旅游分销渠道的类型

乡村旅游分销渠道是指乡村旅游产品从乡村旅游企业，流转到消费者手中的全过程中所经历的各个环节和推动力量的总和。它是乡村旅游企业（作为供应商）如何利用旅行代理商、旅游经营商、旅游批发商、免费电话以及其他方式，向旅游者销售其产品或服务。也就是取得旅游产品或服务的所有权（使用权）或帮助转移其所有权（使用权）的所有企业或个人（见图3－2）。就乡村旅游业来说，销售渠道的目的是方便顾客前往乡村酒店、餐馆以及景区景点享用其设施与服务。

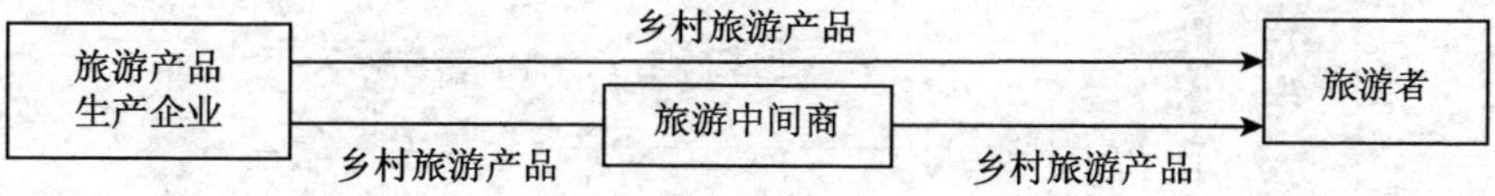

图3－2　乡村旅游产品渠道

由于乡村旅游市场、乡村旅游企业、乡村旅游中间商以及旅游者等多种因素的影响，乡村旅游产品分销渠道形成了多种状态，即使是同一种旅游产品，也可能通过不同的分销渠道进行销售。旅游企业管理者必须了解分销渠道的各种类型，以便进行分销渠道决策。

（一）直接分销渠道与间接分销渠道

根据乡村旅游产品在流通过程中是否经过中间商转卖来划分，可将乡村旅游产品的分销渠道划分为直接分销渠道和间接分销渠道。直接分销渠道是一种由旅游产品生产者在其市场营销活动中不借助任何一个旅游中间商，而直接把乡村旅游产品销售给旅游者的销售渠道，也就是所谓的零层次分销渠道，可以省去中间商的分销费用，以降低成本，提高效益。间接分销渠道是一种乡村旅游产品生产者借助旅游中间商向旅游者销售其旅游产品的分销渠道类型。销售渠道越长，中间商的数目越多，乡村旅游产品市场扩展的可能性就越大。但乡村旅游产品生产者对乡村旅游产品销售的控制能力和信息反馈的清晰度就越差。

（二）长渠道和短渠道

根据间接分销渠道中介人中间商层次的多少，乡村旅游产品分销渠道可以分为长渠道与短渠道（见图 3－3）。乡村旅游产品分销渠道较短，乡村旅游产品生产者承担的销售任务就多，也就能够较有力地控制分销渠道和进行价格、服务、宣传等方面的管理。乡村旅游产品分销渠道较长，乡村旅游分销工作就主要由旅游批发商和旅游零售商来完成，乡村旅游产品生产者对旅游产品分销渠道的控制就较为困难。

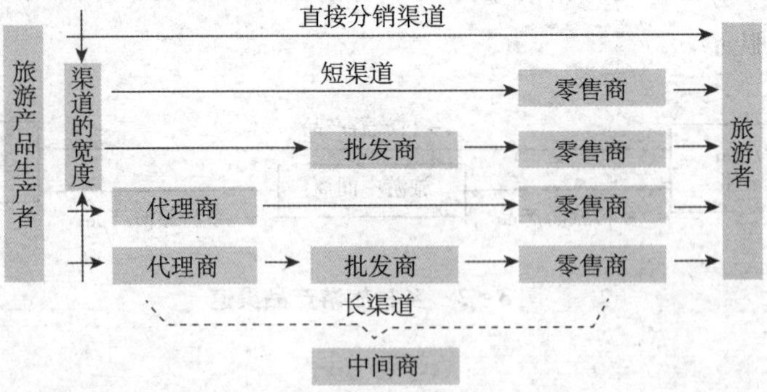

图 3－3　乡村旅游产品渠道的长与短

（三）单渠道和多渠道

根据乡村旅游产品生产者采用分销渠道的类型，乡村旅游分销渠道又可分为单渠道和多渠道。单渠道是指旅游产品生产者采用的渠道类型比较单一，如所有产品全部由自己直接销售或全部交给批发商经销。有时候，乡村旅游产品生产者根据不同层次或地区旅游者的不同情况采用不同的分销渠道。如在本地区采用直接渠道，对外地采用间接渠道，或同时采用长渠道和短渠道，这些都称为多渠道。这种多渠道结构也称作双重分销。一般情况下，作为旅游产品生产者的旅游企业规模较小或经营能力较强，可采用单渠道销售旅游产品。反之，则可采用多渠道，以便扩大旅游产品的销售覆盖面。

二、乡村旅游渠道的设计与应用

（一）传统营销渠道

传统销售渠道：即为企业—总经销商—二级批发商—三级批发商—零售店—消费者，此种渠道层级可谓传统销售渠道中的经典模式。传统的销售渠道呈金字塔式的体制，因其广大的辐射能力，为旅游产品占领市场发挥出了巨大的作用。乡村旅游企业要找准与旅行社的利益共同点以双赢为理念提升这一渠道的价值，在挖掘强有力的旅游吸引物的前提下，选择一家实力强的旅行社共同合作策划旅游项目，并给其团队专营权，这样旅游项目就成为旅行社自己的郊区休闲游专利产品，使旅行社这个传统的营销渠道从被动走向主动。

（二）网络营销渠道

近几年来，小型旅游自助团队在乡村游客比例中大幅上升，且多为自驾车、家庭、亲友团。乡村旅游的散客比例更是占到80%～90%以上的市场份额，散客已经成为乡村旅游市场的主角，而散客第一次获取乡村旅游景区信息的主渠道是网络、电视和亲友的口口相传。国外一份权威调查显示：企业在获得同等收益的情况下，对网络营销工具的投入是传统营销工具投入的1/10，而信息到达速度却是传统营销工具的5～8倍，以互联网作为支撑的网络营销渠道已成为乡村旅游的重要选择。在此情况下，乡村旅游必须善于抓住旅游者，建立自己的网络营销渠道。网络渠道的建立可以选择借助知名的旅游网站和自建企业网站两种方式。

友情链接 3－16　当美丽乡村注入“互联网＋”基因乡村旅游营销开启新模式①

“互联网＋”的本质是企业通过互联网收集海量的信息和数据，从中分析、倾听消费者心声，以此快速改进产品和服务，提供极致的消费体验。它促使当下以企业为中心的产销格局，转变为以消费者为中心的新格局。

江西财经大学邹勇文博士认为，互联网思维下，乡村旅游要注意产品的思维、运营的思维，创造细分化、有个性的旅游产品。江西省旅发委副主任胡海表示，江西目前的乡村旅游营销思路已经从“把对象当客体”向“把受众当主体”转变。

乡村旅游要真正拥抱“互联网＋”，既要转换发展思路，也要在行动上与“互联网＋”的思路相匹配，防止陷入“互联网＋”认知误区。智慧化是乡村旅游营销中重要的一环，互联网背景下，乡村旅游应充分利用社会化媒体，从远程营销吸引游客和本地营销提高消费两大块入手，不断发展升级。

1. 微信营销

微信营销是网络经济时代企业或个人营销模式的一种，是伴随着微信的火热而兴起的一种网络营销方式。微信不存在距离的限制，用户注册微信后，可与周围同样注册的“朋友”形成一种联系，订阅自己所需的信息，商家通过提供用户需要的信息，推广自己的产品，从而实现点对点的营销。微信营销主要体现在以智能手机或者平板电脑中的移动客户端进行的区域定位营销，商家通过微信公众平台，结合转介率、微信会员管理系统，展示商家微官网、微会员、微推送、微支付、微活动，已经形成了一种主流的线上线下微信互动营销方式，发展空间仍然很广阔。

---

① 当美丽乡村注入“互联网＋”基因，乡村旅游营销开启新模式. 中国江西网.（2015－07－28）［2015－12－10］. http://jx.ifeng.com/sr/lyms/detail_2015_07/28/4160678_1.shtml.

友情链接 3－17 成功利用“微信营销”山东泰安岱岳区乡村游迈向 3.0 时代①

近两年，泰安市岱岳区在发展乡村游上做出不少尝试和创新：“一村一品”建设，规避“同质化”；延展旅游产业链，留住游客；打好生态牌，留住“原乡味”……一系列的举措让岱岳区的乡村游硬件设施日臻完善、服务水平不断提升，从以观光、采摘为主的 1.0 时代，经过兼具观光、体验、购物、文化教育价值的 2.0 时代，向以休闲度假为特色的 3.0 时代迈进，岱岳区由“环城带”向“环城乡村旅游休憩带”转变。

2. 自建乡村旅游企业网站

开发建立乡村旅游企业自己的网站，对有目的搜集信息的旅游者来说，乡村旅游企业网站是其判定旅游信息的最终平台，网站应设立与乡村旅游企业有关的各种栏目，有利于旅游者了解更多、更准确的旅游企业内容。乡村旅游企业网站除展示乡村旅游风光、旅游项目、食宿信息、购物指南、自驾线路等必要内容外，还应设立即时在线交流窗口，随时解答访问者的问题；设立在线订购栏目，提供旅游企业折扣门票、折扣餐饮券等的在线购买，以优惠促销吸引旅游者最快做出购买决策，并经常依托乡村旅游网站开展旅游营销策划设计方案等有奖征集活动，以有效地提高网站的访问量。

友情链接 3－18 山东乐陵乡村旅游营销从“线下”到“线上”②

据乐陵市旅游局局长李新平介绍，该市发展乡村旅游不光在线下努力，还

---

① 成功利用“微信营销”泰安岱岳区乡村游迈向 3.0 时代．大众日报.（2015－04－05）[2015－12－10]. http://taian.dzwww.com/2013sy/taxw/201504/t20150405_12166538.html.

② 乐陵乡村旅游营销从“线下”到“线上”. 大众网.（2015－12－09）[2015－12－10]http://dezhou.dzwww.com/qx/201512/t20151209_13474041.html.

靠线上的推广，如利用乐陵市旅游网、乐陵旅游等多个微信公众号进行宣传。很多游客体验后感觉好就发点评并在其朋友圈转发，慢慢地回头客就多了起来。互联网时代，传统的营销方式已满足不了个性化旅游需求。被手机占领了50%以上精力的“城里人”，更加期待一种自然生态的田园生活方式。

基于此，乐陵市积极改变乡村旅游营销方式，开通旅游官方微博和微信，及时发布旅游资讯和动态，游客只要动动手指，就可了解乐陵境内景区、美食、住宿、交通等信息。尤其今年2月开通旅游微信公众平台后，策划推出了140余个旅游专题，个别专题点击量达到5万人次。该市50万亩千年枣树森林公园等景点还分别与行旅天下、云景无限、同程网等多家网络媒体合作，搭建网上宣传、购票平台；并依托乐陵旅游网推广旅游二维码等门票折扣活动。截至目前，几大景点线上旅游收入均同比增长了20%。

3. 利用第三方网站的发布平台推广

乡村旅游自建网站能够提供丰富的旅游信息，促使旅游者做出旅游决策，但是，对不知道乡村旅游产品的旅游者来说，却很难自主访问到网站，这就要求景区还必须利用第三方网站的发布平台进行乡村旅游产品的推广，并建立起与旅游网站的链接。市场上有很多旅游网站通过向旅游企业提供在线的发布平台来帮助旅游企业推广产品和服务。乡村旅游企业首选的应该是本省的旅游咨询网，然后是行业知名网站，如携程旅行网、艺龙旅游网，同程旅游网、驴妈妈旅游网、途牛旅游网、融e购、美团网等，通过录入旅游产品信息形成网上门店，从而进行旅游产品的营销。这种服务模式容易实现，操作上也不复杂，为当前“一部手机游天下”的智慧旅游发展奠定了市场基础。

友情链接3－19　天津乡村游主推农家院 线上预约成潮流①

2015年，“互联网＋”与旅游结合的方式也让很多经营农家院的农民尝到

① 乡村游主推农家院 线上预约成潮流. 北方网.（2015－12－04）.［2015－12－10］. http://j.news.163.com/docs/10/2015120410/BA03C4FE9001C4FF.html.

了甜头。选择入住农家院类型，如百姓农家、徽派民居或山野别墅，键入入住和离开的日期，就能一键搜索相关农家院信息。在蓟州电子商务产业基地的“乡村之家”电商平台上，每天都会发布各类旅游信息和农家院介绍。不少“京津冀”地区游客选择通过这里进行线上预约和支付。“平台2015年6月6日上线至今，线上支付订单为400笔，交易总金额达30余万元。”“乡村之家”负责人陈海松介绍。

“十三五”时期，蓟县旅游行业将打造京津冀一流休闲旅游目的地目标。预计到2020年，年接待游客将达到3400万人次，年均增长14%；新增就业岗位5000个，旅游从业人员总数达到2万人。

（三）建立乡村旅游推介点

以联合经营为纽带，在各目标市场区域选择专营性合作伙伴，共同组建旅游零售代理店，对旅游信息进行深加工，以强化咨询服务的增值功能，在实体连锁体系的支撑下实现旅游零售代理商品牌塑造。将乡村旅游推介店设在相近的辐射城市中心广场和生活区，一方面推介景区，另一方面提供景区门票、食宿折扣券销售、提供景区自驾线路，并提供发往景区的旅游车服务。乡村旅游企业可以自己建立推介点，也可以联合多家乡村景区联合打造乡村旅游景区自选超市，还可以借助社区便利店、购物中心、量贩、洗车行、客栈等设立旅游项目售卖点，提供自驾线路、旅游车服务，方便旅游者了解旅游产品信息并购买。

（四）开发游客的渠道价值

乡村旅游企业不能忽视游客，这其实是一种很有价值的营销渠道。企业通过向游客提供独特的旅游体验使游客获得满足，与他们建立一种朋友的关系而不是消费关系对乡村旅游产品有至关重要的意义。乡村旅游的目标消费者一般以家庭、单位或亲朋好友圈为主体，旅游者很愿意将自己的旅游体验传达给周围的人群，并给他们提供可信任的旅游建议，鼓励游客在微信朋友圈里发信息。因此，满意度高的游客是旅游产品最有说服力的渠道载体。

一般而言，对于处于新投入市场的乡村旅游产品而言，宜采用“间接销售渠道”，即与旅行社合作，尽快打开市场。可以聘请经验丰富、社交广泛的营销人员，向选定的旅行社直接推销，提高他们对新产品的支持度，通过定价优惠、结盟合作等方法联合促销，获取充足客源。发展壮大已进入成熟期的乡村旅游产品，宜采用“直接销售渠道”，设立企业自己的销售网点，既掌握了主动权，又节省了费用。由于乡村旅游产品本身的不可储存性、季节性，建议选择“短渠道”，因为过多层级的中间商会使产品成本提高，也会使本来新奇的乡村旅游产品因过时而失去消费市场。

第五节　乡村旅游促销策略

乡村旅游促销是指乡村旅游企业通过各种传播媒介向目标旅游者传递有关企业和乡村旅游产品的信息、帮助旅游者认识旅游产品所能带来的利益，引起旅游者的注意、了解和兴趣，刺激旅游者的需求，影响旅游者的购买行为，从而达到促进乡村旅游产品销售的目的。简言之，乡村旅游企业促使旅游者对旅游产品产生消费愿望的行动，就是旅游促销。通过乡村旅游促销可以提供乡村旅游信息，沟通供需关系；刺激乡村旅游需求，引导消费；突出产品特点，强化竞争优势；树立良好形象，加强市场地位；冲销淡旺季差异，稳定销售。乡村旅游促销组合策略是企业为了满足市场营销战略目标的需要，综合运用各种可能的促销策略和手段，组成一个系统化的整体，使企业获得最佳的营销效益，实现营销战略目标，谋求乡村旅游企业长期稳定的发展。由于促销目标、主体、产品形式等的不同，促销组合在方式的选择和编配上也存在差异，人员促销、销售促进、公共关系及人员推销等各种促销方式要齐头并进，综合考虑促销对象、推式策略与拉式策略及旅游产品生命周期阶段。

知识卡片 3-3　推式策略与拉式策略

推式策略，即乡村旅游企业利用人员推销或中间商把产品推入分销渠道，最终推向市场。这种推销策略要求人员针对不同顾客、不同产品采用相应的推销方法。常用的推式策略有示范推销法、走访销售法、网点销售法、服务推销法等；拉式策略也称吸引策略，一般是通过使用密集型的广告宣传、销售促进等活动，引起大众旅游者的购买欲望，激发购买动机，促进产品需求。

一、乡村旅游广告策略

（一）乡村旅游广告的概念

乡村旅游广告主要是指由旅游企业出资，通过各种媒介进行有关乡村旅游产品、服务和信息的有偿的、有组织的、综合的、劝服性的、非人员的信息传播活动。乡村旅游广告不同于一般大众传播和宣传活动，有着传播面广、有强烈的表现力与吸引力、有偿性，通过传播媒体间接传播，具有声音、色彩、影像等艺术和技术手段优势等特点。随着新媒介的不断增加，依媒介划分的广告种类越来越多，有报纸广告、杂志广告、电视广告、电影广告、网络广告、包装广告、广播广告、招贴广告、POP 广告、交通广告、直邮广告、车体广告、门票广告、餐盒广告等等。

乡村旅游广告是乡村旅游企业投资发布的、推动乡村旅游产品销售的一种重要手段，要求广告制作人掌握广告宣传的特点与方法，并紧密结合乡村旅游产品的特点和特性，通过有形的视觉效果或劝服性的宣传途径，以迎合旅游者的消费行为与消费心理为目的，有效地推介乡村旅游产品。运用得当，可以很好地树立乡村旅游企业与产品形象，提高知名度；传播乡村旅游信息，促进市场开拓；宣传乡村旅游企业产品特点，激励需求；传播乡村社会文化，丰富文化生活。

友情链接 3－20　美国“波浪谷”提升知名度

位于亚利桑那州的美国波浪谷石岩景观被列为美国自然保护区，美国政府规定每天只能发放20个进入许可证，通过网上申请和现场申请各10张，全球不分国家、种族、信仰、贫富，机会均等。该办法实施后，申请参观者人满为患，很多人因为申请不到参观资格而倍感遗憾，却使“波浪谷”的知名度空前提高，成为美国生态旅游的招牌性景点，而且使稀缺资源得到了切实保护。实行严格限制外来旅游人数，以前每年只允许3000人入境旅游，目前放开至6000人，而且必须由当地旅行社组团接待，每天的最低消费为200美元，被誉为“秘境”。

（二）乡村旅游广告媒体决策

乡村旅游广告必须通过一定的媒体才能传达给旅游者。旅游广告媒体就是选择传播广告信息的媒体类型。乡村旅游企业要突出强调媒体报道的作用，重视广告的营销价值。旅游广告可选择的媒体很多，作为乡村旅游产品，我们可以通过户外广告，如候车亭广告、楼顶广告、车体广告等有助于潜移默化地推广和宣传乡村旅游产品的手段，让乡村旅游产品“上媒体”。当前各主要的广告媒体的优缺点如表3－2所示：

表3－2 广告媒体的优缺点

媒体		优点	缺点
传统媒体	电视	最具影响力，集声音、图像、色彩、动感四种功能于一体，形、声、情并茂，可以直观、真实、生动地反映旅游景观的特点	制作费用较高，驻留时间较短，干扰较大，观众选择性差，设计制作有一定难度
	报纸	最早使用，最为常规、最及时的“有案可查”信息传递工具，可信度高，可选择性较强，本地市场覆盖面大，而费用远较电视为低	表现力较弱，色彩较为单调，一般不利于在上面做旅游景点的展示广告；针对性不强，注目率低；宣传信息量小
	广播	信息传递最及时、最灵活，广告收费也较低	缺乏视觉吸引力，一般较适合旅游交通与旅游销售信息的辅助广告媒体，尤其是地区性旅游信息发布的媒体
	杂志	读者的人口类别可选性很强，乡村旅游杂志广告容易对准目标市场；同时杂志印刷精美，可图文并茂，阅读率高，保存期长，非常适合做乡村旅游地、景点和民宿等的形象广告；专业性、行业性杂志还有利于细选读者群	广告周期长、版面受限制，非高频率的地区性乡村旅游销售广告所选媒体

续表

媒体		优点	缺点
传统媒体	户外广告	广告画面巨大醒目，保存时间长久，游客在都市、购物途中反复观看，可留下深刻的印象；位置设置灵活机动，可以选择适合其宣传的城市，租用最需要的场所，而且可以依据乡村旅游客流的变化或景区季节特色及时更换户外广告	广告传播信息有限，宣传范围有限，而且不能自由选择宣传对象
	直邮广告	对目标顾客的针对性很强，非常灵活，受时空条件限制最少，人情味较重	精力、时间和经济投入相对较高，使用不当还易引起收信人反感；需高度注重邮件从内涵到外表的创意设计，以引起收信人的兴趣
新传播媒体	互联网、手机等新媒体	乡村旅游企业可以把微信营销与微博营销结合起来使用。有迅速、准确、信息量大、反应灵活等优点，打破时空界限，信息交换空前高速。成本低、营销定位精准、营销方式多元化，更人性化、生动有趣、更加真实的客户群，信息到达率高	信息推动也会产生很多让人反感的垃圾；信息需要有足够的粉丝才能达到传播效果。信息海量，容易被淹没

（三）乡村旅游广告的创意营销

首先，创意是灵魂之所在。乡村旅游广告策划中的创意，必须是整个广告活动的中心，是旅游广告活动的灵魂，是乡村旅游的卖点。乡村旅游广告创意要取得成功，可以从新颖出奇、逆向思维、乡土文化是永恒的源泉、寻找新的渠道、农耕文化再造、唯有真善方为美、感情是通向心灵的捷径、选择名人等方面入手。

其次，口号是点睛之笔。要在主要客源市场树立起较高的知名度，需要有力的促销活动。将乡村旅游的特点、风格浓缩成一个形象化的标志，将促销主题提炼成一句口号，以此统领对外促销的各种活动，使产品简短易记、节奏鲜明、便于上口、合乎韵律、顺应时尚，一经使用，能较快地在旅游市场上树立一个整体、生动的形象。乡村旅游广告中的口号经常与乡村旅游企业名称、标志放在一起使用，形成企业的重要标志。

友情链接 3-21　千岛湖旅游广告的创意营销①

2008 年，千岛湖做了一个广告叫“到千岛湖，用农夫山泉洗澡”。交广传媒旅游策划机构当时做了好几个标语，比方说“中国最美丽的湖泊”“环境旅游县”等好几个概念，唯有这个概念马上就有反馈。好多从北京回去的人都看到了这个广告。随着千岛湖品牌的不断提升，如今千岛湖已经成为长三角地区国人首选的旅游胜地。目前千岛湖是人人住景观房，天天吃野生鱼，每天每夜都用农夫山泉洗澡，达到很好的广告效果。像千岛湖这样的景观有一定的独特性，但是不具备排他性；这种景点是需要大力宣传，广泛营销。新的广告模式有针对性地为游客提供个性化的资讯，创意而个性地表达品牌魅力，便于他们选择喜爱的旅游线路和旅行方式，用更少的广告费用赢得更多的客户。

友情链接 3-22　乡村旅游广告语、宣传语

（1）“安”逸之旅，“吉”美乡村。

（2）竹·动我心，乡·约安吉。

（3）相约魅力安吉，心泊绿色竹海。

（4）心泊安吉竹海，梦栖美丽乡村。

（5）美丽乡村游，诗画安吉行。

（6）游中国美丽乡村，品安吉竹海神韵。

（7）且听山水交响乐，细品竹海无言诗。

（8）十里竹海生诗意，万种风情醉安吉。

（9）百里生态画卷，千年人文英山。

（10）原汁原味原生态，多姿多彩新英山。

---

① 胡森. 故事中的旅游营销策划感悟杂想系列(2008-08-03)[2015-12-10.]http://www.17u.net/bbs/show_10_854855.html.

(11) 醉·乡村诗境，赏·竹海风情。

(12) 大别画卷，神秀英山。

(13) 寻梦毕昇故里，心泊大美英山。

(14) 千年大别神韵，一品人文茶乡。

(15) 富甲一方美，盛揽天下境。

(16) 相约富盛乡村，共享天然氧吧。

(17) 越中古胜地，活力新富盛。

(18) 古越山水游富盛，富盛山水话江南。

(19) 客家摇篮，魅力花乡。

(20) 寻梦千里赣江，情醉客家摇篮。

(21) 六陵松风观山水，青瓷御茶论古今。

(22) 美丽田园有情，魅力乡村有请。

(23) 梦里老家，江西婺源。

(24) 平分江南美，利及天下人。

(25) 平利，女娲开“史”的地方。

(26) 游女娲圣地，赏平利乡村。

(27) 昔日江南大寨，今天农家齐乐。

(28) 心的港湾，梦的村庄。

(29) 灵动山水画卷，休闲生态家园。

(30) 生态画廊，休闲乐园。

二、乡村旅游营业推广

营业推广又称为销售促进，是指乡村旅游企业在某一特定时期与空间，通过刺激和鼓励交易双方，并促使旅游者尽快购买或大量购买乡村旅游产品及服务而采取的一系列促销措施和手段。乡村旅游营业推广具有非常规性、灵活多样性、强刺激性、短程高效性的特征，强调的是在特定的时间、空间范围内，采用一系列的促销工具，对供需双方的刺激与激励，其直接的效果是使旅游者产生立即购买或大量购买的行为。

乡村旅游通过营业推广可以迅速、有效地加速新的乡村旅游产品进入旅游市场的进程；可以有效地抵御和击败竞争者的营业推广促销活动；有助于诱导旅游者重复购买；有利于增加旅游产品的消费、提高销售额，并带动本企业关联产品的销售，如一些客栈对旅游者的标准间的促销活动常常也能带动套房、餐饮及其他娱乐活动的销售。当然，营业推广只可能在短时期刺激购买，一旦营业推广结束，可能会面临“销售冷淡期”。因此不能过分依赖营业推广招揽生意。

（一）乡村旅游营业推广的方法

针对消费者目标来说，其目的是使已有购买意愿的消费者尽快做出购买决定，包括鼓励现有消费者大量购买乡村旅游企业的产品、吸引更多的潜在消费者购买，或争夺竞争对手产品的市场等。常采用的推广方式有：邀请消费者和旅游中间商到乡村旅游目的地进行免费旅游活动，举办或参加国际旅游展览会或博览会，赠送优惠券、赠送各类小纪念品、小礼品等。

友情链接 3－23　福建武夷山“一元”门票拉动淡季旅游

2014年9月，本是武夷山旅游淡季，而在“清新福建行一元门票游武夷”营业推广活动的带动下，游客如织。开始第一周，很平淡，与往常一样，不想第二周游客一下大增。在旅游淡季的9月，四星级以下的宾馆全部被订满。无论是以武夷山的大安源、武夷源为代表的山水游；以朱子故里五夫镇、万里茶路起点下梅古民居为代表的乡村游；还是以自游小镇、紫阳古城为代表的悠闲度假游，旅游人数均节节攀升。据统计9月1日至30日，武夷山全市共接待旅游人数为121.38万人次，其中主景区接待游客为50.11万人次，与上年同期相比增长124.73%。武夷山云河漂流公司副总经理匡倩说：“受惠于一元旅游，游客数至少是平时的2倍，虽景区门票只有一元，但同时也带动了我们竹排的量，基本天天都满排。”

针对中间商目标来说，其目的是调动旅游中间商的积极性，鼓励中间商大量购进并出售乡村旅游企业的产品。常采用的推广方式有：编制小册子、开展销售竞赛、给予津贴或补贴、让价折扣、举办和参加国际旅游展览会或博览会等。

针对本企业的推销人员目标来说，其目的是鼓励推销人员多成交、开拓更多的潜在市场。如组织销售竞赛。这种做法主要适用于中间商及本乡村旅游企业的推销人员。一般由乡村旅游企业发起，通过有奖问答或设立销售额奖等形式，激发他们经销本企业产品的兴趣和积极性。对于获奖者，乡村旅游企业将给予一定的物质和精神奖励，如免费旅游、提高折扣和佣金等。由于这种方法能有效地激发销售人员的积极性，因而被大多数旅游企业定期或不定期地采用。

（二）乡村旅游营业推广的实施过程

乡村旅游企业可以通过旅游营业推广的有效实施，达到增强吸引力，把顾客直接引向产品，快速激发需求，临时改变消费者购买习惯的效果。

1. 乡村旅游营业推广方案的策划

（1）确立乡村旅游营业推广目标。确定乡村旅游营业推广目标就是要回答“向谁推广”和“推广什么”两个问题。因此，乡村旅游营业推广的具体目标一定要根据目标市场类型的变化而变化，针对不同类型的目标市场，拟定不同的乡村旅游营业推广特定目标。例如，针对旅游消费者而言，目标可以确定为鼓励老顾客经常和重复购买旅游产品，劝诱新的消费者试用等；针对旅游中间商而言，目标可以确定为促使中间商持续地经营本企业的旅游产品和服务，提高购买水平和增加短期销售额等；针对旅游推销人员而言，目标可以确定为鼓励推销人员大力推销旅游新产品和服务，刺激非季节性销售和寻找更多的潜在旅游者等。

（2）选择乡村旅游营业推广方法。乡村旅游营业推广方法是多种多样的，每种方法都有其各自的特点和适用范围。在实际中，要针对不同的乡村旅游营业推广目标选择不同的方法。

（3）制定乡村旅游营业推广方案。确立了乡村旅游营业推广目标，并选择了适当的营业推广方法，接下来就是着手制定具体的乡村旅游营业推广方案。一般制定一个完整的营业推广促销方案要考虑以下几个方面的内容：确定刺激的规模、选择营业推广对象、决定营业推广媒介、营业推广预算分配。

友情链接 3－24　度假酒店的“错峰”营业推广

某城郊 W 酒店为休闲度假型酒店，周平均开房率为 60% 左右。周五、周六、周日为高峰期，开房率几乎为 100%，住房供给不足，不得不婉拒顾客，而周一、周二、周三入往游客则较少，开房率仅为 25%，周四入住率为 45%。为改变客房销售不均状况，W 酒店设计了一套针对客房的营业推广计划，即周四维持现有房价不变，周五、周六、周日房价上浮 50%，周一到周三房价下调 25%，实施这一营业推广方案一段时间后，W 酒店周一到周三的客房开房率上升到 50% 左右，周四的开房率为 60% 左右，周五到周日的开房率为 70% 左右。周平均开房率仍然为 60% 左右，但由于平均房价较高，酒店收入增加，而且顾客满意度上升，酒店经营高峰期压力减轻。“错峰”式营业推广取得了理想的效果。

2. 旅游营业推广方案的实施

乡村旅游营业推广方案的实施必须根据计划按部就班地进行，并及时解决出现的问题，并做出相应的调整。

3. 乡村旅游营业推广效果评估

乡村旅游营业推广活动完成后，对其效果进行评估是检验推广促销是否达到预期目标，以及促销花费是否合算的唯一途径。评估效果既包括短期效果，也包括长期效果。但在很多情况下，长期效果的衡量只能采用定性或定量预测的方法来判断估计，而且结果也比较粗略。因此，效果评价多数侧重于短期效果的评估。尽管推广效果评估方法很多，但最普遍采用的一种方法是把推广之前、推广期间和推广之后的销售情况进行比较，因为短期销售量的变化幅度是衡量旅游营业推广效果的最好依据。

友情链接 3－25　南京农家乐促销风生水起

“五一”小长假期间，浦口、江宁、溧水、高淳等郊县十大农庄联手，为下乡度假的市民推出了明式婚俗游、秦淮探源寻宝、双推磨坊等众多特色休闲项目，拉动农家餐饮、土特产品等消费。溧水傅家边农业科技园、天生桥风景区、大金山国防园等景区周边的“农家乐”餐馆游客盈门，翻桌不断。高淳接待游客超过3万人次，全县餐饮市场销售同比增长三成以上。外地游客来江宁最爱游玩传统景区，假期里，中山陵风景区日接待量均在6万人次左右，夫子庙景区每天接待量近15万人次。

火爆的市场离不开南京市对旅游软硬环境的培育。2009年，南京市发放了2000万元乡村旅游消费券，还面向华东6省1市市民推出南京27个著名景点的半价优惠政策。3月20日，中国历史文化名城互游活动启动以来，南京到20多个城市进行推广。旅行社纷纷开通旅游专列、旅游包机，为景区载来了更多游客。游客多了，饭店的生意跟着红火起来，全市旅游饭店客房出租率56.2%，高于长三角同类城市，星级饭店的平均房价还同比涨了14.9%。统计数据显示，全市旅游业一季度总收入达193.88亿元，同比增长13.1%。

三、乡村旅游人员推销

人员推销是最古老的一种传统促销方式，同时也是乡村旅游现代企业中最常用、最直接、最有效的一种促销方式。乡村旅游人员推销是指推销人员与消费者直接沟通交流，传递旅游产品信息，促成买卖交易实现的营销策略。在应用人员推销形式进行乡村旅游产品的促销中，推销人员要获得推销的成功必须在互惠互利、使用价值观念、人际关系、尊重顾客等的原则下进行有效的推销。

与其他沟通与促销形式相比，乡村旅游人员推销的最大特点在于能充分发挥推销人员的作用，直接深入用户，与客户进行双向沟通信息的传递，并通过观察客户反应来捕捉商机销售旅游产品，获取市场信息，人性化地向现实客户和潜在客户提供各种服务。由于推销人员与客户“面对面”进行沟通与促销，人员推销成功率高，但费用大、成本高。乡村旅游人员推销具有沟通与推销的直面性、双向性及因人而异的针对性等特点。乡村旅游人员推销属于直接促销，它有以下几种方式：

（一）营业推销

营业推销包括两种类型：一种是乡村旅游企业内部销售人员在办公室内用电话来联系洽谈业务，接待来访购买者和咨询者。另一种是乡村旅游企业其他各个环节的从业人员，在为消费者提供服务过程的同时销售自身产品的活动。这种推销方式的特点是：旅游者主动向推销人员靠拢，推销人员能依靠良好的销售环境和接待技巧完成推销，满足旅游者需求。

（二）派员推销

派员推销是指乡村旅游企业派专职推销人员携带乡村旅游企业及旅游产品的宣传资料走访客户进行推销的方式。这种方式的特点主要体现在：推销人员主动向潜在的旅游者靠拢，推销员同旅游者之间的感情联系尤为重要；它要求推销人员有百折不挠的毅力、良好的沟通能力与谈话技巧。

友情链接 3－26　预设前提——餐饮现场推销的技巧

以前服务员总是问游客：“先生，您喝点什么？”结果在很多时候游客就点最大众化的饮料：雪碧，有的游客则干脆说：“不要了。”一段时间下来，饮料的销售额平平。后来经理要求服务员换一种问法：“先生，我们餐厅有椰汁、杧果汁、胡萝卜汁等，您要哪一种饮料？”结果很少有游客再点价格相对较低的雪碧，转而选择价格相对较高的椰汁、杧果汁或胡萝卜汁中的一种。这以后，饮料的销售额有了明显的增长。这在心理学上有个现象叫“沉锚”效应，即在人们做决策时，思维往往会被得到的第一信息所左右，第一信息会像沉入海底的锚一样把你的思维固定在某处。服务员在推销饮料等产品时，注意不要以“是”与“否”的问句提问，这样问句的答复往往是要或不要。如果以预设“游客当然要买”为前提，然后以选择性的问句提问，这样游客往往是从中做出一个自己喜欢的选择。

（三）会议推销

会议推销是指乡村旅游企业利用各种会议，如各种类型的旅游订货会、旅游交易会、旅游博览会，介绍宣传本企业的旅游产品的一种推销方式。这种方式的特点是群体集中、接触面广、交易中客户心理较为轻松，因设防而产生的抵制阻力较小，对客户影响力极大，因而成交量大。

四、乡村旅游公共关系

乡村旅游公共关系是指旅游企业以目标公众为中心，以信息和自身形象为重点，以现代传播沟通工具为媒介，协调乡村旅游企业和社会公众关系及旅游企业内部关系，增进乡村旅游企业与社会公众之间及企业内部的相互了解、支持与合作的一种现代经营管理行为。乡村旅游企业开展公共关系的目的在于树立旅游企业在公众心目中的良好形象和声誉，增进其知名度、美誉度和信誉度。公共关系作为企业市场营销中一种重要的促销方式，其职能主要有收集与企业决策相关的重要信息、树立乡村旅游企业与产品形象、促进乡村旅游产品销售、沟通协调，参与旅游企业重大事务决策，增强企业内部凝聚力，应对突发事件，进行危机公关等方面。

旅游有文化承载功能，但又根本上要求商业的成功，因此要用公共关系的方法提升旅游业发展水平，为旅游创造新的空间。旅游公共关系方法的分类很多，乡村旅游企业可运用多种公关手段，开展针对新闻界、社会公众、企业内部员工的公关活动。

（一）新闻公关

新闻公关是指利用或策划有吸引力的新闻事件，吸引媒体报道以扩大乡村旅游企业影响。由于新闻界是站在旅游企业和旅游者之外的第三者立场上，能客观公正地提供信息，因而可信度高，往往会起到广告难以起到的效果。有时甚至由于新闻公关做得好，能产生轰动效应。新闻公关，是一种高效、低成本扩张的品牌策略。新闻宣传的权威性是任何品牌传播方式无法比拟的，新闻宣传对树立乡村旅游企业品牌形象和建设乡村旅游品牌美誉度都非常重要。此外，通过许多公益新闻事件，还有利于处理乡村旅游企业与政府、公众、社团及商业机构的关系。此外，精心策划的旅游新闻还能吸引媒体的眼球，促使他们主动参与其中进行采访、发布、转载、转播等行为，以达到传播的最大影响力。

新闻公关的关键是与新闻界建立良好的合作关系，尽可能满足新闻界合理的要求。乡村旅游企业要掌握新闻特点，按照新闻规律及时为新闻单位提供其感兴趣的话题，结合乡村旅游产品和品牌的需要，通过新闻媒介，树立乡村旅游品牌形象和品牌个性，实现改变消费习惯，创造消费需求，营造良好的外部发展环境等营销目标的营销沟通手段。但是在利用或策划事件时，切忌胡编滥造，炮制“假新闻”。

友情链接 3－27　巧借契机　制造新闻

1994 年 2 月 16 日，在安徽阜阳卷烟厂工作到上海探亲的张泽生与妻子、女儿一起到慕名已久的中华商业第一街南京路上购物，在新开张的中联商厦，他们买了一台微波炉，乘电动扶梯下楼时顺手将微波炉搁在电梯的胶带扶手上。不料顺势而下的微波炉撞到了悬挂在边上的一大型商品导购灯箱，只听到一声巨响，灯箱坠地后粉身碎骨。修复灯箱费用高达 6000 余元，张泽生一听目瞪口呆。“谈判”中，张泽生实事求是地承认是由于自己不慎造成灯箱毁坏理应赔偿，但请求商厦能减少赔款数目，经理听后主动提出协议方案，为了不使顾客因赔偿而陷入困境，张泽生只需赔偿人民币 1 元，其余全部由商厦承担。张泽生夫妇激动得热泪盈眶，即赶到《新民晚报》社，向报社同志介绍有关情况。2 月 27 日《新民晚报》以《撞坏导购灯箱，赔偿一元了结》为题详细报道了张泽生夫妇在中联商厦的奇遇，此事立即造成了轰动效应，申城街头巷尾人们议论纷纷，盛赞中联商厦，有的还特地到南京路去看看这家刚开张的新商厦。

（二）参与社会公益活动或借助娱乐节目公关

乡村旅游企业可以根据自身需要量力而行，有选择地参与社会公益活动或借助娱乐节目进行旅游宣传，如参加赞助政府、行业协会、社区等单位或组织举办的环保活动、民族文化活动、学术研讨、体育竞技、教育事业、慈善等活动，通过对社会公益事业提供支持与赞助，在奉献爱心的同时，树立企业“义”与“善”的社会形象。通过娱乐节目或参与社会公益活动，巧借外力，也可把营销做得风生水起，同时还节省了成本，其精髓就在四两拨千斤的“借力”上。

友情链接 3－28　游客去哪儿？

湖南卫视亲子秀节目《爸爸去哪儿》可谓大红大紫，除了节目本身，一切与《爸爸去哪儿》有关的话题都成为网友讨论的热点。更有意思的是，拍摄节目的景点也火了，一跃成为网友们向往的旅游胜地。可以说是“爸爸去哪儿”，游客就去哪儿。

《爸爸去哪儿》针对城里人整天面对钢筋混凝土建造的大厦，选址基本都在乡村，给城里人看乡村的东西，让他们眼前一亮。一档亲子娱乐节目带火了乡村旅游地，包括北京灵水村、宁夏沙坡头、云南普者黑、山东威海荣成等，而旅游企业将娱乐营销的思想贯穿于整个体验营销的全过程，在游客的旅游经历中适时、适景地融入娱乐体验，同时赋予娱乐体验以更深的意义，在“娱乐”的基础上注重社会公益，让游客在娱乐中得到更多价值。

（三）印制各种宣传资料公关

乡村旅游企业可以通过印制企业产品小手册等印刷品来进行公关宣传，还可以通过设计旅游企业的乡土民俗制服、企徽、带有企业标志的名片等能展示乡村旅游企业形象的形式进行公关宣传。宣传方面的思路应该是融入本地的特色文化，让其旅游产品具有当地文化内涵，从而能“走出去”；通过举办各种推介会、说明会、发放宣传册等，开展形式多样、丰富多彩的宣传活动，将外界的游客“请进来”。

友情链接 3－29　小燕子的一封信

日本奈良市效区有一家民宿，外环境优美，服务生招待游客热情，很吸引顾客。但美中不足的是每年春季，许多燕子争相光临，在房檐下营巢安家，排泄的粪便弄脏了玻璃窗和走廊，服务小姐擦不胜擦，使得旅客也有点不愉快。民宿主人爱鸟，不忍心把燕子赶走，但又难以把燕子粪便及时、彻底地清除，很是苦恼。民宿经理忽然想出一条妙计。他提笔写道：

女士们，先生们：

我们是刚从南方赶到这儿过春天的小燕子，没有征得主人的同意，就在这儿安了家，还要生儿育女。我们的小宝贝年幼无知，我们的习惯也不好，常常弄脏您的玻璃和走廊，致使您不愉快。我们很过意不去，请女士先生们多多原谅！还有一事恳求女士们和先生们，请您千万不要埋怨服务员小姐，她们是经常打扫的，只是她们擦不胜擦。这完全是我们的过错。请您稍等一会儿，她们就来了。

——你们的朋友小燕子

这封以小燕子的名义写的向旅客们道歉的信。旅馆经理把它张贴到旅馆的大堂。游客们看了这封信后，都给逗乐了。不仅不再提意见，而且还对小燕子产生了一种特殊的感情，对这家旅馆更感亲切，并留下了美好的印象。

（四）旅游专题公关

利用旅游专题公关活动向市场传递旅游信息是操作性较强的宣传促销途径。这种方法费用支付少，能够快捷实现社会信息交流。乡村旅游公关活动的形式众多，包括新闻发布会、记者招待会、行业内的茶话会、招待会、联谊会，以及摄影展、书画展、节庆、展销会等。

友情链接 3－30　重庆合川钓鱼城旅游文化节 22 日来袭 17 大“耍事”邀请您①

重庆市合川区召开2013 重庆（合川）钓鱼城旅游文化节新闻发布会，记者从发布会上获悉，2013 合川钓鱼城旅游文化节将于 6 月 22 至 30 日举行，届时将有啤酒节、武术周、龙舟赛等 17 项精彩活动等待市民前去参与。

据介绍，2013 年钓鱼城旅游文化节以“清凉三江·激情合川”为主题，由市委宣传部、市商业委员会、市文化广播电视局、市体育局、市旅游局和合川

① http：//www.youth.cn

区委、合川区人民政府联合主办。合川区将依托文峰街、钓鱼城、涞滩古镇等旅游景区景点，开展17项旅游、文化、商贸、体育活动。

还可以通过举办各种农家活动如瓜果采摘、蔬菜摘种等各种真正体验乡村绿色、乡村乐趣的活动，以及结合民俗节气的各种活动等，在乡村旅游市场“办活动”，从而扩大乡村旅游的市场。与此同时，也需要借助于媒体的宣传，吸引更多的开发商，丰富我们乡村旅游的开发主体，突破乡村旅游建设投入匮乏的局面。

参考文献

[1]张俐俐.旅游市场营销[M].北京:清华大学出版社,2005:41－54.

[2]黄荣鹏.旅游销售技巧[M].广州:南方日报出版社,2002:272－283.

[3]万绪才.基于客源市场的乡村旅游产品开发研究——兼论南京市江心洲乡村旅游产品开发的问题与对策[J].东南大学学报(哲学社会科学版).2007(5):58.

[4]谷慧敏,孙延旭,等.旅游市场营销[M].北京:旅游教育出版社.2014.83－113.

[5]韩冉冉.基于体验营销的乡村旅游营销组合策略研究[D].安徽工业大学硕士学位论文.2011:25－28.

[6]赖侦铿.福建乡村旅游产品创新开发研究[D].福建师范大学硕士学位论文.2008:39－43.

[7]樊雪梅,彭李科,尹义坤,等.东北冬季乡村旅游市场营销的策略建议[J].中国市场,2011:42－45.

[8]赵西萍,等.旅游市场营销学——原理·方法·案例[M].北京:科学出版社.2006:141－175.

[9]赵西萍,旅游市场营销学[M].北京:高等教育出版社,1998.

[10]汪惠萍,王玉玲.乡村旅游市场细分研究——以安徽西递、宏村为例[J].江苏农业科学.2012(1):359－362.

[11]郭英之.旅游市场营销[M].大连市:东北财经大学出版社,2010:

138－139.

[12]蔡芳，李淑娟，陈延亭. 旅游市场学[M]. 成都：电子科技大学出版社，2007：6.

[13]菲利普·科特勒. 市场营销管理[M]. 北京：科学技术文献出版社，1991.

[14]马勇，毕斗斗. 旅游市场营销[M]. 汕关市：汕头大学出版社，2003：296－298.

[15]鲁峰. 旅游市场营销学[M]. 北京：中国科学技术出版社，2008.

[16]陶卓民，胡静. 旅游市场学[M]. 北京：高等教育出版社，2001.

[17]季辉. 旅游市场营销[M]. 成都：四川大学出版社，2007.

[18]程道品，伍进. 旅游市场营销学[M]. 北京：中国林业出版社. 2009.

[19]杨益新. 旅游市场营销学[M]. 北京：清华大学出版社，2008：258－263.

[20]舒伯阳. 旅游市场营销案例实训[M]. 北京：清华大学出版社，2015.

[21]吴金林. 旅游市场营销[M]. 北京：高等教育出版社，2008：152－170.

第四章

乡村旅游经营

对乡村旅游经营者来讲，乡村旅游既是一种生活方式的选择，也是一种谋生的手段和途径。乡村旅游通过经营实现最大化的经济收益，在目前阶段仍是绝大多数乡村旅游经营者的目标追求。本章通过对乡村旅游经营环境的分析，乡村旅游自主经营模式、企业经营模式以及政府、行业参与模式的分析对比，力求给乡村旅游经营者提供一个有建设性的经营思路和改良化的经营模式选择。

第一节　乡村旅游经营环境

任何企业的经营活动都是在一定的动态环境中进行的，不能脱离其经营环境。乡村旅游经营既离不开优美的自然乡村，也离不开当地的政治、经济、文化和社会环境。认清乡村旅游经营环境并对其进行必要、科学的分析，有利于企业调整经营策略，改善经营状况。

一、乡村旅游经营环境概念

乡村旅游经营环境是指一切能制约和影响乡村旅游企业经营活动的外在因素的综合体，包括政治、经济、文化、社会环境以及竞争环境等。乡村旅游经营环境具有复杂性、动态性和不可控性等特征。乡村旅游经营环境主要包括外部环境、内部环境两大类。

（一）外部环境

乡村旅游外部环境主要包括政治环境、经济环境、社会文化环境和竞争环境。分析乡村旅游的外部环境，有利于经营户了解国家的大政方针对旅游产业的导向影响，了解经济发展状况对人们旅游消费需求的影响，了解不同区域人们不同的生活方式、价值观念及行为准则。

1. 政治环境

政治环境是指一个国家或地区的政治局势、法律、外交政策及经济政策等，具体包含政治局势、政策和法律等三方面的因素。旅游产业易受国家和地区政治局势的影响，稳定的政局有利于旅游业发展。自 1998 年以来，我国相应制定了一系列促进乡村旅游发展的政策或措施，乡村旅游面临良好的发展机遇。同时，乡村旅游经营户要了解并遵守相关的法律法规，自觉接受有关部门监督，保证合法经营，避免蒙受经济损失。

2. 经济环境

经济环境主要是指一个国家或地区的人口、居民收入、产业结构、年景的丰歉、资源的开发等方面的情况。经济环境对旅游企业的经营会产生极大影响：一是会影响客源的多寡，二是会影响游客的消费水平。一个国家或地区经济状况良好，居民收入水平呈上升趋势，商务、文体活动就会增加，就会刺激旅游需求，乡村旅游需求量就会增加，需求档次也会相应提高。因此，乡村旅游经营户要认真分析和预测各种经济因素的变化趋势，并根据经济形势的发展变化，调整经营策略。

3. 社会文化环境

社会文化环境是指由社会地位和文化素养的长期熏陶而形成的生活方式、价值观念和行为准则。对乡村旅游影响较大的社会文化环境包括：生活习惯、教育水平和语言文字、宗教信仰和价值观念。不同国家或地区、不同社会阶层的消费者在食、住、行、游、购、娱方面存在不同的习惯，乡村旅游经营户要多了解不同客源地的生活习惯、教育水平和语言文字、宗教信仰和价值观念，提供适应的消费产品。

4. 竞争环境

乡村旅游企业如同其他企业一样，是在市场的竞争中求生存、谋发展的。

企业无论大小，都面临着竞争。与其他不可控因素比较起来，竞争环境对乡村旅游企业的影响更为直接，同一市场竞争者的活动常常会影响企业做出相应的经营决策和策略。

（1）与其他行业之间的竞争。在乡村旅游市场，与其他行业间的竞争不可避免。这些行业涉及饭店业、康体娱乐业等，与景区（点）也存在竞争关系。这种竞争表现在如何使自己的企业比其他行业更能吸引游客。随着政府对乡村发展政策的倾斜以及对乡村旅游的倡导，人们对乡村旅游越来越向往。乡村旅游企业应不断调整自己的经营措施，吸引到更多的游客来乡村旅游。

（2）同行业之间的竞争。同行业的竞争，是指不同的乡村旅游企业之间为游客提供不同的服务项目，满足相同的需要而展开的竞争。同行业的竞争往往局限在社区内部，通常也更激烈。同行业竞争分为良性竞争和恶性竞争。良性竞争会引导企业朝健康方向发展，形成区域优势，从而带动社区经济发展；恶性竞争会导致企业采用低价策略、降低服务质量等手段来抢夺客源，从而降低游客旅游体验，影响社区旅游声誉，打破乡村和谐之美。

乡村旅游企业要想在竞争中取胜，就必须充分了解竞争对手的位置、产品、产品价格及销售策略等。了解对手、分析对手，知己知彼、扬长避短，发挥自己的优势，创造产品特色，在同行业竞争中取胜。

（二）内部环境

乡村资源是吸引城市游客到乡村旅游的重要因素，乡村旅游资源环境对乡村旅游客源量有直接影响。当城市人“有钱”“有闲”的时候，决定他是否去或去哪里进行乡村旅游的因素，很大程度上取决于当地是否具备有吸引力的乡村旅游资源。如果一个地方的乡村旅游资源十分丰富并且保持原生态，势必会吸引大量的城市游客。乡村旅游资源分为自然旅游资源和人文旅游资源。

1. 自然旅游资源

自然旅游资源包括气候气象、珍禽异兽、山川河流、森林、沼泽、沙漠、湿地等。乡村自然旅游资源包括具有乡村特点的农业景观，如农田、菜地、花圃、果林、堤坝等。乡村自然旅游资源的可贵性，就在于它的原生态、自然性、乡村味。

2. 人文旅游资源

人文旅游资源包括民居建筑、民俗风情、传统节庆、文化体育等由当地人民开发创造并流传继承下来的文化活动痕迹。乡村旅游人文资源包括古宅、宗祠、水井、庙宇、学堂、土掌房、竹楼、草屋、水车等，以及当地的民俗、节庆、农事等活动，如赶集、庙会、对歌、祈年、祭神。

总之，乡村旅游经营企业需要认清乡村旅游资源环境，并对乡村旅游资源环境进行分析与评价，不断调整经营策略，才能提供适销对路的产品，开拓更大的旅游市场。

二、乡村旅游经营环境分析

在乡村旅游经营过程中，通过分析、评价经营环境，使企业更好地认清面临的经营机遇或困难，提出改进措施。乡村旅游经营环境分析是企业科学制定经营决策和经营计划的基础。

知识卡片 4－1　乡村旅游经营环境分析

乡村旅游经营环境分析是指运用科学的方法和手段，分析、评价一切能制约和影响乡村旅游企业经营活动的因素，并为乡村旅游经营决策和策略做出判定和建议。分析、研究乡村旅游经营环境，有利于经营户选择和适应环境，有利于经营户寻找机会和避免风险。

（一）分析方法

根据乡村旅游经营的外部环境和内部环境因素，采用资料收集法、比较法、归类法、综合法等方法对乡村旅游经营环境进行分析与评价。其中 SWOT 分析法使用较多，能够对乡村旅游的经营环境做出科学的分析。

SWOT 分析法，是企业经常用于分析其竞争条件，评价其经营环境的一种方法。将 SWOT 分析法运用到乡村旅游经营中，有利于经营户全面了解自身的经营优劣势以及面临的机遇和挑战。

知识卡片 4－2　SWOT 分析

SWOT 分析法，是用来确定企业自身的竞争优势、竞争劣势、发展机会和面临的威胁，从而将公司的战略与公司内部资源、外部环境有机地结合起来的一种科学的分析方法。S（strengths）是优势、W（weaknesses）是劣势、O（opportunities）是机会、T（threats）是风险。其中优势、劣势为内部因素，机会、风险为外部因素。

友情链接 4－1　成都锦江区三圣乡红砂村 SWOT 分析

红砂村位于成都市锦江区三圣乡成龙路北侧，距二环路约 7 千米。国家 4A 级旅游景区、全国首批旅游示范点。红砂村有 3000 多亩的花卉种植基地，民居建筑极富川西特色。2003 年，成功举办“四川省首届花卉博览会”后，正式向游人开放。红砂村利用花卉产业发展旅游，除当地村民种植花卉发展旅游外，有 30 多家来自国内的大型花卉公司到红砂村投资花卉种植开展乡村旅游。红砂村约 90% 的耕地出租给花卉公司，花卉公司又雇用当地村民种植花卉和进行乡村旅游的接待。红砂村不仅吸引了一批大公司、大企业前来进行规模化生产、集约化经营，而且部分农户也因此变成了股东。红砂村的道路、民居、休闲娱乐设施也在较短的时间内得到改造，农户的收入也有较快增长。红砂村经营模式是“股份制”模式的成功典范（见表 4－1）。

表 4－1　成都市锦江区三圣乡红砂村 SWOT 分析

Strength（优势）	1. 距离成都市区二环约 7 千米，交通便利 2. 建筑具有独特的川西民居特色 3. 占地面积 3000 多亩，娱乐设施较完善 4. 具有核心产品——花卉，产品特色突出 5. 与企业合作，引进花卉公司，资金力量雄厚	Weakness（劣势）	1. 旅游配套设施不足，厕所等基础设施较差 2. 旅游产品主要以花卉为主，产品科技含量低，同质化严重 3. 旅游季节性强，主要是花期与周末
Opportunity（机会）	1. 四川省乡村旅游起步早，发展快 2. 相比市中心酒店．旅馆等，具有一定价格优势 3. 随国民消费水平提高，市场需求可挖掘空间大	Threat（威胁）	1. 同行竞争激烈 2. 农户与花卉企业的利益冲突有所凸显

成都市锦江区三圣乡红砂村是四川省乡村旅游发展的典范。红砂村与大型花卉公司合作，产品主题突出，结合川西特色民居，乡村旅游发展前景可观。但红砂村旅游面临以下不足：基础设施不够完善，如厕所建设数量及卫生状况不够理想；由于花卉观赏具有季节性，因此红砂村的乡村旅游也具有季节性；花卉产品科技含量低，产品同质化严重；如何较好平衡农户与花卉企业的利益冲突。

友情链接 4－2　云南凯普金田农园乡村旅游 SWOT 分析

凯普金田农园位于昆明市五华区沙朗街道，云南凯普农业投资有限公司于2009 年投资建造。金田农园是依托在西翥生态旅游实验区西餐香草种植基地上的农业休闲项目，引领生态、环保、自然、健康、低碳的全新休闲方式。农园将传统农耕文化带入园区，形成含种植、销售、农耕文化展演、互动式体验、生态式休闲、农耕文化教育、大型会议、主题农业文化活动等于一体的休闲园区。农园面向大客户预订种植、销售生态蔬菜，主要针对中高端客源市场。农园在自身发展的同时向社区租赁闲置农田使社区受益，又解决了 400 多名当地农户的就业问题，为社区发展做出了突出贡献。2015 年年底，金田农园除了保持原有生态蔬菜种植外，新增加了生态水果种植。园区含生态西餐香草种植区、特色蔬菜种植展示区、蔬菜瓜果采摘区、草莓园、手工烘焙坊、会议会务区、生态餐饮区等；建筑风格以古朴、粗犷、乡土为基础，融入时尚、典雅元素，农耕文化、田园风光、民族特色紧密融合（见表 4－2）。

表 4－2　云南凯普金田农园乡村旅游 SWOT 分析

Strength（优势）	1. 占地面积大，设施较完善，集餐饮、住宿、会议室等为一体 2. 以种植基地为主，产品为有机蔬菜与有机水果，产品丰富多样、特色突出 3. 云南凯普农业投资有限公司投资，资金力量雄厚，有良好的市场 4. 与学校、企业合作，主要与幼儿园、小学合作，建成科普教育基地，客源充足 5. 依托公司，有较成熟的产业链，主要将产品销往麦德龙等全国大型超市	Weakness（劣势）	1. 产品定位较高，以中高端为主，低端市场无顾及 2. 产品价格与周围同行相比无价格优势。离城区有一定距离

续表

Opportunity（机会）	1. 随着国民消费水平提高，市场需求可挖掘空间大 2. 生态、环保、自然、健康、低碳的休闲产品具有很大市场潜力 3. 昆明到沙朗的公路正在新建中	Threat（威胁）	1. 同行竞争激烈 2. 农户与花卉企业的利益冲突有所凸显

金田农园位于具有白族文化特色的沙朗街道办事处，沙朗依托白族文化，乡村旅游发展较快，但竞争者间存在产品同质化现象。沙朗街道办事处的乡村旅游经营模式多以单体农户模式为主，企业参与模式多为经营规模较大的乡村旅游实体。凯普金田农园属于规模较大的农庄，由公司规范化管理，且业主与种植农户关系融洽，产品具有生态、环保、自然、健康、低碳的特点，农庄发展前景良好。

（二）技术路线

技术路线如图 4－1 所示。

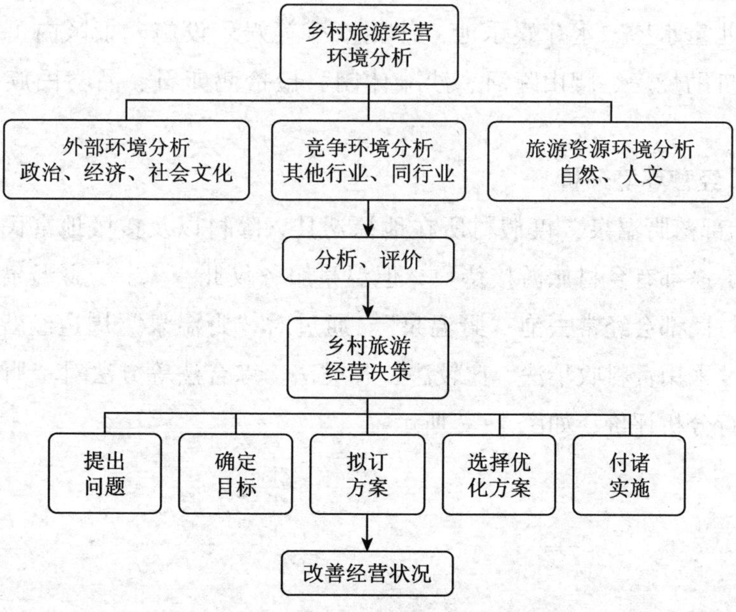

图 4－1　技术路线

三、乡村旅游经营环境分析案例——“原始部落野温泉”度假村

（一）背景

“原始部落野温泉”度假村，位于云南禄劝县兴隆村与富民县东村镇接壤处，普渡河峡谷边。度假村集峡谷生态温泉、水上娱乐、彝家苗家风情、乡村绿色美食、木屋鸟巢酒店为一体。温泉水不经人工加热、稀释，水温终年恒定，保持在43℃左右。温泉属于碳酸泉，含氡、氟、锶、锂、铁等微量元素，对人体有医疗、保健、美容等作用。原始部落野温泉享有“活水原汤、天下无双”的美誉。

“野温泉”得名于温泉的浑然天成。沿着普渡河边鹅卵石缝，温泉水从地下不断自然涌出，村民们在泉眼处刨一小坑就可享受大自然的恩赐。这自然之“野”吸引了不少周边城里人慕名前来。

2011 年 6 月 6 日，云南健和旅游开发有限公司在昆明旅交会上正式签约，投资建设度假村，2012 年正式动工。截至目前，“野温泉”已完成第一期建设，建成具有一定接待规模的休闲旅游度假地。度假村设有露天温泉泡池、游泳池、儿童水屋、水疗娱乐池、休闲沙滩等娱乐设施，景区内可以开展野外露营、自助烧烤、爬山蹚河、沙滩休闲、捡拾鹅卵石、品尝民族小吃等娱乐活动。

（二）经营环境分析

“原始部落野温泉”度假村所在地禄劝县兴隆村以及接壤地富民县东村镇乐在村，沿途都有乡村旅游接待户，但温泉服务仅此一家。“野温泉”家喻户晓，附近村民都会经常去泡“野温泉”。通过对“野温泉”周边经营环境进行调查研究，采用资料收集法、比较法、归类法、综合法等方法对“野温泉”经营环境进行分析评价，如图 4－2 所示。

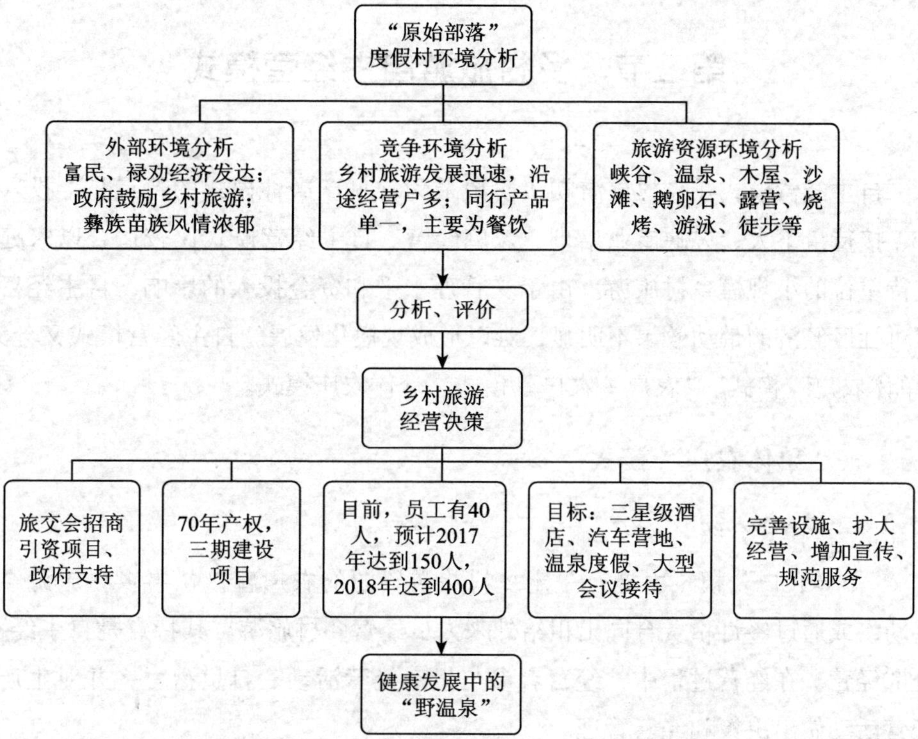

图4－2 经营环境分析

（三）经营决策调整

云南健和旅游开发有限公司通过对经营环境的调查、分析与评价，决定把度假村打造成中高端旅游产品。度假村于 2012 年正式动工，计划于 2018 年年底完工，届时将建成接待量达 800 人的大型温泉度假、会议接待、水上娱乐、河滩休闲及汽车营地综合项目。

乡村旅游经营模式，是乡村旅游企业根据企业的经营宗旨，为实现企业的经济目标所采取某一类方式方法的总称。国内的乡村旅游起步虽晚，但发展速度较快，在近二三十年中，乡村旅游出现了多种经营模式。本章总结了 8 种主要的乡村旅游经营模式，并根据经营主体分成三大类：乡村旅游自主经营模式、企业经营模式和政府、行业参与模式。

第二节　乡村旅游自主经营模式

自主经营模式在乡村旅游初级阶段最为常见。这种模式的特点是：投入较少、接待量不大、欠缺专业培训、家庭经营。自主经营模式比较适合以家庭为接待单位的小规模乡村旅游。由于受管理水平和资金投入的影响，自主经营模式对社区经济的带动效果不明显，难以形成规模化发展。自主经营模式又分为："单体农户"模式、"农户+农户"模式、个体农庄模式。

一、"单体农户"模式

（一）模式介绍

"单体农户"模式由拥有一定乡村旅游资源的农户直接从事乡村旅游经营活动，或通过签订租赁合同出租给外来人员经营乡村旅游。其特点是自主经营、分散经营。在经营过程中，经营者参与生产经营活动、自负盈亏，并对生产和经营活动做出决策和经营管理。

"单体农户"模式有利于调动农户经营管理的积极性，也有利于保护乡村旅游资源。大多数农户属于本地人，他们在经营时也会注意保护性经营，而且由于对当地的乡村民俗、乡村文化了解透彻，在产品经营时，能够比较好地凸显原汁原味的地方特色。

"单体农户"模式的缺点是难以扩大规模，竞争力不足。随着乡村旅游不断发展，经营者日益增多，竞争越来越激烈。单体农户受自身经营观念、经济实力等方面的限制，一般会停留在原有的经营规模和服务档次上，无力改善竞争状况，难以竞争。在经营中最需要注意资金问题，乡村旅游发展到一定阶段以后，无论是扩大经营规模，还是推出新产品，都需要大量的资金投入。对于单体农户来说，后续发展资金是制约单体农户经营发展的较大瓶颈，因此在经营过程中如何做到资金良性循环是经营的重点。

（二）经营现状

单体农户模式是乡村旅游发展的最初模式，也是基本模式，目前仍然广泛存在。在一些经济欠发达地区，或对于刚开始创办乡村旅游的农户来说，单体农户模式是其首选模式。如昆明市的东川、禄劝、寻甸等县区，乡村旅游的经营模式仍以单体农户经营模式为主。其中较突出的有祥云聚龙温泉休闲园、昆明金色大地假日农庄等。

友情链接 4-3　昆明金色大地假日农庄

昆明市金色大地假日农庄位于昆明市西山林场三家村水库旁，离市中心30分钟车程。农庄主体建筑为典型的白族民居，以及原生态小木屋客房。白族四合院餐厅可容纳200多人用餐；原生态小木屋为别墅客房、标间小楼以及多功能小楼。农庄经营项目主要为住宿、棋牌、烧烤、垂钓、拓展、露营、篝火晚会、会议等。引入专业机构，建立“拓展训练基地”“少儿英语户外实训基地”。农庄目前经营方式为单体农户承包经营，合同期10年。

相对于其他乡村旅游经营户，金色大地具有特色建筑、接待规模大、设施齐全、服务规范等优势，并且开创乡村“慢生活”别墅长租经营模式，在云南乡村旅游新崛起的经营户中，成为昆明市西山区“单体农户”经营模式的典范。随着云南省对乡村旅游的大力推动，金色大地将迎来新的发展契机。但由于金色大地假日农庄地处昆明乡村旅游较发展的西山区，周围有大量的农家乐存在，竞争激烈，同时由于其市场宣传主要以口碑宣传、微信宣传为主，民众对其的关注度较低，这成为金色大地假日农庄发展的“瓶颈”。

二、“农户+农户”模式

（一）模式介绍

“农户+农户”模式是乡村旅游初级阶段的经营模式之一。在乡村旅游发展的初期，还没有形成企业经营模式，在乡村旅游“示范户”的带动下，其他农户纷纷加入旅游接待行列，并逐步跟“示范户”形成供应关系，比如供应蔬菜、禽蛋、肉食等，形成供应链。后来，一些农户发展成“示范户”的合作伙伴，与其合作经营，提供餐饮服务或住宿服务，形成“农户+农户”的乡村旅游经营模式。

“农户+农户”的经营模式有利于乡村旅游资源互补，降低经营风险。其特点是投入较少，接待量有限，但乡村文化保留最真实，游客能体验最原生态的本地习俗和文化。由于受管理水平和资金投入的影响，“农户+农户”模式对旅游经济的带动效应较差，难以形成规模化发展，因此比较适合小规模乡村旅游。

（二）发展现状

“农户+农户”模式典型案例有成都的农科村、浙江安吉的天荒坪村、湖南汉寿县鹿溪农家、广西柳州融水县香粉乡雨卜东兴旅游村、桂林恭城红岩生态旅游新村、贵州雷山郎德上寨、云南省原始部落野温泉等。

友情链接4-4　贵州郎德上寨

郎德上寨是一个有百户人家的苗族自然聚居村寨，位于贵州省雷山县郎德镇西面，距凯里市区29千米，距雷山县政府7千米，是贵州省东线民族风情游的重点村寨之一。郎德上寨乡村旅游依靠原生态的文化资源吸引游客，开展参观寨容寨貌、杨大六故居以及村内刺绣坊，体验12道拦路敬酒，观看集体歌舞表演等文化活动。郎德上寨是贵州省第一批以少数民族村寨进行旅游扶贫的试点。在发展过程中，郎德上寨探索出了一个适合自身的经营发展模式，即全民参与旅游，全民参与旅游利益分配，实行“工分制”的收入分配制度。

在村支书的带领下，郎德上寨通过全体苗族农户的集体努力，乡村旅游得到了迅速发展，在国际、国内赢得一定声誉，农户也从中获得了较大的经济收益。相对于至黔东南其他苗寨的经营开发，郎德上寨开发历史较长、开发较早，由于采取农户全民参与的经营方式，较高程度地保留了当地文化的原汁原味，文化产品内涵丰富，2008年之前，郎德上寨一直是黔东南乃至贵州旅游目的地中的“明星”。但随着郎西高速的建成通车，政府将投入重点转向与郎德上寨文化同质性较高的西江千户苗寨，郎德上寨的乡村旅游受到一定冲击。农户自主开发，没有引进企业，资金和开发能力有限，资本短缺。因此，如何转变当地农户的经营观念，引进资金，加大开发力度，对苗寨文化进行深度的开发，成了郎德上寨乡村旅游发展面临的难题。

知识卡片 4-3 郎德上寨“工分制”

“工分制”是指郎德上寨的收入分配制度，是全民参与旅游、全民参与旅游利益分配的收入分配制度。村支部书记统一管理、安排旅游接待及表演，按集体活动时的出工情况记“工分”，多来多得，少来少得，不来不得。村支书按照村民们的表演内容、承担角色及是否穿民族服装，记相应“工分”。每月结账一次，以当月总收入确定当月每个“工分”值多少钱。

三、个体农庄模式

（一）模式介绍

个体农庄模式是个体农户在规模农业的基础上发展起来的，通过对自己经营的农牧果场进行改造，建成一个完整意义的旅游景区（点），能完成乡村旅游接待和服务工作。个体农庄模式是单体经营户的发展方向，是乡村旅游经营综合化的一个表现。个体农庄吸纳附近闲散劳动力，通过手工艺、表演、服务、生产等形式加入旅游服务行业中，形成一定规模的游客接待，对社区旅游经济发展形成以点带面的发展模式。但是，个体农庄模式竞争力低，农户承担一定量的资金风险，对于农庄的管理缺少专业、科学地指导。

知识卡片 4-4 农庄

农庄，泛指包括建筑物在内的农场，农村的庄园。个体农庄主要指个人经营的小型农庄，供旅游的人吃饭、住宿，也可以供游人参加农作物的耕种、收割、采摘等农耕体验。

（二）发展现状

个体农庄模式通过旅游个体户自身的发展，以点带面带动同村的农户参与乡村旅游的经营，走上共同致富的道路。新业态中的乡村庄园的一些形式也属于个体农庄。国内个体农庄成功案例如珠海莲江国际私家农庄主题生活公园、湖南益阳赫山区的“花乡农家”、海南省绿枫庄园、海口火山泉休闲农庄和内蒙古乌拉特中旗的瑙干塔拉等。

友情链接 4-5　海口火山泉休闲农庄

海口火山泉休闲农庄位于海口南海大道绿色长廊路口旁边、火山口世界地质公园山脚下，距离秀英、火山口、老城6~7千米，属“海口半小时旅游圈”。农庄占地180多亩，2007年由海口石山镇火山口当地人租赁经营。农庄主要经营绿色餐饮：特色的本地石山羊肉、泉水福寿鱼、坡地放养土鸡、有机蔬菜、绿色无公害产品等。农庄提供鱼塘垂钓、蔬果采摘、蔬菜认种、棋牌娱乐、特色农家住房等服务。农庄一年的客流量达到10万人次，在自身发展的同时为当地村民提供了就业机会。

海口火山泉休闲农庄由于地处“海口半小时旅游圈”，占地面积大，经营项目多样。但由于农庄为个人投资，后期资金投入以及扩大接待规模难度较大。且由于宣传力度有限，市场知名度不够，消费者仅限于当地游客及一小部分外地游客，因此在后期经营发展中应注意加大宣传力度、扩大资金投入及接待规模。

第三节　企业经营模式

随着乡村旅游市场的成熟与发展，一些本土或外地企业进入乡村旅游投资市场，参与经营乡村旅游，因此出现了企业经营模式。这种模式的特点是：企业主导、农户参与、发展迅速、起点层次高、规模开发、管理专业、服务规范。企业经营模式对社区旅游经济效益带动明显，能够形成规模化发展。企业经营模式的代表模式是：“公司+农户”模式、“公司+社区+农户”模式、“股份制”模式、政府+公司+农村旅游协会+旅行社模式。

一、“公司 + 农户”模式

（一）模式介绍

“公司 + 农户”模式，由公司主导经营，吸纳当地村民参与经营或管理。所需资本可以通过协商按一定比例出资投资经营，也可以采取入股的形式，把村民的庭院、农田、菜地等作价入股，按股分红。“公司 + 农户”模式利用公司在市场、信息、营销、资金等方面的优势，以及农户在经营场地、风俗习惯等方面的优势，将两者结合起来，既克服了农户不了解市场的弊端，也解决了公司不易打入乡村内部的短处。“公司 + 农户”模式对接待服务进行规范化管理，提高服务水平，避免不良竞争损害游客利益，从而促进乡村旅游的健康发展。

（二）发展现状

“公司 + 农户”模式是目前乡村旅游经营中运用广泛且成效较快的一个模式，很多地方乡村旅游采用这种模式得到迅速、规模发展。如洛阳重渡沟、广西桂林蝴蝶谷瑶寨生态旅游景区、龙胜龙脊梯田风景区、昆明明熙温泉山庄都是“公司 + 农户”模式的典型代表。

友情链接 4－6　桂林蝴蝶谷瑶寨景区

桂林蝴蝶谷瑶寨景区位于桂林西面，距桂林市区 47 千米，地处桂林至龙胜的旅游黄金线上，是集赏蝶、观瀑、野外探险、峡谷漂流、民族风情、休闲度假等项目为一体的生态旅游自然景区。由于在建有瑶族鼓楼的山顶上观看整座山谷仿佛是一只巨大的蝴蝶展翅高飞，谷中蝴蝶品种众多，可以说是天然的蝴蝶王国，因而得名为“蝴蝶谷”。桂林蝴蝶谷瑶寨生态旅游景区由桂林市蝴蝶谷瑶寨生态旅游有限公司投资建成，景区依托优良的旅游资源和生态环境，经过投资和改造，打造建成生态旅游休闲产品。2005 年至 2011 年，蝴蝶谷共接待游客达 20 多万人次，旅游收入为 410 多万元，促进了当地经济发展。

公司坚持旅游与农业相结合。一方面，引导农民参与旅游开发，农户出人力和资源，解决了部分农民就业问题，同时提高了农民素质和服务意识；另一方面，公司积极帮助村民发展种植、养殖产业，多渠道增加农民收入。因此，通过公司与农户共同经营，蝴蝶谷生态及民族风情得到最大保留，受到游客青睐。桂林蝴蝶谷瑶寨景区是广西地区“公司＋农户”模式的代表。

桂林蝴蝶谷瑶寨景区以东宅江瑶寨为依托，以景区生态环境为基础，吸引了大批游客。但是在经营过程中由于缺少资金追加投入、改造提升产品、增加宣传，导致景区知名度不高，客源地局限于桂林，主要为本地客源。因此在经营发展过程中，注意保护传统文化、引进资本、加大宣传、保护生态，成了经营发展的重点。

友情链接 4－7　四川圣迪乐村

圣迪乐村位于四川省绵阳市梓潼开发区，为四川铁骑力士实业有限公司圣迪乐绿色蛋品建设基地，公司在当地政府的大力支持下，整合周边农村资源，发展高品质、高附加值的绿色、生态农业，运用冯光德实验室多年对蛋品的研究成果，并着力打造圣迪乐村为中国西部最大的高品质蛋基地，把圣迪乐村建成集绿色、生态、科技、知识、人文、社区于一体的中国西部第一村，即产业规模第一、信息第一、生态环境第一、村民收入第一、村民素质第一。示范园区的农户进行集中养殖，由公司提供场地、设备，统一管理，统一回收鸡蛋。养殖示范园区的农户在公司的严格培训下，成为专业养殖户，待其掌握全套技术之后，可回乡成为公司的专业养殖带动户，进一步扩大养殖基地规模，增加基地养殖户。示范园区每户农民年可增加纯收入 1.4 万元以上。与饲养普通蛋鸡相比，绿色蛋鸡年均纯收入增加 1/3 以上，并且带动了 3000 户农户，增加效益显著，带动面广。

二、“公司＋社区＋农户”模式

（一）模式介绍

“公司＋社区＋农户”模式是“公司＋农户”的提升或改进模式，是一种企业与社区、农户紧密合作，促进乡村文化保护与传承，发展当地旅游经济的成功旅游经营模式。

知识卡片 4－5　社区

社区是若干社会群体或社会组织聚集在某一个领域里所形成的一个生活上相互关联的大集体，是社会有机体最基本的内容，是宏观社会的缩影。“公司＋社区＋农户”模式中的“社区”是指作为经营主体一方的旅游地村镇或旅游协会。

“公司＋社区＋农户”模式中的“社区”，可以是作为社区代表的乡村旅游协会，由全部乡村旅游经营农户参加，一户一名代表，其职权相当于旅游公司董事会，决定村内一切有关乡村旅游经营的重大事件、任命并考核、监督旅游公司管理人员、审查财务状况等。“公司”要接受协会委托，具体负责本村乡村旅游的经营业务，包括基本设施建设、对外营销、接待并分配游客监督服务质量、定期与经营农户结算等。“农户”作为具体的服务单元，接受公司的安排接待游客，并定期与公司结算。

“公司＋社区＋农户”模式的优点表现在以下几个方面：一是社区、公司、农户三者职责明确，利益分配均衡；二是社区、公司、农户之间相互制约的关系保证了经营机会的公平与均等；三是经营管理的规范化、标准化。但是，这种模式也存在问题，公司和农户之间的关系存在不和谐因素，主要表现在利润分配时出现争执等问题。

（二）发展现状

“公司＋社区＋农户”模式实际上是“公司＋农户”模式的拓展，这种模式的实质还是公司主导，但在政府引导下实现，社区成为一个重要中间变量，连接公司与农户。湖南浏阳市的“中原农庄”主题农庄就是以旅游公司负责旅游策划和相关专业培训，村委会在此基础上组织村民参与旅游发展实践。山东省荣成的河口村、云南凯普金田农园、澜沧县芒景帕哎冷茶叶农民专业合作社也是典型的例子。

友情链接 4－8　崇明前卫生态村

前卫村位于长江入海口的中国第三大岛崇明岛上，素以风清、水洁、地净闻名遐迩的21世纪国际级标准的现代化生态岛区崇明岛中北部。经30多年的艰苦奋斗，从昔日荒凉沉寂的边陲小村，发展成既有现代化村镇风貌，又有田园诗意、人与自然和谐统一、经济比较发达的生态村。竖新镇前卫村的经营方是村委会，村办企业一般提供文化服务性项目，农户一般提供接待服务，同时也可参与村办企业，整个村落的风貌构成重要的旅游吸引因素。企业和农户的经营行为都受到村委会的管理，一体化的程度比较高。农户的接待设施和村舍具有比较强的资产专用性，村办企业和农户在村委会的管理下形成一个整体，双方的协调性比较好，有利于整个村的乡村旅游业发展。此外，竖新镇前卫村村委会牵头组成集体企业对旅游具体指导和管理，村办企业只负责管理和营销，农户提供接待和服务。日接待能力可达4500人同时用餐，3000人住宿。自1999年5月开展农家乐为主的农业旅游以来，共接待国内外游客达130多万人次，旅游业社会总收入已达到人民币7500多万元，旅游业已经成为前卫村的主要产业和经济来源之一。

三、“股份制”模式

（一）模式介绍

“股份制”是一种新型乡村旅游社区参与模式，是由国家、集体和社区居民组成共同管理机构的一种合作模式。在这种模式下，乡村旅游开发各参与方将自己的资源转换为股本，采取按股分红与按劳分红相结合的方式进行股份分红，然后进行股份制经营。其中农户以提供土地、劳动、技术等生产资料直接参股；企业利用其自有资金或融资对旅游设施进行建设和维护，或者利用自身的管理优势和市场优势参与到乡村旅游开发中，完成扩大再生产和生态保护与恢复的任务。而政府或者社区则是将公益金投入到乡村的公益事业，以股金分红的方式支付股东的股利分配。

“股份制”模式下的农户真正成为当地社区旅游开发的主人，他们作为企业的股东和员工，直接参与乡村旅游的开发决策、生产经营活动和利益分配。农户和企业具有共同的利益和目标，共同经营，使农户真正有了主人翁地位，从而积极参与决策，自觉维护其赖以生存的乡村旅游资源，实现了旅游资源由“公有”到“共有”的转变，达到保护资源和生态环境的目的。但是，“股份制”模式有可能导致利益分配不均、多重管理或管理缺乏等问题。

（二）发展现状

“股份制”模式是乡村旅游发展中较新的一种经营模式，能较好地兼顾各方的利益。四川省成都市三圣乡是这种模式的成功典范。

友情链接 4－9　福建黄厝生态旅游区

黄厝位于厦门岛东海岸，面积为 15.88 平方千米旅游资源丰富，以保存完好的自然原生景观而见长，是厦门的黄金海岸。开发黄厝乡村旅游时，采取国家、集体和农户个体合作，把这些生态旅游资源及其技术、劳动量转化成股本，收益按股分红与按劳分红相结合，进行股份合作制经营。

友情链接 4－10　浙江乌镇景区

乌镇是典型的江南地区汉族水乡古镇，有“鱼米之乡，丝绸之府”之称。1991 年，被评为浙江省历史文化名城，1999 年，开始古镇保护和旅游开发工程。中青旅于 2006 年正式公告，宣布以 3.55 亿元对乌镇旅游开发公司实施增资控股。2007 年，中青旅收购浙江乌镇古镇旅游公司 60% 股份。2009 年，乌镇旅游引入战略投资者风险投资公司 IDG。增资完成后，中青旅持股 51% 。乌镇旅游股份有限公司是中青旅、桐乡市政府、IDG 三方共同持股的大型旅游集团。二期开发中采取整体产权开发模式，采取先投资、后开发的方式，即先以全资买断西栅所有原商铺和住家的房屋产权，在此基础上实现整个景区开发的主体一元化。商铺的承租户由公司来发工资，亏的钱由公司补贴。开发中与政府、外部集团三者之间达成和谐的共识，即开发只由当地公司独家全权运作，政府与外部集团不予干预，仅按股份获得相应利润。再建新镇，将全部居民迁出，景区内的居民主体是游客，除此之外都是工作人员。居民也可以在景区就业。

第四节　政府、行业参与模式

一、政府的作用

在乡村旅游经营中，政府的作用不可缺少。地方政府部门在乡村旅游发展过程中，主要起到引导和扶持作用，政府的引导和扶持是乡村旅游发展的重要条件。政府主导具有较强的针对性与可操作性，尤其是在农村经济发展落后地区经营乡村旅游的初始阶段其驱动功效十分突出。实践证明：一些地区如安徽、云南等省政府扶持使得当地乡村旅游发展取得了显著的效果。政府的引导和扶持作用如图 4－3 所示：

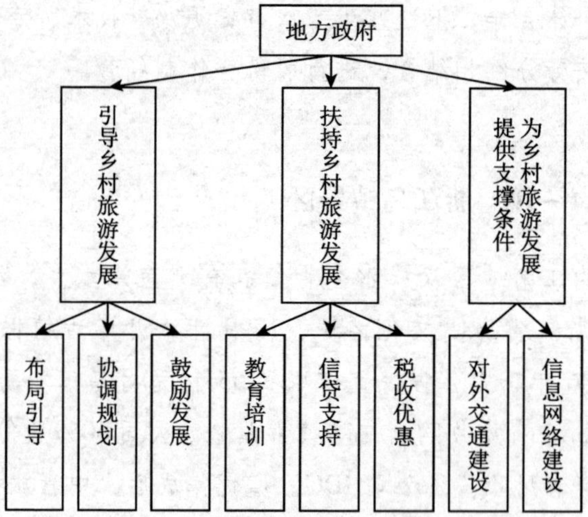

图 4－3　政府的引导和扶持作用

由图 4－3 可以看出在政府对乡村旅游起到的 8 个作用中，制定旅游规划、资金扶持、人才培训、全程引导显得尤为重要。政府在发展乡村旅游之前，必须聘请旅游专家进行实地调查论证，做好乡村旅游发展总体规划、专项规划和详细规划。农村地区发展乡村旅游的一个重要制约因素是缺乏旅游发展资金。

国外乡村旅游的成功经验表明，政府的资金扶持是乡村旅游与农村经济互动持续发展的重要保证。因此，政府要在财政补贴、建设资金、银行贷款、税收权限等方面给予优惠。同时要制定一些吸引旅游经营资金的特殊政策，广聚社会闲散资金，倡导乡村旅游经营筹资社会化。

人才匮乏，管理和服务水平低下，丰富的旅游资源不能被有效地推向市场，已经成为乡村旅游发展的限制因素。因此，当地政府一方面应创造良好的条件，选拔、任用年轻的旅游人才作为管理干部；另一方面选派各方面素质较好的管理人员去旅游大专院校进行培训，参与酒店的实习与管理。另外，首先，还要邀请高等院校的专家、学者定期开展讲座、培训，提高政府部门行政人员旅游文化素养和管理水平。绝大部分农村地区教育落后、信息不灵，商品经济意识淡薄。政府要动员农户积极参与，积极灌输新的观念，使农户更新观念。其次，引导农户，采取启发、开导、典型带动等方式，引导农户利用现有条件开展旅游经营，兴办家庭旅馆，参与加工出售当地土特产品。

二、行业合作社的作用

行业合作社在乡村旅游发展中发挥着重要作用，主要起到组织角色、全程服务及协调关系等作用。

行业合作社把千家万户小生产的农户组织起来，抱成一团，使农户真正成为千变万化大市场的主体，提高行业标准化、规模化、市场化程度，实现农户增收。随着市场经济体制的逐步完善和经济社会的快速发展，市场竞争日趋激烈，小规模家庭经营的弱点逐渐显现。行业合作社可以有效增强农户生产经营的组织化程度，克服小生产与大市场之间的矛盾，让农户抱成团闯市场，获取规模效益。

友情链接 4－11　内蒙古敖汉旗专业合作社

内蒙古自治区赤峰市敖汉旗专业合作社，是全国第一个妇女专业种养合作社。由长胜镇长胜村 7 户农家妇女合作组成，合作社是在工商部门登记注册的社团法人组织，固定资产为 600 万元，主要从事大棚种植、养猪的产销合作。

敖汉旗专业合作社向社员提供农畜产品的供求信息、优良品种、技术指导和相应的生产资料；根据市场需求调整生产规模、品种，组织统一销售；对社员交售的产品进行质量验证、分等定级；形成统一品牌，建立销售网络。敖汉旗专业合作社增强社员的市场竞争能力，为社员增加了经济收入，降低了养殖风险，促进了产业发展和乡村经济发展，走出了一条以健康为主线的绿色种养的合作道路。

行业合作社还为农户提供全程服务。行业合作社为农户的专业化生产提供产前、产中和产后服务，有利于推广应用先进的科学技术，提高农户抵御市场风险、经营风险和自然风险的能力。例如，根据当地的自然条件、种植习惯、经济基础等确定适合当地发展的产品以后，可以通过行业合作社注册集体商标、地名商标，通过品牌化经营提高经营水平。

行业合作社还起着协调专业合作社内外部关系的作用。行业合作社可以利用组织手段协调农户关系，规范农户行为，提高产品质量；可以利用其行业代表身份，协调社员与其他经济组织之间的经济关系；可以统一、协调社员的集体行动，争取比较有利的市场竞争和谈判地位。

三、“政府+公司+农户”模式

（一）模式介绍

“政府+公司+农户”模式，是在乡村旅游经营中，由县、乡各级当地政府和旅游主管部门按市场需求和当地旅游总体规划，确定发展乡村旅游的地点、内容和时间，鼓励、发动当地村民开办乡村旅游，并在经营的过程中政府和旅游部门进行必要的指导和引导。

在这种模式下，政府起引导作用，能够把握全局，同时也能够发挥农户的积极性。政府能够起到一种引导和监督的责任，避免了乡村旅游资源的滥用情况以及由此而引发的相关经济纠纷。由于企业的利益最大化原则和农户的知识水平限制，在乡村旅游的发展过程中，在利益的驱动下，有可能出现超出旅游承载力，过度经营和使用，破坏当地的乡村旅游资源的情况。“政府+公司+农户”模式能有效地解决这一问题。由于政府起着监督的作用，通过制定一系列的法规和政策，来约束旅游企业和农户，使乡村旅游得以持续健康的发展。在这个模式下，政府充当中间者的角色，协调着各方的矛盾，使各方的利益分配达到一个均衡点。

（二）发展现状

“政府+公司+农户”这一模式是中国当前特定的背景下发展乡村旅游的比较理想的模式，能够较好地协调企业与农户的利益关系。这一模式应用的典型案例有武汉市黄陂区、四川达州市三江园家庭生态农场、昆明石林台湾农民创业园、新疆生产建设兵团第四师69团香极地香料植物观光园、第四师70团伊帕尔汗薰衣草观光园、第十师183团芦花湖观光农业示范区、西双版纳曼掌文化农庄、珠海市台湾农民创业园等。

知识卡片4-6 文化农庄

文化农庄是指在历史文化积淀丰厚、存续状态较好、自然生态富有特色的乡村内，以村民为主体，以保护非物质文化遗产为核心，由农庄成员自愿组成的集体经济组织形式。

友情链接4-12 云南西双版纳曼掌文化农庄

西双版纳曼掌文化农庄位于云南省景洪市勐养镇曼景坎村委会曼掌村小组，曼掌村是一个有着500多年历史的傣族特色村寨，具有良好的自然生态环境与保护较好的历史和民族文化，基础设施完善，经济收入主要以橡胶和冬季作物为主。2014年7月，省文化厅确定曼掌村民小组作为全省“文化农庄”试点，拨付200万元启动该项目。2015年7月正式开始营业。

曼掌文化农庄将文化传承作为核心，通过保护村内傣族传统民居，挖掘、提升具有傣族特色的非物质文化遗产名录项目和特色资源，成为名副其实的“傣族传统文化博览园”和“生态文化产业园”。曼掌文化农庄成立管理委员会，有18项非遗项目入驻、118户村民挂牌，设立了歌舞团、少儿传统文化传习所、老年大学、农文网培训和农家书屋等机构。为傣族曼轮制陶、傣拳、贝叶经制作、葫芦丝制作演奏、傣族剪纸、傣族织锦、傣族手工造纸技艺、象脚鼓制作，以及傣族赞哈与传统民族歌舞等文化活动的传承做出了重要贡献。

西双版纳曼掌文化农庄在当地政府的大力支持下，依靠良好的自然生态环境与民族文化资源，利用傣族特色的非物质文化遗产名录项目，较好地发展乡村旅游。但是其经营主要是以文化传承为主，欠缺一定的娱乐项目，因此在经营发展中进一步开发相关娱乐项目，将传统的技艺学习和继承起来是曼掌文化农庄未来经营的方向。

四、“政府＋公司＋农村旅游协会＋旅行社”模式

（一）模式介绍

“政府＋公司＋农村旅游协会＋旅行社”模式是当前国外最常见的乡村旅游经营模式。这一模式的主要特点是充分发挥旅游产业链中各环节的优势，通过合理分享利益，推进农村产业结构的调整，为旅游可持续发展奠定了基础。具体的做法是：政府负责乡村旅游的规划和基础设施建设，优化发展环境；乡村旅游公司负责经营管理和商业运作；农村旅游协会负责组织村民参与地方戏的表演、导游、工艺品的制作、提供住宿餐饮等，并负责维护和修缮各自的传统民居，协调公司与农户的利益；旅行社负责开拓市场，组织客源。在经济相对落后、市场发育不很完善的地区，由政府组织，全盘把握，公司和协会分工协作，农户广泛参与的这一经营管理模式，更有利于乡村旅游的发展。

“政府＋公司＋农村旅游协会＋旅行社”模式突出的特点就是各个方面利益均得到考虑。因为它涉及了乡村旅游发展的几个关键主体要素，有利于充分发挥旅游产业链中各个环节的优势，通过合理分享利益，使各方能够密切协作，避免因分配不公引起的利益冲突。一方面，可以发挥公司在经营和管理方面的优势，旅行社在市场开拓方面的优势；另一方面，也可由政府进行有效的规制，由农村旅游协会代表村民，从而维护和保障了村民的利益。避免过度商业化，保护本土文化，增强了当地居民的自豪感，从而为旅游可持续发展奠定基础。

（二）发展现状

“政府＋公司＋农村旅游协会＋旅行社”模式发挥了旅游产业链条中各环

节的优势。此模式不仅考虑了社区参与的积极性，而且通过旅行社这一中介将旅游目的地和客源市场联系起来，更多的是有关资源外部优化的问题。以这种模式发展起来的有贵州平坝县天龙镇。

友情链接 4－13　贵州天龙屯堡古镇

天龙屯堡古镇位于贵州省平坝县天龙镇天龙村，距贵阳市 67 千米，距安顺市 28 千米。天龙屯堡古镇是贵州民俗旅游胜地之一，曾是明太祖朱元璋军队迁徙屯兵之地，至今仍保持古朴厚重的明代遗风古俗。天龙屯堡古镇现有 1200 多户人家，5000 多人，他们仍保持着传统的生活习惯、文化习俗。古镇建筑非常独特，皆以石打造，既保留当地建筑特色，又具有江南水乡风格。2002 年，天龙屯堡古镇荣获联合国“乡村旅游观察点”称号，2009 年 4 月，被国务院和建设部授予“中国历史文化名镇”称号。

天龙村地少人多，单靠农业脱贫难度较大。因此省政府提出“以旅游业带动农民脱贫致富”的口号，天龙人抓住机遇发展旅游，以屯堡文化为主要载体的乡村旅游业应运而生。在“天龙屯堡模式”中，政府主要负责旅游规划、基础设施建设，为公司创造良好的投资发展环境。旅游公司负责经营管理和商业运作。2001 年，由当地村民与旅行社合作开办了“天龙旅游开发旅行经营公司”，公司负责开拓市场与包装屯堡文化。2003 年，在政府的支持下，天龙村成立了农民旅游协会，村民以自愿的形式加入，负责处理村民参加旅游的各项事务。

天龙屯堡古镇是典型的“政府＋公司＋农村旅游协会＋旅行社”模式。此模式促进了天龙镇农村产业结构调整并带动了相关产业的发展，为村民创造了更多的直接和间接就业机会，解决了农村富余劳动力的就业问题，带动了天龙屯堡周边的居民脱贫致富，促进了天龙镇乡村旅游的蓬勃发展。

天龙屯堡古镇经营发展过程中演化出了具有特色的“天龙屯堡模式”，政府支持，前期农民贫困，因此发展旅游的意识强，利用政府、公司、旅游协会和旅行社的作用，结合当地浓厚的历史文化背景和独特的屯堡文化，带动了当地旅游业的迅速发展，但由于市场宣传力度不到位，游客对于天龙屯堡的关注度并不够，因此在接下来的经营发展中，如何利用适合的宣传方式和媒介，打出知名度，是天龙屯堡经营发展的重点。

参考文献

[1]郭焕成,韩非.中国乡村旅游发展综述[J].地理科学进展,2010,29(12):1597 -1605.

[2]彭燕平.乡村旅游经营模式研究[D].山东大学硕士学位论文,2007.2:25 -30.

[3]王珍秀.乡村旅游经营模式研究——以武汉市黄陂区为例[D].华中师范大学硕士学位论文,2008.2:15 -20.

[4]周林.农家乐旅游经营模式研究[D].南京农业大学硕士学位论文,2008.5:34 -40.

[5]廖珍杰.乡村旅游社区参与典型模式的比较与选择研究[D].湘潭大学.硕士学位论文,2008.5:17 -25.

[6]张新.国内乡村旅游经营模式研究综述[J].安徽农业科学,2014(25).

[7]李德明,程久苗.乡村旅游与农村经济互动持续发展模式与对策探析[J].人文地理,2005(3).

[8]杨胜明.贵州乡村旅游目的地可持续发展研究[R].世界旅游组织旅游目的地开发与管理地区合作研讨会论文,2003.

[9]韦鑫,王小辉.基于社区参与理论的西安乡村旅游经营模式选择研究[J].科技展,2015(6).

[10]邹统钎.中国乡村旅游发展模式研究——成都农家乐与北京民俗村的比较与对策分析[J].旅游学刊,2005(3).

[11]周玲强,黄祖辉.我国乡村旅游可持续发展问题与对策研究[J].经济地理,2004(4).

[12]王婉飞,单文君.乡村旅游产业升级研究——以德清县乡村旅游为例[J].技术经济与管理研究,2008(5).

[13]张祖群.当前国内外乡村旅游研究展望[J].中国农学通报,2014.(8):307 -314.

[14]刘国斌. 中国乡村旅游发展战略思考[J]. 学习与探索,2012(11).

[15]吴睿辉. 乡村旅游社区参与模式选择与优化[D]. 中南林业科技大学硕士学位文,2013.

[16]孔凯. 乡村旅游社区参与经济状况实证研究——以成都市红砂村为例[J]. 中国电子商务,2013(17).

[17]李德明,杨开福. 我国乡村旅游研究进展及展望[J]. 黄山学院学报,2007(1).

[18]马勇,赵蕾. 中国乡村旅游发展路径及模式——以成都乡村旅游发展模式为例. 经济地理,2007,2(3).

[19]李德明,程久苗. 乡村旅游与农村经济互动持续发展模式与对策探析[J]. 人文地理,2005,(3):84－87.

[20]云南凯普今田尚园(2014－11－18).[2015－12－20]http://www.yna-gri.gov.cn/km/news6752/20141118/5310857.shtml.

[21]中国首个文化农庄——曼掌(2015－07－07).[2015－12－20]http://www.12bn.net/article/article_17374.html.

[22]走进天龙屯堡古镇,(2014－04－05).[2015－12－20]http://www.gz.xinhuanet.com/2014－04/05/c_1110118480_3.htm.

[23]昆明要建10个叫得响的都市农庄(2013－07－24).[2015－12－20]http://www.njl888.cn/xcly6.html.

[24]李乐京,陈志永. 天龙屯堡“政府＋公司＋旅行社＋农民旅游协会”的乡村旅游发展模式研究[J]. 生态经济,2007(6).

[25]李绮霞. 餐旅企业经营[M]. 大连:东北财经大学出版社,1997:140－190

[26]刘肖梅. 农户旅游经营组织合作化的博弈分析[J]. 泰山学院学报,2007(1).

[27]翁瑾,杨开忠. 重渡沟“景区公司＋农户”的旅游产业组织模式研究[J]. 经济经纬,2004(1).

第五章

乡村旅游管理

乡村旅游管理包括行业管理和企业管理，政府和行业协会构成乡村旅游企业的外部管理主体，而最为关键的管理在于从事乡村旅游的企业主体自身。乡村旅游企业管理既是乡村旅游经营者所关注的核心问题，也是企业能否盈利的关键，因此乡村旅游企业管理在业界备受关注。本章主要结合乡村旅游企业自身相对于其他企业不同的特点以及管理实践中存在的难点和重点，探讨乡村旅游的企业管理问题，针对乡村旅游企业管理实践中的质量管理、卫生管理、安全管理、员工管理这几个业界普遍关注的问题进行探讨。

第一节　乡村旅游管理概述

一、乡村旅游行业管理

乡村旅游行业管理，通俗而言，指的就是政府及乡村旅游行业组织为了促进乡村旅游的良性发展，运用一定的行政、法律及经济手段，实现乡村旅游市场秩序稳定，乡村旅游经营收入增长的目标。

（一）政府对乡村旅游的管理

我国乡村旅游起步较晚，但是发展很快，处在转型快速发展阶段，许多矛盾和问题也随之产生。由于乡村旅游资金投入的缺乏以及经营者经营理念的落后，导致出现了乡村旅游市场供给和城市居民日益增长需求的供需矛盾，该矛盾的化解工作需要由政府来支持、推动。

招商引资，精准扶贫。政府应当积极筹划，针对属于国家连片开发扶贫带上的乡村，充分挖掘乡村的旅游资源，把乡村旅游产业作为精准扶贫的重要抓手，制定乡村旅游招商引资的相关政策，吸引社会资本的投入，为乡村旅游长久发展提供资金保障。同时，乡村旅游经营、管理等方面的规范、办法需要制定并且严格落实，加强乡村旅游的规范化管理，促进乡村旅游服务质量的提高。

加强培训，积极引导。政府应当联合相关旅游部门，组织乡村旅游经营者的经营培训，建立乡村旅游年度培训计划，提高乡村旅游从业者把握城市旅游者需求的能力，激发乡村旅游经营者创新旅游产品的热情，为乡村旅游企业和经营户营造和谐健康、公平竞争的发展环境。

友情链接 5－1　成都乡村旅游政府管理①

成都市政府对农家乐不收管理费，经营 1～2 年不收税费，对中低收入的农户免收各种证照费，土地承包 30 年不变，买地 50 年不变。还组织专业户到全国以及东南亚国家考察。龙泉驿区政府每年拿出近 100 万元举办“桃花节”，又策划宣传了“赏果节”。政府对经营户实行“三证”管理和实行统一收费标准，指导农民增设旅游项目并对其进行培训。

（二）行业组织对乡村旅游的管理

乡村旅游行业协会是乡村旅游经营者自发成立的市场中介性组织，是政府管理职能的延伸，其实质是介于政府和经营者之间的非政府行业管理机构。随着我国乡村旅游经营管理的不断完善，政府行政管理逐步向行业管理的转变，乡村旅游行业协会在乡村旅游的管理中将发挥越来越重要的作用。

---

① http://www.shnhnjl.com/zhuanzaino_281.htm.

知识卡片 5－1 旅游行业协会的内涵与作用

旅游行业协会是按照国家相关法律法规和有关政策，由旅游行业内有关企业、事业单位和相关组织等，在平等自愿的基础上组成的、具有独立社团法人资格的旅游行业组织。旅游行业协会在连接政府和旅游企业、维护旅游企业权益、推进旅游行业自我服务和自律中具有重大作用。表现在以下两个方面：其一，旅游行业协会要正确引导和督促旅游企业贯彻执行国家有关法律、法规，自觉遵循旅游市场规制，诚信经营和服务，规范旅游市场主体行为，维护乡村旅游市场竞争秩序，为旅游企业经营创造良好的发展环境。其二，沟通经营者和旅游行政管理部门间的关系，向旅游行政管理部门提出工作意见和建议，协助主管部门建立旅游信息网络，进行服务质量安全检查等。

二、乡村旅游企业管理

乡村旅游企业管理，简单而言，指的是旅游资源丰富的乡村旅游地区因发展乡村旅游受到资金的限制，在当地政府的政策支持和引导下，通过出让旅游开发经营权的方式，吸引投资商介入当地乡村旅游的开发并进行管理。企业对乡村旅游的管理具体包括基础设施管理、服务设施管理、服务质量管理、卫生安全管理、生态环境管理以及乡村旅游业态经营管理等方面，质量管理是乡村旅游企业管理的核心，特别需要在乡村旅游卫生管理、安全管理、员工管理等方面做好质量方面的监督和管理工作。

友情链接 5－2 昆明五华区金田农园

云南省昆明市五华区金田农园，这是一家由云南凯普农业投资有限公司开发的典型乡村农庄，该农庄的经营模式为“公司＋合作社＋自营种植基地＋农户”，深度融合农业和旅游业，以“生态和环保”为经营理念，大力发展乡村旅游和休闲农业，集食、住、游、购、娱等乡村旅游产品形态为一体，建立休闲农业消费的完整生态链。该乡村旅游企业为了提高员工工作效率，保障服务质量，大力开展旅游服务培训，实施“人员去向信息透明”“餐饮卫生安全管理”“服务质量规范管理”等众多针对企业内部经营方面的管理制度，系统庞大的乡村旅游产品生态链，以及完善的规章制度体系是该企业快速成长为昆明乡村旅游和休闲农业发展典范的强有力保证。

第二节　乡村旅游质量管理

一、质量管理理念

全面质量管理理念是指导乡村旅游质量管理的重要思想来源。乡村旅游质量管理的具体要求有：注重游客的利益，不断完善旅游产品和服务，旅游标准化运营，全员参与乡村旅游。

（一）注重游客利益

从旅游业发展趋势来看，游客已成为乡村旅游经营者的衣食父母。“以游客为中心”的管理模式正逐渐受到乡村旅游经营主体的高度重视。全面质量管理注重游客利益，其主导思想就是“游客的满意和认同是乡村旅游企业或者个体经营者长期赢得乡村旅游市场，创造价值的关键”。为此，全面质量管理要求必须把以游客为中心的思想贯穿到乡村旅游经营管理当中的每一个方面，不仅要为游客量体裁衣，打造合适的乡村旅游产品，而且还要为其提供高品质、个性化的乡村旅游服务。

（二）不断完善旅游产品和服务

乡村旅游经营者需要持续不断地改进乡村旅游产品和服务的质量及可靠性，确保乡村旅游经营者的竞争优势。

（三）乡村旅游标准化运营

在日常的乡村旅游服务和产品的经营中，制定乡村旅游产品和服务标准，就产品和服务的质量与乡村旅游企业既有标准或者行业标准进行细致比对，观察是否存在乡村旅游产品和服务上的问题，运用一定手段对乡村旅游服务人员进行激励，以达到乡村旅游产品和服务质量的标准。

（四）全员参与乡村旅游

乡村旅游全面质量管理原则上要求全员参与，乡村社区居民、游客、政府、行业协会和企业的全面深度参与是乡村旅游实现可持续发展的基础。

知识卡片5－2　全面质量管理

全面质量管理这个名称，最先是20世纪60年代初由美国的著名专家菲根堡姆提出。它是在传统的质量管理基础上，随着科学技术的发展和经营管理上的需要发展起来的现代化质量管理，现已成为一门系统性很强的科学。

全面质量管理（Total Quality Management，TQM）是一种由顾客的需要和期望驱动的管理哲学。TQM是以质量为中心，建立在全员参与基础上的一种管理方法，其目的在于长期获得顾客满意、组织成员和社会受益。ISO 8402对TQM的定义是：一个组织以质量为中心，以全员参与为基础，目的在于通过让顾客满意和本组织所有成员及社会受益而达到长期成功的管理途径。它主要包括以下含义：第一，强烈地关注顾客；第二，坚持不断地改进；第三，改进组织中每项工作的质量；第四，精确地度量；第五，向员工授权。

二、质量管理内容

（一）基础设施管理

乡村旅游的基础设施是乡村旅游经营活动成功开展的前提条件，主要包括道路交通设施、环卫设施、通信设施等。

1. 交通设施管理

交通设施状况是乡村旅游发展的关键，提高乡村旅游的交通便捷性，可以加强城市居民到乡村旅游的意愿，为乡村居民带来源源不断的收益。周边城市群体是乡村旅游地面对的主要客源，政府部门在交通道路设施改善方面必须有所作为，积极建设好沟通城乡区域乡村旅游发展的道路交通设施，合理布局道路上乡村旅游地的宣传信息指示牌，统一质量和标准，建设自驾车营地和乡村生态停车场，对乡村旅游发展用地进行政策性引导和支持，以达到乡村居民在家就业，提高居民经济收入，美化乡村环境的目标。

友情链接 5－3　安徽加强乡村交通、卫生等基础设施建设与管理①

安徽省省委、省政府创新惠农政策，加大对农村基础设施投入力度，财政投入“三农”的资金不断攀升。各地党委政府高度重视，职能部门各司其职，多渠道筹措发展资金，围绕优化乡村旅游环境，完善乡村旅游功能，积极推进交通道路、网络通信、停车加油、餐饮住宿、标识指引、安全防护等设施建设，诸多乡村旅游资源富集的山区、库区、老区、贫困区乡村旅游可进入水平和接待能力明显提高；一大批旅游村镇通过大力实施“三改”（改水、改厕和改善环境)、“四化”（绿化、美化、硬化、亮化）工程，为发展乡村旅游创造了良好的环境。

2. 环卫设施管理

乡村旅游环卫设施包括污水垃圾处理、旅游厕所、供排水等设施，环卫设施是乡村旅游基础设施中的重要组成部分，加强对乡村旅游环卫设施的监督和管理是创造和谐美好乡村旅游卫生环境的重要保障。乡村旅游环卫设施管理主要有两大重点，分别是乡村景区中的旅游厕所和旅游垃圾箱，这是游客来乡村旅游最敏感的两大设施。合理分布旅游厕所和垃圾箱的位置和数量显得非常重要，如果旅游厕所和旅游垃圾箱数量少了，分布不合理，卫生差了，这样会给游客留下一个非常不好的第一印象，降低游客乡村旅游的满意度。

友情链接 5－4　山东加大对乡村旅游点的卫生监管力度②

山东省统筹规划新一轮乡村旅游跨越式发展，将解决好乡村旅游相关设施

① http://www.fanhuazhida.com/xiangcun/zhengce－1145－1.html.

② http://news.iqilu.com/shandong/yaowen/2013/0603/1551084.shtml.

的卫生问题作为提升各类乡村旅游点的层次和水平的关键，重点是厨房卫生、食品安全、卫生间配置、客房被褥一人一换等达到相关标准。

山东省水利、农业、海洋与渔业、林业等部门加强对本系统的农家乐、渔家乐、森林人家、水利风景区（点）等乡村旅游点的检查力度。达到相关标准的，将由省旅游局纳入全省"联合推介、捆绑营销"计划，列入山东省周边客源地旅行社产品。不达标的要列出升级达标的时间表，规定达标的硬性时间标准。各市旅游部门还将按照《山东省乡村旅游标准》对通过省级验收的农家乐、渔家乐进行一次全面复核，复核达标的纳入全省营销网络。

3. 通信设施管理

通信设施是乡村旅游基础设施中不可缺少的重要一环，可以为乡村旅游活动的开展提供良好的信息服务保障。当今社会，游客对信息服务要求越来越高，来到乡村旅游，不仅希望自然生态环境优美，地方文化有特色，也希望乡村能够像在城市一样有着移动的无线上网服务，从而能够提高在乡村景区游玩的体验。因此，为了大力改善乡村通信设施条件，跟上乡村旅游消费者对消费环境的需求，政府需要联合交通、水电等部门加大对乡村通信设施的投资力度，合理布局通信网点，建立交通设施监管组织，制定通信设施检修年度计划，保证乡村旅游发展良好的外部环境。

友情链接5－5　重庆加大乡村旅游基础设施投入，助推精准扶贫[①]

重庆市发展乡村旅游条件得天独厚。全市1919个贫困村中，649个村有海拔800米以上的高山资源，总面积达4000多平方千米，涉及人口100多万。夏季重庆主城及周边地区天气炎热，市民避暑休闲需求旺盛。乡村旅游被确定为重庆市市精准扶贫、精准脱贫的支柱产业。

自2011至2015年，重庆市在177个乡村旅游扶贫村共投入各类资金21亿元，目前大部分乡村旅游扶贫村的道路、饮水、用电、通信等基础设施，达到

① http://www.moa.gov.cn/fwllm/qgxxlb/qg/201601/t20160118_4988079.htm.

甚至超过2A级旅游景区标准。与此同时，市扶贫办推出的“网上村庄赶年活动”等营销项目，组建的扶贫电商网络平台和线下“网上村庄”电商合作社，为重庆市乡村旅游扶贫项目扩大了知名度，积攒了人气。

（二）服务设施管理

乡村旅游服务设施是乡村旅游经营活动成功开展的重要支撑，主要包括餐饮设施、住宿设施以及游乐设施等。加强对乡村服务设施的管理工作，在经营乡村旅游活动过程中显得非常重要。

1. 餐饮设施管理

游客来到乡村旅游，对乡村中的乡土美食非常感兴趣，乡村丰富的乡土食品完全有能力满足游客的胃口，但是存在一个硬件方面的问题，即餐饮服务设施管理。具体表现在接待游客的餐饮位置不足、餐具卫生没保证、餐饮食品制作、储存方面的工具设备欠缺、餐饮设施人性化和特色化缺失等。特别是餐饮设施的人性化和特色化方面，由于乡村旅游个体经营户缺乏市场经营和管理方面的理念，在购买餐饮设施时不会去注意大人和小孩、健康人士和残障人士的对餐饮设施需求的不同，同时在餐饮设施的乡土化设计上也欠考虑，不会利用一些乡村现有的资源来制作或者融入餐饮设施中。因此，需要建立餐饮设施质量、风格、人性关怀等方面的考评计划，将其纳入乡村旅游餐饮质量的评价体系中，实现乡村旅游餐饮设施的规范化、品质化、人性化管理。

友情链接5-6　北京延庆柳沟村“火盆锅”①

北京延庆柳沟村的豆腐宴，所使用的餐饮设施独具特色，成了乡村旅游的一大亮点。

柳沟村共有396户1020人，这个村一不靠山，二不邻水，人文景观也很有限。就是这样一个普通的村庄凭着祖辈们曾经用过的火盆锅，迅速崛起成为延庆民俗旅游的“领头羊”。历史上柳沟的火盆原来是暖手的工具，由于生活变

① http://www.bjljy.net/jingcaiyanjiu/6288.html.

化太快，柳沟的火盆锅早已成了历史的陈迹。村民们集思广益进行试验，利用火盆锅制作出既可以放在炕上，又可以放在地上的每桌可以坐 10 人的新的火盆锅，恢复了传统的柳沟豆腐砂锅。

2. 住宿设施管理

政府及行业协会需要加大对乡村旅游住宿设施统一当地风格的监管力度，不允许随意对乡村旅游住宿设施进行胡乱改造，破坏原来乡村建筑的统一风貌。在乡村旅游住宿设施的建设过程中，尽可能地将具有地方代表性的地域文化注入住宿设施的外在造型和内部装饰上，打造具有乡风乡情的乡村特色住宿。

知识卡片 5－3　乡村主题农庄建设要点

主题农庄的外围建筑风格既可以是原有乡村特色民居的原始再现，也可以是当地特色文化的浓缩再造；而在内部装饰风格上需要因地制宜，根据当地历史文化、民族风情、农耕文明等地方性特征，将其表征元素进行整合用以住宿设施内部的装饰，以彰显乡村民居的真实性和地域性。

3. 游乐设施管理

乡村游乐设施是乡村旅游产品的重要组成部分，打造高品质、多样化的乡村游乐设施需要加强对乡村游乐设施的经营和管理。

乡村游乐设施管理需要对游玩环境、游玩活动、管理人员等各个要素进行综合考虑，根据乡村游乐设施的体验层次和类别，分区设置以及管理游乐项目，建立由经服务技能培训并且熟悉乡村历史文化的乡村居民管家式服务队伍，分类指导游乐设施的游玩活动，形成满足乡村游客多样化和个性化需求的游玩区域，有利于提升乡村旅游项目的品质，提升乡村游客的游玩体验。

友情链接5－7　四川广安市岳池县引进大型游乐设施，助推乡村旅游发展[①]

为了留住孩子们的脚步，让孩子们来到农家后有更多的娱乐项目，岳池县引进了旅游公司对农家乐配套项目进行重新规划，并在乔家镇廖坝村这个农家乐云集的地方建立了一个占地20余亩的大型游乐场，供游客周末度假和平时游玩使用。

乔家镇的游乐场于2013年12月建成并对外开放，吸引了大量游客前往游玩。仅今年春节期间，该游乐场就引来了上万名游客。而游乐场火爆的生意也给周边的农民带来了实惠，不少农户纷纷把自家的院子腾空并装修一番，学做几个拿手好菜，用来招揽游客，增加家庭收入。

（三）生态环境管理

美好的生态环境是乡村旅游得以发展的基础，但乡村旅游的发展一定程度上对周边的生态环境造成了破坏，因此对损害自然生态环境的行为进行监督管理显得十分重要。生态环境损害行为主要在旅游资源开发和设计、旅游项目建设、垃圾固体废弃物处理、污水排放等方面的产生，需要有针对性地采取一些有效的防治管理措施。

严格把控乡村旅游服务设施与周边自然生态和人文环境的协调统一；建立乡村旅游垃圾转运站和处理场，将固体废弃物垃圾、牲畜粪便和生活燃料的生产有机结合起来，发展绿色沼气燃料；水污染防治管理方面，必须严格贯彻执行《景观娱乐用水水质标准》《水污染防治法》《水污染物排放许可证暂行办法》等法律、法规，加强对乡村旅游厕所用水排放、餐饮住宿用水处理等方面的严格监管。

① http://guide.qinbei.com/20140912/1765000.shtml.

友情链接5-8 广东莲花镇乡村旅游发展注重生态环境的保护与管理①

莲华镇是革命老区镇、纯农镇，也是潮汕著名侨乡之一。位于广东省汕头市澄海区北部，介于潮（安）、澄（海）、饶（平）三地交界处，作为粤东新兴的生态环保旅游镇，以良好的生态环境和优美的自然风光吸引了大量游客，被誉为“世外桃源”“汕头后花园”。

莲华镇在乡村旅游发展中非常注重乡村生态环境的保护和管理。一是加强宣传和引导，充分利用有线广播、电视、专栏等多形式、多渠道、全方位地宣传报道生态环境建设情况，在主要交通路口和生态示范点设立环保宣传牌；召开环保大会，邀请专家和环保部门领导给干部群众作环保生态知识讲座，举办环保培训班，普及植树种草、水土保持、生态农业、无公害产品、绿色产品、有机食品、清洁生产等环保生态知识；在全镇中小学、幼儿园开设环保课程；每年结合植树节、土地日、世界环境日、地球日等活动，广泛开展环保灯谜、环保知识竞赛等各种宣传活动；开展环保进企业、进学校、进农村等活动，引导广大群众自觉倡导健康的生活方式、文明的生产方式和绿色的消费方式。二是落实责任，形成合力。镇政府将生态环境建设目标纳入全镇国民经济与社会发展计划和镇长环保目标责任制，把环境保护工作纳入重要议事日程，各级各部门各司其职，各负其责，每年组织考核评比，并把考核结果纳入各村领导班子、负责人实绩考评考核内容，建立考核奖惩制度，形成一套行之有效的领导机制、工作机制和监督考核机制，有力地保障和推动了“国家级生态乡镇”创建工作的开展和落实。

（四）卫生环境管理

乡村旅游以乡村社区为主要活动场所，所处环境卫生条件较差，这对乡村旅游卫生工作提出了很高的要求。食品卫生、住宿卫生、饮用水卫生、公共卫

① http://www.docin.com/p-299939060.html.

生、医疗卫生以及各种生活用品的清洁卫生都直接关系到游客的身心健康，各级旅游部门和相关政府部门要引导和教育“乡村”从业人员自觉养成讲卫生、爱卫生的良好生活习惯，并购置一些必要的卫生消毒设施，抓好卫生防范措施，为游客创造一个洁净健康卫生的旅游和生活环境。

友情链接 5-9　西安专项整治乡村旅游环境卫生①

西安经过对乡村旅游卫生环境的有序、高效整治后，乡村卫生环境状态得到改善，成为乡村旅游发展的重要物质保障。

西安乡村旅游专项整治范围包括乡村旅游点和农家乐经营户，重点改善乡村旅游卫生状况，提升乡村旅游经营单位的餐饮、住宿、游览、娱乐、购物、停车场所卫生水平，重点整改场地脏乱、餐饮加工和就餐环境不卫生、住宿场所卫生设施和环境不整洁、停车场所坑坑洼洼及垃圾乱丢弃、污水乱排放、家禽家畜乱排便等影响环境卫生的问题，做到无暴露垃圾、无卫生死角、无乱堆乱放。

整治乡村旅游厕所卫生，杜绝乡村旅游经营单位厕所简陋脏臭，做到地面净、门窗净、墙面净、设施净；整治乡村旅游外部环境，结合村庄环境综合整治，明显改善交通沿线和村庄环境卫生面貌、建筑风貌和生态环境；完善环境卫生各项设施，依照有关标准，引导乡村旅游经营单位升级厨房、餐厅、住宿、旅游、厕所、购物、停车等设施设备。

（五）服务质量管理

服务质量属于乡村旅游质量建设中的“重头戏”，乡村旅游服务质量的高低直接关系到乡村游客的旅游感受，提高乡村旅游服务质量有利于树立乡村旅游品牌。

具体可以从以下几个方面来提高乡村旅游服务质量：首先，必须确立乡村旅游服务的一套质量规范；其次，加强对员工服务技能和服务规范方面的培训，

---

① http://www.xatourism.gov.cn/html/news/detail_2015_10/08/14109.shtml.

增强服务人员的服务信心和能力；最后，乡村旅游经营者或管理者在日常的乡村旅游经营活动中需要经常以身示范，起到一种带头示范作用，强化服务人员服务的热情和动力。

友情链接 5－10　浙江北仑区旅游局大力提升乡村旅游服务质量①

为推进美丽乡村建设，浙江省北仑区旅游局在大力扶持发展乡村旅游促进当地村民增收致富的同时，加强乡村旅游经营业户接待水平和服务质量的指导帮助，促进全区乡村旅游向规范化、科学化服务体系发展。

加强乡村旅游人才队伍建设。结合区实际情况，充分依托宁波职业技术学院和北仑职业高等院校，设立旅游培训基地，重点对一批会经营、懂管理、高素质的乡村旅游从业人员进行培训教育，提升乡村旅游从业人员的服务意识、服务技能和服务质量。积极组织区内乡村旅游经营户业主赴省内外乡村旅游发展较好的地区进行考察交流，帮助经营业主开阔视野，转变其思维方式和经营理念。

开展乡村休闲旅游点的提档升级活动。为完善乡村旅游点的硬件设施，提升服务品质，北仑区旅游局以创建为手段，帮助乡村休闲旅游点做好提档升级工作，取得了良好的效果。截至目前，初步完成对全区20家区级重点农家乐和乡村休闲旅游点的基础设施改造升级，并获省、市旅游局的认可，授予了省市级农家乐休闲旅游示范点、星级农家乐、旅游特色经营户等称号。

加强旅游执法检查。实施旅游服务质量专项治理行动，按照品质乡村旅游服务标准，不定期地进行统一执法检查，高标准、严要求，进一步规范乡村旅游市场秩序，提升服务质量，塑造良好的旅游形象。

（六）安全管理

安全管理是乡村旅游管理中十分重要的一个方面，具体涉及的管理内容包括食品安全、住宿安全、游览安全、治安安全等方面。

---

① http://travel.163.com/14/0925/09/A6VRFKT300063JSA.html.

食品安全管理方面，乡村旅游经营者需要严格遵循国家食品质量标准和行业标准，提高具有安全保证的高品质食品，政府和相关部门应该加强对乡村旅游食品生产监督查处力度，为乡村旅游餐饮的发展营造良好的质量环境；住宿安全管理方面，火和电是最大的安全隐患，要求乡村旅游经营农户需要配备灭火器、消防水管等消防设施，同时电器的安装和使用必须严格执行国家有关标准规范；游览安全管理方面，要求乡村旅游区经营和管理者在一些岔路口、安全隐患处等区域设置标识警示牌和安全指示牌，同时可以在一些重要区域安装智能报警系统，配备熟悉乡村地域环境的安全巡逻员，确保乡村游客的人身安全。

友情链接 5－11　安徽黄山市多措并举提升乡村旅游安全管理能力①

1. 突出消防安全措施落实

坚持“从严管理，防患未然”的原则，加强古建筑消防宣传教育，严格逐级落实消防安全责任。根据景区消防安全需求，开展火灾危险性调查、评估工作，尽快建立一整套符合古民居消防安全管理的灭火应急预案。加大消防设施建设和投入，在核心景区和重点部位要设置火灾探测报警系统，增添手抬机动泵、消防水带等基础设施建设，清理疏通消防水源通道，扩大消防池水容量，合理规划布局消火栓位置，不留死角。

2. 加强景区道路交通管理

积极争取党委政府加大旅游公路和乡村旅游道路基础建设资金投入，完善道路交通标志标线建设，对事故多发地段和旅游公路沿线增设限速警示标牌和护栏，对旅游线路中的防护设施、交通标志标线、交通警示牌以及公路塌方、损毁情况进行全面排查，上报当地政府或以联席会议等方式，督促交通、公路和旅游主管等部门及时整改，确保旅游道路行车安全、畅通；督促景区（点）经营管理部门落实游道护栏、警示标志的安装工作，确保游客在特定时间和空间点上游览活动的绝对安全。

---

① http://www.xinhs.cn/article.asp? id =76442.

3. 强化景区综合治理工作

加大对游客入住的旅馆、乡村酒店、农家乐的业主和从业人员安全培训工作，督促落实“三防”（防火、防盗、防事故）措施，严防各类案件、事故特别是群死群伤事故的发生。公安、卫生、工商、物价、城管等部门要高度重视报警投诉处理，密切配合，加大监督检查和管理力度，对从业人员开展宣传教育，一旦接到报警投诉要快速反应，及时依法处理，防止激化，消除影响。

三、质量管理实施

（一）保障乡土产品质量

1. 吃得放心

吃得放心，具体而言，指的是用来接待游客的食品必须是本地生产的，有当地特色的，有质量、安全、卫生保证的。围绕“吃得放心”的主题可以涉及“吃什么”“怎么吃”“在哪儿吃”“何时吃”“为什么这么吃”方面，综合考虑这五大方面，乡村旅游餐饮经营者可以设计出让游客吃得放心的高品质食品。

具体做法：与乡村游客一起去乡村田园采摘新鲜食材，通过建立食物制作过程视频实时传输平台，让游客当场看到食物制作的全过程，同时在给游客上菜时，向游客介绍各种乡村农作物的时令特征和营养价值。通过为游客提供一系列与食品相关的真实、真心服务，建立起游客对乡村餐饮食材安全、可靠方面的信任，满足了乡村游客“求新鲜”“求差异”“求真实”“求安全”的饮食需求。

友情链接 5－12　广东茂名市加大乡村旅游餐饮安全监管力度①

为确保游客在旅游景区餐饮消费及农家乐饮食的食品安全，广东省茂名市食品药品监督管理局在全市范围内开展旅游景区餐饮单位和农家乐饮食安全检查。

发展乡村特色休闲旅游，饮食安全至关重要。除了要让经营者提高食品安

① http://www.mm111.net/2015/0723/9176.shtml.

全意识外，相关职能部门也要进一步加强乡村餐饮食品安全管理，加强卫生安全巡查力度，对不合格场所要下达整改通知书，整改未通过的要勒令停业。此外，对餐饮经营者及从业人员要不定期开展食品卫生安全知识培训，以提高经营者法律意识和安全意识。

只有游客吃得放心，玩得开心，乡村休闲旅游经营者的生意才会越来越好，乡村休闲旅游发展前景才会更广阔。

2. 住得舒心

住得舒心，具体而言，指的是用来接待游客居住的设施必须具有当地风格和特色，所提供的服务存在“家”的感觉。围绕“住得舒心”的主题，可以涉及“住什么”“怎么住”“在哪儿住”“为什么这么住”方面，综合考虑这四大方面，可以打造出地域特色鲜明、人情味儿十足的乡村旅游住宿产品，从而满足城市游客“求舒适”“求真实”“求特色”的住宿需求。

具体做法：为城市游客选取具有当地特色并且经过修复的民居，民居的环境卫生已经打扫干净，但游客居住以后的卫生则需要自己进行清扫，让游客有“家”的感觉；为每一处民居配备经严格培训的当地管家，提供乡村独特的“五星级”管家式服务，如介绍所有与乡村民居相关的历史文化，民情风俗，并且带领游客体验乡村当地特色民俗，同时提供智能化的日常住宿服务，游客可以通过为其配置的智能手机随时联系到所住民居的管家。

友情链接 5－13　河北滦平县打造金山岭唐乡乡奢主题酒店①

金山岭唐乡乡奢主题酒店，位于河北省承德市滦平县金山岭长城脚下，古御道上的长寿之乡苇塘村。

金山岭唐乡乡奢主题酒店，以国宝级传统村落为基，文物级古老民居为体，在地文化体验为魂，面向城市高端消费人群，时尚设计、奢华品质，引领全新乡村生活，让游客听得到乡音，记得住乡愁，看得到乡景，体会到乡情，享受

① http://gb.cri.cn/43871/2015/01/16/7011s4843867.htm.

到乡乐。

一院一主题、一房一文化的金山岭唐乡，栋栋房屋、处处院落主题鲜明、外朴内雅。所有的唐乡主题院落散落分布在传统村落之中，鸡犬之声相闻，但又自成一体。材质、工艺方面，现代与传统完美融合，实现了人文、绿色、低碳、环保。一期金山岭唐乡的4个代表性主题院落分别是：梨树下（当地民俗文化主题院落）、云水间（禅修主题院落）、草木里（中草药养生主题院落）、果岭上（高尔夫主题院落），另有“乡公所”社区文化交流体验中心，集“餐吧、书吧、茶吧”和“乡村记忆馆”于一身。

3. 行得安心

行得安心，具体而言，指的是游客来到乡村旅游，对所处的交通环境非常放心，既能感受到交通的便利，又能体验到交通的特色。围绕“行得安心”的主题，可以涉及“行什么”“怎么行”“在哪儿行”“为什么这么行”方面，综合考虑这四大方面，可以打造出乡土气息浓厚、安全有保障的乡村旅游交通产品，从而满足城市游客“求特色”“求安全”“求便利”的交通需求。

具体做法：可以把乡村传统交通工具运用到乡村旅游中，利用农村丰富的牛、马等牲畜资源，改造成既具有乡村味道又不失现代风格的牲畜动力交通车，所有的牲畜动力交通车在投入乡村旅游市场之前需要通过相关质量监管机构的评估；打造一些有乡村特色风格的交通小径、绿道、骑行道、大道等多种用途道路为一体的乡村交通道路体系，在交通道路上设置安全监视点，同时可以建立多支由乡村向导、保安等人员组成的交通安全保卫队，将游客的安全把握在可控范围内。

友情链接 5－14　安徽乡村旅游注重交通条件，让游客行得安心①

安徽开发乡村旅游没有遍地开花，而是因“路”制宜，交通便捷的地区优

① http://www.ahpc.gov.cn/pub/content.jsp? newsId＝566BAC0C－18A6－48BB－AA35－9D494B71A88F.

先开发。比如，岳西县黄尾镇距高速公路出口仅10分钟的车程，使得该镇的乡村旅游开发时间短，收益见效快，并很快形成了规模。

4. 游得开心

游得开心，具体而言，指的是游客在乡村旅游景区中能够通过观赏自然生态风光、体验农耕以及民俗项目、了解历史文化知识等获得身心放松、精神愉悦的游玩感受。围绕“游得开心”的主题，可以涉及“游什么”“怎么游”“在哪儿游”“为什么这么游”方面，综合考虑这四大方面，可以打造出“类型丰富、个性突出、体验感强”的乡村旅游景区（点），保障乡村旅游景区游玩的质量，满足城市游客“求多样”“求体验”“求特色”的游玩需求。

具体做法：可以打造乡村游乐及农耕文化体验园，通过深度挖掘具有地域特色的自然生态资源，如利用油菜花和香草资源，可以建设花海或者香草型的主题农园，游客可以赏油菜花/香草、拍油菜花/香草、学习体验油菜花榨油/提炼适合自己肤色的精油等；可以在乡村建立一些专门为游客提供生活体验的民居和耕作地块，游客可以进行认领，每户民居都有当地人作为向导，教游客制作乡村美食，带游客走进自然采摘农作物，跟游客一起在田间地头耕作，向游客介绍乡村的自然和民俗知识。同时可以建立乡村营地，划分露营区、烧烤区、垂钓区、漂流区、自然生态教育区，满足自驾游的游客个性、自由、多元的游玩需求。针对儿童旅游群体，可以开发自然体验教育项目，利用素质拓展和走进自然的活动，辨识花草树木，了解自然生态环境，培养儿童热爱大自然、保护大自然的环保意识。

友情链接 5－15　山东济宁运河湾农耕园探路特色乡村旅游①

山东济宁运河湾农耕园注重乡村旅游环境的营造，打造农耕体验园，农耕文化主题定位鲜明，突出文化内涵。除了瓜果采摘、菜园认领、农业种植这些常规体验项目外，济宁运河湾农耕园选择了以表现农耕文化、突出原汁

① http://travel.163.com/14/0915/23/A67KSH2400063JSA.html.

原味的田园特色、复原过去传统的农事生活的主题。借助于静态的传统农具、农家小院等展示，摆放印有农业谚语和农业故事的展板和石刻，以及设置游客可体验的坐牛车、推石磨、撒网捕家禽等农事活动，让处于城市快节奏的游客，能够在这里停下来，静静地体会休闲的农庄生活，给疲惫的身心放个假。

5. 购得顺心

购得顺心，具体而言，指的是城市游客能够在乡村旅游商品销售市场能够感受到一种和谐健康的销售和购买环境，没有强买强卖、缺斤少两、不诚信等不规范的市场行为，能够买到真实、安全、特色的乡村旅游商品。围绕“购得顺心”的主题，可以涉及“购什么”“在哪儿购”“怎么购”等方面，综合考虑打造一个让城市游客“满载而归”“满心欢喜”的乡村旅游购物环境。

具体做法：政府应该与食品质量监管局等相关质量监管单位合作，建立乡村旅游产品日常检查计划和奖惩计划，对乡村旅游市场上所有向游客销售的旅游商品进行食品来源、销售行为、质量安全等方面的严格检查，对质量缺失、来源虚假、强买强卖等行为进行严惩，对质量过硬、来源正规、正当销售等行为进行褒奖；针对乡村旅游商品个体经营户，也需要规范其行为，政府应当为个体农户提供与景区环境相一致的销售场所，集中销售，争取通过口碑传播，建立起个体经营户的集体品牌。

友情链接 5-16　乡村旅游淘宝购物新时尚，购出好心情①

坐落在广西“五彩田园”特色农业示范区的玉林市玉东新区茂林镇鹿塘村社区，被称为“中国电商旅游第一村”，主打“田园都市”旅游品牌，中国高科技农业展示馆、隆平高科援外实训基地、台湾有机农园等一批农业产业项目落户，2015 年元旦开园以来，吸引了世界 20 多个国家的游客进入该示范区旅游观光，全年游游客数达 500 多万人次。为解决游客购物的问题，中国十佳电

① http://www.gx.xinhuanet.com/newscenter/2016-01/02/c_1117649374.htm.

商服务商之一的杰夫集团进驻鹿塘村社区，开展电商业务把玉林市特色农产品直接销售给游客。

6. 娱得欢心

娱得欢心，具体而言，是指游客在乡村旅游景区所游玩的项目和活动趣味性较强，参与性较高，能够从中获得一份欢快的娱乐体验。围绕“娱得欢心”的主题，可以涉及“娱什么”“在哪儿娱”“怎么娱”三方面，综合考虑这些方面，可以设计出一系列乡村旅游娱乐项目和活动，为游客提供真实、多样、特色的娱乐机会，给予游客不一样的游玩感受。

具体做法：通过发掘乡村历史民俗文化资源，可以打造集民俗文化和娱乐机会为一体的民俗娱乐区，同时民俗娱乐区可以建立一支由土生土长的乡村居民组成的娱乐专业队伍，向城市游客免费讲解乡村民俗娱乐的历史趣事以及文化知识，游客在该娱乐区既能获得丰富的娱乐体验，也能收获充足的民俗文化知识。通过观看乡村皮影戏、地方特色戏剧、舞蹈，辨识感受石磨、碓窝、织布机、风车、拌桶、斗笠、蓑衣、升子等特色农耕用具，了解传统农耕乡土生活和生产习俗，开展滚铁环、跳皮筋、踢毽子、斗蛐蛐等特色乡村民间的游戏活动，让游客“娱”出乡土味道，娱得欢心。

友情链接 5－17　江西“婺源篁岭＋石门山一日游”成为婺源乡村旅游娱乐新亮点①

当游客感觉婺源篁岭娱乐设施较少时，创客脑洞大开，打造出世界顶级户外运动项目“冒险森林”，项目分3条不同的体验线路，满足儿童、成人、专业人士等不同年龄段的体验需求，为历史古村增添了动感。历时一年半精心打造的神秘石门山峡谷，则让游客们有更多“获得感”：这是一处集风光游览、情趣体验、科普环保、戏水溯溪、户外体验于一体的综合性景区，在逶迤动人的峡谷风光内有20多项户外运动及拓展项目，夏日戏水户外体验好不热闹。“篁

① http://www.kanjx.cn/tiyu/1688.html.

岭＋石门山一日游”也成为新婺源、新线路、新看点。

（二）建立乡村旅游标准

1. 乡村旅游设施标准

乡村旅游设施标准，简单而言，指的是通过对乡村旅游接待设施相关标准的制定和实施，统一规范接待设施的数量和质量，发展乡村旅游的一种硬性措施。通过对乡村旅游基础设施和服务设施统一进行标准设定，提升乡村旅游服务质量和水平，可以增强城市游客来乡村旅游的意愿。

交通设施：包含外部交通和内部交通，政府、企业、相关旅游行政部门应该大力合作，统一标准和目标，对进入乡村的外围和内部交通道路的建设和管理制定相关的规范，规划道路的建设规格、规模、绿化以及道路上标示乡村旅游地距离、方向等方面信息的标牌，建设一大批生态环保的停车场，方便游客快速进入，确保城市游客的安全。

友情链接 5－18　浙江青田县小舟山乡村旅游交通设施常态化建设①

为了助推乡村旅游业的发展，交通运输局争取县政府每年投入农村公路大中修及安全工程近 200 万元，固定投入水毁修复专项资金为 500 万元。进一步完善农村公路管养常效化、制度化和规范化建设，提前 2 年完成全县 32 个乡镇（街道）的市级规范化管理站创建工作，成功创建省级规范化示范站 4 个。全面加强农村公路管养工作，创新机制，探索市场化承包养护模式，严格资金拨付和检查考核工作，农村公路安全畅通能力进一步提升。2015 年，交通运输部门还紧盯农村公路提升改造和“美丽公路”创建工作，大力实施农村公路绿化工程，努力营造“畅、安、舒、绿、美”的良好公路环境，为小舟山乡村旅游的发展提供良好的交通通达条件。

医疗、消防、环卫设施：具体包括消防、防盗、救护用具以及垃圾箱、公

① http://www.lishui.gov.cn/zwgk/lsdt/qxdt/t20150421_1654127.html.

共旅游厕所等，通过对乡村旅游社区服务设施进行标准化建设，合理安排设计乡村旅游区消防和环卫设施安置的地点、数量、质量，给游客营造良好的乡村安全环境，确保游客在乡村旅游地的旅游安全。

住宿和餐饮设施：建立乡村旅游住宿设施标准，规定乡村旅游住宿设施进行旅游接待必须具备的基本条件。具体包括乡村旅游住宿设施拥有的客房数量、客房中必需的设备和物品、设施等级的划分标准和技术安全方面的规定。建立乡村旅游餐饮设施标准，规定乡村旅游餐饮经营硬件方面的要求。具体包括对乡村旅游餐饮设施的场所和内部环境的要求、对食品卫生和安全保障配套设施的要求，以及评定乡村旅游餐饮服务设施等级的标准等。

解说和游玩设施：通过对乡村旅游地解说及游乐设施做出顶层的规范设计和安排，确保每一块标牌、每一处讲解、每一地游玩机会的提供都能做到规范、严谨、有秩序，从而全方位提升游客在乡村旅游区的游玩感受。

友情链接 5－19　德国乡村旅游农家垃圾处理①

德国乡村旅游农家特别爱护自己的生活环境，德国农妇艾拉家厨房里的垃圾箱，让人感到非常震撼。

日常的生物垃圾通过专门的生物垃圾桶被收集、切碎，并与真空管道系统收集的黑水一起汇入居住区的技术处理中心。两者的混合物先被高温净化处理，之后导入在30℃～40℃下工作的发酵反应器，经过有氧处理，稳定之后还残留富含高浓度营养物质的流质物。

这些流质物将被保存起来，并用于居住区的绿化养护或者卖给临近的农业联合组织。该组织将其分配给各个成员用于农业生产，并保存在季节性存储器中。营养物质的再利用不仅使人类居住区产出的富含营养元素废物以生态可承载的方式进入了自然界的物质循环，而且在一定程度上取代高能耗的化肥生产，为节能做出贡献。

① http://www.shengyidi.com/news/d－2079253/.

2. 乡村旅游服务标准

乡村旅游服务标准，通俗而言，指的是以为乡村游客所提供的服务为对象，以服务质量为目标，通过制定并严格执行相关制度，达成乡村游客满意的一种有效手段。针对乡村旅游低端经营、同质化严重的现象，为了保证乡村旅游服务质量，乡村旅游服务标准化势在必行，而创建集乡村餐饮服务、乡村住宿服务、乡村游乐服务为一体的乡村旅游服务品牌是一条有效途径。

乡村餐饮服务：以国家标准、行业标准、地方标准为依据，结合当地本土特殊情况，制定餐饮卫生标准、餐饮服务人员对客服务标准，加强一线服务人员和管理人员的综合素质技能培训，同时利用地方性特色风物对餐饮服务的环境氛围进行营造。通过一整套的服务前、服务中、服务后以及服务环境等服务全过程的细致打造，针对不同群体消费水平，提供低端、中端、高端产品和服务，最终形成一个独具竞争力的餐饮服务品牌。

乡村住宿服务：随着城市游客住宿需求从民居到民宿的转变，提升乡村住宿服务的品质显得非常重要，要求强化乡村住宿服务水平和质量，对接待住宿的民居风格、设施、室内物品风格及摆放等服务要素进行统一设计和安排，制定接待住宿的“星级服务”评比规范细则，构建乡村住宿接待服务品牌。

乡村游乐服务：通过对乡村旅游区全部游乐项目和活动所需服务技能、服务水平、服务细节等要素进行分析，抽取出具有代表性、地域性、关键性的服务环节和服务要领，以此作为乡村游乐项目服务培训的重点内容，让所有乡村游乐服务人员都具备通识的服务知识和技能，使乡村游客享受到规范、标准、用心的游玩服务。

友情链接 5－20　成都乡村旅游服务质量管理①

四川省成都市实施了《成都市农家乐服务质量管理办法》，制定了《农家乐旅游服务质量等级划分及评定》，2004 年，首次公布了 59 家星级农家乐单

① http://www.plansina.cn/sipo/ZiJinBaoGao/2011－11/1463.htm.

位，其中四星级为20家、三星级为29家、二星级为9家、一星级为1家。2010年，又出台了《四川省农家乐（乡村酒店）旅游服务质量等级评定管理暂行办法》，对规范农家乐/乡村酒店旅游经营行为，提高农家乐/乡村酒店旅游服务质量，促进农家乐/乡村酒店持续健康发展有重大意义。

友情链接5－21　浙江湖州乡村旅游标准化建设①

湖州市专门成立了旅游标准化委员会，由旅游、质检、农业、林业四家单位共同牵头，制定了包括示范洋家、示范农家、示范农庄、示范村和集聚示范区五大标准化体系，对安全标准、服务标准、配套标准、食品卫生等进行了详尽规范。

3. 乡村旅游信息标准

乡村旅游信息标准，简单而言，指的是互联网技术与旅游业相互渗透、自驾游及自由行迅速发展背景下所出现的用来展示乡村旅游信息的一种智能化途径。

（1）建设乡村旅游咨询中心。政府部门或者乡村旅游行业协会可以组织建立具有综合服务功能的乡村旅游咨询中心，主要提供四个方面的信息服务：一是为游客提供信息咨询服务；二是疏导游客；三是宣传促销；四是旅游市场信息反映。通过统一乡村旅游咨询中心的服务功能、要求以及目标，有利于提升乡村旅游区的乡村旅游形象，形成强有力的核心竞争优势。

（2）构建乡村旅游信息网络平台。迎合"互联网＋"和自驾游、自由行等潮流，游客对乡村旅游信息质量的要求也越来越高，要求构建标准统一、数据规范、持续更新的乡村旅游信息网络平台，为游客提供全面、安全、真实有效、感知性强的乡村旅游信息。其涵盖的信息标准化内容具体有以下几个方面：

地理区位：提供详细的区位图，包括步行路线、道路状况、景区及周边景区位置等。

---

① http://news.xinhuanet.com/mrdx/2015－05/26/c_134270122.htm.

气候状况：实时更新近期天气情况，适宜穿衣及整体气候概况。

景区介绍：单个景区报价、特色资源、景区评价等；多个景区串联报价、线路特色及线路评价等。

乡村文化：介绍当地风土人情、礼俗禁忌等民俗文化、历史文化。

餐饮住宿：餐饮/住宿区位环境、餐饮/住宿服务质量、餐饮菜肴/住宿特色、餐饮/住宿接待人数及容量、餐饮/住宿评价等。

旅游商品：具体价格、规格、质量以及相关评价。

游客预测：乡村游游客数规模及集中游玩区域。

友情链接 5－22　四川省平昌县乡村旅游开启信息化模式①

四川省平昌县建立了平昌旅游电子信息平台，将物联网、互联网、云计算和个人终端整合起来，完善了平昌的人文、景点、特产、美食等相关信息上传工作，初步实现网上销售旅游商品、食宿预订、景区门票购买等交易功能；开发了平昌智慧旅游安卓、苹果 APP 手机软件，构建手机移动营销平台；建设了主会场、部分酒店、农家乐、核心景区的智慧旅游硬件设施，平昌县旅游信息标准化的建设对提高乡村游客的游憩体验度具有重大的意义和价值。

（三）全民参与生态环保

1. 政府——“规划，政策，宣传”

政府是乡村旅游环保化发展的强有力保障。规划方面，需要开展乡村旅游资源的普查工作，做好乡村旅游环境质量评价，加强乡村土地资源、水资源、动植物资源的保护，把环保元素纳入乡村旅游发展规划设计的每一个环节。政策方面，加大对乡村旅游发展环保型项目的政策支持力度，对低碳项目（景区内部交通采用纯电动汽车、生态型停车场）、环保项目（住宿不提供一次性用品、发展生态有机农业、公共卫生环境工程建设等）实施单位实行税收减免、经济补贴等优惠政策；宣传方面，在每年的 5 月 20 日“全球低碳日”和

---

① http://www.scpc.gov.cn/DocHtml/1/14/05/00050687.html.

6月5日“世界环境日”，政府相关部门可以组织开展徒步登山、社区清洁等环保活动，开办环保标语口号、环保低碳宣传图文征集比赛，培养全民低碳环保意识。

友情链接 5-23 浙江德清莫干山生态环境保护历程①

环莫干山地区民宿的发展如火如荼，已然成为全国民宿业当中的佼佼者。它的发展本质上得益于其先天优势，有着禀赋极高的自然生态资源，然而良好的生态环境又得益于县政府多年来对这块地方的保护。

十多年前，县政府就看到莫干山无限的发展潜力，并出台了《关于建立西部山区乡镇生态补偿机制的实施意见》，这是浙江省乃至全国第一份县级层面针对山区生态的补偿。把莫干山生态保护区从原来的3平方千米扩大到43平方千米，把当时周边的莫干山、南路和筏头三个乡镇的工业园区全部取消，把已经引进的工业项目转介到德清经济开发区或其他乡镇，原有的工厂陆续搬迁。

被列入莫干山生态保护区的乡镇，财政收入情况与乡镇支出情况实施“两条线”，支出不足部分将由县财政补助，工业经济增长指标仅为其他乡镇的一半或一半多点。但是，他们的环境保护指标却比其他乡镇高出一倍。诸如单位GDP耗水量、森林覆盖率、矿山土地复垦率、化肥农药施用强度、畜禽粪便处理率、秸秆综合利用率、农用薄膜回收率等，过去闻所未闻的内容都进入了干部考核指标。

对生态环境的保护，在随后的几年中不断升级。为保护德清人民的饮用水源——对河口水库，2012年，筏头乡关闭所有的拉丝厂、笋厂，对矿山进行全面整治。

通过环境保护，如今环莫干山地区的资源优势不断显现，正在转变为旅游产业优势。而百年的历史积淀，也让环莫干山地区更有魅力。每年，越来越多的游客冲着莫干山的环境而来，带着一份“裸心”而来。

---

① http://dqnews.zjol.com.cn/dqnews/system/2014/07/04/018162163.shtml.

2. 乡村旅游行业组织——“监督，沟通，引导”

乡村旅游行业组织担当着服务和管理两种责任，它不同于政府管理机构的功能，不具有制定行政法规、下达行政命令的权力，只能依靠自身的影响获取大家的信任和遵从。

政府应当大力发挥乡村旅游协会等行业组织的作用，在环境保护方面，可以利用行业组织在乡村拥有强大群众基础的优势，向行业组织传达“环境保护，美丽乡村”的生态文明理念，进而以乡村旅游协会为宣传和引导的桥梁，向乡村旅游从业者以及游客宣传环保工作对乡村旅游的重要性，并且把环境保护指标纳入乡村旅游经营监管体系中，实施环保考评奖励机制，积极引导各家经营者以身示范，争做乡村旅游经营环境保护方面的标杆，形成“人人爱环境，家家争表率”的乡村旅游经营环境氛围。

3. 乡村旅游企业——“开发，经营，服务”

乡村旅游环保化发展要求乡村旅游企业把环保元素贯穿于开发、建设、经营及服务的始终，倡导“低碳环保”“循环经济”的发展理念，为维持乡村旅游良好的生态环境保驾护航。在开发中，需要注重对生态环境、民俗文化等乡村旅游资源的合理、有节制的利用，以免对乡村自然和人文生态系统造成不可挽回的损害；乡村旅游基础设施和服务设施的建设应该与自然环境相吻合，让游客走进自然，享受自然的乐趣；接待设施应该配备完善的排污系统，避免直排；在经营和服务中，特别是在餐饮和住宿的经营和服务上，鼓励企业运用新能源、新技术节能减排，餐饮中避免使用一次性餐具，菜肴必须保证原生态，住宿设施尽可能采用环保型材料，室内倡导使用节能电灯，避免使用一次性洗漱用品。

4. 居民和游客——“参与，补偿，宣传”

社区居民是乡村旅游环保化发展的重要力量，要求为乡村居民和游客提供参与乡村旅游发展的机会。通过开展“环保志愿者”“环保积分兑换小礼品”等活动，促发游客产生低碳环保型旅游方式；通过直接的经济补偿、发展公益基金以及提供工作岗位和特许经营机会等多种方式，让社区居民参与到乡村旅游的产业中，让其能够真实地看到“绿水青山”就是“金山银山”，从而能够做一名合格的环境保护者。

居民不仅需要自身树立环保意识，而且还要帮扶游客培养环保意识，通过居民日常“身体力行”的示范引导，特别是开展一些自然体验教育的相关活动，从而提升游客对自然的深度认知，实现与自然和谐相处的目标。再者，游客与游客之间也会相互影响，培养了一个环保主义者，又会影响另一个大众游客的旅游行为方式，使其转变成环保游客，循环往复，居民和游客的生态意识会得到实质性的提高。

友情链接 5－24 德国乡村旅游发展分流式污水处理法①

在20世纪90年代以前，德国农村污水采取的是工业化集中式处理办法，即将污水通过排水管道输送到一个污水处理厂集中处理，但这样做除了成本很高以外，还带来污水处理之后的大量沉淀物和废物对环境造成压力。进入21世纪以后，这种集中式处理办法正被分流式污水处理新办法所代替，为乡村旅游的发展提供了良好的生态契机。

德国农村分流式污水处理新办法主要有：

1. 分散市镇基础设施系统

在没有接入排水网的偏远农村建造先进的膜生物反应器，平时把雨水和污水分开收集，然后通过先进的膜生物反应器净化污水。不仅可以降低污水处理成本，还能在净化污水的过程中获得氮气，从而达到使污水变废为宝的目的，增强了农村土地肥力。

2. 湿地污水处理系统

该工艺主要将农村生活污水通过水管道，汇集流入沉淀池，经过沉淀池的4层筛选之后，再经湿地净化处理，然后达标排放或用于农田灌溉。该系统的运转不需要化学药剂，所有的材料都来源于大自然，对周边环境没有二次污染。

3. 多样性污水分类处理系统

将污水分为雨水、灰水和黑水。灰水指厨房、淋浴和洗衣等家政污水，黑水指经真空式马桶排放的厕所污水。居住区屋顶和硬质地面上的雨水被雨水管

---

① http://www.mcshe.com/mlxc/48020.html.

道收集，并汇入附近的地表水或者导入居住区内设置的渗水池。该渗水池属于小区的绿化设施，表面看起来就像景观设计的一部分。通过这种处理方式，雨水可下渗或者直接进入自然界水循环。洗菜、洗碗、淋浴和洗衣等生活污水作为灰水通过重力管道流入居住区内的植物净水设施进行净化处理。

第三节　乡村旅游卫生管理

乡村卫生状况直接关系到乡村旅游客源的多少，是乡村旅游实现长远发展的环境保证。乡村旅游企业以及个体经营户需要提高卫生环境意识，在经营和管理乡村旅游餐饮、住宿、饮用水、厕所等工作中，应该把卫生质量放在第一位，没有良好的乡村旅游卫生环境，就不会给乡村旅游经营者带来源源不断的收入。

一、餐饮卫生管理

乡村旅游餐饮设施的新建、改建和扩建工程必须严格按照国家《饮食建筑设计规范》选址和设计，经过公共卫生监管部门的审查。对于乡村旅游从业人员应该定期进行身体检查和卫生检查，以防有传染病的服务人员上岗，保证乡村旅游餐饮的卫生质量。

建立乡村旅游餐饮卫生培训制度，定期对从业人员进行餐饮卫生知识培训，使他们了解工作岗位的卫生管理制度，懂得国家餐饮卫生法规，并且纠正日常服务中餐饮卫生方面存在的问题。

知识卡片 5－4　美食厨房的基本要求

墙面要满铺瓷砖，用防滑材料满铺地面，有地槽，有吊顶；冷菜间、面点间独立分隔，有足够的冷气设备；冷菜间温度符合食品卫生标准，内有空气消毒设施；粗加工间与其他操作间隔离，各操作间温度适宜；有必要的冷藏、冷冻设施；厨房与餐厅之间，有起隔音、隔热和隔气味作用的进出分开、自动闭合的弹簧门；洗碗间位置合理；有专门放置临时垃圾的设施并保持其封闭；采取有效的消杀蚊蝇、蟑螂等虫害措施；注意厨房防盗及食物污染中毒；定期清洗或更换排油烟设备；对厨余垃圾进行无害化处理；厨房不能采用木质结构且紧邻的建筑也不能是木质建筑。

友情链接 5 - 25　山东乡村旅游“改厨改厕”双改行动①

2013 年，山东省启动乡村旅游“改厨改厕”模式，山东省市县三级财政拿出“真金白银”支持发展旅游的乡村改造厨房和厕所，“双改”验收合格的农户每户能获得 1.6 万元的补贴——省政府补贴 8000 元、市政府补贴 5000 元、县政府补贴 3000 元。目前，已有 1.5 万家经营户改造完毕，全省共投入 1.3 亿元。“双改”极大地调动了乡村旅游经营业户的积极性，改善了农家乐的卫生条件和接待水平。

“双改”之后，农家乐的厨房更为讲究，只要是接待游客的农户，家家都配备了整体橱柜、抽油烟机和备餐柜，洗、切、炒操作区分明、生熟分开，看上去清爽利落。

二、住宿卫生管理

乡村旅游住宿卫生需要贯穿于乡村民宿建设、设计、管理过程的始终，确保乡村旅游住宿卫生质量，从而留住乡村游客，产生更高的经济收入。在乡村旅游住宿客房建设、设计管理过程中，需要对客房的选址、排污、清洁等方面进行全方位的考虑，选择通风、采光、远离污染区、自然环境较好的乡村区域作为客房建设地，规范设计污水处理系统，定时定质对客房进行全面清洁，为游客提供一个“远离城市喧嚣，享受乡村宁静”的第二个家。

---

① http://www.sd.xinhuanet.com/travel/2014-02/10/c_119262664.htm.

友情链接 5－26　浙江德清莫干山“洋家乐”卫生环境提升[1]

莫干山“洋家乐”是德清莫干山民宿发展的重要引擎和动力。莫干山“洋家乐”在发展的过程中也遇到了一些问题，例如如何平衡民宿发展与环境保护的关系。德清县政府非常重视环莫干山地区民宿管理工作，引导民宿正确处理好旅游发展和环境保护二者之间的棘手关系。在 2013 年，开始了对民宿的规范整治提升工程，出台了《德清县民宿管理办法（试行）》，对民宿的面积、消防、环保、卫生等方面做了具体的要求。

西坡 29 可以说是“洋家乐”规范提升的典范。在西坡 29 的房屋内，喷淋装置、防火门等消防设施一应俱全，而且别具特色。环保设施更是先进，引进了日本的净化槽，通过净化槽的水可以达到饮用标准。新安装的这些装置，并没有与原有的设计相冲突，甚至可以说与之非常协调。“这样的设施提升，其他的洋家乐都很乐意效仿。”

莫干山“洋家乐”卫生环境提升工程为保护莫干山这片“绿水青山”做出了巨大贡献，也为“绿水青山”能够高效地转变为“金山银山”奠定了坚实的环境基础。

三、饮用水卫生管理

乡村饮用水卫生状况直接关系到游客的生命健康安全，是乡村旅游得以发展的关键环境要素。对于乡村饮用水需要严格贯彻国家饮用水的相关规定和标准，建设安全卫生的供水系统，乡村水源地的选择需要考虑到历年水质、水文和取水点附近区域的卫生状况，政府部门应该就经济、卫生、技术、水资源等众多方面进行综合评价，实行动态监测管理，确保所提供的乡村旅游发展用水的质量达标。

---

① http://www.deqing.biz/news/liuchen_detail.asp? newsid = 9483.

友情链接 5 – 27　安徽泾县全民共享生态福利[①]

泾县是全国生态示范区建设试点县、全国绿化模范县、安徽省园林县城，并顺利通过国家级生态县创建考核验收。为保护好“绿水青山”，该县确立了“生态立县”的发展战略，将每年的 5 月 18 日确定为泾县生态日，将创建国家环保模范城市和生态县建设工作纳入对各乡镇、相关部门的目标管理考核，牢固树立“绿水青山就是金山银山”的理念。以铁的决心、铁的举措、铁的手段、铁的纪律抓好环境整治，推进全域旅游，建设“青山、碧水、蓝天”新泾县。截至 2015 年，全县共创成国家级生态乡镇 6 个、省级生态乡镇 3 个、国家级生态村 1 个、80% 以上的村被评为市级以上生态村，集中式饮用水源水质达标率、村镇饮用水卫生合格率达 100%，全民共享绿色福利。

四、旅游厕所卫生管理

近年来，针对全国旅游厕所“脏、乱、差、少、偏、狭”的现状，国家旅游局已经启动“旅游厕所革命”，着重加强旅游厕所的建设和管理工作。

旅游厕所卫生管理可以从以下几个方面来考虑：首先，观念引导，开展乡村旅游经营者的卫生管理意识培训，强化乡村旅游经营者旅游厕所卫生意识，让其明白旅游厕所卫生状况直接关乎客源情况以及经济效益；其次，经济补偿，政府主导，实行“以商养厕”的旅游厕所经营管理模式，乡村旅游点由经营农户为主体建设管理，旅游部门强化指导和经济补贴，实现乡村旅游厕所“数量充足、干净无味、免费使用、管理有效”的目标。最后，全民参与，确保乡村旅游厕所良好的卫生状况需要“全民参与”，乡村游客的“文明如厕”、乡村经营者的“质量管理”和政府部门的“支持引导”三者缺一不可。

---

① http://ah.people.com.cn/n/2015/1106/c227573 – 27035497 – 2.html.

友情链接 5－28　云南石林旅游厕所管理①

云南省石林旅游生态公厕的卫生管理主要体现在建设管理和服务管理两个方面。在选址建设管理方面，石林以“显著位置建公厕，见缝插针建公厕”的理念，将公厕建在显眼位置以方便游客，或是建在与自然景观相匹配、协调的位置。公厕外墙的选材和颜色大多选用与石林景区石头相近的凸包石材，内部地面安装自然青石板，从整体上达到与石林自然景观和谐统一的效果。在服务管理方面，公厕内部配备了自动感应冲水蹲式便池、烟灰缸、衣帽架、伸缩式盥洗水龙头，以及休息椅、感应式射灯等。在墙壁上悬挂石林自然风光和人文风情的图片，让游客领略石林的风土人情，同时还有视频播放画面、音乐，为游客提供温馨、舒适的环境。

另外，公厕还增设了“中性间”，供儿童、老人及残障人士在异性亲属陪同下如厕。石林景区把旅游生态厕所的管理统一纳入环卫管理系统，统一标准、统一着装、统一管理，制定《石林旅游厕所管理规定》，对物品设置的摆放和卫生管理要求等进行了明确规定，如采用“十分钟”卫生保洁制度和制定“星级”服务标准等。

第四节　乡村旅游安全管理

一、乡村旅游安全概述

安全管理是乡村旅游企业管理的重要组成部分，它是为实现安全目标而进行的有关决策、计划、组织和控制等方面的活动；主要运用现代安全管理原理、方法和手段，分析和研究各种不安全因素，从技术上、组织上和管理上采取有力的措施，解决和消除各种不安全因素，防止事故的发生。由于乡村旅游活动

① http://www.yn.xinhuanet.com/newscenter/2015－10/03/c_134681236.htm.

的地域性及季节性等特点，乡村旅游事故的表现形态与一般旅游事故相比较而言，最主要的安全问题是餐饮、住宿、交通及游览。餐饮事故主要有食物中毒；住宿事故主要表现形式有偷盗、火灾等；交通事故的表现形态是乡村公路交通事故；游览安全事故的主要表现形态有疾病、犯罪、游览事故。

旅游安全从程度上，根据国家旅游局《旅游安全管理暂行办法实施细则》中规定，可以分为四个等级：①轻微事故，指事故中造成旅游者轻伤，经济损失一万元以下；②一般事故，指事故中造成旅游者重伤，经济损失一万元至十万元；③重大事故，指事故中造成旅游者重伤致残或死亡，经济损失十万元至一百万元；④特大事故，指事故中造成旅游者多名死亡，经济损失在一百万元以上，且性质特别严重，产生重大影响。安全事故评估的作用在于，乡村旅游企业可以根据其危害程度的大小采取相应的措施，投入适当的人力、物力、财力来解决安全问题。

具体而言，乡村旅游管理部门应该组织乡村旅游安全培训会议以及现场安全演练活动等，组织大家讨论乡村旅游经营生产活动中应该注意哪些不安全的生产和经营行为，向员工普及乡村旅游食、住、行、游、购、娱中所涉及的乡村旅游经营安全知识，提高乡村旅游中员工向游客介绍和提醒相关安全问题的意识；同时相关管理部门也需要提高对乡村旅游安全事故的认知程度，需要认真做好乡村旅游发展中公共设施、旅游设施的完善和监管以及安全宣传教育等工作。

友情链接 5-29　广西桂林“农家乐”饭店百余人食物中毒①

2004 年桂林“农家乐”饭店共发生 3 起食物中毒事件，中毒人数多达 119 人。桂林各县开办的“农家乐”休闲旅游项目，大都是当地村民在自家经营的，普遍没有卫生、工商等部门的许可，缺乏卫生、工商等执法管理部门的日常的监管与培训，卫生条件较差，这是导致“农家乐”饭店易发食物中毒事件的主要原因。龙胜各族自治县龙脊旅游景区，一家饭店发生重大食物中毒事件，

① http://news.sina.com.cn/c/2004-09-17/08423692683s.shtml.

94人细菌性食物中毒，卫生部门抽样检验发现，当天的鸡鸭食物中含有大量的大肠杆菌等数种致病菌，经现场检查得出结论，是食物生食、熟食不分，粪便污染所致。后又发现该宾馆没有卫生许可证。

桂林市卫生监管部门表示，要监管好“农家乐”的餐饮卫生，存在相当大的难度，一是经营者法律、法规及健康意识淡薄，不愿花钱办理有关证照，抵制执法部门的监管；二是许多“农家乐”地处偏远地区，比较分散，容易形成监管的盲区，卫生监管部门正在制定相关管理办法，如严禁“农家乐”向游客供应凉菜、冷荤食品等易污染食物，既要保护“农家乐”这一旅游模式，又要保证游客餐饮的卫生安全，让“农家乐”成为“放心乐”。

二、乡村旅游安全预防

乡村旅游的安全是指乡村旅游的食、住、行、游、娱、购的过程中旅游者人身、心理、财产不受伤害、侵犯。安全问题无小事，一旦发生将给各方造成重大损失，加强安全管理，预防为先。

（一）乡村旅游管理制度

乡村旅游安全事故预防首先要建立安全管理制度。其具体包括建立：安全生产规章制度、安全宣传教育方案、安全监督检查制度、安全预警机制、安全法律法规、购买旅游保险、应急救援、安全投入，一套全面的管理制度。乡村旅游企业多采用家族式的营运方式，由于其硬件条件有限、安全意识淡薄，加之经济利益驱动使得安全建设投入甚少。但无论是企业化或家族式，都应在经营过程中尽快建立健全旅游安全制度，表5－1列出了安全管理所有规章制度为读者提供参考和借鉴。

表5－1　乡村旅游各项安全制度目录

制度	内容	制度	内容
安全生产规章	安全生产责任制	安全教育	法律法规宣传
	安全生产制度		旅游风险辨识及防范措施
	安全生产条例		突发事件应急措施
	安全生产组织机构		安全教育宣传教育形式

续表

制度	内容	制度	内容
安全预警	岗位责任	应急救援	指挥体系
	组织机构		队伍建设
	信息收集		应急预案
	安全状况评估		应急救援培训、演练
	信息发布		综合联动

（二）安全措施保障

首先，乡村旅游的安全措施保障应建立安全预警系统和安全应对预案。战争、疫情等可以明确发出信号，但是突发性的自然、人为的灾难很难预测，乡村旅游经营者必须得靠经验去判断，在这样的情况下乡村旅游企业如果能提前制定应急预案，在突发事件出现时根据事件类型和等级启动相应的预案，就会使企业在处理问题时更加主动。企业应该积极加入当地的“农家乐协会”“乡村旅游协会”等行业协会以及乡镇一级的乡村旅游组织，一般这些协会和组织都会预先制定详尽的突发事件应对预案，在突发事件时得到相关组织和机构的帮助。

其次，就是要与旅游保险体系对接。旅游安全法律法规是乡村旅游安全的保障，2013 年，我国颁布并实施了《中华人民共和国旅游法》（以下简称《旅游法》），解决了长期以来无法可依的状况，但乡村旅游相关法规在《旅游法》里的规定还不健全。而旅游保险方面，目前的旅游险种中除了旅行社责任险旅游意外伤害险为强制保险外，其余均为自愿性保险。乡村旅游者多为散客自驾车出行，安全意识淡薄，使得交通事故一直是乡村旅游面临的难题；乡村旅游景区、农家乐、都市农庄里的安全设施不足、失修以及安全标识缺失等都存在诸多安全隐患。所以，就目前的状况来看，有条件的企业应通过产品、价格、促销等手段与保险公司合作为旅游者购买多样的旅游保险，以此增加游客保障，降低企业损失。

友情链接 5－30　贵州桐梓县乡村旅游安全保险工作大力开展①

桐梓县把乡村旅游安全保险纳入旅游重点工作来抓，县旅游局与人保财险支公司一起对全县乡村旅游的特点进行了认真研究和分析，从实际出发，推出了一系列有利于推动乡村旅游发展的旅游安全保险产品，出台了《桐梓县乡村旅游安全保险工作实施方案》，建立健全了全县乡村旅游安全保险机制。充分利用保险这一经济杠杆，化解旅游安全风险，增强了旅游行业抵御风险的能力，有效解决了在乡村旅游中不可预见的经济赔付这一突出矛盾，切实保障了广大游客及旅游业主的合法权益，为全县乡村旅游业健康、有序地发展奠定了坚实的基础。

（三）安全实施

第一，在乡村旅游企业内部成立专门的安全管理部门，通过与部门负责人及成员签订《安全目标责任书》等，把安全管理任务和责任落实到个人。第二，严格按照安全管理规章制度来进行管控，例如，食品安全方面，加强食品采购、储存、生产等环节的监督和检查。第三，加大安全硬件的投入和建设。生产设备，如冰柜、消毒设备等。安全设施，如安全警示牌、消防设施、安全网等。第四，加强游客教育。农家乐、都市农庄、乡村旅游景区等普遍可采用的做法是：①在旅游宣传折页等旅游宣传品中向游客普及旅游安全知识。②在门票上印制注意事项。③游客刚抵达乡村旅游目的地时委派专门人员向游客告知旅游安全注意事项。④游客度假及整个游玩的过程中为游客分发印有行为规范的旅游指南，让游客了解游玩过程中哪些行为是不安全是受到约束的。

三、乡村旅游安全事故处理

安全事故发生后，第一时间采取恰当的措施，减少人员和财产等损失是非常重要的。

（一）事故现场处理办法

乡村旅游安全事故或事件现场处理主要是控制乡村旅游安全事态的发展，

---

① http://www.cnepaper.com/lsg/html/2011－04/07/content_3_1.htm.

抓住主要乡村旅游安全问题，并采取适当措施解决、转化。其过程主要包括控制事态、调查研究、制定对策以及贯彻实施4个部分。如交通运输技术的支撑可以在现场处理过程中及时将伤员运送到医疗场所，电子与信息技术能够迅速地把现场情况汇报给旅游安全管理组织以便其顺利进行正确的决策。

友情链接5－31　四川海螺沟食物中毒事件①

2010年10月8日上午8时许，一群广州旅行团游客在四川海螺沟景区食用当地酒店提供的早餐后出现中毒症状，其中一名广州女性游客病情严重，于送院后不久死亡。事发当天，海螺沟景区管理局迅速启动了应急预案，采取了有效措施，稳定游客情绪，进一步加强卫生防疫检查。海螺沟景区管理局副局长樊玉良表示，卫生和工商部门已对海螺沟景区进行了拉网式排查，保证不再发生类似问题。

涉事的明珠花园酒店不但要承担此次事件的全部损失，事后还要接受政府的处罚。“不能因为此次事件影响甘孜州的整体形象和声誉。”四川省甘孜藏族自治州政府副秘书长杨雄表示，将针对此次事件对酒店进行处罚。“管理者应该从此事中吸取教训，建立科学完善的食品安全应急体系，对食物从源头上进行监管控制，保障景区食品安全检查长期性、制度化，而不是随意应付或事后进行补救。”四川省社科院教授胡光伟指出。

应对突发事件，我国现有的景区条件不容乐观。一些景区地处偏远地区，交通、医疗条件发展滞后。一旦发生类似的群体性突发医疗事件，如果硬件设施跟不上，很容易酿成悲剧。“在发展旅游经济的同时，相关配套设施和制度的完善必须走在前边。同时，游客在出行前应进一步了解食品安全卫生知识，在发现食品中毒的症状后能第一时间自救。据海螺沟管理局介绍，在出现中毒情况后，义乌一个自驾游团队的经验值得提倡。这个自驾游团队有6名游客，当6人出现不适反应后，随队医生立即让他们猛灌矿泉水，然后催吐自救。随后他们被送往医院，除一人需要输液治疗，其余5人已无须治疗。一旦有人出现上

---

① http://www.yzlyw.com/portal.php? mod = view&aid = 19015.

吐下泻、腹痛等食物中毒症状，应首先立即停止食用可疑食物，并立刻拨打120急救电话呼救。在急救车来到前，可以采取与义乌游客相同的自救措施。

（二）安全事故事件调查与评估

乡村旅游安全事故事件调查与评估主要包括乡村旅游安全事故或事件的导火索、乡村旅游安全事故或事件发生的详细经过、确定乡村旅游安全事故或事件的类型、乡村旅游安全事故或事件的危害情况等。如果乡村旅游安全涉及旅游者个人的生命、财产，还要进行受害者情况调查。在乡村旅游安全调查结果的基础上，乡村旅游安全控制中心要对乡村旅游安全事故或事件所带来的实际损失以及预计损失和影响程度、发展趋势、对利益相关者的影响以及社会公众、媒体的反映等方面进行认真评估。

（三）事故信息沟通与发布

在乡村旅游区发生安全事故，需要做好事故信息的及时有效沟通与公布。主要可以分为两个方面：一方面，事故导致的直接相关者应该及时将事故信息进行上传，以便乡村旅游协会或者相关管理部门能够及时调查和分析事故信息，制定有效的现场处理方案和事后完善措施。另一方面，事后应该将乡村旅游地事故现场收集的信息及时向乡村旅游者、乡村旅游管理部门、社会媒体等利益相关者进行公布，既能提高游客的乡村旅游安全意识，又能通过及时地对事故信息进行真实报道，避免乡村旅游地形象的扭曲。

友情链接5－32　国家旅游局倡导加强旅游餐饮安全工作①

1. 加强餐饮安全宣传教育培训

要求将食品安全法律法规、食品安全标准和相关食品安全知识纳入乡村旅游安全培训内容，加强对乡村旅游从业人员的培训教育。要积极与新闻媒体合作，充分利用公众宣传平台，大力宣传普及乡村旅游餐饮安全法律法规和食品安全知识，倡导健康的饮食方式，鼓励乡村旅游从业者提示游客不食用存在安

① http://www.gov.cn/zwgk/2013－08/22/content_2471726.htm.

全隐患的野菜、野果、野蕈和非食品原料制作的食品，提示游客食用海鲜等要注意卫生等。积极提升各类旅游企业的安全经营意识，积极增强广大游客的餐饮安全意识和自我防护能力。

2. 强化餐饮安全应急管理

各级旅游部门要将旅游餐饮安全纳入本部门应急预案，主动会同当地食药监管部门对预案开展联合演练，完善快速反应机制，提高应急处置能力，一旦发生游客食物中毒等餐饮安全事故，要按照应急处置方案迅速采取控制措施，确保旅游餐饮安全事故得到及时妥善处理。各地要主动与食药监部门、卫生部门建立信息通报制度，及时通报餐饮安全相关信息。畅通信息报送渠道，重要情况应及时向上级旅游主管部门和当地政府报告。

第五节　乡村旅游员工管理

服务是乡村旅游的精髓，而服务的提供者是广大一线员工。因此，要求员工具备较优的服务意识、较高的服务技能，只有顾客满意了企业才有满意的利润。乡村旅游员工的服务质量决定着企业的经济效益，员工管理在乡村旅游企业经营中起着至关重要的作用。乡村旅游员工管理是指通过员工人力资源的计划、招聘、选拔、培训和发展、业绩评估、制定工资和福利制度等一系列活动，向企业提供合适员工并取得高水平绩效和员工最大满意度的过程。其目标就是要提高员工团队工作的效率，实现员工和乡村旅游企业的共同发展。

一、员工招聘

（一）制订计划

经营者首先要根据乡村旅游企业服务项目、接待规模、规格、今后发展的需要等确定员工质量与数量的需求情况，并制订详尽的计划。在细分员工的岗位之后，对每一个岗位进行岗位分析，确定该岗位的工作目的、职责、工作内容、工作环境、所需具备的知识与技能等要求。这样可以使接下来的招募工作井井有条，员工配比更加合理，避免无谓的浪费。

知识卡片 5－5　岗位分析

岗位分析又称职务分析或工作分析，是通过系统全面的情报收集手段，提供相关工作岗位的全面信息，以便组织进行改善管理效率；是指对工作进行整体分析，以便确定每一项工作的“6WIH”：用谁做（Who）、做什么（what）、何时做（When）、在哪里做（Where）、如何做（How）、为什么做（Why）、为谁做（Whom）。分析的结果或直接成果是编写岗位说明书。岗位说明书把所分析该岗位的职责、权限、工作内容、任职资格等信息以文字形式记录下来，以便管理人员使用。

（二）招募员工

除了在乡村旅游企业创办之初要对所有岗位进行招募外，在通常情况下，还要对企业中空缺的岗位加以补充，或者是企业规模扩大时壮大员工队伍。根据招募员工的数量及岗位级别，乡村旅游企业可选择广告、员工推荐、教育机构招聘等方式进行（见表 5－2）。

表 5－2　岗位潜在候选人的主要来源

来源渠道	优点	缺点
内部搜寻	花费少、有利于提高员工士气、员工已经了解企业的情况	供应有限
广告招募	辐射广、可以有目标地针对某一特定群体	有许多不合格的应聘者
员工推荐	可通过现有员工提供对企业的认识、基于员工的认真推荐可能产生高素质的候选人	可能不会增加员工的类别和结构
学校分配	大量、集中的候选人	仅限于初入者级别的岗位
公共就业机构	正常费用或免费	通常为非熟练或没有受过任何训练的候选人、花费大
互联网广告	可触及大量的人，并立即得到反馈	产生许多不合格的应聘者

（三）员工选拔

在员工遴选阶段，最重要的就是看应聘者是否符合岗位条件要求。一般可以通过面试、知识或技能测试、体格检查等环节来确认应聘者的任职资格。在选拔环节应坚持以下原则：第一，对于某些素质极高的应聘者，如果不能适应岗位要求，也要勇于割舍。第二，注意乡村旅游企业各部门以及部门内的整体年龄、性别比例等。第三，乡村旅游企业员工大多都是一线服务人员，要对客服务，因此必须具备开朗健康的心态，同时具有较强的与人交往的能力。

友情链接 5－33　乡村旅游景点难找到大学生　人才匮乏①

据中国旅游新闻网报道：2015 年五一假期，不少乡村旅游景点很火爆，但在乡村旅游业不断扩张的同时，乡村旅游人才匮乏的问题也日益突出。5 月 2 日、3 日，记者咨询了潍坊市 10 家乡村旅游景点，发现仅有 3 家旅游景点里有大学生供职，绝大多数乡村旅游景点的工作人员都是附近村民，高学历人才缺乏成为乡村旅游发展的一个“瓶颈”。

临朐县神牛谷生态旅游开发有限公司的负责人于先生坦言，虽然他们公司里的高学历员工人数不多，但很明显能感觉到，在公司发展的过程中，这几名员工都发挥了非常重要的作用。因为跟一般的员工相比，这几名员工的眼界和思路更加开阔，想法也多，可惜公司里这样的高水平员工太少了，否则他们公司肯定会发展得更快。该工作人员分析，乡村旅游专业人才的匮乏是导致部分地区乡村旅游业发展后劲不足的重要原因。很多乡村旅游景点的管理人员都是当地的村民或者村干部，假如没有具有丰厚的理论基础和实际操作经验的专业人才的辅助，景区的管理、经营和服务有可能会无法满足游客的需求。

另外，每一个乡村旅游景点都要依靠高学历人才去发掘景区的特色，不断地去完善景区的产业链，不断地规范景区的经营管理和营销力度，只有这样才能吸引越来越多的新游客到这里游玩。单靠“回头客”，是无法保证一个景区长远发展的。

---

① http://www.cntour2.com/viewnews/2015/05/06/cv4SUSa3sErEKq7yOwmu0.shtml.

采访中，有乡村旅游企业的负责人直言，目前乡村旅游从业人员的综合素质普遍不高，难以满足游客的需求。在短时间内无法招到合适专业人才的情况下，企业只能对现有的员工进行教育培训或组织员工出去参加一些相关的培训活动。但在目前乡村旅游火爆的现状下，这种内部挖潜的人才培训模式明显满足不了实际需求，还是盼望相关政府部门能制定和出台一些关于乡村游人才引进的扶持政策，帮企业引进一些真正熟悉经营、管理和营销及策划等方面的专业人才。

乡村旅游中人才供求失衡是乡村旅游这种新的旅游形式在迅猛发展的过程中必然要经历的一个阶段。对于一些刚刚起步的乡村旅游项目来说，不能把眼光仅仅定格在求职者的学历上，主要还是要考察求职者的能力。另外，企业也应该在自己的企业文化、企业福利和企业薪酬等软硬件设施上不断提高和完善，这样才有可能吸引到专业人才。而对于一些刚刚毕业的大学生来说，在求职的时候还是要正确评估自己给企业创造价值的能力，以此来正确衡量自己的价值。如果想在本专业发展下去的话，其实去基层锻炼一下并没有坏处，在乡村旅游火爆的背景下，求职者如果能沉下心来去乡村旅游企业工作和实践，说不定会得到比在城市里更大的发展空间。

（四）员工解聘

解聘是控制乡村旅游企业劳动力供应的一种方法。由于乡村旅游企业经营具有明显的季节性特点，因此，很多企业用工也是季节性的，具有动态性的管理特点。对于乡村旅游企业经营者来说，解聘员工是必要的，不得不通过解聘来适应企业经营季节性的要求。表 5－3 列出了各种解聘方案。的确，企业可以解聘员工，但也许会有其他选择会给企业带来更有利的结果。不论采取何种方法削减员工数量，对于乡村旅游来说这都是不容易的。

表 5－3 解聘方案

方案	说明
解雇	永久性、非自愿地终止合同
暂时解雇	临时性、非自愿性地终止合同；可能持续若干天时间，也可能延续到几年
自然减员	对自愿辞职或自然退休腾出的职位空缺不填补

续表

方案	说明
调换岗位	横向或向下调换员工岗位；通常不会降低成本，但可以减缓企业内的劳动力供求不平衡
缩短工作周	让员工每周工作少一些时间；或者进行工作分担，或以临时工身份做这些工作
提前退休	为年龄大、资历深的员工提供激励，使其在正常退休前提早退离岗位
工作分担	几个员工分担某一全职岗位

二、员工培训

（一）上岗引导

有两种类型的上岗引导。对所在部门的上岗引导，使新员工了解所工作的企业目标，使之清楚他的岗位是如何为企业目标实现做出贡献的，同时也将他介绍给现在的同事们；对乡村旅游企业的上岗引导，可使新员工了解企业目标、历史、经营宗旨和程序规则等，其中包括有关的人事政策和福利，如工作时间、付酬的程序、加班费用、福利待遇等。另外，让新员工参观企业的工作设施及工作环境，也常常是对企业上岗引导的一项内容。

对规模大、有一定历史和企业文化的乡村旅游企业，应制订正式的上岗引导方案，如安排新员工参观办公楼、餐厅、客房、种植区域、采摘区域、草坪、游泳池、作业间、组织观看描述企业历史和企业文化的影片等。一般的乡村旅游企业则使用非正式的上岗引导方案，将新员工委托给老员工，让其为新员工介绍同事，并带领参观。

经营者有义务使新员工尽可能无忧无虑地顺利融入乡村旅游企业之中。因而，管理者需要坦诚地与员工谈论有关乡村旅游企业与员工双方的义务。使员工尽快地了解情况，熟悉工作，这对企业和个人都是有极大好处的。成功的上岗引导，不管是正式的还是非正式的，会使员工从外来者向内部人转换过程中感到舒适和易于适应，以降低日后发生不良绩效表现的可能，并避免新员工入职后的头一两个星期就提出辞职的情况。

（二）技能分类

员工的技能可以区分为三种类别：技术的、人际关系的和解决问题的能力。

绝大多数员工培训都着眼于改变其中一项或多项技能。对于乡村旅游企业国家层面及地方层面制定了相关软硬件标准，因此员工的服务技能就是要与企业的软硬件建设相匹配。

1. 技术技能

如今的乡村旅游企业员工结构已经不是往日的农家乐了，它包括多个岗位的技术技能。例如，主要岗位及技能（见表5－4）：

表5－4　乡村旅游企业岗位技术技能及培训内容

岗位	技术技能	培训内容
市场拓展	市场调研、市场部费用报销、与客户有效沟通、执行广告、促销活动	收集整理资料、撰写调研报告、广告宣传品的制作及发放、内部文件的存档和发放等
办公文员	阅读、写作、进行数学计算、会议管理	公文写作、办公软件应用、会议组织及服务、表单管理等
厅面服务	按照前厅接待工作流程操作、对客服务技能、灵活机动处理问题	前厅接待礼仪、相关软件使用、前厅工作流程、特殊要求的处理
餐饮服务	按照餐厅接待工作流程操作、对客服务技能、灵活机动处理问题技能	中西餐摆台、引坐与点菜、上菜的技能、托盘的正确使用等
客房服务	按照客房工作流程打扫客房、按照服务标准对客服务、灵活机动处理问题	接待礼仪、客房清扫及消毒、工作表填写、检查退房、交接班流程、正确使用工作车等
公共卫生	熟悉各类清洁的操作步骤和操作标准，并按要求进行操作	地面清洁、门庭清洁、大堂清洁、家具清洁、庭院清洁、绿化布置、绿化养护及清洁等

2. 人际技能

每一个员工都从属于一个部门和一个岗位，从一定程度上讲，员工的工作绩效取决于他与同事和上司有效相处的能力。有些员工具有优秀的人际关系技能，而有的员工则需要训练提高这方面的技能。人际关系技能的培训通常包括学习如何做个好听众、如何更清晰沟通自己的思想、如何减少摩擦冲突等。对于不同的岗位而言，职务高的岗位人际技能要求高，技术技能要求低；职务低，其人际技能要求就越低，技术技能要求高。

3. 解决问题技能

许多员工在工作中需要解决一系列的问题。特别是那些从事非常规性工作的员工需要的是多重技能。如果员工解决问题的技能不尽如人意，管理者应通过培训改进他们的这种技能。具体培训方法是，让员工参加能提高以下方面能力的活动：逻辑、推理和确定问题；对因果关系作出评价；制订解决问题的可行方案；对方案进行评价；选定最终的解决办法。例如，都市农庄管理者对前厅接待员进行了解决游客入住问题和常见的冲突处理方案的技能培训。

（三）培训方法

乡村旅游企业管理实践中，大多数的培训是以在职方式进行的，因为该方法简单易行且成本通常比较低。但是，在职培训可能会扰乱工作的正常秩序，并导致工作失误的增加，尤其是一线服务岗位。另外，有些技能的培训较复杂，难以边工作边学习。在这种情况下，培训就需要在工作场地以外进行。乡村旅游企业常用的几种培训方法，包括在职培训和脱产培训两大类（见表5－5）。

表5－5 员工培训方法

典型的在职培训方法	
职务轮换	通过横向的交换，让员工从事另一些职位的工作。使员工有机会承担多种工作任务
预备实习	跟随富有经验的人、教练或导师工作一段时间，由其提供支持、指导和鼓励。建立师徒关系
典型的脱产培训方法	
课堂讲座	讲座可用来传授特定的技术、人际关系及解决问题的技能
录像和视频	借助媒体可清晰地展示其他培训方法不易传授的技术技能
模拟练习	通过做实际或模拟的工作的学习技能，如案例分析、试验演习、角色扮演和小组互动等
仿真培训	在一个模拟现实的工作环境中，通过工作将实际使用的同类设备学习操作

三、员工激励

（一）激励概述

只有让参与企业经营的员工始终保持旺盛的士气、高扬的热情，企业经营才能实现较好的盈利。员工激励就是通过影响员工的个人需要的实现来提高他们的工作积极性、引导他们在企业经营中的行为。心理学家研究发现，人类有目的的行为都是处于对某种需要的追求，未满足的需要是产生激励的起点，进而导致某种行为。行为的结果，可能使需要得到满足，之后再发生对新需要的追求；行为的结果有可能是遭受挫折，追求的需求未得到满足，由此产生消极或积极的行为。在企业管理中，应运用相应的激励理论结合经营实际来对员工进行管理，激励理论主要有：马斯洛的需要层次论、波特等人的激励模式理论、亚当·斯密的公平理论及斯金纳的强化理论。乡村旅游经营者应根据企业自身管理需求，学习一些激励理论。

知识卡片 5－6 马斯洛的需要层次理论

马斯洛认为人都潜藏着7种不同层次的需要，这些需要在不同的时期表现出来的迫切程度是不同的。人的最迫切的需要才是激励人行动的主要原因和动力。人的需要是从外部得来的满足逐渐向内在得到的满足转化。马斯洛在人生的两个阶段提出了不同的观点，所以我们在一些书上只能看到马斯洛需要层次理论的五个层次：生理需要、安全需要、爱与归属的需要、尊重的需要、自我实现的需要。具体地说，按照重要性和层次性排序，7种不同层次的需要主要指：生理需求、安全需求、爱和归属感、尊重和自我实现五类。

通俗理解：假如一个人同时缺乏食物、安全、爱和尊重，通常对食物的需求量是最强烈的，其他需要则显得不那么重要。此时人的意识几乎全被饥饿所占据，所有能量都被用来获取食物。在这种极端情况下，人生的全部意义就是吃，其他什么都不重要。只有当人从生理需要的控制下解放出来时，才可能出现更高级的、社会化程度更高的需要，如安全的需要。

了解员工的需要是应用需要层次理论对员工进行激励的一个重要前提。在不同组织中，不同时期的员工以及组织中不同的员工的需要充满差异性，而且经常变化。因此，管理者应该经常性地用各种方式进行调研，弄清员工未得到满足的需要是什么，然后有针对性地进行激励。

（二）激励办法

所有的激励理论都是一般而言的，而每个员工都有自己的特性，他们的需求、个性、期望、目标等个体变量各不相同。因而管理者应根据员工的不同特点采用不同的方法。其中，常用的主要有四种：工作激励、成果激励、批评激励及培训教育激励。

1. 委以恰当的工作，激发员工内在的工作热情

主要包括两个方面的内容：一是工作的分配要尽量考虑到员工的特长和爱好，使各尽其才，人尽其用；二要使工作的要求既富有挑战性，又能为员工所接受。

知识卡片 5－7 具有激励作用的工作设计

工作设计这一概念是指，将各种工作任务组合起来构成全部工作的方法。管理者感兴趣的是如何激励员工从事工作，所以考虑采取什么办法设计工作使之具有激励作用。

1. 工作扩大化

很多岗位工作越来越窄，而且高度细化时，如何激励员工成为很实际的难题。克服工作细化可以通过扩大工作范围而横向扩展工作，工作范围是指，在一个工作中所要求的任务数量，以及这些任务被重复的频率。例如，一名牙科保健医生的工作可以扩大到包括牙齿清洁、寻找病例、治疗结束时填写病历、清洁和保管仪器。这种工作设计类型称为工作扩大化。

2. 工作丰富化

即通过增加计划和评估责任而使工作纵向拓展。这种丰富化增加了工作深度，即员工对自己工作控制的程度。换句话说，传统上认为由管理者来做的工作现在授权给员工来做了。在工作丰富化的基础上，员工在完成任务时应当拥有更大的自主权、独立性和责任感。这些任务还应该提供反馈机制，使员工能够评估和修正自己的业绩水平。例如，口腔保健医生除了负责牙齿清洁外，还安排患者的门诊时间，并在治疗之后追访患者。

2. 正确评价工作，合理给予报酬，形成良性循环

工作报酬有两种，一种是物质上的、一种是精神上的。物质上的报酬主要是指工资或奖金，精神上的报酬主要是指各种形式的表扬。在两者中，物质报酬是基础，应给予充分重视。

对员工来说，无论是物质上的还是精神上的，报酬的作用都可以是两方

面的：

（1）通过报酬可以看出领导对自己这个阶段工作所做的评价，在某种意义上报酬反映了自己在领导心目中的地位。

（2）报酬的获得可以使员工的需要得到满足（如精神上的表扬可以满足员工的荣誉感需要），或者可以提供满足需要的手段。与此同时，员工还会自觉或不自觉地总结这项工作与获得报酬的经验，以决定下个阶段在工作中应采取什么样的态度和表现。也就是说，对工作结果的评价和报酬会影响员工在下一个循环中的行为。

无论是物质上或精神上的奖励，都会影响员工的行为。从工作报酬的角度来持续、有效地调动员工的积极性、激发员工的工作热情，关键是要正确使用奖励和惩罚这两种工具，即要做到“赏罚分明，赏要合理，罚要合情”。

3. 掌握批评武器，化消极为积极

在乡村旅游企业管理实践中，大量违规和不良现象都可以通过批评加以化解。批评不像惩罚和处分那样“无情”，它通过批评者与被批评者的语言和感情交流，帮助违规者认识错误、产生信心、改正错误，从深层次上起到激励作用，化消极因素为积极因素。作为管理者来说，此项工作需要注意的是：明确批评的目的；了解错误的事实；注意批评的方法；注意批评的效果。

4. 加强教育培训，提高员工素质，增强进取精神

员工在参与企业活动中的工作热情和劳动积极性通常与他们的自身素质有极大关系。一般来说，自身素质好的人，进取精神较强，对高层次的追求较多，在工作中对自我实现的要求较高，因此，比较容易自我激励，能够表现出高昂的士气和工作热情。所以，通过教育和培训，主要是培养和启动员工的自我激励机制，注意专业知识和技术能力的培训，提高下属的自身素质，从而增强他们自我激励的能力，也是领导者的一种激励手段。

（三）激励特殊员工

乡村旅游企业服务的特点及明显的淡、旺季规律决定了其用工特点。其一，大量雇用低技能的员工，并且给他们最低工资。其二，淡季用工劳动力富余，旺季劳动力不够，因此，很多企业喜欢雇用应急工和临时工。其三，乡村旅游企业在旺季雇用的很多短期工大多都是缺乏技能，给工资最低的员工。

1. 激励短期工

兼职工、临时工、应急工都属于短期工，乡村旅游企业中这类员工均为最基层的员工，而且数量多，他们不像长期员工那样具有工作安全感和稳定性，也不像长期员工那样认同企业并对企业做出承诺。而且短期员工的另一个特点是，他们很少享受到甚至完全享受不到福利待遇，如失业保险、医疗保险、养老保险等。当然，短期工中的部分人本身就喜欢这种临时地位和自由性，如农闲时节的乡里乡亲、暂时失业的农村青年以及年老但劳力尚可的农村年长者等，他们不希望受到全职工作的束缚，因此对他们来说缺乏稳定性并不成为问题，但又有很多员工并非愿意“临时”身份。如何激励这部分人呢？一个明显的答案就是，提供长期工作的机会。因此，有效的做法是从大量的临时工中经过挑选留下部分成为长期员工；另一个答案是，提供培训的机会。短期工能否变为长期员工在很大程度上取决于他的技能水平。如果员工看到自己目前的工作可以帮助他发展市场看好的技能，则会提高工作积极性。

2. 激励缺乏技能、低工资员工

农家乐、渔家乐等在旺季临时雇用的很多员工都是低技能员工，且大多为一线员工，如客房打扫、餐厅跑菜员、庭院保洁员等。这类员工的教育背景和技术技能都较差，如何激发并维持这类员工的绩效水平是乡村旅游管理者面临的又一挑战。金钱是重要的激励手段，但一般而言企业没有能力给这部分员工支付金钱奖励；相反，为了实现企业利润最大化，通常支付给他们最低工资。除了金钱之外，第一种可取的做法是对员工的认可与表彰，如每周、每月的员工业绩光荣榜，或者通过其他方式对员工成绩进行祝贺。我们常常在度假山庄、休闲农庄里看到在一个醒目位置上挂着记事板，上面记录着“本月最佳员工”的名字。这类做法的目的在于，通过对员工的重视，表明企业鼓励所有的员工都达到这样的工作质量和绩效水平。第二种做法是，给一线员工授权，让他们在解决问题时有更大的自主权，例如，重新设计他们的工作，使一线员工可以有更多的时间与更多的游客接触，这些员工现在就可以处理游客的抱怨和要求，而在过去他们只能转达给班组长或其他部门。另外，即便企业的工资成本有限，但员工工资中应该有一部分与顾客满意度有关，也就是说绩效水平与金钱奖励有着明确的联系。

四、绩效评估

（一）绩效评估的作用

绩效评估指企业在既定的战略目标下，运用特定的标准和指标，对员工的工作行为及取得的工作业绩进行评估，并运用评估的结果对员工将来的工作行为和工作业绩产生正面引导的过程和方法。绩效考核在乡村旅游管理中的作用有以下几个方面。

1. 达成目标

绩效考核本质上是一种过程管理，而不是仅仅对结果的考核。它是将乡村旅游经营管理中长期的目标分解成年度、季度、月度指标，不断督促乡村旅游从业员工实现、完成的过程，有效的绩效考核能帮助乡村旅游企业实现目标。

2. 挖掘问题

绩效考核是一个不断制订计划、执行、检查、处理的循环过程，体现在乡村旅游企业整个绩效管理环节，包括绩效目标设定、绩效要求完成、绩效实施修正、绩效面谈、绩效改进、再制定目标的循环，这也是一个不断地发现问题、改进问题的过程。

3. 分配利益

与利益不挂钩的考核是没有意义的，员工的工资一般都会为两个部分：固定工资和绩效工资。乡村旅游企业在对员工进行绩效考核前，可以加重游客表赞、增值服务等员工友好表现行为在绩效考核中所占的比重，鼓励员工在对客服务上“用力”“用心”。

4. 促进成长

绩效考核的最终目的并不是单纯地进行利益分配，而是促进乡村旅游企业与员工的共同成长。通过考核发现服务和管理中的一些问题，进而改进问题，找到差距进行提升，最后达到既能提升员工服务的技能和水平，又能促进乡村旅游企业服务质量改善的目标。

5. 人员激励

通过绩效考核，把乡村旅游企业员工聘用、职务升降、培训发展、劳动薪酬相结合，使得企业激励机制得到充分运用，有利于企业的健康发展；同时对员工本人，也便于建立不断自我激励的方式。

（二）绩效评估的方法

1. 书面描述法

考评者以书面文字形式描述一个乡村旅游企业员工的所长、所短、过去的绩效和潜能，并提出改进建议的一种绩效评估方法。

2. 关键事件法

考评者将注意力集中在那些区分有效的和无效的工作绩效的关键行为方面。考评者记下一些细小但能说明员工所做的是特别有效果或无效果的事件。要点是只述及具体的行为，而不笼统地评价一个人的个性特质。

3. 评分表法

评分表法是一种最古老也最常用的方法，它列出一系列绩效因素，如工作数量与质量、职务知识、合作性、忠诚度、出勤、诚实和首创精神等，然后，考评者逐一针对表中的每一项，按增量尺度对员工进行评分。评分的尺度通常采用5分制，如对职务知识这一因素的评分可以是1分（对职务职责的了解很差）至5分（对职务的各方面有充分的了解）。

4. 行为定位评分法

这种方法综合了关键事件和评分表法的主要成分：有考评者按序数值尺度对各项指标做出评分，不过，评分项目是以某人从事某项职务的具体行为事例，而不是一般的个人特质描述。

5. 多人比较法

是将一个员工的工作绩效与一个或多个其他人作比较，是一种相对的而不是绝对的衡量方法。该类方法最常用的三种形式是：分组排序法、个体排序法和配对比较法。分组排序法要求评价者按特定的分组将员工编入诸如“前1/5”“次1/5”之类的次序中。个体排序法要求考评者将员工按从高到低的顺序加以排列。而在配对比较法下，每个员工都一一与比较组中的其他每一位员工结对进行比较，评出其中的“优者”和“劣者”。在所有的结对比较完成后，将每位员工得到的“优者”数量累计起来，就可以排出一个总的序列。

6. 目标管理法

这是对专门职业人员的绩效评估的首选方法。在目标管理法下，每个员工都有若干具体的指标，这些指标是工作成功开展的关键目标，因此他们的完成情况可以作为评价员工的依据。

知识卡片 5－8　目标管理

“目标管理”的概念是管理专家彼得·德鲁克（Peter F. Drucker）1954 年在其名著《管理实践》中最先提出的，其后他又提出“目标管理和自我控制”的主张。德鲁克认为，并不是有了工作才有目标，而是相反，有了目标才能确定每个人的工作。所以“企业的使命和任务，必须转化为目标”，如果一个领域没有目标，这个领域的工作必然被忽视。因此管理者应该通过目标对下级进行管理，当组织最高层管理者确定了组织目标后，必须对其进行有效的分解，转变成各个部门以及各个人的分目标，管理者根据分目标的完成情况对下级进行考核、评价和奖惩。目标管理提出以后，便在美国迅速流传。时值第二次世界大战后西方经济由恢复转向迅速发展的时期，企业急需采用新的方法调动员工积极性以提高竞争能力，目标管理的出现可谓应运而生，遂被广泛应用，并很快为日本、西欧国家的企业所仿效，在世界管理界大行其道。

目标管理的具体形式各种各样，但其基本内容是一样的。所谓目标管理乃是一种程序或过程，它使组织中的上级和下级一起协商，根据组织的使命确定一定时期内组织的总目标，由此决定上、下级的责任和分目标，并把这些目标作为组织经营、评估和奖励每个单位和个人贡献的标准。

7. 三百六十度反馈法

利用从上司、员工本人及其同事处得来的反馈意见进行绩效评估的一种方法。这种考评使用了与管理者有互动关系的所有人员的反馈信息。这一方法使用中须注意，尽管它是职业指导的一种有效方法，能帮助员工认清自己的长处和短处，但将它用于对其报酬、提升或辞退的决策是不合适的（见表 5－6）。

表5－6 各种绩效评估法的优点和缺点

方法	优点	缺点
书面描述法	简单易行	与其说是评价员工的实际绩效水平，不如说是在衡量考评者的写作能力
关键事件法	事例丰富，以行为为依据	耗时，无法量化
评分表法	提供定量的数据，时间耗费较少	不能提供工作行为评价方面的详细信息
行为定位评分法	侧重于具体而可衡量的工作行为	耗时，使用难度大
多人比较法	将员工与其他人作比较	员工数量很大时，操作不便
目标管理法	侧重于目标，结果导向	耗时
三百六十度反馈法	全面	耗时

（三）绩效与薪酬

一个合适的、有效的薪酬制度，有助于吸引和保持有能力的、能干的员工，正是他们帮助企业实现其盈利目标和使命，乡村旅游企业的薪酬制度已经被证实对企业战略发展有重要影响。乡村旅游企业管理者制定的薪酬制度必须能反映工作性质的变化以及工作和环境的变化，这样才能调动员工的积极性。企业给予员工的薪酬可以包括多种不同的薪酬与福利，如基本工资、工资和加薪、激励性的薪酬，以及其他福利及服务。

1. 技能工资方案

乡村旅游企业雇用的很多员工都是技能型的员工，如财会人员、人力资源管理员工、种植人员、餐饮服务员、客房服务员、庭园绿化与养护等，员工的技能水平通常影响到其工作的效率和效果。鉴于此，应推行基于技能的薪酬方案，也即按员工所展示的工作技巧和能力确定报酬水平。在这样的薪酬制度下，一个员工的职务头衔并不决定其薪酬的高低；相反，薪酬是由该员工的技能决定的。

当然，很多因素会影响到薪酬制度的设计，因此，灵活性是一个需考虑的重要因素。在传统的薪酬制度下，员工的薪酬是由其资历和职务层级决定的，现在，很多旅游企业都面临一种动态的环境，它使员工技能成为对企业成功起绝对的关键性作用的因素，同时，员工技能会在短短几个月内发生变化，这种现状将导致薪酬制度必须具有更大的灵活性，并使薪酬级次数减少。不论采取何种方案，企业必须建立一套公正、平等和具有激励作用的薪酬制度，以确保企业能招聘到并保持一支富有生产力的员工队伍。

2. 绩效工资方案

管理者不能忽视金钱对员工的激励作用。在绩效评估的基础上，支付员工工资的薪酬方案，诸如，计件工资方案、奖励工资制度、利润分成、销售提成、包干奖励等。它与上述所提及的传统的工资制度不一样，也与技能工资制度有一定差异，它是在工资中反映了绩效评估的结果。这些绩效评估的结果可以包括个体生产率、工作团队或群体生产率、部门生产率、部门总体利润水平等。绩效工资这种报酬方式目前已经被国家机关企事业单位广泛采用。在相关研究及管理实践中，绩效工资方式最符合期望理论的观点，具体来说，当个体认识到他们的工作业绩与获得的奖赏之间有密切关系时，激励效果最佳。如果仅仅在非绩效因素（如资历、头衔、员工全体调级）的基础上分配奖赏的话，则员工会降低努力水平。从激励的角度看，如果员工工资中有一部分甚至全部以绩效测量为基础，会使员工关注这些测量，并为此付出努力，而努力之后得到的奖赏又会强化这种联系。因此，它成为维持努力和动机的刺激物。

参考文献

[1]郭文. 乡村居民参与旅游开发的轮流制模式及社区增权效能研究——云南香格里拉雨崩社区个案[J]. 旅游学刊,2010,25(03):76－82.

[2]王云才. 国际乡村旅游发展的政策经验与借鉴[J]. 旅游学刊,2002,17(4):45～50.

[3]邹统钎. 中国乡村旅游发展模式研究——成都农家乐与北京民俗村的比较与对策分析[J]. 旅游学刊,2005,20(3):63－68.

[4]耿品富,梅素娟. 乌当区休闲农业与乡村旅游管理经营模式探索[J]. 贵州农业科学,2012,40(5):205－209.

[5]龙玉祥. 乡村旅游服务品牌的内化管理[J]. 农业经济,2012(05):41－42.

[6]郭华,甘巧林. 乡村旅游社区居民社会排斥的多维度感知——江西婺源李坑村案例的质化研究[J]. 旅游学刊,2011,26(08):18－26.

[7]翟付顺. 农业旅游产业生态环境效应及发展策略[N]. 中国生态农业学报,2006,14(4):9-10.

[8]赵云. 云南省乡村旅游经济发展模式的分析与探讨[N]. 云南财经大学学报(社会科学版),2010(4):87-89.

[9]王业凯. 基于可持续发展理论的乡村酒店发展研究——以四川省成都地区为例[J]. 中国商贸,2011(30):71-73.

[10]禄佳妮. 贵州乡村旅游开发与管理[M]. 贵阳:贵州人民出版社,2008.

[11]唐代剑,池静. 中国乡村旅游开发与管理[M]. 杭州:浙江大学出版社,2005.

[12]赵承华. 乡村旅游开发模式及其影响因素分析[J]. 农业经济,2012(01):13-15.

[13]李静轩,李屹兰. 乡村旅游开发与经营[M]. 北京:中国农业科学技术出版社,2010.

[14]于守文,王俊勇. 新型农民阳光培训教材乡村旅游开发与经营[M]. 北京:科学普及出版社 2013.

[15]崔琰. 陕西省礼泉县袁家村乡村旅游和谐度评价[J]. 江苏农业科学,2014,42(2):369-372.

[16]高玲. 乡村旅游安全控制与处理的科技支撑系统研究[J]. 安徽农业科学,2011,39(25):47-49.

[17]宋博,郑向敏. 乡村旅游:安全与控制 [J]. 农村经济,2007(10):54-57.

[18]何振. 乡村旅游安全管理的重难点及对策分析 [J]. 经济视野,2015(04):255-256.

[19]罗景峰. 我国乡村旅游安全研究现状与展望 [J]. 安徽农业科学,2013,41(33):50-52.

[20]刘海燕,池静. 乡村旅游安全研究——以福建省泉州市北溪村为例[J]. 旅游研究,2011,3(03):43-47.

[21]罗景峰. 乡村游客安全影响因素辨识研究[J]. 安徽农业科学,2015,43(06):214-217.

[22]高萍. 基于供求双方的乡村旅游安全认知研究[D]. 浙江大学,2005.

[23]李辉.云南少数民族地区乡村旅游安全研究——以南华县咪依噜风情谷和师宗县水寨为例[D].云南大学,2008.

[24]高萍,姚海琴,周玲强.乡村旅游游客安全认知实证[J].安徽农业科学,2006,26(06):35-37.

[25]Lesley R,Hall D. Rural Tourism and Recreation:Principles to Practice[M]. UK:CABI,2001. p15.

[26]Lane B. What is rural tourism? [J]. Journal of Sustainable Tourism,1994,2(1&2):pp. 7-21.

[27]Sudesh Prabhakaran, Vikneswaran Nair, Sridar Ramachandran. Community Participation in Rural Tourism: Towards a Conceptual Framework[J]. Procedia -Social and Behavioral Sciences,2014,144:pp. 290-295.

[28]Dernoi L A(1991). About Rural Farm Tourism[J]. Tourism Recreation Research,16(1). pp. 3-6.

第六章

乡村旅游服务

本章着重探讨乡村旅游服务内容，包括乡村旅游服务人员的基本要求、乡村旅游服务人员礼仪规范和乡村旅游服务质量保障与提升等。本章的第一节从乡村旅游服务人员基本素质要求、职业道德要求和知识技能要求3个方面介绍乡村旅游服务人员的基本要求；本章的第二节重点讨论了乡村旅游服务人员礼仪规范，主要包括乡村旅游形象礼仪、乡村旅游仪态礼仪、乡村旅游接待礼仪和乡村旅游服务语言礼仪，对乡村旅游服务人员的礼仪规范有所了解；本章的第三节针对乡村旅游服务质量的提升与保障进行了分析，主要包括标准化服务、个性化服务和人性化服务等。通过本章的学习，可以对乡村旅游服务形成较为全面的认识，对乡村旅游服务员的基本要求和乡村旅游服务礼仪规范有较为清晰的了解，对如何保障和提升乡村旅游服务质量有深刻的认知。

第一节　乡村旅游服务人员基本要求

乡村旅游服务人员指活跃在乡村旅游第一线的，为广大游客提供直接服务的人员，主要包括乡村旅游景区和旅游项目的导游讲解人员、售票员、住宿和餐饮企业的服务员、旅游商店的营业员等。

乡村旅游服务人员是乡村旅游服务的主体，他们各方面的素质直接影响乡村旅游服务的质量。对于乡村旅游从业人员来说，职业道德、服务技能、服务态度以及相关的礼节礼貌、综合素质等是必须具备的。在住宿、餐饮、游览等各个一线岗位上从事具体接待的乡村旅游服务工作的人员，大多是从农业战线上半路出家的，对于旅游服务行业的一些规范标准知之甚少，这都严重制约了乡村旅游向更高层次延伸发展，因此无论是从当前乡村旅游开发的现状，还是从乡村旅游今后的长远发展考虑，乡村旅游的人才培养工作都刻不容缓。

一、基本素质要求

（一）政治素质

作为一个乡村旅游服务人员，要立志改革、勇于实践、开拓创新、不断进取。热爱旅游事业，要具有高度的事业心和责任感；有乐于奉献、不怕吃苦、艰苦创业的精神等。

（二）文化素质

作为一个乡村旅游服务人员，不仅要有合理的知识结构，精通旅游业务、旅游接待礼仪和旅游接待流程，同时对自然科学和社会科学知识都要有所了解，摄影、绘画知识也要熟悉，全方位发展自己。

（三）身体素质

乡村旅游近年来发展速度很快，乡村旅游行业竞争激烈，部门、岗位越重要，工作强度也就越大，逢年过节更忙得不可开交，这对乡村旅游服务人员的身体素质有更高的要求。乡村旅游从业人员要有健康的身体，饱满的精力，尤其是作为一名接待人员，身体素质要求更高。踏实勤奋、待人有礼、善于沟通、知识丰富都是从业者的必备条件。

（四）心理素质

乡村旅游服务人员的心理素质是乡村旅游服务人员职业的要求，并规范着服务人员的服务行为。乡村旅游服务人员要有良好的心理素质，一方面，要经得起游客的赞扬而不自我陶醉，另一方面，要随时准备承受某些误解、怨言、委曲，甚至打击。乡村旅游服务员要做到在各种环境中都能保持一种持续的、积极的、良好的心理效能状态，做到处处为游客提供超常服务，不断提升自己的心理素质，这样既可以为游客提供更好的服务，也维护了服务人员自己应有的尊严。

（五）思想素质

乡村旅游服务人员应具有爱国主义意识，在为旅游者提供热情、有效服务的同时，要自觉维护国家利益和民族尊严，遵纪守法。立足本职工作、热爱本职工作、热忱地为游客提供优质的旅游服务。

同时，要不断学习，提高思想觉悟，努力使个人的功利追求与国家利益结合起来；要提高判断是非、识别善恶、分清荣辱的能力；培养自我控制的能力，自觉抵制形形色色的精神污染，力争做到“财贿不足以动其心，爵禄不足以移其志”，始终保持高尚的情操，更好地为游客提供服务。

二、职业道德要求

（一）乡村旅游职业道德的概念

乡村旅游职业道德是乡村旅游从业人员在乡村旅游活动中应该遵循的道德准则和行为规范。它既是对乡村旅游服务人员在旅游接待中具体行为的规定，又是服务人员对社会应该承担的道德义务，是社会道德在乡村旅游活动中的具体体现。乡村旅游从业人员职业道德的缺失，不仅损害游客利益，更会影响乡村旅游的利益和当地旅游形象的打造，对当地经济发展造成负面影响。

（二）乡村旅游职业道德的主要规范

1. 热情友好，游客至上

这是乡村旅游职业道德最基本和最具特色的一项道德规范，是乡村旅游从业人员热忱欢迎游客的一种具体表现。

乡村旅游服务人员对待游客要热情友好、不卑不亢，牢记为游客服务的宗旨。因此，乡村旅游服务员工应牢记下面3条座右铭：其一，游客就是上帝；其二，游客永远都是对的；其三，永远不要对游客说“不”。只有这样，才能真正做到：“热情友好，游客至上”。

友情链接6－1　尊敬游客，提升竞争力

有一位饭店的经理，十分精明，善于经营，他的饭店总是生意兴隆，他的

经营之道是这样的：凡是到饭店用餐的游客，他都热情地亲自到各餐桌打招呼，笑盈盈地递上烟，告诉游客有什么需要尽管吩咐。最后当游客用完餐埋单时，他总要真心地请求付账的游客道出姓名、职业等，并亲手递上一张贵宾卡。当游客再次来消费的时候，他能亲切地叫出游客的称谓，就像老朋友一样，结账时还给予打折优惠。这让游客觉得很有面子，只要有商务接待便要来这家饭店，还时常跟朋友炫耀自己与饭店经理如何如何熟悉，可以打折。他的朋友也便时常“借”他的贵宾卡来这家饭店消费。

这个例子说明，当我们把游客当朋友一样的时候，当游客感到在这儿得到尊敬后，他们的需要便得到了满足，旅游企业在竞争中也就取胜了。

2. 真诚公道，信誉第一

这是正确处理乡村旅游企业与游客之间实际利益关系的行为准则。

乡村旅游服务人员对待游客要做到真诚相待，办事公道，讲究信用，公平合理，价格公道，既不能让游客吃亏，也不能令企业蒙受损失。乡村旅游服务人员热情真诚地为游客提供服务，尊重他们的风俗习惯与宗教信仰，维护他们的合法权益。在工作中做到“四个一样”，即游客来时和离去时一个样；游客在场时和不在场时一个样；上级在场时和不在场时一个样；有人监督和没人监督一个样。

3. 文明礼貌，优质服务

这是乡村旅游业最重要的业务要求和行为规范。

乡村旅游服务人员一定要有良好的服务态度，对待游客要礼貌友好，千万不能让游客有陌生感和距离感。对旅游者要热情、诚恳、和蔼、耐心，还要做到微笑服务。尊敬游客，是文明礼貌、优质服务的核心。在旅游活动中，乡村旅游服务人员对游客的合理要求，要尽力满足；对游客的不合理要求，要耐心委婉地解释，不可粗暴拒绝；对游客的建议，要虚心听取；对游客的批评，要诚恳接受，切忌辩解；对游客的习俗，要予以尊重，不可歧视。

友情链接 6－2　提高服务质量，让大山沟里的餐饮服务能与星级宾馆媲美①

隆泉山庄的经营管理者，为了让每一位来这里的游客满意而归，2011 年春，又投资数十万元对山庄的客房、餐厅、厨房进行了高标准维修，向星级示范店的标准迈进，使环境更加优美，更加适宜游客居住。同时他们又组织工作人员利用旅游淡季到外地学习先进的管理经验和服务准则，提高了全体员工的素质和业务水平，让员工真正理解游客就是"上帝"，自觉树立了全心全意为游客服务的理念，让全体员工认真自觉遵守山庄员工日志十点："说话轻一点；微笑多一点；理由少一点；做事多一点；脾气小一点；信心足一点；思维活一点；效率高一点；嘴巴甜一点；开心多一点"。本着顾客就是上帝的宗旨，及时听取游客的合理化建议，不断改进自己的工作，提高服务质量。让游客真正享受到高质量的服务。

隆泉山庄的餐饮服务主要以原生态的农家饭菜为主，环境幽雅舒适，虽不追求奢华，但追求完美，干净整洁，设备齐全。这里有专门的场地：围绕篝火品尝烤全羊，有卡拉 OK 供您唱歌跳舞。享受大山里的夜生活。在不同的季节来到这里可以享受到不同特色的餐饮服务。到隆泉山庄沿途可以尽情浏览大自然的风光。隆泉山庄热情淳朴的服务吸引了广大都市游客。

4. 团结协作，顾全大局

这是在集体主义道德原则指导下，正确处理旅游业内部同事之间、部门之间以及相关行业和部门之间的共同利益关系的重要准则。

乡村旅游服务人员以大局为重，要个人利益服从集体利益，局部利益服从整体利益，眼前利益服从长远利益。在一些非原则性问题上，旅游接待人员要委曲求全，尽量向游客做好耐心解释工作，力争各方的谅解和合作，这样才能

---

① "全市乡村旅游工作会议经验材料汇编之十创优质服务－迎八方游客"——林口县三道通镇藏富村隆泉山庄. http://www.mdjtravel.com/show.asp? id =975.

确保旅游服务的质量。

5. 遵纪守法，廉洁奉公

乡村旅游服务人员作为乡村旅游业的代表，在接待旅游者的第一线，必须要遵守《涉外人员守则》《旅游涉外人员守则》《员工守则》和《岗位规范》等纪律规定，同时必须不折不扣地按规定向游客提供一系列的服务，维护游客的合法权益。同时要做到廉洁奉公，加强职业道德建设，反对和抵制行业不正之风、腐朽的精神污染。

目前全国各地已经建立了一批地方性法规、条例等，可供乡村旅游从业人员学习参考。如关于乡村旅游安全管理方面的法律常识、关于乡村旅游环境保护的法律常识等。

6. 钻研业务，提高技能

作为旅游职业道德的业务要求和规范，这是旅游从业人员热爱旅游事业、全心全意为旅游者服务等道德原则的具体体现，也是敬业爱岗意识的进一步深化。

乡村旅游从业人员必须不断钻研业务、提高服务技能，才能提高企业的服务质量和工作效率，才能以规范化、标准化的服务和娴熟的业务操作技艺，提高游客满意度，增强竞争能力，适应旅游业发展的需要。

三、知识技能要求

（一）乡村旅游服务人员基本能力要求

1. 良好的记忆力

良好的记忆力对于乡村旅游的从业人员非常重要，可以让乡村旅游服务人员熟记与游客日常所需的业务知识，更好地为风俗习惯各异的游客提供服务。对于乡村旅游服务人员的记忆方面要求如下。

（1）客房服务方面

一是要迅速掌握游客的情况，如姓名、特征、投宿目的、时间以及游客兴趣、爱好、忌讳等情况，可实行有针对性的服务；二是要牢记游客托办的事情，办妥办好，使游客满意；三是了解本酒店的客房设备功能、商品、服务项目，要成为游客咨询服务的“活字典”“百事通”。

（2）餐饮服务方面

在餐饮服务中，记住游客的姓名是非常重要的，记住其姓名并以其姓氏打招呼，根据其需求提供针对性服务，就会使游客备感亲切，加深对乡村旅游酒店的良好印象。厨师也要明确掌握各类菜肴的配料成分、比例、制作方法等，以便随时满足游客之需。

2. 敏锐的观察力

服务人员最令游客佩服的本领，就是能把游客最感兴趣的某种需要一眼看穿，并根据实际情况提供相应的服务。一个观察力较强的服务人员，在日常接待中能够通过对游客眼神、表情、言谈、举止的观察发现游客某些不很明显又很特殊的心理动机，从而运用各种服务心理策略和灵活的接待方式来满足游客的消费需要，把服务工作做在游客开口之前。具体来说，要注意观察以下几个方面。

（1）留心观察游客的体态表情，不失时机地提供有效服务。游客的行为举止和面部表情是一种无声语言，可以反映游客的内心需求，根据游客的需求提供个性化的优质服务。

（2）注意分析游客的交谈语言或自言自语，掌握游客的需求趋向。服务员从游客的相互对话中，能观察到游客的心理状态，游客之间的关系，游客的爱好及所期求的某些服务等，从游客的自言自语中，也能悟出他的心事。

知识卡片 6－1　如何提高乡村旅游服务人员的观察能力

1. 仔细倾听

听游客说什么，怎么说，体会话中的含义是什么。

2. 细心观察

观察游客的穿着打扮，动作、姿势的含义，可能会需要什么帮助。

3. 尽量少讲

尽量少讲，避免说错话，多提问题，但不能自己说出答案。

4. 不要把游客留下的第一印象当作信条，以貌取人

5. 做好事先准备

先预测这类游客的想法和需求，待游客做出反应，然后确定自己该怎么说，怎么做。

6. 注意谨慎

服务人员如已了解游客的作风，为了在以后服务中还能影响他，绝不要告诉他你觉得他如何如何。

7. 保持超然

服务人员保持超然会使自己冷静，处于优势，不易被人控制。如果一起凑热闹，服务人员容易暴露自己的本性。

总的来说，就是通过举止看需求，考虑环境场合察心境，把心境和需求结合起来定时机，只有这样，才能准确掌握与游客搭话、讲解与介绍的时机，为游客送茶倒水的“火候”，为游客添酒加菜的最佳时刻和提供其他具体服务的良机，提供有针对性的服务。

3. 较强的交际能力

交际能力是服务人员综合利用种种才干进行人际交往的本领。作为服务人员要有较强的交际能力，努力让游客成为自己企业的回头客和常客。

（1）应重视给游客的第一印象。第一印象对人际交往的建立和维持是非常重要的，给人记忆最深的常常是第一次接触所留下的印象。而仪表、仪态的优美，真诚的微笑，无微不至的礼仪则是给顾客留下美好的第一印象的关键。

（2）把游客当作朋友。服务人员在与游客的交往中，重要的方面就是把游客当作如美国著名新闻记者斯诺所说的“熟悉的陌生人”，每一位游客尽管对于服务人员都是陌生的，但在交往时，却要把游客当作已经认识多年的熟人、一个相处很长时间的老朋友来看待，即通常所说的“一见如故”。这样，服务人员在提供服务时，便会摆脱过于机械的客套和被动的应付状态，使游客感觉到一种比较自然的但又出自服务人员真心诚意的礼遇。

4. 机智灵活的应变能力

服务中突发性事件是屡见不鲜的，既有来自游客单方面的，也有来自游客与服务人员之间的。突发事件的处理对于餐馆、旅馆、酒店形象的树立非常重要，从中也能衡量出一个员工综合素质的高低。遇上突发事件，员工应当做到：

（1）迅速了解矛盾产生的原因和游客的动机，并善意地加以疏导。

（2）用克制与礼貌的方式劝说游客心平气和地商量解决，这样的态度常常是使游客愤愤之情得以平息的"镇静剂"。

（3）员工应当秉承"顾客永远是对的"的宗旨，善于站在游客的立场上，在维护声誉的基础上尽量设身处地为顾客着想，而不要过多地想维护自己的面子。

（4）尽快采取各种方法使矛盾迅速平息，使顾客能得到较满意的解决，并尽量使事情的影响控制在最小的范围。在其他游客面前树立坦诚、大度、友好的服务形象。

（二）乡村旅游服务人员的专业技能要求

1. 乡村旅游客房服务

客房是游客临时的家，乡村旅游经营者为游客提供住宿接待服务让游客感觉舒适、安静、方便和卫生，有宾至如归的感觉。在进行乡村旅游客房服务时我们参照酒店的客房服务程序进行，同时根据乡村酒店的特点因地制宜。

（1）迎宾服务。对已预订的游客要提前做好迎宾准备；对没有预订的游客要主动介绍本店的情况；包括环境、设施、住宿条件、服务、价格等，让游客自由选择，不得强行拉客。引游客进入房间后，应及时送上茶水（或根据时令、当地特色和游客习惯送上其他饮品）和香巾，做到"客到敬语到、微笑到、茶到、香巾到"。

（2）客房清洁整理。乡村旅游酒店的卫生条件一直是一个值得注意的问题，也是游客最关心的问题。住宿环境和客房的清洁程度会直接影响游客对乡村旅游接待服务的评价。

空房清扫是对尚未出租的客房或租出的客房每天例行的清扫，保持房间的整洁，擦拭家具、除尘、开窗通风换气。如果房间连续几天都是空房，还应检查天花板有无蜘蛛网等。

客房日常清洁整理要合理安排时间，通常在游客外出时及时进行，原则是及时、方便、不打扰游客。客房清洁整理的程序为：

①拉开窗帘，开门窗通风。

②清除房间垃圾，包括游客用过的一次性用品、洗净、擦干垃圾桶。

③撤换茶具，倒掉陈水换新水，清洗游客用过的烟灰缸。

④整理游客的床铺，如发现布件有污迹或破损则及时更换。

⑤清扫房间，除尘，保持家具和用品清洁、光亮，地面干净。

⑥检查灯具、电视机等设备是否正常，检查家具、用品是否有损坏，发现后要及时修理或更换。

⑦更换及添补客房用品，清洗、消毒杯具等。

⑧若房内有卫生间，进行卫生间的清洁，注意房间抹布与卫生间抹布严格分开。

⑨自检。客房清扫完毕，服务员进行自我检查，看有无漏掉的工作，看房间是否整洁，发现问题则及时补做。

知识卡片6－2　卧室清扫“十字诀”

(1) 开　开门、开灯、开空调、开窗帘、开玻璃窗。

(2) 清　清理烟灰缸、废纸篓和垃圾（包括地面上的大垃圾)。

(3) 撤　撤出用过的茶水具、玻璃杯、脏布件。如果有游客用过的餐具也一并撤去。

(4) 做　做床。

(5) 擦　擦家具设备及用品，从上到下，环形擦拭灰尘。

(6) 查　查看家具用品有无损坏，配备物品有无短缺，是否有游客遗留物品。边擦拭边检查。

(7) 添　添补客房客用品、宣传品和经洗涤消毒的茶水具（此项工作后应进行卫生间的清扫整理)。

(8) 吸　地毯吸尘由里到外，同时对清扫完毕的卫生间地面吸尘。

(9) 关（观）观察客房清洁整理后整体效果；关玻璃窗、关纱帘、关空调、关灯、关门。

(10) 登　在“服务员工作日报表”上做好登记。

客房日常清洁整理过程中要注意以下事项：

①进房清扫前先轻轻敲门并语音提示，即使认为游客应该不在房内也必须先敲门，不可随意闯入。

②清扫客房时不能乱动游客的东西，尽量不要挪动游客的物品，特别是行李、文件等。因清扫需要移动时，要注意轻拿轻放，做完卫生马上放回原处，尽量保持原状。游客的杂志、书报和文件等不要随便合上或移动，更不能翻看。不可随意扔掉游客的物品，即使用完的也不行，游客的物品只要不是扔在垃圾桶里的，都不能作为垃圾处理。

③服务员完成清洁工作后应立即离开，不得在客房内休息或停留。

客房日常清洁要遵循以下“十无”和“六净”的卫生标准：

“十无”：四壁无灰尘、蜘蛛网；地面无杂物、纸屑、果皮；床单、被里、枕套无污迹和破损；卫生间无异味、毛发、水迹和皂迹；金属把手无污锈；家具无污迹；灯具无灰尘；茶具无污痕；房间卫生无死角；无六害（老鼠、蚊子、苍蝇、蟑螂、臭虫、蚂蚁）。

“六净”：四壁净、地面净、家具净、床上净、卫生洁具净、物品净。

（3）卫生间的清洁和消毒。卫生间的卫生状况是乡村旅游服务接待中一个比较敏感的问题，游客对卫生间卫生状况的满意程度严重影响其对整个住宿服务质量的满意程度，因此经营者一定要高度重视。

①卫生间打扫程序：收拾垃圾；撤换脏布巾；刷洗烟灰缸和牙具杯；清洗台面，擦拭镜面；清洁地面、洁具；补充卫生间客用品；喷射适量的空气清新剂，保证卫生间无异味。

知识卡片 6－3　卫生间清扫“十字诀”

（1）开　开灯、开换气扇。

（2）冲　放水冲便器，滴入清洁剂。

（3）收　收走游客用过的毛巾、洗刷用品以及垃圾袋。

（4）洗　洗洁浴缸、墙面、脸盆和抽水便器。

（5）擦　擦干卫生间所有设备和墙面。

(6) 消　对卫生间各个部位进行消毒。

(7) 添　添补卫生间的棉织品和消耗品。

(8) 刷　刷卫生间地面。

(9) 吸　用吸尘器对地面吸尘。

(10) 关 (观) 观察和检查卫生间工作无误后即关灯并把门虚掩。

②卫生间消毒:

A. 紫外线消毒:一般安装一支30瓦灯管,灯距地面2.5米左右,每次照射2小时,可使空气中的微生物减少50%~75%,甚至90%以上。

B. 喷射消毒:采用快干型的消毒剂和空气清新剂为好。

C. 洁具消毒:用2%~3%的来苏水溶液或“84消毒液”溶液擦拭卫生间洁具,消毒后进行通风。

(4) 乡村旅游客房服务工作的注意事项。

①保证客房的通风与日照。乡村一般空气湿度较大,加之很多都是平房,地气潮湿,很多来自城市习惯了楼房的游客难免会不习惯,所以要保证客房的通风和日照,给游客一个舒适的居住环境。

②防治蚊虫。乡村空气湿度大,夏季容易滋生蚊虫,蚊虫叮咬游客,容易传播疾病,造成很多游客不满。要避免蚊虫对乡村旅游住宿服务质量的不良影响,首先要保证客房内外的环境卫生,消除蚊虫滋生的环境;其次在室外喷射杀虫剂等,消灭蚊虫滋生的死角;最后采取室内措施,如安装纱门、纱窗,在游客床铺加装蚊帐,提供蚊香、防蚊液等。

③布草的卫生。客房内的床上用品上绝对不能出现头发、污渍等,床单、枕套、被罩等布草要严格做到每客一换,每客一消毒。如果游客住宿3天以上,要做到3天一更换。

(5) 乡村旅游特色客房服务。乡村旅游的住宿服务,不仅要满足游客对于一般酒店的基本要求,同时要追求特色。乡村旅游客房服务不仅表现在软件服务上同时还有客房的硬件设施上。

①环境方面。游客在乡村旅游酒店追求的是恬静和舒适,住宿环境要宁静清幽不嘈杂,空气清新,要有好的景观,让游客透过窗口就能观赏到乡村秀美

的田园风光，收获一份愉悦放松的心情。

②建筑样式方面。建筑样式一定要采用最有地域和文化特色的传统建筑，不可刻意模仿，以免不伦不类。建筑还要和整体环境相适应，如安徽地区有的乡村旅游酒店是传统的徽派建筑青砖瓦屋、石灰白墙、马头墙，增加了外来元素，挂上日式灯笼则大煞风景，丧失了徽派建筑的韵味和古砖的厚重，游客感知不到农村风情和民俗文化的生活气息。

③装修、陈设、用具方面。内部装修、物品和用具陈设上充分利用一些当地文化或民族文化的符号，运用独特的家具造型和装饰材料，给游客留下深刻的印象。如云南傣族，以小纸伞和竹子为典型代表，竹楼配上小伞作装饰物，放一曲葫芦笙吹奏的背景音乐，游客便感觉到了孔雀之乡；北方的火坑、老北京的雕花木床都极有地方特色，在房间内挂上当地的草编工艺品或民族工艺品，小小摆设也有很大魅力。

2. 乡村旅游餐饮服务

餐饮服务，简单地说就是以一定的规范标准为就餐的游客提供必要的帮助和条件，以尽可能好地满足他们的消费需求。乡村旅游餐饮服务参考酒店餐饮服务的标准并且结合乡村旅游的特点在服务上要体现农家的生活情趣，保持或体现农家生活的氛围，减少不必要的服务程序或规范。

（1）乡村旅游餐饮服务内容。农家菜的餐厅服务应体现简单与热情，不要做过多的表面文章。从旅游者对餐饮服务的一般需求看，农家菜的服务内容应包括以下几个方面：

①提供干净、卫生、敞亮的就餐场地，保持桌椅板凳的整洁。

②提供经过彻底消毒的餐具，并摆放整齐。

③问候、迎接游客，热情回答游客提出的问题，主动关心游客，及时解决出现的问题，尽量满足游客的合理要求。

④向游客介绍本店（经营户）的菜肴和特色，做好点菜服务，并及时通知厨房准备菜肴。

⑤及时上菜、上酒水、撤换餐具。游客就餐时，要注意留心游客的用餐情况，以便及时处理问题。

（2）乡村旅游餐饮服务人员的基本要求。在餐饮经营中，餐厅服务人员的素质能力对经营效果有很大的影响，对乡村旅游经营而言，不能以城里中高档餐馆的标准来要求自己的服务人员，但乡村旅游餐厅的服务人员也需要达到以下的基本要求：

①身体健康、注重个人卫生、仪容仪表清爽、动作灵活。

②语言流畅、服务热情、善于与游客交流。

③熟悉所供应的菜肴品种、价格、特色，能解答游客提出的相关问题。

④掌握基本的餐饮服务技能，熟悉餐厅运作的程序和规范要求。

⑤有一定的乡土文化知识（本地)，对附近或周边地区的事物有一定的了解。

⑥最好能掌握基本的急救知识和技能，以防不测事件。

（3）乡村旅游餐饮服务技能规范和要求。

①桌面整洁——餐桌要保持整洁，桌面上可以铺一次性桌布；如果是老式的木桌，桌面又比较平整光滑，也可以不铺桌布。

②餐具摆放整齐——每位游客的基本餐桌用具包括：筷子、小碗（盘)、汤匙、调味碟、水杯（酒杯)、手巾纸［没有必要用（口布)］；游客共用的物品有牙签桶、调味瓶（酱油、醋)、公筷、烟灰缸、火柴（打火机）等。摆放餐具时，可以将筷子平放在小碗（盘）里，汤匙放在小调味碟上并置于小碗的左上方，水杯（酒杯）置于小碗（盘）右前方即可；餐具之间的空隙以便于取用为度，不要靠得太紧，也不要分得太散；游客使用的餐巾纸，可以叠起来插在水杯（酒杯）中，也可以一桌放一个餐巾盒供游客自由取用。

③点菜——游客坐定后，应将点菜单递给游客，以供游客挑选，采用包伙、和菜供应方式时，亦应有明确的文字说明。在游客选择时，可以向游客推荐本店的特色菜肴或“和菜”，但不要让游客有“强卖”的感觉。对游客提出的问题要认真、耐心地解答。游客点好菜后，要将游客所点菜肴的品种、数量、价格清楚地向他复述一遍，待游客确认无误后，再下单通知厨房。

④餐桌服务——上菜的位置相对固定，不要随意更换；菜肴一般从主客对面游客所坐的位置上桌；用托盘上菜，端菜时手指不可接触到食物；如果是带转盘的圆桌，菜肴放稳后要转至主客面前；如果是传统的方桌，则要将主客面前的菜肴移出一个空位来放新菜；上菜时，将已经吃空的盘子撤下来；如果上

整只的禽、鱼类菜肴，应将其“头”对着主客；当游客桌数较多时，上菜时要与游客的单据核对一下，避免上错菜。

⑤结账——游客用餐完毕，先请游客核对账单，然后再“唱收唱找”，并出具发票。

⑥餐具清洗和消毒——根据相关法规的要求，按照清除、洗涤、漂洗、消毒、储放的基本程序，制定切实可行的餐具清洗规范，并严格执行；所用的洗涤剂、消毒剂应符合一定的质量要求，不能以次充好或使用假冒伪劣产品。

（4）乡村旅游餐饮特色服务。乡村旅游餐饮服务只进行标准化的酒店服务是远远不够的，我们要做出属于乡村旅游餐饮的特色，以求在激烈的市场竞争中取胜。

①挖掘本土文化的内涵。乡村旅游的发展不怕“土”不怕“俗”，就怕没特色。游客到乡村，不想吃大鱼大肉，也不想吃一般的饭菜，他们就想吃“传统”、吃“特色”、吃当地的“民俗文化”。河南洛阳的地区的“水席”就是根植于当地传统，具有浓厚的乡土特色，形式又很新颖，自然能受到游客的喜爱。

②设计有农家味道的餐饮环境。首先，乡村餐厅的环境营造应以农家生活为主题，如采用传统的四合院、茅草屋等造型来进行开发与设计。在餐厅内部的布置上应尽量运用农业及乡村文化特性来营造气氛，如墙上挂上几串红辣椒、玉米棒子。在餐厅一角展示传统的锄头、牛车、斗笠、蓑衣等农耕器具，甚至连餐厅使用的桌椅餐具，也要尽量选用具有农家风味的板凳和碗筷。另外待客用的餐具和器皿也可以使用地方特色的餐具，如农家使用的碗、盆要尽量粗一些、“土”一些，土钵陶盆才能体现出浓郁的乡土气息。

③推出本土化的菜肴。乡村旅游的菜肴应以民间菜和农家菜为主，一定要突出自己民间、农家的特色。菜肴要立足农村，就地取材，尽量采用农家特有的、城里难以见到的烹饪原料。餐饮的主食也应该充分体现出农家的特色。例如，“农家乐”的米饭就不应该是纯粹的大米饭，而应该做成诸如“玉米粒焖饭”（俗称“金裹银”）、“腊肉豌豆焖饭”等，“农家乐”的小吃和面点也应当突出农家特色，搞一些诸如凉粉、凉面、锅摊（薄煎饼）、发糕、叶儿粑、土豆饼、玉米饼、窝头之类的小吃和面点。

④提供有人情味的服务。游客到农家旅游，不仅是要吃好玩好，更要感受乡村热情淳朴的民风。只有美食是不够的，更要吃得放心、吃得舒心、吃得开心。这就更多是对经营者服务意识和服务态度的要求，服务要热情周到，要有人情味。

3. 导游服务

对于具备一定规模的乡村旅游来说，就有必要提供向导服务。一方面，可以方便游客的游览，引导游客审美和体验，提高游客的游览兴致和游览质量；另一方面，可以强化景点的吸引力，提高游客对景点的认知程度，有利于树立景点品牌。

（1）导游服务要规范、标准。要制定景点导游人员工作规范，按照标准提供服务。下车前要提醒游客记住所乘车辆的型号、颜色、标志、车牌、停车地点和出发时间等；说明游览线路、游览时间、集合时间和地点及游览中的注意事项；景点介绍要有针对性和重点，亦庄亦谐；合理安排游览时间，注意集中和分散相结合、劳逸结合，特别关照老弱病残的游客；留意游客动向，防止游客走失。

（2）知识储备“专而广”。导游服务人员对其讲解的景点所在地区的历史、地理、园林、生态、建筑、文物等知识都要有比较全面和较深入的了解，才能针对游客的需要提供个性化的解说。知识丰富的导游容易获得游客的好感，从而增强与游客的互动，提高游客的游览体验。导游讲解人员要在掌握丰富知识的基础上，努力学习导游方法、技巧，并不断总结、提炼，形成适合自己特长的导游方法、技巧及自己独有的导游风格。

（3）服务应规范化和个性化相结合。导游员的服务在符合工作要求的同时，还要按照游客提出的合理要求提供个性化的、灵活的服务，才能真正获得游客的满意。既要考虑大多数游客的需求和利益，也要关照个别游客的需求和利益，既要规范，又要灵活。

（4）提供“合理而可能”的服务。“合理而可能”原则既是导游服务的原则，也是导游员处理问题、满足游客要求的依据和准绳。在游览过程中，游客往往有求全心理，提出过高的要求或不满。处理游客的要求和不满影响到整个游览服务的质量，一定要重视。导游人员要认真倾听，冷静分析是否合理，合理而可能实现的要尽量满足；反之则要耐心解释，请游客谅解。

第二节　乡村旅游服务人员礼仪规范

一、乡村旅游形象礼仪

（一）着装礼仪

服装能够反映出一个人的职业、文化修养和审美情趣，乡村旅游服务的对象是来自四面八方的旅游者。乡村旅游从业人员的着装要大方、得体、轻便、实用、美观，最好能体现出地域特色和民族风情，使旅游者得到美的享受。乡村旅游从业人员的着装应注意以下几点。

1. 着装要协调

要与所处的季节、场合相协调。一般乡村旅游从业人员的服装要有春夏两种，一种是在春秋季节气候凉爽时穿着，可以厚实一些，宽松一些，便于保暖和在气温较低时增加毛衣等衣物；另一种是在夏季气候较热时穿着，要单薄、透气、柔软、吸汗。服装要与职业、身份、岗位相协调。

2. 选择适当的服装色彩，并进行合理搭配

根据场合的需要和自己的特点，选择适当的服装色彩，并进行合理搭配，是得体着装的一个重要手段。服装色彩的选择，既要考虑到身材体形、肤色等因素，也必须注意服装本身色彩的搭配和谐。“没有不美的色彩，只有不美的搭配”。

3. 选择合适的服装款式

旅游从业人员服饰的款式包括一般服饰和特色服饰。

一般服饰就是公用的服饰，主要有男士西装、中山装等套装，女士套裙、套装等职业装。

特色服装是指具有民族特色和地方特点的服装。乡村旅游从业人员的着装，应尽量汲取当地民俗或民族的元素，形成特色服饰系列。如长袍马褂、短衫、斜对襟的传统服装；如服装面料极具地方特色的丝绸、棉布、麻布、蜡染等服

饰；如带有花卉图案、鸟兽虫鱼的图案和福禄寿禧的图案特色服饰等，特色服饰把本民族、本地域的特质文化内涵注入其中，各民族逐步形成了与自然环境和谐的一道道亮丽的服装风景线。

4. 给乡村旅游服务人员的着装建议

一种是乡村旅游接待人员制作统一的工作服，如白衬衫、黑马甲、黑西裤三件套装，着装时注意保持制服线条的流畅，不起皱、不翘边。

另一种则可突出特色，如少数民族服装的特点，突出当地特色或传统服装特色。如苗族、侗族种类繁多的银饰、傣族姑娘漂亮的花筒裙，以及江南水乡妇女的蓝印花布服饰和浙江绍兴男人的乌毡帽等，都是吸引游客注意力的旅游“元素”之一。

（二）仪容仪表礼仪

乡村旅游从业人员良好的仪容仪表是尊重游客的体现，是讲究礼貌礼节的体现，是自尊自爱、具有良好修养的体现，也给游客一种卫生、安全、值得信赖的感觉。仪容仪表端庄大方，斯文雅气，不仅会给人以美感，而且易于使自己赢得他人的信任。

1. 仪表

仪表是指个人的外表，一般包括人的容貌、服饰、个人卫生和姿态方面。服务人员的衣服要整齐干净，注意保持衣服袖口、领口处清洁。衣服应扣的扣子要扣好，衣服的衬里不可露出，不要挽袖子卷裤腿。男、女服务人员均以深色皮鞋为宜，袜子颜色要略深皮鞋颜色。

2. 仪容

仪容是指个人的容貌，它是由发式、面容以及所有未被服饰遮掩、暴露在外的肌肤构成的。男服务人员不留长发，后面的头发不长到衣领，不留胡须，要修面；女服务人员的头发不可长到披肩，但必须化淡妆，不准佩戴首饰，不准留长指甲、涂指甲油，不准使用刺激性的香水。同时要注意眼睛的清洁和身体的无异味。

二、乡村旅游仪态礼仪

仪态又称体态，是人在行为举止中的姿态和风度。姿态指人的身体呈现的样子。态度指人的神情举止和对事情的看法及采取的行动。风度则是人际交往中，个人素质修养的一种外在表现，又是气质的表露。仪态包括面部表情（颈部以上部位）和体姿（站姿、坐姿、行姿、蹲姿等）。

（一）面部表情

表情是人的面部动态所流露的情感，在给人的印象中，表情非常重要。

1. 微笑

真诚的微笑是社交的通行证。它向对方表白自己的善意，并可进一步表示欢迎和友善。因此微笑如春风，使人感到温暖、亲切和愉快，它能给谈话带来融洽平和的气氛。微笑是乡村旅游企业员工自身的需要，是游客感情的需要，同时也是旅游企业效益的需要。我们对于微笑的要求是真诚和甜美。

知识卡片 6-4　训练微笑的方法

一是放松面部肌肉，然后使嘴角微微向上翘起，让嘴唇略呈弧形。最后，在不牵动鼻子、不发出笑声、不露出牙齿，尤其是不露出牙龈的前提下，轻轻一笑。

二是闭上眼睛，调动感情，并发挥想象力，或回忆美好的过去或展望美好的未来，使微笑源自内心，有感而发。

三是对着镜子练习。使眉、眼、面部肌肉、口形在笑时和谐统一。

四是当众练习法。按照要求当众练习，使微笑规范、自然、大方，克服羞涩和胆怯的心理。也可以请观众评议后再对不足进行纠正。

2. 目光的运用

经心理学家统计发现，人一生所获的信息90%以上是通过眼睛实现的，眼睛是人体与外界交换信息最主要的器官。眼睛是心灵的窗户，乡村旅游服务人员从游客的眼神中了解对方的心理状态，通过目光的交流可以传递感情，这要求乡村旅游服务人员和游客进行眼神互动时要真诚。

（二）体态礼仪

乡村旅游从业人员要注意自己的姿势和动作。在工作岗位上要做到站有站相，坐有坐相，动作不卑不亢、自然大方。

1. 正确的站姿

正确的站姿分以下几点。

第一，直立、站好。（站是等候，是在观察，以便随时为游客提供服务，而不能往后靠，这样会给人一种疲倦和松散的感觉。）

第二，身体重心垂直向下，重心点应放在两脚中间，不要向左或向右偏移。

第三，头正，双眼前视，余光环顾四周（服务区域），面带微笑，嘴巴稍闭。

第四，肩平，挺胸、收腹、立腰、适当放松，呼吸自然。

第五，男性站定时双脚稍许分开，女性站姿则双脚后跟并拢，脚掌微分开呈“V”字形。

要注意纠正不良的站姿，如过于随便，弯腰、驼背、双腿弯曲、不停地抖动；一个肩膀高，一个肩膀低；斜靠在墙上或树上，与其他人互相勾肩搭背；把双手插在衣服口袋里或腰间等。

2. 正确的坐姿

坐姿是仪态举止的重要内容之一。俗语有“坐如钟”，即要求坐姿端正，舒展大方。

第一，入座要轻稳，不要显得匆忙、动作幅度过大或发出很大声响，不要一下瘫坐下去。

第二，女性入座时，如着裙装双手将裙从后向前拢一下再坐，以免裙装褶皱；坐下后上身挺直、双肩平齐、双手交叠置腿中且靠近小腹，两膝并拢，小腿垂直地面，呈“丁”字步；也可以采用后点式，即两小腿后屈，脚尖着地，双膝并拢。

第三，男士入座时：挺胸、双肩齐平，双手置双腿上或交叉置小腹处，小腿垂直地面，两脚开 45°；也可以采取前交叉式，即小腿前伸一脚处，两脚踝交叉。

要注意纠正不良的坐姿，如落座后前倾后仰，或者歪歪扭扭，显得非常懒散；双腿过于叉开，或直直地伸向前方；腿脚不停抖动、抓耳挠腮等。

3. 正确的行姿

俗话说“行如风”，轻快而稳健的走姿给人一种动态的美感，给人精神上的享受，也能体现出一个人良好的气质与风度。

第一，头正、双目平视前方、嘴唇微闭、收颌、表情自然平和。

第二，双肩平齐、不要摆摇；双臂前后自然摆动，臂摆幅度30°~40°；手自然弯曲。

第三，挺胸收腹、重心前倾。

第四，走线直、脚后跟先着地，步履轻盈。

第五，步幅适度，以一脚长度为宜，步速平稳，如果需要，可小步快走。

要注意纠正不良的行姿，如走八字步、低头、驼背、晃肩、大甩手、扭腰摆臀、左顾右盼、脚底擦地、怒目凝眉、忽快忽慢，在上下台阶时一跨几级。

4. 正确的蹲姿

蹲姿反映了人的优雅度，在乡村旅游服务接待中，时常需要下蹲的动作，如帮助游客取放行李、捡拾物品、做清洁卫生等。

①下蹲拾物时，应自然、得体、大方，不遮遮掩掩。

②下蹲时，两腿合力支撑身体，避免滑倒。

③下蹲时，应使头、胸、膝关节在一个角度上，使蹲姿优美。

④女服务人员无论采用哪种蹲姿，都要将腿靠紧，臀部向下。且上身不要过于前倾，避免内衣外露。

要注意拾取低处物品时不能只弯上身、翘臀部，而应采取正确的蹲姿。

5. 适当的手势

手势是人们交往时不可缺少的动作，也是一种常用的“身体语言”。得体的手势，可增强感情的表达，起到锦上添花的作用。旅游服务工作中，手势的使用要准确、规范、恰当。

例如，介绍某人或为游客引路指示方向时，应掌心向上，四指并拢，大拇指张开，以肘关节为轴，前臂自然向前伸直。指示方向时，面带微笑，切忌用手指来指点。与游客握手应遵循“尊者为先”的原则，以右手与人相握，握手时注意力度适中。

知识卡片6－5 不同国家的手势语的含义

手势运用时要注意区域的差异，同一种手势，在不同国家、不同地区可能有不同含义。如掌心向下的招手动作，在中国表示招呼别人过来，在美国则是叫狗过来。跷起大拇指，一般都表示顺利或夸奖别人，但也有很多例外，在美国和欧洲部分地区表示要搭车，在德国表示数字“1”，在日本表示“5”，在澳大利亚就表示骂人的话。与别人谈话时将拇指跷起来反向指向第三者，即以拇指指腹的反面指向除交谈对象外的另一人，是对第三者的嘲讽。拇指、食指相接成环形，其余三指伸直，掌心向外的“OK”手势源于美国，在美国表示“同意”“顺利”“很好”的意思；在法国表示“零”或“毫无价值”；在日本是表示“钱”；在泰国它表示“没问题”；在巴西是表示粗俗下流。总之，与不同国家、地区、民族的人交往，要懂得他们的手势语言，以免造成误会。

6. 点头与鞠躬

当游客走到面前时，应主动点头问好，打招呼，点头时，目光要看着游客的面部；当游客离去时，身体应微微前倾，敬语道别。

三、乡村旅游接待礼仪

在乡村旅游服务接待中，要达到礼貌服务的要求，还需要掌握必备的基本礼仪礼节规范，使接待人员的举手投足更具魅力，树立乡村旅游接待的专业形象，赢得回头客。

（一）迎送游客礼仪

游客到达后，是否能够热情礼貌地迎接游客，直接影响到游客对乡村旅游接待的第一印象，影响乡村旅游的形象和声誉。迎接游客也是争取游客的第一步。送客服务是接待服务的最后一个环节，是加深游客对乡村旅游接待印象的一项重要服务工作。

1. 迎客礼仪

首先，乡村旅游接待人员对来宾要笑脸相迎，致问候语，表示欢迎游客的光临。对重要的游客，要组织服务人员到门口恭候游客，迎接游客的到来。其次，主动向游客介绍服务的项目和服务设施，并请游客入座或入住。

2. 送客礼仪

送客时，应与游客热情话别。包括向游客征求对服务接待的意见或建议、致告别语、祝福游客旅游愉快、一路平安、欢迎再次光临等。然后，目送游客离去，以示对游客的尊重。

（二）称呼礼节

在乡村旅游接待中，服务人员应恰当地使用称呼语来称呼游客。一般来说，对年轻或中年的女性游客，视其年龄称女士，对年长的女性游客称阿姨；对年轻男性游客称小伙子，对中年男性游客称男士或先生，对年长的男性游客则称老先生或老大爷。若不是直接称呼某位游客，即间接称呼游客时，应注意称呼为“您的先生（夫人、妈妈）”“那位女士（小姐、先生）”，切忌称为“那个女的（男的）”。正确、恰当的称呼，不仅是对来宾的尊重，而且体现出服务人员的礼貌修养。

（三）问候礼节

乡村旅游接待人员在遇到游客时要主动向候：“您好！”具体来说，可以根据不同的时间问候游客：“早上好！”“中午好！”“下午好！”“晚上好！”；当节日到来时，要向游客表示节日的祝福：“过年好！”“新年好！”“春节快乐！”“中秋快乐！”等；遇游客生日或结婚喜庆活动，应向游客表示祝贺：“祝您生日快乐！”“祝你们新婚幸福！”等。

（四）介绍礼节

介绍和自我介绍是人与人相识的一种手段，在乡村旅游服务接待工作中也会经常遇到。在与游客交流或对客服务接待时，会出现作为介绍者和被介绍者两种情况。

1. 作为介绍者

首先注意手势的正确使用，为人介绍时，应该把手掌伸开去（手心向上），向着被介绍一方，不可以用手指指指点点。为他人作介绍，应把晚辈介绍给长辈，把地位低者介绍给地位高者，把男士介绍给女士。

在服务接待中，如需要介绍，则在将游客介绍给主人后，一般是把晚到的游客介绍给早到的游客。若被介绍的一方不止一个人时，应从职位最高的开始按顺序一一介绍。

2. 作为被介绍者

作为被介绍者，应表现出结识对方的热情。被介绍时，双目应注视对方，被介绍的双方在介绍完之后，礼貌的做法是互相握手问好。

若是做自我介绍，则应举止庄重大方，可以介绍一下自己的姓名、身份，如果对方感兴趣还可以进一步介绍自己的专长、兴趣和经历等。

（五）应答礼节

在乡村旅游服务接待中，当游客提出服务要求或其他要求时，服务人员经常需要回答游客的问题。这时要注意应答的礼节。首先，回答游客问题要简洁明白；其次，要掌握常用应答语的使用。如“请您稍候”“您不必客气”“没关系，这是我（们）应该做的”“照顾不周的地方，请您多指教”等。这些话在特定的语言环境中，都是有礼貌的应答语言，游客听后会非常愉快的。

（六）握手礼节

一般来说，在乡村旅游服务接待中，服务人员不宜主动与游客握手。但在许多情况下，游客主动与接待人员握手时，不应回避；若回避，则被认为是不礼貌的。

握手强调“五到”，即身到、笑到、手到、眼到、问候到。握手时双方的上身应微微向前倾斜，面带微笑，同时大方地伸出右手和对方的右手相握，轻轻上下晃动两三下，3 秒钟为宜，然后松开。握手要用力适中，忌用力过大，尤其是要注意与女性游客的握手。

（七）递物与接物礼节

递物与接物是生活中常常遇到的一种举止动作，在乡村旅游服务接待工作中也会经常遇到。很多细节如果处理不好，则会影响整个服务质量。

1. 递物

（1）递交名片。递交名片时，应双手恭恭敬敬地呈递，并将名片的正面朝向对方。

（2）递交其他物品。一般情况下，递交物品都应使用双手，以示尊敬。不方便双手时，也应尽量使用右手。以左手递物，通常被视为失礼之举。递笔、剪刀之类尖利的物品时，需将尖头朝向自己，捏在手中，而不要指向对方。

2. 接物

（1）接受他人名片。接受他人名片时，应当恭恭敬敬，双手捧接。接过之后，一定要仔细看一通，或有意识地读一下名片，而不要一手接过对方的名片，看也不看就漫不经心地塞在口袋中。如需要将名片暂时放在桌子上，切忌随手乱放或在名片上面放其他物品。

（2）接受其他物品。一般来讲，对方双手恭恭敬敬递过来的物品，都应该同样用双手去接，同时点头示意或道一声谢谢。

（八）电话接打礼仪

电话接打是乡村旅游服务接待中一项十分重要的日常工作和服务项目。游客通过电话可以预订客房、订餐或咨询有关服务接待的问题等；服务人员在与游客进行电话交流时应做到彬彬有礼、语言文明、热情得体，营造出双方愉快沟通的氛围，给游客留下好的印象，使游客心情舒畅；同时也有助于乡村旅游服务专业形象的树立。

一个电话，可能会引来客源，也可能会失去游客。因此，我们应将服务意识融入电话接待礼仪当中，以热情、平和、积极友好和乐于助人的态度给游客提供帮助和服务。

知识卡片6－6　接听电话的基本礼仪

（1）“三响之内”接听。快速接听所有来电充分体现我们服务接待的工作效率。

（2）礼貌、规范语言常用不离口。一接来电，向对方致以简单问候，敬语当先，如“您好！”“早上好”，并报乡村旅游接待户的名称后，告诉游客“请讲”。

（3）讲话要吐字清晰，发音准确，语音亲切，音量适中，语言简练，不啰啰嗦嗦。

（4）在游客讲完前不要打断也不可妄下结论，对听不清的地方，要复述游客的话，以免听错。

（5）要认真倾听，切忌漫不经心，要不时地用“嗯”“对”“是”等来给游客及时反馈。

(6) 游客来电所找的人暂时不在，又不好马上找到来接听电话时，应问清来电者的姓名和身份，代为转告游客交代的事情，请对方留下电话号码，并复述，然后细心做好记录。

(7) 对语言表达不顺畅或不清楚的游客，或遇来电游客情绪不好的情况，尤其要有耐心。回复游客的话要十分注意语气的和蔼亲切和语言的文明，切忌脱口出粗话、脏话。

(8) 语速快慢适中。根据不同的通话游客，要恰到好处地掌握讲话速度。如对老年游客要适当放慢语速，以达到明白无误的目的。

(9) 接到游客预订电话时，不论是订住房还是订餐，都应详细记录好游客的姓名、预订人数、费用标准等，并简单向游客介绍本店（户）的有关情况。

(10) 对游客打来电话表示感谢，挂掉电话时要等对方先挂电话，自己再轻轻放下电话。

(11) 当对方拨错电话时，要耐心地告诉对方“对不起，您拨错电话号码了”。千万不要简单粗暴地告诉对方“打错了”，使拨错电话的对方不愉快。

（九）谈话礼节

在乡村旅游服务接待中或与游客的聊天中，要注意谈话的礼节。关于谈话内容，除了谈与服务工作有关的事情外，一般来说可与游客进行有关风景、天气、体育运动、民俗等为话题的交谈。但不能问及游客的经济收入、婚姻状况、宗教信仰、年龄等。另外，在游客与游客之间交谈时，不可旁听，如有事需与游客交代，则应先打招呼，并表示歉意，耐心等候游客允许再说。当离开游客时，应注意原地后退一步，再转身离开。

（十）进出游客房间礼节

在乡村旅游服务接待中，服务人员应注意礼貌地进、出游客的房间。进入游客的房间，应轻轻敲门，得到允许后再进入，切不可贸然进入。不论房间的门是开着还是关着，敲门都是必需的。服务人员在离开游客的房间之前应原地后退一步，再转身离开，并轻轻把门关上。

四、乡村旅游服务语言礼仪

开展乡村旅游，原来土生土长的、说惯了当地话的村民要面对来自四面八方的旅游者，需要学习语言知识，尽快提高语言交流能力，用优美的语言，实现交流的通畅。同时要掌握语言技巧，必须以语言的“礼”吸引人，以语言的“美”说服人。乡村旅游服务人员掌握一定的服务语言礼仪，不但可以加深乡村旅游产品在旅游者心目中的形象，也将对乡村旅游产品的营销起到桥梁作用。

（一）讲普通话

乡村旅游从业人员都要学普通话、讲普通话。普通话是党政机关的公务用语、公共服务行业的服务用语、不同方言区人们的交际用语。如果村民不会说或说不好普通话，只能说当地话，可能增加与游客之间交流的障碍，给游客在当地的生活带来不便；可能无法为游客提供满意的服务，甚至可能因为交流困难，使游客产生误解，引发不必要的矛盾。“说好普通话，方便你我他”；“学好普通话，沟通更融洽”；“说好普通话，接待四方游客都不怕”。

（二）适当提供方言服务

在强调讲普通话和文明用语、规范用字的同时，我们也不能忘记那些带有浓郁地方特色和民俗风味的当地俗语、方言和有趣典故，这些充满乡土野趣的民间智慧的结晶对游客具有很强的吸引力；而有些传统方言和用字已经在漫长的历史演变中成为了解当时社会历史原貌的活化石，被中外专家教授视为人类宝贵的历史文化遗产，对于这些，从事乡村旅游工作的人员也有义务进行抢救、挖掘和宣传推广。

（三）使用礼貌用语

人们常说：“礼貌待人三冬暖，恶语伤人六月寒。”可见以礼待人之重要。礼貌用语中语言文雅，语调亲切甜润，音量适中，语句流畅，语速和缓。多使用礼貌用语，如“请”“您好”“你好”“谢谢”“欢迎光临”“你需要帮助吗”“对不起”“请走好”“请稍等”“麻烦您”等。礼貌用语是美丽的语言，会使游客觉得温暖和舒心，会赢得游客的好感和尊重。提倡接待人员在服务时用“五声”，不用“四语”。

知识卡片6－7　服务中的"三、四、五、六、十一"

"三轻"：走路轻、说话轻、操作轻。

"三不计较"：不计较游客不美的语言、不计较游客急躁的态度、不计较游客无理的要求。

"四勤"：嘴勤、眼勤、腿勤、手勤。

"四不讲"：不讲粗话、不讲脏话、不讲讽刺话、不讲与服务无关的话。

四种服务忌语：蔑视语、否定语、顶撞语、烦躁语。

"五声"：游客来有欢迎声，客回有答声，工作失误有道歉声，得到帮助有致谢声，游客走时有欢送声。

六种礼貌用语：问候用语、征求意见用语、致歉用语、致谢用语、尊称用语、道别用语。

文明礼貌用语十一字：请、您、您好、谢谢、对不起、再见。

（四）选用恰当的句式

乡村旅游服务人员说话不仅要看对象，还要看语言环境。俗话说：到什么山唱什么歌。服务人员说话要与环境相适，与场合相切，不可口无遮拦，想说就说、或严正，或轻松；或审慎，或随和；或融洽，或敬让；或调侃，或郑重。总之，以做到适时、得体、达意为佳。要做到这点还要注意选用适当的句式。

（五）语句规范，用词准确

注意用词准确，使用礼貌服务语言，用词造句很重要，要主动热情说好第一句话，做到"请"字当头，"您好"开头。用词不当，如①某年夏天，服务员在给一位身体较胖的游客安排餐位时，说："先生，您挺胖的，坐空调这边凉快"，游客听了很反感。②对游游客数不是称"请问有几位"，而是说"你们几个人？"③节省用语（如"你的大肠来了""你要饭吗"），前后颠倒、不突出重点、都会造成误解，影响服务质量。

友情链接 6－3 案例“要饭”

某日，一行30余人的台湾团在某酒店餐厅用餐，服务员小姐发现一位70多岁的老先生在餐桌旁一言不发，餐桌上的碗碟全是空空时，便轻步上前柔声问道：“请问先生，您要饭吗?”老先生摇摇头，服务小姐又问道：“请问先生，您完了吗?”此时，只见老先生冷笑着说：“小姐，我今年已经70多岁了，自食其力，这辈子还没落到要饭的地步，怎么还会要饭呢？我的身体一向硬朗着呢，一下子不会完的。”该服务小姐听后，立刻向老先生表示了歉意。

分析：旅游服务用语也很有讲究，它是一种语言艺术，案例中服务人员生硬难听的话，不仅刺伤了游客，而且也是不懂礼貌、缺乏修养的表现，给自己的工作带来了不愉快。在服务时不仅要学会服务用语，还要讲究说话技巧。这是旅游工作者学习旅游语言礼仪的目的。

（六）说话要有诙谐幽默感

要提高运用语言的技巧，就必须学会和正确使用机智幽默的语言。服务人员要有语言应变能力，善于察言观色，根据游客不同的反映说不同的话。要生动灵活、幽默风趣。用礼貌语言、幽默语言来缓解气氛，一旦发现差错，关键在于灵活巧妙地处理。如一次大家在一起吃饭，一位游客将鱼翻了一个面，另一位游客认为这样做不吉利，这时服务员马上说：“不要紧，这是打翻身仗。”气氛马上得以缓解。

第三节 乡村旅游服务质量保障与提升

乡村旅游服务质量，是指为在乡村旅游经营过程中，向游客提供的服务适合和满足游客需要的程度，或者说，是指服务能够满足游客需求特性的总和。因此，服务质量与满足游客的需求相关且紧密联系。

根据游客的多样化需求，服务质量的层级从低到高划分为标准化服务、个性化服务和人性化服务几个层次。在服务质量的保障和提升方面，标准化的手段运用于服务中，能满足游客的基本需求或者期望；个性化手段的运用则满足了游客的个性化的需求，个性化为企业带来了游客的忠诚，保证了企业的长远利益；人性化观念的运用，能够帮助企业完成其社会使命，能够为和谐社会贡献力量，满足游客的需求。

一、大力推行标准化服务

（一）标准化服务含义

在服务供给中，企业借助标准化的手段，来规范服务、规范服务提供者的行为，保证基础的服务质量，进而获得游客基本满意。从本质上讲，标准化服务是组织将服务纳入量化管理，将不可量化的“软服务”分解为可以一个个量化的“硬标准”，从而为游客提供规范的、完整的服务。乡村旅游标准化服务是指乡村旅游企业为了满足所有游客都具有的共性需求所提供的标准的、统一的、符合一定规范与要求的服务，它对稳定乡村旅游服务质量、提高工作效率具有重要的作用。

（二）乡村旅游服务标准化的意义

1. 操作行为的规范化、制度化能完善从业人员的服务实践

不断重复地操作行为的规范化、制度化有利于旅游从业人员在以后的实践中有不断完善的可能。令人满意的服务质量是一个精益求精的追求过程，规范化的操作行为为从业人员不断的反省、改进提供了一个客观的参考依据，从而最终形成了每一位从业人员可以共同遵循的标准。

友情链接 6-4　不要僵硬地执行规章制度

一位游客在酒店大堂等候朋友，可是约定时间过了10多分钟，仍未见朋友的身影，她按捺不住，不由得向饭店大堂外走去。由于当时正是南方的梅雨季节，外面的天气不太好，风比较大，即将还要下雨，因为游客盼友心切，所以她一会儿在大堂内等候，一会儿又到门外翘盼。

门童：“您慢走，欢迎下次光临”。门童：“您好，欢迎光临”。

门童：“您慢走，欢迎下次光临”。门童：“您好，欢迎光临”。

门童："您慢走，欢迎下次光临"。门童："您好，欢迎光临"。

为了能少听到一次这样的"问候"，游客只好收住脚步，耐心地在大堂内等候她的游客。

分析：根据客源不同，需求不同，标准随即要发生变化。

2. 服务质量的规范化、制度化赢得游客的满意

服务质量的规范化、制度化并不意味着服务工作的机械化。规范化、制度化的本身是为了更好地满足普遍的游客对旅游服务的期望，并在赢得游客满意的同时最终赢得旅游企业的经济效益和社会效益。

"建立服务规范，是对游客进行最有效服务的基础。服务工作在不同的时间、不同的对象上有高度的重复性，而规范就是使这样的重复有章可循。"没有建立良好的服务标准，或者说规范化体系不健全，则会给接待服务造成困难。

友情链接 6-5　珠海试行《乡村旅游建设规范》

珠海在乡村建设方面以《乡村旅游建设规范》（以下简称《规范》）为标准。《规范》分为基础标准和要素标准，前者包括旅游基础术语、旅游集散、旅游标识、旅游服务、安全卫生、环境保护，具有通用特征和较强的原则性、指导性，是《规范》制定的重要方面；后者涵盖了餐饮、住宿、交通、购物、娱乐、旅游企业，是标准建设的核心内容。

例如，针对珠海乡村民宿建设，《规范》对其定义、经营场地、接待设施、安全管理、卫生环保、服务品质、特色项目等方面都制定了细分标准。

珠海乡村旅游区类型众多，《规范》将指导珠海乡村旅游未来形成"世界品牌"和"五大特色产品"的品牌创建格局。其中，世界品牌即促进乡村旅游集群化发展，打造世界级乡村旅游度假区的品牌，形成规模和集聚效应。五大特色产品则是根据资源分布情况，分为生态农业型村居、水乡型村居、古村落型村居、海岛型村居、园区服务型村居。

3. 标准化服务的注意事项

（1）乡村旅游服务的标准化应具有科学性，既要有定性标准又要有定量标准。即旅游企业的各项标准定在一个合理的水平上。

（2）乡村旅游服务标准具有严密性。即在酒店运转的每一个环节，都要规定明确、详细的标准，否则就会出现管理或服务的“真空地带”及相互扯皮的现象。

（3）乡村旅游服务标准的协调一致性。即服务标准与各方面的标准与利益相协调。

（4）乡村旅游服务标准的实用性。标准要切合企业实际，简便可行，便于操作。

（5）乡村旅游服务标准的经济性。不可因标准的实施而大幅度增加成本，减少收益。

（6）建立、健全乡村旅游服务标准体系，加强乡村旅游服务标准化管理。

友情链接 6－6　四川九寨沟推动乡村旅游规范化发展 ①

四川九寨县乡村旅游实行统一接待，促进服务规范。各乡村旅游公司设立统一的前台，对经营项目、价格等进行公示，安排经过专业培训的接待工作人员在前台统一接待，为游客消费提供高质量的推介服务。为防止纳入公司的农户出现私自拉客或直接入住等情况发生，乡村旅游公司设置的质检部门不定期进行巡查，如发现违规情况将进行严肃处罚直至清除出公司。为促进乡村规范管理，县里制定出台了《乡村旅游标准》和《管理办法》，要求乡村旅游公司遵照执行，乡镇政府和旅游、卫生、物价等相关部门不定期进行检查指导，对乡村旅游公司经营行为进行规范管理。旅游部门牵头组织开展专业技能培训，增强从业人员的素质，不断提升乡村旅游整体服务水平，2012 年，成功举办“九寨沟县首届传统美食大赛”、地方特色小吃评比竞赛等活动，命名首批 14 名“九寨沟传统美食制作专家”，不断提升乡村旅游服务质量。

① http://www.abazhou.gov.cn/ztjs/dycg/hybg/msl/201212/t20121210_885599.html.

（三）标准化服务的实现途径

服务不同于有形物体，不能直接将其标准化。而是通过服务人或者物进行标准化，最终实现标准化服务。

1. 服务流程标准化

服务流程标准化着眼于整体的服务，采用系统的方法，通过改善整个服务体系内的分工和合作方式，规范整个服务流程，从而提高服务的效率，寻求服务质量的保证，向顾客提供满足其要求的各个有序服务步骤。如中餐摆台服务、上菜服务等。

知识卡片 6－8　点菜服务流程与规范

点菜服务流程与规范如表 6－1 所示。

表 6－1　点菜服务流程与规范

服务程序	服务规范
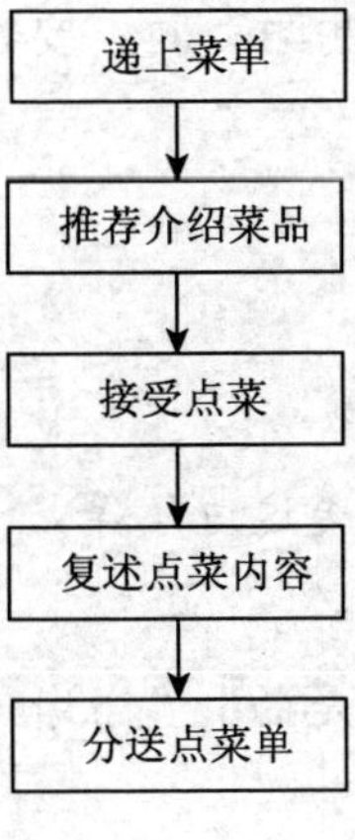 	1. 递上菜单 （1）游客入座后，服务员询问游客需要什么茶水。准备好茶水后，按“女士优先，先宾后主”的原则从右边为游客斟上茶水 （2）将菜单打开第一页，按照“女士优先”原则，用双手从游客右侧将菜单送至游客手中，然后站在游客斜后方能观察游客面部表情的地方，上身微躬
	2. 推荐介绍酒店菜品 （1）在游客点菜前，服务员应留有时间让游客翻看菜单 （2）在游客翻看菜单时，应及时向游客简单介绍菜单上的菜，回答游客的询问 （3）向游客介绍厨师长今日特别推荐的菜品、其他的特色菜、畅销菜和高档菜等菜品，并介绍其样式、味道、温度和特点
	3. 接受点菜 （1）服务员先在点菜单上记下日期、本人姓名及台号、就餐人数等 （2）游客点菜时，应注视游客，听清游客点的菜名，适时帮助游客选择菜品和主动推介菜品，准确地记录菜名 （3）对于特殊菜品，应介绍其特殊之处，并问清游客所需火候、配料及调料等 （4）若游客用餐时间较紧，点的菜需时间较长，则应及时向游客征求意见；若有游客点相同的菜式，如汤和羹或两个酸甜味型的菜时，应有礼貌地问游客是否需要更换菜式 （5）若游客有特殊要求，应在点菜单上清楚注明，并告知传菜服务员

续表

服务程序	服务规范
	4. 复述点菜内容 （1）游客点菜完毕后，服务员应清楚地重复一遍所点菜品内容，并请游客确认 （2）复述完毕后，在点菜单的右上角写明当时的时间，以便查询 （3）收回菜单并向游客致谢，同时请游客稍等，说明大致的等候时间
	5. 分送点菜单 （1）服务员将点菜单的第一联送至收银处 （2）将点菜单的第二联送至厨房 （3）将第三、第四联交给传菜员、值台服务员留底备查

2. 服务操作标准化

服务操作中的标准化包含服务用品的标准化、服务手势的标准化以及服务尺度的标准化，主要体现为服务人员的仪表、语言、态度和行为标准化等。

（1）服务人员语言标准化。在服务过程中有效的沟通是特别重要的，如果做不到这一点，即使世界上最有效的服务思想也会烟消云散。这当然需要很多服务技巧，例如，服务人员要学会倾听、学会沉默，不仅要注重语言交流，还要注重非语言交流，但其中适中的语言表达是非常关键的。服务人员语言标准，首先应该包括一些基本的礼貌语言标准，包括顾客来了要说“欢迎光临”；游客离店时，讲“祝您愉快”或“欢迎您再次光临”；游客讲“谢谢”时，要答“不客气”等。

知识卡片 6－9　乡村旅游服务人员常用的礼貌用语

（1）欢迎用语：如“欢迎光临”“欢迎您来这里进餐”“请走这边”等。

（2）问候用语：如“您好”“晚安”“多日不见，您好吗”等。

（3）应答用语：如“不必客气”“没关系”“非常感谢”“是的”“谢谢您的好意”等。

（4）征询用语：如“我能为您做点什么吗”“请问还需要什么吗”“如果您不介意，我可以……吗”等。

（5）道歉用语：如“请原谅”“实在对不起”“请不要介意”“打扰您

了”等。

(6) 告别用语：如“再见”“希望能再见到您”“请慢走”“欢迎下次光临”“明日再相会”等。

(7) 称呼用语：如“先生”“女士”“一位女游客”“您的先生”等。

(8) 婉转推托语：如“承您好意，可是……”“对不起，我不能离开，我用电话帮你联系可以吗”等。

(9) 基本礼貌用语10字：您好、请、谢谢、对不起、再见。

(10) 常用礼貌用语11词：请、您、谢谢、对不起、请原谅、没关系、不要紧、别客气、您早、您好、再见。

(2) 服务人员动作标准化。服务人员与游客的接触过程中，其动作是非常有必要进行规范的，即对服务接触过程中服务人员动作进行标准化。动作的标准化是以游客所期望的动作标准来为其服务，在游客心目中建立一个良好的服务形象。如在酒楼前厅接待要站立服务，两手交叉在体前或交叉在背后，两脚成“V”字形或与肩同宽，身体正直平稳，游客光临时向游客鞠躬或点头问候；引导游客入座时向游客指示方向，行进中两眼平视，正对前方，身体保持垂直平稳，无左右摇晃、八字步和罗圈腿，走在游客的右前方或左前方1.5~2步远距离处，身体略微侧向游客等。

(3) 服务人员态度标准化。服务态度是服务人员对游客的思想情感及其行为举止的综合表现，包括对游客的主动热情程度、敬重和礼貌程度，服务态度是衡量服务质量的一项重要标准和内容。提到服务人员的服务态度，就必须要提到希尔顿的微笑服务。

友情链接6-7　希尔顿饭店的微笑服务①

号称美国“旅馆之王”的希尔顿，是世界上最有名气的酒店业者，是国际酒店的第一个管理者，也是最长久的一个。从1919年至1976年，美国希

① http://wenku.baidu.com/view/56d3419ebceb19e8b8f6ba1b.html? from = search.

尔顿旅馆从一家店馆扩展到70家，遍布世界五大洲的各个城市，成为世界上最大规模的旅馆之一。他成功的秘诀之一，就是服务人员微笑的魅力。1930年，西方经济危机，也是美国经济萧条最严重的一年。在这一年，全美旅馆倒闭了80%。希尔顿的旅馆也一家接一家地亏损不堪，曾一度负债50亿美元。但是，在困难时期，希尔顿并没有灰心，而是充满信心地对旅馆员工说："目前，正值旅馆亏空靠借债度日时期，我决定强渡难关，我请各位记住，千万不可把愁云挂在脸上，无论旅馆遭遇的困难如何，希尔顿旅馆服务员的微笑永远是属于旅客的阳光。"从此，他每天必定向员工提出问题"你今天对顾客笑了没有?"正是微笑形成了希尔顿旅馆独特的良好形象，最终使其渡过难关。萧条一过，希尔顿旅馆就率先进入了繁荣时期，跨入了经营的黄金时代。

如果乡村旅馆将"服务细致周到"，转化为服务员要在顾客允许的情况下为其提行李、在顾客进房时对房间内顾客必需的设备进行介绍、三分钟内为顾客打好热水等，这样自然就会体现出其服务细致周到，对服务员所提供的服务是否细致周到也有了判断的依据。

（4）乡村旅游标准化条例的制定。很多地区乡村旅游企业为了让自己的服务和管理更符合游客的要求，在凸显农家特色的基础上，制定了一些标准化的条例，让乡村旅游餐厅或客房走精品之路。

友情链接 6－8　去大鹏农家乐餐厅认准星级标准 ①

深圳市市场和质量监督管理委员会大鹏食品药品监督管理局（以下称"大鹏食品药品监督管理局"）、大鹏新区消费者委员会积极开展了2015年新区农家乐餐厅标准化创建工作，促新区农家乐餐厅走精品之路。大鹏食品药品监督管理局借鉴了我国农家乐发源地——四川的成功经验，通过座谈、收集资料和实地参观等方式，认真探讨总结了成都市郫县农科村、三圣花乡以及绵阳市安县

① http://barb. sznews. com/html/2016 -01/06/content_3433540. ht.

花城果乡的农家乐标准化建设工作的经验，并结合大鹏新区实际，联合深圳市标准技术研究院、大鹏新区经济服务局，组织制定了大鹏新区《农家乐餐厅指引》，对新区农家乐餐厅的经营场地、接待设施、服务质量等进行标准化的规定。工作人员根据大鹏新区《农家乐餐厅指引》的标准定义及基本要求，对新区农家乐餐厅进行严格的星级评定。

友情链接 6－9　山西乡村旅游客栈“农家乐”服务规格“星级化”①

“农家旅店有了统一标准”，这成为山西一些名胜、民俗景点吸引游客的新亮点。自 2007 年 1 月开始，《山西省乡村旅游客栈服务规范》正式实施，这意味着来山西游客食住在农家也能享受“星级”服务。

《山西省乡村旅游客栈服务规范》，包括经营条件、外部环境、设施、卫生、安全、服务、管理等，重点是客栈的住宿、餐饮、安全、服务 4 个方面。住宿方面，要求农家客栈的男女卫生间要分开，至少应有 5 间以上可供出租的客房，每间室内面积均需达到 10 平方米以上，有 10 张以上的床位，人均居住面积不少于 5 平方米。所有房间都能提供顾客单独持存的钥匙，能提供必要的信息咨询服务和小件行李存放服务。餐饮方面，要求“农家乐”的厨房墙面贴瓷砖，地面采取防滑措施。消防设施有灭火器，有专用消毒桶、消毒柜和消毒液；厨房干净卫生，有专用冰箱存储食物，食品生熟分开；有卫生许可证、健康证；有农家特色菜肴并明码标价。从业人员要有良好的职业道德，要身体健康、无传染病，持卫生部门颁发的健康证上岗；礼貌待客，文明服务，着装干净、整洁。服务方面，要求“农家乐”实行住宿登记制度；合法经营，不得从事违法、违规活动；禁止向游客出售过期变质的食品，餐具用后必须消毒；户主与游客分开居住，不得混居；注意防火、防盗，保证游游客身和财产安全。

---

① http://www.17u.net/bbs/show7,2007－1－10.

二、深入开展个性化服务

（一）个性化服务的内涵

所谓个性化服务在英文里叫作 Personal Service，它的含义是指为游客提供具有个人特点的差异性服务，以便让接受服务的游客有一种自豪感、一种满足感，从而留下深刻的印象，并赢得他们的忠诚而成为回头客。大力提倡个性化的服务，是提高旅游服务质量的黄金宝典。

提供个性化的服务，村、户更具优势。以家庭为主体的服务单位，服务者的自主性非常强，比较容易从旅游者的需求出发，提供更加个性化和人性化的服务。阳朔月亮山下有位年过花甲的农妇，只有小学三年级文化程度，却能用8种语言与外国游客进行交流。她带领“老外”们在最佳的时机、选最好的角度观赏当地的风景，走村串巷领略乡村的生活情趣，邀请他们到家中吃农家饭。和蔼的笑容、热情的服务，给外国人留下了深刻的印象，大家都亲切地称她为“月亮妈妈”。

（二）实行个性化服务的意义

1. 个性化服务可以强化品牌价值

提到世界上一些让游客念念不忘的著名品牌，除了品牌 LOGO 和理念映入游客的脑海外，就是品牌的个性化服务。世界上许多酒店都以其特色服务赢得了游客的青睐，如某高星级酒店提供的个性服务如家园国际酒店在接待金庸先生时，就为他打造了一桌“笑傲江湖宴”，菜名全部源于小说中的故事：“玉笛谁家听落梅”出自《射雕英雄传》，“笑傲江湖群龙会”出自《笑傲江湖》，“天龙八部烩海珍”出自《天龙八部》，甜点“飞狐巧炖雪蛤盅”出自《雪山飞狐》等。当时餐厅还被布置成了“桃花岛”，上菜的服务员是“郭靖”，斟酒的是“黄蓉”。这一切让金庸先生微腆着肚子，满意地笑了。又如洲际酒店在接待英国安德鲁王子一行时，先在香榭花园法国餐厅安排了高规格的皇家午宴，晚上又在豪华的洲际宴会厅举行了英国女王生日招待会。酒店一流的设施和优质的服务给英国皇室访问团一行留下了深刻的印象，得到安德鲁王子的高度赞扬。乡村酒店虽没有上述高星级酒店提供的众多服务项目，但是可以仿造上述酒店来巧妙地布置情景环境提高服务质量。

2. 个性化服务是提升游客满意度的有效途径

随着社会的发展和科技的进步，游客外出旅行的频率显著增高，游客外出旅游经历也越来越丰富。同档次旅游企业的硬件条件和服务项目基本相同，谁能带给游客不同的体验和感受，就能够拥有更多的游客。个性化服务塑造的正是这种与众不同。在乡村旅游的经营过程中，在住宿方面、餐饮或者乡村导游的提供方面，能做到让游客一次满意不难，但是要实现每一次都满意就比较难了。为了提升游客的满意度，我们可以对游客进行区分，采用有针对性的服务方式，必然使游客感受到员工的真心和乡村旅游的鲜明特色，这种感受在每一次入住体验中得到加强，进而提升了游客长期的满意度，起到培育忠实游客的作用。

知识卡片 6－10　服务的三重境界

服务境界第一重：眼中有服务，心中无服务。日常称之为“没有灵魂的服务”。就是说能够按照标准的流程和规范的礼仪礼节去接待游客，但心中缺乏对游客服务的热情，微笑都很牵强，这种服务充其量只能叫作认真工作。

服务境界第二重：眼中有服务，心中亦有服务。也就是在第一重的基础之上，深刻理解了服务的内涵，从内心接受这份事业并产生兴趣，决心在这方面有所成就，最终达到“心口合一”。借用领班的一句话就是“发自内心的那种快乐表现在脸上的笑容”。做到这一重就可以称为优秀服务了。

服务境界第三重：心中无服务，眼中亦无服务。有的是什么呢？有的只是人与人之间互相关怀的大爱。在这个阶段，服务不再是一种单向的对客行为，而成为客服互相沟通的媒介。服务员不再是低三下四的店小二，而是成为爱心大使的代名词。游客也不是高高在上的上帝，而是远方到来的行者。爱心大使碰上行者的那一天，也就是和谐的客服关系建立的那一天，整个社会也就和谐了。

（三）提供个性化服务的原则

1. 标准化服务是基础

个性化服务与标准化服务也是紧密联系、相互依托的，个性化服务建立在标准服务基础之上，标准化服务是个性化服务的前提，个性化服务则是标准化服务的延伸。

个性化服务要兼顾标准化，标准化服务是基础，没有标准不成方圆，离开了标准化服务，旅游企业将无法开展对游客服务。只有在坚持标准化服务的基础上，开展的个性化服务才能满足游客的需求，获得游客的高度赞誉。

2. 游客需求是出发点

旅游企业将每一位游客都看作 VIP 对待，尊重游客，以游客的需求作为个性化服务的出发点。VIP 是旅游企业的小部分游客，旅游企业为 VIP 提供的服务通常更细致、周到。旅游企业要想提高服务质量，就要考虑到所有游客的需求，而不仅是针对个别群体。

友情链接 6－10　被拒绝的游客

一位游客在西餐厅用餐时，要求服务员上香巾，供清洁双手之用，服务员大声地甩下一句话“西餐厅没有香巾服务”，转身离开了，言下之意是“你连这个都不懂还来吃西餐呀！”此举，让游客非常的尴尬，并且受到了周边游客的异样眼光，在朋友面前也丢了面子。

分析：游客已经提出了要求，作为服务员应该要耐心地解释，不应该以此服务在酒店标准化服务之外，拒绝游客提出的一个小小的要求，让游客丢了面子。游客的用餐习惯应该得到服务员的尊重，而不是奚落。即使游客的习惯不符合社交礼仪，服务员也只能隐性地引导，游客的合理要求应该得到满足。

3. 企业的特色是核心

在乡村旅游中，乡村旅游住宿要打造成独立的吸引核。乡村旅游民宿不仅仅是一个提供食宿的场所，更多的时候提供的是一个生活体验和一份真实，乡土文化的淳朴和百姓的质朴，是人们心中最大的精神需求。在产品的设计上凸显乡村文化，而不是打造成价格高达几百元甚至上千元的高端会所。正是由于游客的怀旧情怀和亲近自然的心理特征，乡村旅游为此开展具有乡村气息的个性化服务，给游客带来了独特的体验。特色鲜明的乡村民宿个性化服务，给游客留下了不可磨灭的印象。

（四）乡村旅游个性化服务的实现路径

1. 客房管理的个性化服务

（1）准备有特色的客房。为了满足不同游客的需求，现在很多的乡村旅游酒店客房形式配备齐全，不仅有传统酒店的单间、标准间和套房还有突出乡村特色的农家小院和“仿古”农庄等。如北京蟹岛绿色生态度假村和雁南飞茶田度假村内的客家围龙屋等。

比如雁南飞茶田度假围龙屋为了满足部分游客体验的乡土人情的需求，打造出建筑风格保留了土楼的“村容村貌”，装饰风格凸显了客家的风土人情。

友情链接 6－11　广东雁南飞茶田度假村围龙屋

广东省梅县雁南飞茶田度假村打造的围龙大酒店，就是根据客家围龙屋的反围龙结构打造的，酒店和客房的装饰体现了客家人的地域文化特色，给游客带来深刻的体验。其住宿也很有特色，农家按照客家人的风俗习惯来安排客房，游客入住古香古色的土楼客房，享受土楼人的生活，还可与土楼的居民用餐、泡茶、拉家常等。除特色客房外，还为游客提供农家新民居带点现代化的客房，配备有 DVD 播放室、骑车吧、网络、茶室、独立的和公共的浴室、自动洗衣房等，提供车票机票预订、代发邮件、CD 刻录、行李寄存、二手货代售等服务，真正做到了标准化和个性化相结合，让游客自由选择，方便了游客需求。

（2）提供细致周到的服务。例如，针对老弱病残等行动不便、生活难以自理的残疾旅客的特点，乡村旅游企业应为其提供更为细致周到的服务，将真诚的爱融化在服务之中。在服务过程中，像对待朋友和家人一样，真诚地关心每一位顾客。如可以将电梯门、客房门加宽以便于轮椅出、入，还可以对部分客房的卫生间尤其是卫生间的卫浴设施进行改造，方便旅客享用乡村酒店设施与服务。

2. 餐饮管理的个性化服务

（1）准备有特色的餐厅及餐位。餐饮管理者要能够主动根据这些游客的构成和特点准备各具特色的包房、观景座位、包厢座位、聚会台位等。例如，有的游客喜欢坐靠窗户边的座位，有的游客在用餐时喜欢背对窗户的座位，有的游客喜欢一个人坐包厢等。只要条件允许，这些游客每次来用餐时，都应该被安排在他们所喜欢的厅房或台位。再如，在家庭聚餐上，常常有随父母一起用餐的儿童游客。不管是出于安全考虑，还是为了营造温馨的用餐环境，餐厅和宴会厅应该主动准备好儿童椅、高椅以及供儿童饮牛奶、果汁用的一次性塑料杯和一次性的儿童用餐围兜。

（2）提供个性化的菜单。菜单作为游客在饭店的餐厅、宴会厅用餐的主要参考资料，起着向游客传递信息的作用。有的饭店餐厅的午餐菜单内页每天都会更换，尽管所换的内容只是一小部分，比如日期、星期、当日例汤、当日特菜，但是有了这些最新的内容再加上与当天（比如某个节日）相配套的问候语印在菜单第一页的顶部，使游客一打开菜单就能感受到他们所享受的是最新的服务，并且能产生一种亲切感。

（3）提供有农家文化内涵的特色菜。游客不仅可以品尝到美味的农家菜，也要感受菜品中丰富的文化内涵。浙西衢州宴席中的许多菜名都有着深刻的寓意，流传着美好的典故。如豆腐丸子又称“状元丸子”，是衢州市农村一道较为普及的菜肴。相传古时候有一农家家境贫寒，儿子要进京赶考时家中无佳肴可为其饯行，其母就把豆腐做成丸子状以示隆重，寓意其高中状元。而“农常八宝”菜名中的“常”寓指“藏”，寓意农家常藏八宝，生活富裕。

（4）提供个性化的餐饮服务。①针对不同职业游客的服务策略。如体力劳动者就餐时，在直接需求方面往往以经济实惠、快捷为主，在间接需求方面较模糊的表现为就餐环境宽松、不拘谨，服务时应倾注些情感关怀，多一些情感交流；在其点菜时应耐心等候，不催促，也不轻易介绍菜肴；脑力劳动者就餐时，其职业习惯也会表现出来，他们就餐时要求会比较多，服务时要注意聆听，方可满足其求尊重的心理需求，即使要求不太合适也要耐心听过后再提建议，不可直接说“不”。②不同年龄游客的服务策略。少年儿童游客生性爱玩，不懂人情世故，胃容量也小，其要求花样品种多，菜品质量优，就餐速度快，对刺激性大的菜品难以适应，一般喜欢清淡、鲜嫩、易消化的食品；中青年游客生命力旺盛，对各种食品的接受能力也最强，辛辣、油腻、味重、强刺激的都喜欢；中年游客比较挑剔，强调过不要的菜品就不要再提起。老年游客求实惠心理比较强烈，对环境卫生、服务态度和菜肴品质要求比较高。

3. 其他管理的个性化服务

一次性的个性化服务容易做到，但是如何使得乡村旅游的个性化服务持续下去呢？仅仅凭借员工惊人的记忆力和畅通无阻的信息沟通是不可能实现的，建立客史档案，对游客的特殊需求做好记录，才是可靠的选择。乡村旅游企业员工要在游客每一次光临期间，主动与游客沟通，了解游客的需求，并将其记录下来，不断完善客史资料，才能尽可能多地掌握和保存游客的信息。同时也可以开展相关员工的沟通和交流，使客史信息更好地应用于乡村旅游企业的对客服务中，这才是乡村旅游个性化服务得以实现和持续的根本。

知识卡片 6－11 个性化服务的表现形式

一般的个性化服务。只要服务对象提出要求，就尽可能去满足。这类个性化服务在技术上要求不高，只要员工具备积极互动为服务对象服务的意识，做到心诚、眼尖、手快即可。

突发服务。游客并不是原有需求，而在接受服务期间发生了需解决的问题，需要企业帮助，如果此时服务准确到位，游客将永远难忘。

针对性服务。该服务也不一定高档，但要求服务员有强烈的服务意识，想游客之所想，有时甚至要站在游客的立场上看问题，有针对性地提出个性化的服务。

委托代办服务。指游客本人由于各种原因无法亲身办理而委托服务组织代办，这一类的个性化服务要求员工对服务的对象负责，竭诚为游客提供附加服务，让游客满意，培养游客的忠诚度。

三、积极倡导人性化服务

我国是一个有五千年历史的文明古国，国人向来注重情义二字。情义无所不在，也渗透到酒店服务中。旅游企业管理者、一线服务人员、游客所处的地位和作用各异，扮演的角色也各不相同，但他们之间有一点是相同的，那就是人与人之间的情感。有人说“感情服务是中国服务之魂”，在一向以“礼仪之邦”著称于世的中国，这句话确实在一定程度上总结出中国旅游行业服务的特点。优质的服务会让游客产生温馨、舒适、惬意的心理状态，乡村旅游的人性化服务也应运而生。

（一）人性化服务的内涵

人性化服务就是以人为本，为服务对象全心全意提供优质的服务，给服务对象以关怀，从而有效地提高服务满意度，进而增加服务对象的顾客满意度，最终达到提高企业服务质量的目的。人性化服务处于服务质量等级的最高层，是在充分考虑人的要求、尊严、差别、弱点，以及隐私等的前提下来提供的充满人文关怀的服务。

（二）人性化服务理念

人性化服务突出服务中的感情色彩，人性化服务的理念主要有宾至如归、考虑游客的潜在需求、用心服务等。

1. 宾至如归

“身在异乡为异客”，身处异乡的游客都希望在陌生的地方能够感受到亲切感，若乡村旅游能为游客营造家的氛围，服务上为游客营造一种亲切的氛围，会让游客产生宾至如归的感觉。寒冷的冬季，为游客倒上一杯热茶，足以驱散冬日里的寒冷；炎热的夏季，一碗冰凉的绿豆汤，既降温又解暑；特殊节日里的一枝鲜花，让游客备感温暖，让游客感觉“到家了”。

2. 考虑游客的潜在需求

人性化服务中的“人性化”就是在提供服务之前，要充分考虑游客的需求，让游客在接受的服务过程中感到舒适，乡村旅游从业人员本着“急游客之所急，想游客之所想”的原则，时时、事事、处处为游客提供便利，让服务中充满人情味，让游客感受到友善和关爱，为游客提供体贴服务，让游客得到超值的精神享受。

友情链接 6－12　三碗茶成就一代名将①

日本历史上的名将石田未成名之前在观音寺谋生。有一天，幕府将军丰臣秀吉口渴到寺中求茶，石田热情地接待了他。在倒茶时，石田奉上的第一杯茶是大碗的温茶，第二杯是中碗稍热的茶，当丰臣秀吉要第三杯时，他却奉上了一小碗热茶。

丰臣秀吉不解其意，石田解释说：这第一杯大碗温茶是为解渴的，所以温度要适当，量也一定要大；第二杯用中碗的热茶，是因为已经喝了一大碗不会太渴了，稍有品茗之意，所以温度要稍热，量也要小些；第三杯，则不为解渴，纯粹是为了品茗，所以要奉上小碗的热茶。

丰臣秀吉被石田的体贴入微深深打动，于是将他招入自己的麾下，使得石田成为一代名将。

3. 用心服务

乡村旅游日益成为都市人的新宠，但是乡村旅游资源点多面广、分布零散，难以满足游客日益增长的个性化需求。因此，乡村旅游服务要用心，要懂得换位思考，理解游客，充分为游客考虑，更好地了解游客的需求。比如，安顺实行“智慧乡村旅游建设，就是利用网络整合乡村旅游的各个要素，为游客提供低成本、高效率的智能服务模式”。

个性化服务并不是服务规范中所规定的，是乡村旅游从业人员善于将心比心，在力所能及的范围内主动为游客排忧解难，收到理想的效果。因此，乡村旅游员工只要用心为游客服务，就能够体会到游客的感受、能够揣摩游客的需求、提供更具人情的服务。

（三）乡村旅游的人性化服务措施

乡村旅游的人性化服务要从游客和员工两个方面着手。从游客方面来说，硬件配置要从人性化设计着手，在人性化理念下开展对客服务，旅游企业的规

---

① http://wenku.baidu.com/link?url=LzH1ReQmBe-8bv9oBb0WKm2Icv2lj3tdyJDimtpC9G0bPcoJov_CcgMZqbAGynnKhN3-f8lk8KoDzAybvjYteemEyVL2Z9Lh-YMKNdVbQby.

章制度更要有人情味，用温馨的语言、感人的行为切实实践人性化服务。从员工方面来说，企业对员工的管理要人性化，对员工产生激励作用。乡村旅游人性化服务要实现的目标是“以员工满意为基础，实现游客满意。”

友情链接 6 -13　贵州安顺市智能终端化服务的人性化

贵州省安顺市全面启动“智慧乡村旅游”建设，“游客只需一部手机，就可实现安顺乡村游的导游、导航、导购”。乡村旅游点将通过以手机 APP 客户端为网络支撑的智能平台以及无线宽带网的覆盖等方式，让游客只需在手机上动动手指，就能享受快速、便捷、低成本的人性化服务，从而树立该市乡村旅游的服务品牌。

1. 硬件配置要彰显人性化

良好的硬件设施是旅游企业提供优质服务的平台，构建人性化的经营理念，应始于旅游企业的硬件设施，应以顾客为中心而展开设计。如乡村旅游酒店已普遍引入的电脑门锁和智能项目集成系统，就是一种人性化进步，还有客房应根据主流客源的时空分布、特点、喜好及需要配置相应设施；很多酒店从就餐环境方面来满足用餐游客的个性化需要，具体做法主要体现在为不同的游客准备不同的包间、观景座位、包厢座位、聚餐座位、情侣座等，让顾客体验各种各样的历史文化、地域文化、民族文化等氛围。这看似一个小小的变化，却反映了从以酒店为中心到以顾客为中心的转变。

友情链接 6 -14　河南托斯卡纳意大利乡村主题餐厅

托斯卡纳是郑州市为数不多的一家意大利乡村主题餐厅，还未走入餐厅，就已感受到浓郁的意大利风情，踏上古朴的石陶台阶，推开厚重古典的木质门，首先进入眼帘的是欧洲四季女神的铸铁雕像，雕像脚下是半圆的水池，从石柱铸铁狮嘴中流出潺潺的流水缓缓地注入水池，大厅散放着几把户外伞桌和木椅，脚下满是盛开的鲜花，恍然进入了一座欧洲花园。踩着古老的地砖，来到了第一个就餐区域，为了给游客营造独立的空间和私密感，木制的栅栏和碎花的纱幔将这一区域分隔成了几个私密的个人空间，到了夜晚摇曳的烛光更增加了浪漫的气氛。一楼是3个可容纳8～10人的包间，装修风格各异，门前和窗下摆满了造型各异的意大利红陶花罐。走上用原木制作的木楼梯，二楼是两个情侣包房，舒适宽大的欧式布艺沙发，木质的斜屋顶，满墙的碎花儿壁纸，铸铁的烛台和暖炉，到处洋溢着悠闲的氛围。这些浪漫的氛围和隐私化的设计体现了托斯卡纳意大利乡村主题餐厅的人性化特点。

2. 产品设计要注重人性化

实质上，个性化服务在乡村旅游企业意味着服务的创新，它包括三个方面：一是主题活动。这种活动主要是根据一些特殊顾客群的要求和节令的变化，而创造的满足其特殊需求的、适宜特定情境的服务。如顾客生日、中秋节、情人节等主题活动。二是特殊的服务项目。如乡村旅游经营者举办具有地方特色的节庆活动，这些具有地域特性的节庆活动尤使得乡村旅游独具吸引力。三是随机性的个性化服务。这种服务是服务人员在正常的服务过程中，为顾客随机性提出的特殊要求而提供的服务。它既是一种潜在的服务，也是一种超值的服务。

友情链接6－15　乡村旅游服务中的“超值服务”

2012年的一天，山东省章丘市某一乡村酒店的服务员发现游客枕过的一个枕头中间有一道折痕。细心的服务员小王想：为什么枕头中间出现一道折印呢？她分析了半天认为，这只有一种可能：游客嫌枕头矮，把枕头对折使用。当她确认自己的判断以后，小王给游客多加了一个枕头。晚上游客回到房间，发现床前多了一个枕头，顿觉奇怪：“我没跟任何人讲过，他们怎么知道我嫌一个枕头矮呢！”他要探个究竟。第二天，游客没有外出，专等服务员做房。当他见到小王劈头便问：“你为什么给我多加了一个枕头？”小王吓坏了，连连说道：“对不起，先生，实在对不起。如果您不喜欢，我马上撤掉，您看好吗？”游客看到服务员的紧张情绪，马上笑了：“不是，小姐！我是说，你们怎么知道我嫌一个枕头矮?”小王如释重负，就把她思考的前前后后一一道了出来。游客边听边想，脸上由白变红。当小王说完全过程，他再也抑制不住自己的激动，抢前几步，紧紧握住小王的手说：“小姐，您在用‘心’为游客服务！……”

3. 服务流程构建要突出人性化

旅游企业的核心在于创造服务。乡村旅游的竞争上升到一定程度不再是硬件的竞争，而是服务的竞争，而服务的竞争又体现在最能体现差距的细微之处。服务流程的人性化，绝非口头上的“顾客就是上帝”和形式上的“微笑服务”所能奏效的，而要有实质性的内容。乡村旅游企业应根据顾客需要和特定情境提供量身定做的和超越其心理预期的服务，这是其核心竞争力所在。

友情链接 6-16 “暖被窝”服务

“暖被窝”服务听起来就让人感到暖暖的。2010 年，英国萨里郡（Surbiton）的一家旅馆推出了专业“暖被窝”服务，随后，伦敦假日酒店跟进了此项服务，在为时一周的时间里，为游客“暖被窝”。“暖被窝”服务就是为游客将被窝暖起来，让游客可以在温暖的被窝中安然入睡，摆脱失眠的痛苦。在冬日的伦敦，这项服务就像一缕阳光，温暖了游客的心，很快此服务就在全球产生了轰动效应。具体的服务方式是：当游客提出服务要求后，一位身着从头到脚连体衣的酒店员工会进入游客的被窝，时长 5 分钟，“就像一个巨大的热水瓶”，让游客和被窝都暖和起来。

4. 企业规章制度要有人情味

很多乡村旅游企业参照酒店的规章制度执行，要求非常严格，约束了员工甚至是游客的行为。有些制度一度受到广泛关注，而引发了激烈的争论，如去吃饭，餐厅不允许游客自带酒水，如果游客自带酒水，则要加收开瓶费；进包间，有最低消费，游客消费不足的，按最低消费额计；住宾馆，必须赶在中午 12 点以前退房，否则要加收房费等。面对这些行业的潜规则，消费者只能选择被迫接受。人性化的服务要求旅游企业建立有人情味的规章制度，很多星级酒店已经开始进行变革，乡村旅游酒店也正在向着这个方向努力。

知识卡片 6－12　酒店退房时间

中午 12 时，曾是全世界酒店业退房结算时间的“金科玉律”。我国也借鉴了源于欧洲的中午 12 时退房统一打扫房间的规定，如果游客退房时间超过 12 时，则需要多交纳一定数额（多是半天）的房费，且在《中国旅游饭店业协会行业规范》中做出约束。然而，这一规定是很不人性化的，游客交纳的是一天 24 小时的房费，如果游客前一天中午 12 时并没有办理入住手续，而是下午 14 时以后才进入客房的，那么住宿的时间还不够一天。而且，部分游客通常在下午离开酒店赶往飞机场或火车站，12 时退房后，则还需到其他地方等待。因此，部分酒店已将退房时间延长至下午 13～14 时，满足这部分游客的需求。这种人性化的改变，符合市场的变化和游客的预期，受到了游客的欢迎。

5. 温馨的语言是人性化服务的直接体现

乡村旅游的人性化服务不仅体现在硬件配置和服务上，员工的语言表达方式和能力也直接展现出人性化。员工的语言本身属于旅游服务的一部分，但由于语言在人性化服务中起到了非常重要的作用，这里将语言单独提出作为一个独立的因素加以强调。语言是感情交流的工具，乡村旅游企业员工的语言表达出不同的情感内涵。一句句诚挚的问候、一声声热情的招呼，都表达出员工对游客的关心，让游客感受到如沐春风般的舒畅。乡村旅游企业员工要善于在服务中运用语言，不仅要会做，还要会说，人与人之间的语言交流才能表达出内心的情感，温馨的语言让“人性化”的理念在任何地方传递。

6. 员工管理人性化

乡村旅游企业要尊重、信任员工，对员工进行人性化管理。首先，要给予员工行业平均水平之上的薪酬待遇，让员工安心在企业工作；其次，要给予员工一定的授权，让员工在工作中能够发挥自己的主观能动性，激励员工努力工作；再次，采取多种方式降低员工的劳动强度、提高劳动效率。旅游从业人员的劳动强度是很大的，超负荷、超时间工作的情况经常出现，给员工造成了极大的身体和心理压力。旅游企业要鼓励员工在服务中勇于创新，合理地设计服务流程和程序，配备高效的工具设备，在提高游客满意度的同时，提高工作效率、降低劳动强度。最后，乡村旅游企业不仅要关心员工，还要关心员工身边的人，让员工感受到家的温暖。对员工的人性化管理，必然提高员工的忠诚度，减少员工的流失比率，成为旅游企业持续、稳定经营的坚实后盾。

友情链接 6－17　四季酒店令人叫绝的员工人性化管理 ①

四季酒店是一家国际奢华酒店管理集团，酒店是唯一一家员工不用饭卡的酒店，员工只要是穿着工作制服，都可享受一日四餐的待遇。而吃多吃少、丰俭随意，你要吃三块排骨也行，多吃水果也行，多喝几杯饮料也无妨。餐厅就这么一个，从总经理到做 PA 卫生的临时工都在这里就餐，没有等级之分、人人平等。“四季”的理念是：不分国籍、肤色、宗教信仰，我们都是“四季人”。员工在工作区域一律不得放杯子喝水，这是保证服务和工作环境整洁的严格要求，任何员工可抽工作空隙自由去餐厅喝各种饮料。餐厅 24 小时供应饮料，供餐时间除凌晨 1～5 时外，也连续开放（短暂的清扫停歇除外）。

再来看员工的洗澡场所，完全跟游客一样，有沐浴液、浴巾、拖鞋、梳子、吹风机等，擦完身，把毛巾往箩筐里一扔了事。为什么这样做？“四季”考虑得很细，若员工自己带毛巾，湿湿地放在更衣柜里就会散发馊霉味；没有吹风机，员工的头发湿湿地走在公共区域，形象就不达标。

一斑而窥全豹，仅从员工餐厅和洗澡间就可以领略到四季酒店对员工关怀的细致入微。有了良好而又平等对待的员工，他们就必然能心情舒畅、集中精力去为游客提供高品位的优质服务了。因此，全球四季酒店员工的跳槽率是最低的。

---

① http://www.aiweibang.com/yuedu/4303377.html.

参考文献

[1]汪中求. 细节决定成败[M]. 北京:新华出版社,2004.

[2]李鹏,冯艳滨,孙俊明. 旅游标准化理论研究与实践[M]. 北京:中国旅游出版社,2013.

[3]张延,金慧君. 中西方酒店个性化服务及管理差异的比较研究[N]. 宁波:宁波工程学院学报,2005,17(1):47 – 50.

[4]孙丽钦. 酒店基础知识[M]. 北京:清华大学出版社,2013.

[5]周利兴,韦明体. 旅游职业道德专题讲座[M]. 昆明:云南大学出版社,2005.

[6]马勇虎. 旅游职业道德概论[M]. 合肥:合肥农业大学出版社,2009.

[7]庸代剑,池静. 中国乡村旅游开发与管理[M]. 杭州:浙江大学出版社,2005.

[8]李海平. 农家乐旅游与管理[M]. 杭州:浙江大学出版社,2006.

[9]杨炯蠡,殷红梅. 乡村旅游开发及规划实践[M]. 贵阳:贵州科技出版社,2007.

[10]夏林根. 乡村旅游概论[M]. 上海:东方出版中心,2007.

[11]李静轩. 乡村旅游开发与经营[M]. 北京:农业科技出版社,2011.

[12]杨永杰,耿红莉. 乡村旅游经营管理[M]. 北京:中国农业大学出版社,2011.

[13]蔡小于. 乡村旅游经营宝典[M]. 成都:西南财大出版社,2008.

[14]王云才,郭焕成. 乡村旅游规划原理与方法[M]. 北京:科学小版社. 2006.

[15]蒙睿,周鸿. 乡村生态旅游理论与实践[M]. 北京:中国环境科学出版社,2007.

[16]杨桂华,王秀红. 农家乐经营手册[M]. 北京:中国旅游出版让,2006.

[17]刘晓萍,崔春芳. 酒店服务新概念[M]. 北京:企业管理出版社,2012.

[18]陆素洁. 如何开发乡村旅游[M]. 北京:中国旅游出版社,2007.

[19]张延. 酒店个性化服务与管理[M]. 北京:旅游教育出版社,2008.

[20]杨首乐,张淑萍,史慧俊. 乡村旅游服务员培训教程[M]. 北京:中国农业科学技术出版社,2013.

[21]四季酒店令人叫绝的员工人性化管理[2015 - 12 - 09]. 来源:迈点资料. 爱微帮. http://www. aiweibang. com/yuedu/4303377. html.

[22]三碗茶成就一代名将(2013 - 12 - 20). [2015 - 12 - 09]. 来源:百度文库. http://wenku. baidu. com/link? url = LzH1ReQmBe - 8bv9oBb0WKm2Icv2lj3tdyJDimtpC9G0bPcoJov_CcgMZqbAGynnKhN3 - f8lk8KoDzAybvjYteemEyVL2Z9Lh - YMKNdVbQby.

[23]希尔顿饭店的微笑服务(2013 - 07 - 04). [2015 - 12 - 13]. 来源:希尔顿饭店的微笑服务. 百度文库. http://wenku. baidu. com/view/56d3419ebceb19e8b8f6ba1b. html? from = search.

[24]四川九寨沟推动乡村旅游规范化发展(2012 - 12 - 10)[2015 - 12 - 13]. 来源:中国阿坝州门户站. http://www. abazhou. gov. cn/ztjs/dycg/hybg/msl/201212/t20121210_885599. html.

宁夏蓝皮书

BLUE BOOK OF NINGXIA

宁夏社会发展报告

ANNUAL REPORT ON SOCIAL DEVELOPMENT OF NINGXIA

（2019）

宁夏社会科学院 编

黄河出版传媒集团

宁夏人民出版社

图书在版编目(CIP)数据

宁夏社会发展报告. 2019 / 宁夏社会科学院编. —银川：宁夏人民出版社，2019.1

（宁夏蓝皮书）

ISBN 978-7-227-07025-2

Ⅰ.①宁… Ⅱ.①宁… Ⅲ.①社会发展—研究报告—宁夏—2019 Ⅳ.①D674.3

中国版本图书馆 CIP 数据核字(2019)第 009641 号

宁夏蓝皮书

宁夏社会发展报告(2019)　　宁夏社会科学院　编

责任编辑　陈　浪
责任校对　白　雪
封面设计　张　宁
责任印制　肖　艳

黄河出版传媒集团
宁夏人民出版社　出版发行

地　　址　宁夏银川市北京东路 139 号出版大厦(750001)
网　　址　http://www.yrpubm.com
网上书店　http://www.hh-book.com
电子信箱　nxrmcbs@126.com
邮购电话　0951-5052104　5052106
经　　销　全国新华书店
印刷装订　宁夏精捷彩色印务有限公司
印刷委托书号　(宁)0012173

开本　720 mm × 980 mm　1/16
印张　15.75　字数　232 千字
版次　2019 年 1 月第 1 版
印次　2019 年 1 月第 1 次印刷
书号　ISBN 978-7-227-07025-2
定价　50.00 元

目　录

总　报　告

领　域　篇

专　题　篇

调　研　篇

总报告

ZONGBAOGAO

2018年宁夏社会形势分析与2019年发展预测

杨永芳　陈通明

2018年，宁夏回族自治区迎来了60周年华诞，同时，与全国改革开放40周年同步发展，宁夏山川面貌发生了翻天覆地的巨变。2018年，宁夏各级党委、政府以“建设美丽新宁夏，共圆伟大中国梦”为指引，贯彻新发展理念，坚持以人民为中心的发展思想，立足区情，振奋精神，实干兴宁，大力实施创新驱动、脱贫富民、生态立区“三大战略”，全面推进教育、就业、医疗卫生、社会保障和住房等各项社会事业发展，补齐民生短板，创新社会治理，城乡居民收入稳步增长，社会大局和谐稳定，群众的安全感、获得感和幸福感显著增强。

一、2018年宁夏社会建设发展状况

社会建设是指为所有社会成员提供生存发展所需要的社会环境和条件的过程，其内容涵盖了社会生活的各个领域。2018年，自治区党委、政府把人民对美好生活的向往作为动力，持续加大民生投入，社会建设稳步推进，使人民群众的获得感不断提升。

（一）民生事业快速健康发展

2018年，以发展公共服务为基础，以改善民生为目标，社会事业不断

作者简介　杨永芳，宁夏社会科学院社会学法学研究所副所长，副研究员；陈通明，宁夏社会科学院研究员，宁夏社会学会会长。

进步。

1. 优先发展教育

2018 年，宁夏深化教育综合改革，教育事业实现了稳中提质、稳中增效的目标。一是全力推动“互联网+教育”示范区建设。在全国首家获批建设“互联网+教育”示范区，拟订了《“互联网+教育”示范区建设规划(2018—2022)》，支持建设 13 所示范学校。二是各级各类教育事业发展态势良好。新建改扩建幼儿园 104 所，新增政府购买服务民办幼儿园 95 所，普惠性幼儿园覆盖率达到 80%；均衡发展义务教育，西吉、同心、红寺堡三县（区）最后一批通过国务院教育督导委员会评估认定，率先在西部以省为单位实现义务教育基本均衡发展；普通高中教学改革稳步推进，高中阶段教育实现特色化、多样化发展。推进高等教育内涵发展，推进落实部区合建宁夏大学工作。三是全力解决群众反映强烈的突出问题。主要针对培训机构不规范、“大班额”和部分民办学校违规收费等问题开展专项治理，共摸排校外培训机构 2094 所，整改完成率 95.2%。投资 11.3 亿元，实施“全面改薄”工程（全面改善贫困地区义务教育薄弱学校基本办学条件），化解“大班额”难题，基本消除了 66 人以上超大班额，大班额较 2017 年下降 1.14 个百分点。

2. 改善就业创业质量

2018 年，宁夏经济发展总体平稳，就业局势保持总体稳定。一是城乡就业稳中有增。2018 年 1—11 月，全区城镇新增就业 7.99 万人，完成目标任务的 106.6%；城镇登记失业率为 3.89%，低于目标任务 0.11 个百分点；城镇长期失业人员再就业 6.16 万人，完成目标任务的 118.4%，同比减少 2.4%；城镇困难人员实现就业 8537 人，完成目标任务的 121.96%；农村劳动力转移就业 78.03 万人，完成目标任务的 111.5%，同比增长 3.3%,实现工资收入 87.72 亿元，完成目标任务的 125.3%，同比增长 12.4%；全区购买安置公益性岗位 10202 个，组织城乡劳动力培训 5.8 万人，开展创业能力培训 1.27 万人，培养创业实体 1.19 万个，创造新岗位 3.45 万个，分别完成目标任务 127%、116.4%、172.4%；创业担保贷款余额 14.1 亿元，完成目标任务的 141%，创业带动就业 6.5 万人，完成目标任务的 118.2%。各项重点工作任务均已完成。二是抓好重点群体就业。深入实施高校毕业生创业引领和就业促进计划，统筹实施“三支一扶”“特岗教师”等基层服务项目。截至11月底，高校毕业生就业率达91.47%。全区发放创业担保贷款9.27亿元，创业担保贷款余额达14.1亿元。其中高校毕业生创业担保贷款3299.5万元；返乡农民工创业担保贷款9187万元，建档立卡户创业担保贷款3866万元。三是开展全方位公共就业服务。加强“互联网+”公共就业服务平台建设，将504家规模以上企业20.16万岗位纳入就业监测范围。

3. 提高社会保障待遇水平

一是社会保险体系日趋完善。巩固全民参保登记成果。截至10月底，全区基本养老、医疗、失业、工伤、生育保险参保分别达到394.84万人、624.42万人、91.35万人、91.34万人、86.99万人，分别完成全年任务的101.8 %、103.2%、102.6%、103.8%、111.5%。建立城乡居民养老保险待遇确定和基础养老金标准正常调整机制，机关企事业单位退休人员、城乡老年居民养老金月人均分别增加162元、23元。完善医疗保险政策，调整城乡居民医疗保险财政补助标准和个人缴费标准，将17种国家谈判抗癌药品纳入医保药品目录，降低14种国家谈判抗癌药品医保支付标准。推进医保支付制度改革，全区三甲医院对107个病种实施按病种付费。加强跨省异地就医直接结算管理，为1.58万人次直接结算医保基金2.16亿元。二是不断提高社会救助水平。提高低保标准，城市低保标准由每人每月440元提高到560元，农村低保标准由每人每年3150元提高到3800元。建立孤儿养育津贴标准动态调整机制，将具有宁夏户籍且18周岁以下的父母一方重残、失踪、服刑等困境儿童纳入保障范围。推进扶贫低保两项制度衔接，将农村低保对象中有劳动能力的人口纳入建档立卡范围，将建档立卡对象中劳动能力缺失的人口纳入低保范围，实现两项制度对农村贫困人口全覆盖。三是强化社会福利保障。做好残疾人两项补贴发放工作，惠及残疾人18.7万人。

4. 推进“健康宁夏”建设

以“共建共享，全民健康”为主题，推进卫生与健康领域制度创新、管理创新，“健康宁夏”建设迈出坚实步伐。一是全面深化综合医改。出台《关于改革完善全科医生培养与使用激励机制的实施方案》《关于进一步深化基本医疗保险支付方式改革的实施意见》等文件，全面充实医改制度架构。完善分级诊疗制度，建成 8 个医疗集团、13 个专科联盟、7 个城市医共体、31 个县域医共体。166 家社区卫生服务机构与城市医院建立医联体，92 家乡镇卫生院纳入县乡一体化管理范围，覆盖率达到 45%。二是加快推进“互联网+医疗健康”。通过进一步优化资源配置、创新服务模式、提高服务效率、降低服务成本，推进宁夏“互联网+医疗健康”示范区建设。开展国家健康医疗大数据中心及产业园建设试点等，建成“国家—自治区—市—县（区）—乡”五级远程医疗服务体系，实现了多种远程医疗应用。建设健康扶贫医疗保障“一站式”结算平台，实现“信息多跑路，群众少跑腿”。三是医疗服务能力稳步提升。实施区域医疗中心和重点专科建设，批复建设县级重点专科 50 个。开展新一轮“千名医师下基层”对口支援活动，组建家庭医生团队 1725 个。

5. 推进健康老龄化工作

开展人口老龄化国情区情宣传教育活动，健全完善健康养老服务政策制度，印发《关于进一步加强健康养老服务工作的实施意见》《关于加强农村留守老年人关爱服务工作的实施意见》等政策文件。落实养老服务机构管理人员和护理员持证上岗制度，持证上岗率达 70%。在 4 所公办养老机构推行公建民营改革，引导社会力量参与运营管理。截至 2018 年 10 月，全区每千名老人拥有养老床位数达 33 张，安排资金 8464 万元，为全区 434 个农村老饭桌每个给予 1 万元运营补助。11 月，自治区十二届人大常委会第七次会议修订通过了《宁夏回族自治区老年人权益保障条例》，按条例规定，从 2019 年起，老年人将享受更多的福利和优待。

（二）立足城乡统筹发展，推动高质量的城镇化

以提升城市和小城镇功能品质为重点，加快新型城镇化进程。

1. 科学谋划城镇发展

印发《2018 年全区新型城镇化工作要点》和《自治区推进新型城镇化考核办法》，统筹实施城镇化重点项目 466 个，优化城镇空间布局和形态，加快居住证制度落地，有序推进农业转移人口市民化。

2. 着力完善城市功能

按照“300米见绿，500米成园”要求，结合旧城改造、园林城市创建推动小微公园、街头绿地等绿色空间建设，截至2018年10月，全区城市人均公园绿地面积达17.74平方米。全面推广银川市、中卫市城市步行和自行车交通系统示范项目建设经验，在新改扩建城市主次干道时设置自行车道和步行道，有效推进绿色出行。2018年3月，银川市建成区“八横十八纵”主干路网改造项目正式开工，进一步完善银川市的城市路网架构。

3. 加快美丽特色村镇建设，开展农村环境整治

近年来，科学有序推进美丽乡村建设，宁夏农村人居环境整治工作坚持因地制宜、先易后难，重点突出、成效明显，在组织领导、规划、机制、考核、绿化、资金等方面比较到位。农村人居环境呈现出“静、净、靓”的特点。2018年开工建设美丽小城镇20个，占年度任务的100%；完成固定资产投资3.4亿元，占年度计划完成总投资的56.7%；开工建设美丽村庄126个，占年度任务的126%；完成固定资产投资6.9亿元，占年度计划完成总投资的230%。全年开工建设特色小镇12个，占年度任务的100%；完成固定资产投资23亿元，占年度计划完成总投资的287%。截至10月底，全区农村人居环境整治完成农村污水处理及改厕2.9万户，占年度任务的97%；完成固定资产投资0.58亿元，占年度计划投资的97%。

4. 住房保障体系更加完善

坚持市场调节和政府保障相辅相成，着力解决城乡居民住房问题。一是加大住房保障。全力推动改造城镇棚户区住房，截至10月底，全区共开工城镇棚户区住房改造28463套，占年度计划的94.9%；完成投资45.3亿元，占年度计划投资的151%；发放城镇住房保障家庭租赁补贴11649户，占年度计划的108.8%；基本建成32546套，占年度计划的155%；公共租赁住房累计分配175945套，占年度计划的97.7%，累计入住153897套，占年度计划的92.2%；累计对187594户住房困难家庭实施住房保障。2018年全区棚改套均补助资金达到6.7万元，为历年最高。二是精准推进农村危窑危房改造。截至10月底，全区危窑危房改造开工32169户，占年度任

务的145%，竣工31026户，占年度任务的140%。

5. 推动房地产业健康发展

坚持因城因地施策推进去库存，截至10月底，全区房地产投资387亿元，同比下降29.4%；商品房销售面积777.4万平方米，同比增长2.3%；商品房待售面积922.7万平方米，同比下降12%。加大房地产市场防风险力度，指导各地强化逾期交房、“烂尾楼”、非法集资等风险防控工作，全区房地产市场运行健康 。

（三）创新社会治理，提升社会治理现代化水平

2018年，宁夏共建共治共享的社会治理格局不断完善，驾驭社会治理复杂形势的能力在逐步增强。

1. 全面推进立体化社会治安防控体系建设

一是社区警务提档升级。以“一村（社区）一警”社区警务为基础，实行“1+X+N”社区警务工作模式，全区入室盗窃、矛盾纠纷类警情、电信诈骗案件同比下降24.9%、5.1%、15.7%，社会治安防控得到全面加强。二是实施科技信息化“数据强警”工程。保障全区各类重大活动、警卫任务、安全事故、群体性事件现场实时“看得见，呼得通，调得动”，科技信息化牵引驱动作用更加凸显。三是开展道路交通安全隐患综合治理。危险路段治理率达到55%，重点车辆交通事故同比下降38.79%，全区公共安全形势持续向好。

2. 深化和谐社区建设

调整成立“宁夏回族自治区基层政权与社区治理工作领导小组”，在全国率先建立基层政权建设领导议事协调机制。将做实村民代表会议制度和修订完善村规民约纳入2018年乡村振兴战略考评，将乡镇政府服务能力建设和社区治理工作纳入自治区效能目标管理考核，得到民政部的肯定和推介。推进城乡社区民主协商，指导各地开展试点、打造亮点，以点带面促进整体工作，不断扩大公民有序参与。举办首届优秀社会工作服务案例评选大赛，闽宁社会工作“牵手计划”进展顺利，注册登记志愿者达67.8万人，比上年度新增16.9万人。

3. 社会组织健康有序发展

2018年以来，自治区着眼激发社会组织发展活力，以推进社会组织登记管理改革为主要目标，以加快社会组织培育发展为关键核心，以强化社会组织执法监管为主要抓手，以加强党对社会组织工作的领导为重要保障，统筹谋划安排，全面推动落实，逐步完善社会组织监管体系，不断加大社会组织培育力度，全面促进宁夏社会组织健康有序发展。截至2018年9月底，自治区本级登记社会组织1280家，其中社会团体746家，民办非企业单位（社会服务机构）464家，基金会70家。

4. 加强基层扶贫领域整治

2018年，全区各级党委、政府针对基层扶贫领域的突出问题，加大整治力度。一是整治部门责任不明确不落实、主动意识不强，对脱贫攻坚工作中出现的新问题、新情况不重视、不解决或者推诿扯皮等官僚主义问题。二是整治在应付检查考核上做文章，在结合实际、成果转化上实效不够的形式主义问题。三是整治驻村第一书记履职不到位、责任心不强，结对帮扶干部在结对帮扶期间不按要求入户走访，不宣讲扶贫政策，工作敷衍等问题。四是整治在贫困人口信息采集、摸底调查过程中，不实地核查，信息错误或不完整，贫困户识别不精准，扶贫项目不调研不论证，扶贫培训流于形式等问题。五是整治扶贫资金是否按规定合理使用、支出的问题。各地通过监督检查，对发现的问题督促整改落实。

（四）实施乡村振兴战略，坚决打赢脱贫攻坚战

2018年，在乡村振兴战略实施背景下，以农民增收为核心，深入推进农业供给侧结构性改革，围绕“1+4”特色优势产业，突出质量兴农、绿色兴农、品牌强农，农业农村经济稳中有进、持续向好。前三季度，全区农村居民人均可支配收入7466.2元，增长9.1%，增幅比全区城镇居民高0.6个百分点，预计全年农村居民人均可支配收入增长8%以上。同时，自治区全面落实中央脱贫攻坚决策部署，大力推进脱贫富民战略，全区脱贫攻坚工作稳扎稳打、前三季度，贫困县（区）农村居民人均可支配收入增长11.3%，增幅比全区农村居民高2.2个百分点。根据基层摸底和初步分析，3个贫困县、142个贫困村、11.5万建档立卡贫困人口具备脱贫退出的基本条件。

1. 着力推进农村改革，农业发展增添新活力

在全面完成农村土地确权登记工作的基础上，2018 年新增承包地确权登记颁证面积 2.43 万亩，完成数据变更 2.68 万户。探索开展了生产设施设备所有权、集体未利用荒地使用权、草原承包经营权等产权确权登记颁证试点，累计发放各种产权证 37256 本，成立土地股份合作社 98 个，入股土地面积 12.7 万亩。扎实开展农村集体资产清产核资，全区 2287 个村开展了清产核资工作，进入确认步骤的村占 87.1%。加快发展新型经营主体，新培育家庭农场 218 家、农民合作社 349 家，全区家庭农场、农民合作社分别达到 2916 家和 6267 家，新创建农业社会化综合服务站 40 家，农业产业化联合体 35 家。

2. 做实做细基础工作，确保扶贫措施精准到村到户到人

一是优化政策供给。坚持问题导向，完善政策设计，研究出台了加强控辍保学、促进就业扶贫、强化驻村管理等政策文件，进一步完善脱贫攻坚政策体系。二是加大资金保障。2018 年下达各类财政扶贫资金 53.03 亿元。加大涉农财政扶贫资金统筹整合推进力度，截至第三季度末，已整合资金 62.6 亿元，整合率 93.9%。三是扎实开展建档立卡动态调整和扶贫对象动态管理，加强建档立卡贫困人口数据分析和信息比对，通过动态调整净增贫困人口 1013 户 4958 人，规范贫困户退出标准、程序和人均纯收入计算方法，落实脱贫退出责任人签字背书制度，防止出现错退漏退。四是选好扶贫项目。组织召开全区贫困县完善县级脱贫攻坚项目库建设工作会议，印发《宁夏回族自治区县级脱贫攻坚项目库建设实施方案》，建立了自治区、县、乡、村四级协调联动机制，8 个国定贫困县（区）共入库项目 82062 个，计划总投资 325.35 亿元。

3. 严格落实精准方略，着力在提高脱贫质量上下实功

一是攻坚深度贫困堡垒。聚焦“五县一片”（五县指原州、西吉、海原、同心和红寺堡等县区）深度贫困地区、170 个深度贫困村和病老残特殊困难群体，持续加大资金投入，2018 年共安排“五县一片”深度贫困地区扶贫资金 36.4 亿元，占全区资金的 64.2%；2018 年预计可实现 50 个深度贫困村稳定退出。二是加大产业扶贫力度。召开全区特色产业发展暨产

业扶贫现场推进会，出台《2018年全区特色产业精准扶贫工作要点》《全区特色产业脱贫攻坚三年行动方案》，加大资金支持力度，落实中央和自治区各类农业项目资金31.37亿元，农业招商引资项目落地174个，实际到位资金38.96亿元。三是加强培训就业扶贫。紧盯市场用工需求大、就业稳定、收入较高的职业（工种），继续开展“点单式”“配送式”职业技能培训，截至10月底，职业教育暨技能培训已完成培训62688人。四是持续深化金融扶贫。加大金融扶贫产品和模式创新，引导各类金融机构积极参与支持脱贫攻坚。截至10月末，全区累计向13万户建档立卡贫困户发放扶贫小额贷款62.6亿元，贷款户数和金额同比分别增长19.6%和30.6%，贫困户贷款余额84.8亿元，覆盖率84.9%，户均贷款4.7万元。五是稳步推进易地扶贫搬迁。“十三五”易地扶贫搬迁累计搬迁安置移民8万人，提前完成“十三五”易地扶贫搬迁任务。六是着力强化“三保障”。教育扶贫方面，全面加强义务教育控辍保学，全区已劝返辍学中小学生9300人，劝返率97.2%。实行“奖、助、贷、免、补、减”多措并举，安排各类补助经费7.36亿元，资助学生45万人次。健康扶贫方面，建立基本医保、大病保险、医疗救助、扶贫保的综合保障网，覆盖所有建档立卡贫困人口，贫困患者住院全部实行“先诊疗，后付费”，“一站式”结算。

4. 大力加强基础设施建设

实施贫困村提升工程，按照“缺什么，补什么”的原则，聚焦短板、整合资源、集中投入，大力实施贫困村提升工程，拟脱贫出列的140个贫困村已完成投资20.19亿元，贫困地区农村饮水安全实现全覆盖，2018年完成45.7万人的饮水安全提升，其中建档立卡贫困户8.5万人，贫困地区自来水普及率达到88.5%，贫困群众如期用上安全饮用水。贫困地区交通建设加快推进，年底前将完成农村道路建设900公里，实现行政村全部通硬化路。

二、2018年宁夏社会建设中存在的突出问题

2018年，宁夏社会建设成就显著，但民生事业还存在群众反映强烈的一些突出问题，不仅降低了党和政府的公信力，也侵蚀了社会治理的根

基；由于机制和制度的不健全不完善，社会治理还存在一些需要高度重视的问题。

（一）社会建设的改革任务较为艰巨，民生保障有短板

1. 教育发展不均衡问题依然突出

一是优质教育资源不足。群众对“入公办园难，入民办园贵”，“择校热”，“课外负担重”，“民办教育高收费”等问题有意见。农村基础教育明显弱化，学生厌学、辍学现象增多。二是职业教育产教融合、校企合作不够深入，高素质技术技能型人才供给不足。三是高等教育综合实力较弱，人才培养质量有待提高，科技成果转化不足，教育服务经济社会的能力不强。四是教师队伍建设亟待加强。学前教育教师待遇偏低，特殊教育教师数量不足，中小学教师队伍存在结构性短缺，职业教育“双师型”教师普遍短缺，高校高层次人才引进难、留住难。考试招生、教育评价、办学体制和教育管理等改革进展较慢。

2. 就业压力依然较大

一是就业总量压力和结构性矛盾依然突出。招工难和就业难并存，就业岗位与就业能力不匹配的问题依然突出。第三产业吸纳就业的能力有限，重点领域、重点行业、重点企业紧缺专业和岗位设置不足，岗位与专业不对口，培养规模小，难以满足企业需求。急需紧缺人才总量不足、结构不合理、创新能力不强的问题突出。二是隐性失业显性化压力加大。受中美贸易摩擦及经济转方式、调结构、环境保护政策趋严等因素影响，部分涉煤、化工等企业停产减产增多，部分企业处于产业链底端，抗风险能力弱，职工待岗、转岗培训增多。三是劳动者技能素质偏低，就业能力较弱。农村转移劳动力等群体的技能水平偏低，不能适应企业技能型岗位的要求，而企业对技术性人才的需求缺口较大，各行业的熟练技工、高级技工都处于供不应求的状态。四是“慢就业”问题突显。大学生等青年群体就业压力较大，出现“慢就业”“缓就业”等现象。

3. 社会保险支付压力增大

一是基金压力加大。从社会保险领域看，受扩面空间收窄、持续阶段性降费、社保待遇刚性增长和享受待遇群体扩大等因素影响，社保基金收支矛盾凸显，有8个市县企业职工养老保险基金出现缺口，基金安全运行压力加大。二是改革压力加大。由于国家正在推进养老保险基金中央调剂金制度和社会保险费征收体制改革，涉及各方面责任划分和利益调整，对宁夏社保制度体系建设带来较大挑战。

4."健康宁夏"建设任务繁重

一是综合医改难度加大。宁夏是全国综合医改三大改革试点之一，目前，试点已进入"深水区"，主要涉及薪酬、人事、分级诊疗等方面改革难度较大。二是公共卫生服务均等化水平层次依然较低。"大健康"理念认识不足，协同推进"健康宁夏"建设力度还不够，全区城乡居民健康档案规范化电子建档率虽然已接近90%，但对居民慢性病如高血压患者、糖尿病患者的日常规范管理还是远远不够。三是"一站式"结算系统还不完善。四是医师工作负荷较重。医师工作负荷高于全国平均水平但薪酬低于全国平均水平，引才聚才用才的难度较大。

（二）基层社会治理力量较为薄弱，形式主义有所抬头

1.基层扶贫领域的信访量依然较高

从全区统计数据看，2018年与2017年同期对比，扶贫领域腐败和作风问题信访量呈上升趋势，虽然立案数有所下降，但处理人数呈上升趋势，说明扶贫领域腐败和作风问题还未从根本上遏制，存量依然较大，增量尚未遏止，查处范围更广、面更大。从问题性质看，主要呈现以下三个特点：一是违纪主体主要集中在村组干部。二是违纪行为方式表现为截留挪用、虚报冒领问题。三是优亲厚友等谋取私利现象。

2.城乡公共安全问题依然多发频发

一是集资风险依然存在。受国内外经济形势影响，以非法集资为特征的涉众型经济犯罪持续高发，涉案金额大，群众损失大，追赃挽损率低，成为诱发和加剧经济金融领域风险的最大隐患。二是经济下行导致的风险。由于企业经营困难，就业压力大，一些行业存在社会稳定隐患。全区公安机关自身还存在着情报预警不精准，重点管控不严密，科技应用效能不理想，执法服务水平不高等问题。三是乡村治安问题突显。随着乡村出现"空心化"，"三留守"人员自我保护意识不强，防御风险能力弱，致使针对留守老人的诈骗、盗窃犯罪，针对留守妇女的性侵涉暴犯罪，针对留守儿童的性侵和拐卖犯罪呈多发态势，对农村公共安全带来挑战。

3. 为人民服务的观念淡漠，形式主义有所抬头

一是一些部门和干部，履行职能并非全心全意投入，而是得过且过，当一天和尚撞一天钟应付差事。一事当先，出发点不是考虑如何把工作做好，如何维护国家和人民群众的利益，而是自己的地位权益，抱有这种观念的人当然谈不上能真心为人民群众谋利益了。二是检查过多过滥，检查成了开展工作的主要方式。基层部门和干部为了应付上级各个部门和领导的检查，耗尽精力，只能疲于奔命，没有时间履行职能开展工作。基层干部能保持“三分之一工作模式”（三分之一时间开会，三分之一时间接待上级部门，三分之一时间干工作）已经不错，现在的情况是除了开会和应付检查，做实际工作的时间和精力就很少了。二是“工作不够，材料来凑”。材料和数字堆砌代替具体工作和实际，向上级部门报送五花八门各式各样的报表材料，成了基层部门的“第一要务”，材料中许多数字，并未经过严谨的核实核算，往往出自一些印象和判断，甚至一些数字完全背离了真实的情况。三是压力传导，层层加码。“上面千条线，基层一根针”，上级下达的任务，全部交给基层去办，而且层层加力加量。一些部门成了文件“二传手”，把上级的文件改动后下发给基层去执行完成。有文章指出，这种工作模式就是“开会动员—发文布置—督查考核”。四是官话套话连篇。开会讲话，发文布置，多是围绕“细化措施”“督查问责”的官话、套话。不接触实际，更不愿或不敢揭示矛盾和问题。说成绩夸夸其谈，说不足和矛盾，轻描淡写，一笔带过，尽量回避。五是树立样板、建立示范流于形式。树样板示范，是开展工作的重要手段。但有些地方树样板和示范比较随意，或者投入巨资搞成“高大上”，并无推广价值。有的样板和示范沦为面子工程和政绩工程，或者基础不扎实，做表面文章，缺乏生命力，昙花一现。

4. 基层治理面临难题

一是在推进属地管理的任务导向下，基层治理面临着“有限资源，全面责任”难题。随着国家推进税费改革和政企分开，基层政府直接支配的

公共资源减少。同时，社会的结构性变迁，导致大多数就业者由“单位人”转化为“社会人”，原来由单位承担的社会职能转由基层政府及其派出机关承接，街道乡镇肩负的工作职责不断增多，需要应对一切问题，承担全面责任，而开展工作普遍面临“权小责大”、权能不足问题。二是基层街道乡镇开展属地管理也面临着“条块分割，协同不力”的难题。在统一领导体制下，上下级政府注重对口设置机构，行政系统形成“蜂窝状”结构，纵向运作较为顺畅，横向运作的壁垒较多。而城市基层治理要求以人为本，推进整体治理、协同治理，促使各部门相互协调、相互配合，提升回应性，及时发现、处置和化解问题。如何提升跨部门管理能力，是基层治理面临的一项重要课题。

5. 社会心态中的偏执化倾向

一是经济下行压力传导出来的悲观情绪。受国际国内经济形势的影响，有些人就业不顺利，收入有所下降，在一些人中弥漫着“现在什么都不好干”乃至“日子不好过”的悲观情绪。二是部分人群中的焦虑情绪有所显现。有些人觉得事业不成功，事事不顺心，个人前途渺茫，于是焦虑情绪逐渐强化。三是不满情绪在少部分人中有所蓄积。有的人在个人的利益受损或诉求得不到满足，特别是与地位高的成功人士攀比的情况下，失落感加强，甚至把自己的不成功归咎于社会原因，产生不满情绪。值得注意的是，如果对有上述情绪的人缺乏关注和疏导，个别人在特殊的环境下，有可能转化为危害公共安全的行为，个别人甚至会发生对社会的报复行为。

（三）乡村振兴面临要素短缺的制约

1. 乡村基层组织治理能力较弱

随着农民群体职业分化和收入分化问题的突显，农民对土地的依赖性减弱，对村庄关注度降低，乡村能人外流，导致乡村治理人才短缺，不少乡村的村委会选举只有形式而无实质性内容，村民自治失灵和乡村基层组织管理弱化的现象比较普遍。尽管近年来国家推行“大学生村官”制度在一定程度上缓解了这一问题，但基层组织的凝聚力、战斗力整体上不强，严重影响了乡村社会治理的成效。村干部违纪、违法现象较多，乡村“微腐败”已成为当前乡村社会治理的难点。村干部中的党员干部年龄普遍偏大，文化程度低、思想观念保守，缺乏创新突破精神，导致村级基层组织特别是贫困村的发展活力不足。

2. 乡村文化建设滞后

在乡风文明建设方面，由于重硬件建设，轻文化建设，乡村特色风貌不突出，缺少深厚的文化底蕴。部分村庄红白理事会发挥作用不明显，农村婚丧陋习、高价彩礼、人情比附、盲目攀比、不守孝道等不良风气一定程度上依然存在。随着互联网的迅猛发展，乡村人际交往的形式纽带发生了较大变化，婚姻家庭的稳定性受到很大冲击，一些乡村离婚率近年来出现持续增长态势，乡风文明建设亟待加强。

3. 农村基础设施和民生领域欠账较多

受城乡二元结构体制和工业化城镇化快速发展的影响，多年来，宁夏乡村基础设施建设和公共服务由于投入不足，历史欠账较多。农村医疗卫生、教育、文化等各项事业发展滞后，人才紧缺。医疗卫生条件和社会保障待遇城乡差距较大，乡村全科医生匮乏。乡村教育师资力量不足，教育质量不高。乡村小学地理位置偏僻，造成教师分配难、流动性大、流失比较严重。有的乡村村民聚居点布局不合理，私搭乱建房屋、田间建房、生产物资乱堆乱放、生活垃圾随意丢弃、污水乱倒乱排等问题仍然存在，村庄供水、排污、供热、燃气、垃圾处理等基础设施和养老等公共服务设施配置低。推进农村人居环境整治行动投入少，资金缺口大。

三、2019 年宁夏社会形势展望及发展对策建议

2019 年，宁夏要围绕习近平总书记的“建设美丽新宁夏，共圆伟大中国梦”，进一步夯实社会建设基础，加快民生项目建设，创新社会治理，回应群众关切，推进乡村振兴战略，实现城乡融合发展。

（一）夯实基础，扎实推进民生事业

民生建设是最大的政治。各级党委、政府要聚焦群众最关心、最急需的领域，尽力而为，量力而行，真正把民生实事办实办好。对涉及群众切身利益、群众反映强烈的与日常生活紧密相关的问题，要及时回应全力解决，使“民生工程”真正成为“民心工程”。

1. 推动大众消费升级，满足人民群众对美好生活追求

2017年，全国居民的的恩格尔系数是29.3%，而宁夏农村居民2017年的恩格尔系数已经从1978年的76.5%降到了25.3%，城镇居民为24.5%。恩格尔系数的不断下降，标志着温饱已经解决，生活水准大幅提升，有更多的消费是用在了享受和发展需要方面，城镇居民百户家庭拥有汽车达到38辆，相当一部分已经进入或正在进入中等收入群体行列。这说明城乡居民的消费升级，已是社会消费领域内的发展趋势。满足人民对美好生活的追求，一方面要引导人民群众树立科学的消费观，另一方面大力发展文化体育、娱乐休闲、旅游度假、健康养生等产业，加强对食品安全等所有消费领域相关产业的监管，让居民理性消费、健康消费，不断提高消费品味。同时，要促进消费升级。同时，要让居民有积极的消费观，基础条件还是稳定的就业和普惠性的社会保障制度，使人民群众对未来有稳定乐观的预期。“当然，我国仍处于并且长期处于社会主义初级阶段和我国仍是世界最大发展中国家的基本国情没有变，要防止人为地抬高标准、吊高胃口、推高预期，特别是要防止民粹福利主义的倾向，保持平和理性的社会心态”。

2. 积极解决人民群众关注的教育热点难点问题

要以促进教育公平为目标，积极解决热点难点问题。一是加快发展普惠性学前教育。加大幼儿园建设力度，增加公办幼儿园比例，扩大普惠性学前教育资源，着力解决“入公办园难，入民办园贵”问题。加大政府购买学前教育力度，实施政府购买幼儿园教师岗位，优先补充农村幼儿园，推进农村学前教育规范化发展。二是统筹推进城乡义务教育一体化发展。优化学校布局结构，加强乡村小规模学校和乡镇寄宿制学校建设，增加城市教育资源供给，着力解决“乡村弱，城市挤”的问题。实施优质教育资源扩面提升工程，着力化解“择校热”“大班额”问题。大力实施中小学创新素养教育，办好特殊教育。三是深入实施产教融合、校企合作。健全多元化办学体制，推动职业教育产教融合协同发展。出台灵活有效的校企合作优惠政策，提高人才培养质量。四是加强民办教育管理。规范民办学校办学行为，巩固提升校外培训机构集中整治成果。

3. 应对经济下行压力，全力做好就业创业工作

2018 年国际国内的经济形势对经济和整个社会形势产生前所未有的影响。其中"最容易对社会形势产生负面影响的因素，就是就业和物价" 中央提出"稳就业、稳金融、稳外贸、稳外资、稳投资、稳预期"的要求，居于第一位的就是就业。坚持就业是最大的民生，一是落实就业扶持政策，确保就业形势保持稳定。落实企业吸纳就业困难人员社会保险补贴、小微企业吸纳高校毕业生社会保险补贴、高校毕业生灵活就业社会保险补贴、高校毕业生创业补贴、公益性岗位托底等就业扶持政策，深入开展高校毕业生就业创业专项服务活动。二是完善创业帮扶机制，发挥创业带动就业效应。抓好"创业培训+创业担保贷款+创新服务"三位一体帮扶工作机制的落实，加强创业培训和创业担保贷款工作。三是抓好就业扶贫工作，促进农村劳动力就业增收。深入开展就业扶贫"百千万"行动，发挥全国、自治区就业扶贫示范基地以及扶贫车间吸纳就业作用，和劳务经纪人带动就业作用，促进建档立卡贫困劳动力就地就近就业增收。四是发挥失业保险作用，帮助企业和职工稳定就业岗位。深入开展失业保险援企稳岗行动，落实援企稳岗补贴政策和推进技能提升培训补贴政策，引导职工提高职业技能水平和职业转换能力。

4. 健全社会保障制度体系

一是巩固全民参保登记成果。建立精准参保数据库，加强参保数据动态更新，实施精准扩面管理，以非公有制经济组织从业人员、灵活就业人员特别是自主创业从业人员、农民工等群体为重点，推动全员参加社会保险。二是推进基金管理政策落实。跟进国家统一部署，推进养老保险基金中央调剂制度贯彻落实。完善宁夏职业年金基金管理办法等相关配套政策，开展职业年金投资运营工作。三是实事求是确定社会保险缴费标准。2017 年、2018 年自治区连续两年较大幅度调高了社会保险缴费标准，增加了企业和灵活就业人员负担。建议从宁夏企业的营收情况和就业者的实际出发，从准确计算城镇职工社会平均工资入手，降低企业和灵活就业人员的缴费负担。

5. 全面推进健康宁夏建设

一是突出重点推进管理体制改革。改革公立医院管理体制和运行机制，

建立公立医院管理新模式。建立公立医院薪酬新制度，赋予公立医院分配的自主权，进一步调动医务人员的积极性、主动性、创造性。探索公立医院人员总量管理，激发公立医院活力。建立公立医院补偿新机制，加大公立医院投入。通过各种举措，促进公立医院逐步回归公益性。二是优化配置资源积极构建分级诊疗体系。打造医疗集团、纵向医联体、一体化管理、专科联盟等四种形式的医疗联合体，为患者提供优质、快捷的诊疗服务，为联盟单位提供学科共建的发展平台，实现医联体内分级诊疗、资源共享。三是打造“互联网+”医疗服务新高地。充分运用基于“互联网+”的医疗服务新模式，共建“互联网+医疗健康”示范区。四是建立康养结合、共治共享的社会化养老服务体系。

（二）创新社会治理，构建共建共治共享的社会治理新格局

所谓社会治理，是以党和政府为主导，包括社会组织和广大群众等社会力量广泛参与，以维系社会秩序为目标，运用多种资源和手段，提供满足全社会和每个社会成员发展需求的公共服务和公共产品，规范社会行为，协调社会关系，解决社会问题，促进社会团结，对社会系统和社会生活进行组织、指挥、监督和调节的这样一个过程。有效的社会治理，良好的社会秩序，是促进社会公平正义的需要。当前，要围绕群众反映突出的社会矛盾和问题，提高社会治理的法治化、专业化水平，使群众的获得感、幸福感、安全感更加充实、更有保障、更可持续。

1. 完善社会治理体制机制

党委领导、政府负责、社会协同、公众参与、法治保障的社会治理体制，是我国社会治理的基本体制。社会治理体制建设必须以此为指导，既要充分发挥党和政府的主导作用，又要最大限度地调动基层社区乡村的自治积极性，同时积极探索社会组织参与基层社会治理的路径和模式，包括政府购买服务、企业捐赠提供资源、慈善组织和志愿者服务等等。同时，培养一支专业化的社会工作队伍，对于提高基层社会治理水平非常必要，要通过制度建设，让专业的社会工作者能获得相应的报酬，使他们安心扎根基层社会工作。

2. 基本公共服务要着力解决重点问题，满足群众发展需求

根据《社会心态蓝皮书：中国社会心态研究报告（2018)》的调查，从经济压力、人际压力和社会环境压力切入测评公众的社会压力感。数据结果显示，住房、子女教育和物价是当前公众生活的主要压力来源。物价、医疗、住房、子女教育等民生问题与公众利益直接相关，是长久以来公众最关注的重点问题。基本公共教育服务均等化是公众的期盼；住房价格高涨，使购房对中低收入家庭、特别是对进城务工的农民工来说，可望不可及；对重症患者来说，医疗费显然也是沉重的负担。公众对民生问题的忧虑和关注直接体现对美好生活的憧憬和追求。作为社会治理的重中之重，公共服务必须把解决群众最关心、与群众生活休戚相关的问题作为主攻目标。要回应人民群众对安全社会环境的新期待，维护民族地区社会团结稳定，构建更高水平、更高层次的安全保障体系，坚决打击危害人民生命财产安全的各类刑事犯罪活动，有效化解社会矛盾，维护群众正当权益，高度重视不同人群的合理诉求，维护公共安全，有效遏制重特大安全事故发生，坚决维护法治的统一、尊严和权威。

3. 向基层社会治理倾斜

改变基层政府（乡镇和街道）有责无权、有责无钱和横向统筹协调难的情况。2018 年北京市推进街乡进行赋权增能改革，一是推进行政资源下沉街道。为常态化开展联合执法，根据全市统一部署，各区将职能部门的部分执法力量下沉街乡。其中，基层城管执法队的人财物转隶街道，实行以街道管理为主。改革后，街道负责辖区内环境秩序管理和保障，可全权指挥调度城管执法队。二是赋予街乡统筹协调权力。通过改革，街乡对辖区内重大和综合事项拥有处置建议权、统筹督促权、执法评价权、派驻人员任免建议权。三是启动街道大部门制改革试点。统筹设置党政机构，试点街道将原来的 20 多个科室整合为几个大部门。四是根据问题性质进行分类，构建“街乡吹哨，部门报到”机制，街乡根据问题性质，区分综合执法、重点工作、应急处置等工作，将吹哨分为“常规哨”“重点哨”和“应急哨”三类。“常规哨”围绕需要统筹协调的综合执法工作，由街乡统筹城管、公安、消防、市场监管、交通等部门，组成实体化综合执法中心，

相关部门派人常驻，由街乡统筹指挥协调，进行辖区综合执法工作。“重点哨”针对“开墙打洞”、拆除违法建设、疏解退出一般制造企业、治理背街小巷等重点难点工作，统筹各类执法力量，形成攻坚克难的“拳头”。“应急哨”围绕突发事件，要求相关部门快速反应、合力处置。上述改革，强化了基层乡镇的权力和统筹职能，提高了基层政府治理效力，值得我们学习借鉴。

4. 营造清朗的互联网空间是社会治理的重要内容

在大数据信息文明时代，网民数量和规模继续保持平稳、快速增长，互联网应用模式不断实现创新，“万物互联”“人工智能”“5G 网络”“智慧城市”等已进入人们的日常生活。2016 年宁夏的互联网宽带接入用户为 111.9 万户，预计 2018 年会超过 120 万户，而移动电话早已是人手一部，其中大部分为智能手机，也是互联网终端用户，互联网已深刻影响着人们的社会生活。依法加强网络治理，加强对网络新技术新应用的管理，确保互联网可管可控，建立互联网综合治理体系，已成为社会治理不可或缺的内容。要通过健全管理机制，坚决惩戒和打击信息泄密、网络欺诈、黑客攻击等负面影响和违法犯罪行为，切实保护广大网民的合法权益，同时在网络中要建立一个伦理价值体系，从而以普遍适用的网络道德伦理价值来规范网络活动。

（三）乡村振兴战略为农村全面实现现代化提供了难得的机遇

“乡村振兴”是党的十九大报告提出的新时期我国乡村发展的基本战略，这一战略的提出开启了农村现代化建设的新征程。必将对我国农村今后的发展产生深远的的影响。党的十九大报告用“产业兴旺，生态宜居，乡风文明，治理有效，生活富裕”概括了乡村振兴的总要求，并提出“建立健全城乡融合发展体制机制和政策体系，加快推进农业农村现代化”，乡村振兴战略提出的根本目标和要求就是要实现农业农村的现代化，其中最重要的也是最符合农民意愿的就是尽快实现生活富裕，在此基础上再满足农民对美好生活的追求。

1. 激发农村发展的内生动力，是乡村振兴的基本条件

农民作为农村的主体，其对乡村振兴战略的认同和参与，是乡村振兴

成败的关键。乡村振兴为了农民，同时也必须依靠农民，要充分调动广大农民群众的积极性、主动性，真正让他们成为乡村振兴的参与者、建设者和受益者。在乡村发展中，如果仅仅依靠政府在强推力促，农民不积极参与，即所谓“政府主导，群众旁观”，“干部干，群众看”，那肯定收不到良好的效果。政府也要通过一些切实可行的、确实能给农民带来实惠的项目来调动农民参与的积极性。政府所给予的资源投入是不可或缺的，但这种投入应当通过良好的机制起到四两拨千斤的作用，政府没有条件在乡村基础设施建设中大包大揽，越俎代庖行不通。总之，要激发广大农民积极性、主动性、创造性，让广大农民在乡村振兴中有更多获得感、幸福感、安全感。

2. 开发人力资本：乡村振兴的必由之路

乡村振兴需要一批乡村精英的带动，也需要不断提高农民的整体素质。近年来，一批返乡创业的农民工、农村致富能人和受过高等教育的返乡或下乡创业的青年由于学历高、经验和能力较强并比较富裕而被称为“新乡贤”。新乡贤可以发挥传统乡绅所具有的社会教化职能，同时其知识和能力也可以在化解乡村社会矛盾，带动村民应对市场风险等方面发挥积极作用。“新乡贤”参与乡村振兴途径有多种：一是“新乡贤”直接参与到村“两委”中来，成为乡村治理的权威人士。二是通过兴办产业，带动农民致富，成为农民致富带头人。三是在村民议事会这样的机构发表咨询意见，参与乡村发展决策。发挥新乡贤的作用，能减少乡村治理成本，使乡村治理资源得到充分利用。

提高农民素质的路径有多种，发展教育是基础，一定要不断提高广大农民的受教育年限；同时通过各种有效的培训，不断提高他们谋生的能力。所谓培训有效，就是培训要走正规化和规范化的路子，而且确实与乡村的发展需求紧密结合起来，而不是应景式的、与农民需求和兴趣相脱节的培训。提高农民素质，需要持之以恒，不能设想在短期内可以见效，但如果政府高度重视，全社会积极参与，久久为功，必有成效。

3. 改善乡村治理，为乡村振兴提供保障

如何治理有效，按照党的十九大报告提出的“三治”（自治、法治、德治）结合的思路，考虑可以从以下方面着手。一是规范和加强乡村治理。如何处理基层政府与村级自治组织的关系是乡村治理的关键。一方面基层政府要发挥国家代理人的角色，执行党和国家在农村的各项政策，并且是国家向乡村投入各种资源的直接实施者。另一方面，村民自治制度的实行又使基层政府不能采取越俎代庖的方式来干预乡村治理。因此，有专家建议“基层政府向村庄派驻稳定的行政性村级主要领导以承接村庄的各项行政工作。行政性村庄干部在充分了解村庄情况的基础上保障国家的惠农政策按照政策要求在基层得到实施”。还有的地方试图实行村干部的脱产化、正规化、职业化。当然，这还处于探索阶段。二是建立确实能为百姓提供服务办好实事的高效的乡村治理机制。政府制定实施公共政策或实施乡村项目时，必须以需求为导向，充分体现民意，确实能够满足农民、特别是能力差经济低的那一部分农民的需求。同时，还要注意建立沟通交流机制。国家要了解农民的诉求，也要让广大农民了解政府的各种政策和惠农项目。因此，乡村治理机制的沟通交流功能把政府和农民连接起来，这对于减少政府治理成本，实现资源投入的最大效益十分必要。

4. 培育再造新时代的乡村文化，力树文明乡风，塑造农民的新风貌

中国乡土社会在漫长的历史长河中形成了一整套礼仪习俗和行为道德规范，成为乡土社会的黏合剂和稳定剂。传统的乡土文化在当代农村中仍然有着相当的影响力。这些乡土文化的优秀内容，比如尊老爱幼、友邻里重乡亲、互相帮助扶持等等，都应当在新时代弘扬光大，让道德成为约束规范人们行为的基本信条，使优秀的乡土传统文化焕发青春。通过形式多样、丰富多彩的乡村文化建设，去改造缺乏斗志和追求、依赖性强、因循保守和涣散封闭等落后贫困的亚文化，要使文化成为凝聚人心，振奋人的精神，塑造人的精神面貌的积极力量，从而形成敦厚礼让、仁爱诚信、团结和谐、奋斗进取的文明新风。

领域篇

LINGYUPIAN

2018年宁夏教育事业发展报告

卢光辉

2018年，宁夏教育事业发展继续保持良好发展态势，教育规模、结构、质量和效益不断优化提升，主要发展指数实现了与全国同步发展，率先在西部以省为单位实现义务教育基本均衡发展目标，[1] 教育部支持建设全国首个“互联网+教育”示范（省）区，[2] 宁夏教育改革发展迈入了新征程。

一、宁夏教育事业发展现状

目前，宁夏有各级各类学校3455所，在校学生150.17万人，教职工10.64万人，[3] 教育人口占全区总人口近1/4，教育发展水平显著提升，多项教育发展指标高于全国平均水平，现代教育体系基本形成，为全区经济建设和社会发展提供了有力的智力支撑和人才保障。

（一）各级各类教育发展稳中求进，现代教育体系基本形成

1. 普惠性学前教育资源覆盖面稳步扩大

现有幼儿园1221所，在园幼儿（含学前班）24.16万人，较上年增长4.80个百分点，专任教师1.22万人，较上年增长7.20个百分点；[4] 办园条件得到进一步改善，新建改扩建幼儿园104所，新增学位1.6万个，全区

作者简介 卢光辉，宁夏回族自治区教育科学研究所高级教师。

所有乡镇至少建成 1 所幼儿园，农村学前教育实现全覆盖，“入园难”问题得到进一步缓解；继续推进政府购买学前教育服务项目，遴选民办幼儿园 95 所，补助普惠性民办幼儿园保教费 2000 万元，受惠幼儿 2.6 万人。全区学前教育三年毛入园率达到 81.46%[5]，较上年提升 3.52 个百分点，继续保持超过全国平均发展水平的良好发展态势。

2. 率先在西部以省为单位实现义务教育均衡发展

现有学校 1864 所（初级中学 167 所，小学 1327 所），在校生 87.20 万人（初中 29.05 万人，较上年增长 4.04 个百分点；小学 58.15 万人，与上年基本持平），专任教师 5.49 万人（初中 2.05 万人，小学 3.44 万人）[6]。在以县为单位全部通过了自治区义务教育均衡发展评估验收的基础上，2018 年全区 22 个县（市、区）全部通过国家义务教育发展基本均衡县（市、区）督导检查，义务教育阶段学校小学差异系数在 0.34~0.54 之间，初中差异系数在 0.14~0.41 之间，均达到国家标准，成为全国第十二个、西部第一个整体通过国家督导评估认定的省区。

3. 高中阶段多样化特色化发展扎实推进

现有学校 74 所（普通高中 45 所；中等职业学校 29 所，其中，普通中专 13 所，成人中专 2 所，职业高中 14 所），在校生 22.04 万人（普通高中 14.76 万人，中等职业学校 7.28 万人），专任教师 1.42 万人（普通高中 1.13 万人，中等职业学校 0.29 万人）。[7] 宁夏高中阶段毛入学率达到 90.33%[8]，经自治区政府审核通过后印发的《宁夏普及高中阶段教育实施方案（2018—2020 年）》提出到 2020 年实现普及高中阶段教育目标。本着普及与提高并举、普高与中职并重的思路，中职教育未来将会是全区高中阶段教育的增长点。

4. 全力推动西部职业教育高地建设

超前谋划和布局职业教育，着力提升职业教育，在宁夏所有县都建成本县县级职教中心的基础上，建设了枸杞加工与保鲜、葡萄与葡萄酒等 11 个与自治区特色优势产业紧密相关的现代职业技能实训中心，职业教育资源共享、产教融合、校企合作深入推进。继续实施高职分类考试招生倾斜政策，自 2017 年起实施了高职分类考试招生面向建档立卡贫困家庭学生倾斜政策，2018 年录取 928 人（2 年共录取建档立卡贫困家庭学生 1546 人），努力为贫困地区培养更多高层次的专业技术人才，助力脱贫攻坚。

5. 高等教育内涵式发展稳步推进

现有普通高等学校 19 所，在校生 13.17 万人，专任教师 0.81 万人[9]，高等教育毛入学率达到 45.95%；[10] 全区博士硕士学位授予单位、学位授权点取得重大突破，2 所高校新增为博士、硕士学位授予单位，同时新增 2 个一级学科博士学位授权点，1 个博士专业学位授权点，12 个一级学科硕士学位授权点，15 个硕士专业学位授权点，[11] 全区学位授权结构更加完善，布局更加合理，将力促全区“双一流”建设再上新台阶；重点推进“部区合建”宁夏大学，“双一流”建设取得阶段性成果：11 个一流建设学科（含培育）引进“长江学者”特聘教授等学术技术带头人 4 名，新引进具博士学位教师 100 余名，博士学位教师平均占比接近 65%，学科内涵建设扎实推进，学科育人功能进一步拓展，学科服务发展能力稳步提升。[12]

（二）教育投入不断加大，为实现教育公平提供了坚实支撑

1. 坚持财政投入优先保障教育

国家财政性经费占全区生产总值比例达到 5.78%。2017 年，全区地方教育经费总投入 228.84 亿元，比上年 207.25 亿元增长 10.4%。其中，国家教育财政性教育经费为 198.95 亿元，比上年的 179.51 亿元增长 10.83%，国家财政性经费占全区生产总值比例为 5.78%，[13] 超过了《国家教育事业发展“十三五”规划》“保证国家财政性教育经费支出占国内生产总值的比例一般不低于 4%”的要求。2018 年，全区各类教育专项资金投入 52.7 亿元，其中，国家下达资金 35.7 亿元，自治区财政等部门下达资金 17 亿元，充分体现了自治区党委、政府坚持把教育摆在优先发展的战略地位，在经济发展规划上优先安排教育，在财政资金投入上优先保障教育，在公共资源配置上优先满足教育。

2. 教育投入积极向教育发展短板倾斜

2018 年，全区幼儿园建设项目新建改扩建幼儿园 104 所，增加对幼儿园建设资金的补助，单平米补助两年提高了 500 元，同时对山区农村幼儿园给予附属设施补助资金，缓解了贫困地区的资金压力，累计投入资金 4.1

亿元；改善普通高中学校办学条件项目投入资金 1.28 亿元，改善 25 所普通高中办学条件；“全面改薄”项目（全面改善贫困地区义务教育薄弱学校基本办学条件）全区投入资金 13.06 亿元，改造建设校舍 16 万平方米、运动场 40 万平方米，全面完成自治区政府工作报告和自治区民生计划分工任务。对 2018 年接受义教均衡国检验收的西吉、同心、红寺堡三县提前下达各类资金，确保“全面改薄”项目早开工、早建设、早发挥效益。全区 2014—2018 年批复的校舍建设项目竣工率和设备采购完成率，分别为 5 年总规划的 98.06%和 100%，提前完成了国家要求的“超九成”的要求，位居全国前列。

3. 学生营养改善计划续写新篇

2018 年春季开学，学生营养改善计划扩展到实施范围内的农村学校附设学前班，惠及 2 万余名学前班学生。目前宁夏营养餐改善计划实施范围为 11 个县区，农村义务教育阶段的孩子中午可以在学校免费就餐，受益学生近 25.6 万人，每年每个孩子可以减轻贫困家庭负担 1120 元，全区学生营养改善计划工作得到了孙春兰副总理的高度评价。在 2018 年 6 月贵州召开的农村义务教育学生营养改善计划现场推进会上，宁夏经验得到了教育部的充分肯定并予以经验交流发言，[14] 实施范围内国家试点县学生平均身高增加了 0.8 厘米，营养不良率由 4.7% 降低到 3.9%，贫血患病率由 8.6% 降低到 7.6%，体重正常率由 42% 提高到 43.9%。[15]

4. 实现家庭经济困难学生资助全覆盖

2018 年国家和自治区财政已下达学生资助各级各类补助经费 7.36 亿元，资助学生 45 万人次；国家生源地助学贷款全区共签订有效合同 7.40 万份，合同金额 4.70 亿元，做到了“应贷尽贷”；社会捐资助学 3.03 亿元，资助受助学生 9.15 万人次。通过多种途径、科学管理、精准发力，从学前教育到研究生教育各阶段全覆盖、无缝对接的学生资助政策链不断完善健全，有效解决了家庭经济困难学生（幼儿）“入学（园）难”的问题。

5. 持续改善特殊教育办学条件

下达中央、自治区特教补助经费 318 万元建设随班就读资源教室 18 间。同时，安排 520 万资金，支持银川市特教中心等 5 所学校购置设备，提高学校办学条件；安排“医教结合”资金200万元，支持5所试点学校根据特殊教育儿童身心发展规律和实际要求，采用教育、医疗等多学科合作方式，对500多名特殊儿童实施有针对性的教育、康复与保健；继续加大送教上门工作支持力度，安排100万元资金支持5个县（区）对336名重度残疾儿童开展送教上门工作，切实保障残疾儿童受教育权利。

（三）不断深化教育综合改革，着力提高教育质量

1. 抓规范，提质量，努力推动学前教育健康发展

以2018年3月经自治区政府同意后印发执行的《宁夏第三期学前教育行动计划》为抓手，制订了《第三期学前教育行动计划任务分工方案》，将20项具体工作分工落实到县（市、区）等，明确了完成工作的时间节点；进一步完善幼儿园管理机制，研究制定了《宁夏回族自治区幼儿园一日工作流程细则》等3个“一日工作流程”，促进幼儿园各项管理工作更加科学规范。

2. 积极试点义务教育高位优质均衡发展

为进一步推动全区义务教育从“基本均衡”向“优质均衡”迈进，推动全区义务教育向更高水平、更加公平、更有质量发展，组织石嘴山市实施市域内义务教育基本均衡发展试点工作。全面消除义务教育阶段大班额，通过“名校集团化”“城乡学校发展共同体”“首都带首府”等合作机制，城乡之间、强弱之间建立结对帮扶关系，优质教育资源得以进一步扩面，实现办学理念、教育资源、管理方法、特色品牌等方面的共享，截至目前全区66人以上超大班额25个，占总班额比例为0.12%，较2017年减少390个，下降1.68个百分点，已基本完成消除超大班额任务，起始年级不存在大班额。

3. 深化高等教育改革，促进高等教育内涵式发展

制定出台《自治区高等教育领域简政放权放管结合优化服务的实施意见》，推进高校在编制及岗位管理、进人用人、职称评审、薪酬分配等方面拥有更大办学自主权；先后实施了“本科教学质量提升工程”“研究生教育质量提升工程”“开放办学水平提升工程”等五大工程，加强一流本科建设，深化教育教学改革，强化质量保障，引领带动高等教育内涵发展水

平实现整体提升。

4. 持续推进考试招生制度改革

进一步完善普通中小学招生制度管理体系，规范招生方式，严格招生照顾政策，严明招生“十一项严禁”工作纪律，切实保障义务教育免试就近入学；积极推进中考招生制度改革，从 2018 年秋季七年级新生入学开始，实施新一轮中考改革，到 2021 年，初步形成基于初中学业水平考试成绩、综合素质评价相结合的高中阶段学校考试招生录取模式和规范有序、监督有力的管理机制；在深入调研论证和广泛征求各方意见的基础上，制定《关于调整和规范普通高考录取政策的方案》，已通过教育部审核备案，并于 2018 年 5 月 12 日向社会公布；高考艺术本科投档录取模式改革成效显著，对有效改善艺术考生生源质量，引导高中学校注重艺术考生综合素养起到一定的积极作用。

5. 全面推进中小学（幼儿园）创新素养教育

先后组织召开全区中小学（幼儿园）创新素养教育工作推进会等，邀请区内外专家进行创新素养教育专题讲座；成立了全区中小学（幼儿园）创新素养教育专家委员会，对全区中小学创新教育工作进行跟踪指导服务；印发《〈宁夏创新素养教育示范学校（幼儿园）评估标准〉实施办法》，引领全区创新素养教育，并给予经费支持；完善创新素养评价体系，将创新素养教育评价与新课程改革、中考改革相结合，研究制定了相应的评价体系，力争克服扭转以分数为主要指标评价学校、评价学生的弊端。

6. 深化民办教育分类管理改革

先后出台《自治区人民政府关于鼓励社会力量兴办教育促进民办教育健康发展的实施意见》《宁夏回族自治区民办学校分类登记实施办法》《营利性民办学校监督管理实施细则》等政策文件，完成民办教育改革的制度设计，全面部署全区民办教育分类管理改革工作；把整治校外培训机构作为深化教育改革、回应人民群众关切的重点任务，坚定整治决心，全面扎实推进，截至 9 月底，全区已摸排校外培训机构 2094 所，按要求完成整改 1498 所，完成整改率 83.18%。[16]

二、宁夏教育事业发展面临的挑战与机遇

2018 年 9 月 10 日，党中央在新时代召开第一次全国教育大会，从党和国家事业发展全局的战略高度，对加快推进教育现代化、建设教育强国、办人民满意教育做出了全面部署。11 月 22 日，全区教育大会召开，提出做好当前和今后一个时期教育工作总的要求。充分认识、科学研判新时代宁夏教育事业发展面临的挑战与机遇，对于我们进一步正视不足、精准施策、科学发展，具有重要的现实意义。

（一）充分认识新时代教育事业改革发展对宁夏教育治理体系和治理能力现代化带来的挑战

新时代新形势，尤其是全国教育大会以来，加快教育现代化、办好人民满意的教育，对教育促进人的全面发展和社会全面进步对教育和学习提出了新的更高要求。在宁夏率先在西部以省区为单位实现义务教育基本均衡发展目标，主要发展指数实现了与全国同步发展之际，宁夏教育改革发展可以说是一个从“四梁八柱”的资源配置模式不断优化逐渐过渡到“全面施工内部装修”的激活资源配置效益的教育现代化过程，不仅迎来了重大的发展机遇期，而且面临新形势下的新挑战：各级各类学校组织的复杂化、结构的多样化、水平的差异化、“有学上”到“上好学”所映射的人民群众不断增强的个性化诉求、资源优化配置所承载的教育公平的价值导向与投入产出的效能追逐、高等教育大众化趋势下高等教育结构和布局调整以及人才培养的适切性、“互联网+教育”时代对教育理念和方式带来多方位的冲击等多重客观因素的叠加，客观上要求深化教育体制机制改革，进一步将制度优势化转化为高效管理教育的能力和水平，迫切需要加快推进教育治理体系和治理能力现代化建设。

（二）充分认识新时代宁夏教育事业改革发展的不平衡不充分问题

继宁夏成为全国第十二个、西部第一个以省区为单位实现义务教育基本均衡发展，为义务教育从“基本均衡”到“优质均衡”发展奠定了良好的发展基础。但仍然要清醒地认识到，新时代宁夏教育事业发展还存在不平衡不充分的问题：从教育体系看，学前教育、高等教育仍是教育体系中

的突出短板，突出表现在学前教育基础设施仍然匮乏，高等教育还不能适应提升质量的新要求；从教育投入看，“改薄项目”、学校标准化建设项目的运行已步入程序化、规范化的轨道，在国家财政性教育经费支出占全区生产总值超过4%的有效保障下，资源配置如何“保基本，补短板，促公平，提质量”，进一步调整优化结构提高教育经费使用效益已引起高度重视；[17]从教师队伍建设看，学前教育专任教师数量亟待补充，义务教育存在以教师的数量分布与存量结构为表征的矛盾的化解，职业院校双师型教师缺乏，高校高层次创新人才和学科领军人才数量较少，各级各类教育发展对教师队伍的规模、结构、素质能力提出了新的更高的要求。因此，就当前教育发展短板的精准识别，对进一步推动宁夏教育厚植发展基础、突破发展高原期，既是机遇，更是挑战。

（三）充分认识“互联网+教育”示范省区建设对宁夏教师队伍专业化带来的重大机遇

宁夏建设首个全国“互联网+教育”示范省区，有利于充分发挥“互联网+”对教育改革发展和教育现代化的积极推动作用，为全区教育改革发展带来新的历史机遇，对全区教育改革发展史都具有里程碑式的意义，必将是全区教育观念现代化、教育体系现代化、教育内容现代化、教育装备现代化、教育体制机制现代化和教师队伍现代化的过程，其实质就是以互联网为平台，借助信息技术革新，统筹优化资源配置，着力扩大优质教育资源覆盖面，进一步缩小区域、城乡、校际、群体差距，实现教育发展水平和人才培养质量跨越式发展。但是，必须清醒地认识到，除了硬件上的平台建设，更需要重视平台建成之际应用开发的同步建设，尤其是基于教师专业化的硬件平台驱动力建设，是“互联网+教育”平台建设的根本性问题所在。由此，教师专业素质的提升既是“互联网+教育”平台建设的客观要求所在，也是充分发挥“互联网+教育”平台效能的内驱力所在。

三、推进宁夏教育事业发展的建议

办好人民满意的教育，坚持优先发展教育事业，需要进一步坚决破除教育事业发展的体制机制障碍，紧扣“互联网+教育”先行试点的重大发展机遇，统筹规划，找准“短板”，精准出击，着力打造更加公平、更高质量、更有效率、更具活力的宁夏教育事业发展新形态。

（一）加快推进教育治理体系和治理能力现代化，为打造更具活力的教育事业发展新形态提供重要保障

在宁夏教育改革发展经过数量增长、规模扩大、空间拓展等外延式发展阶段之后，迈入要更好地满足人民群众从“有学上”到“上好学”的多样化需求发展转型之际，传统的、单一的管理模式必将不能很好地适应新时代教育改革发展的要求，教育治理体系与治理能力现代化已成目前全区教育改革发展转型的关键环节。教育治理体系现代化是对既往教育管理体系的历史超越，其价值追求就在于使教育治理体系更加科学化、民主化、法治化，教育治理能力更加彰显教育的高效与公平。[18] 推动教育治理体系与治理能力现代化必须以制度建设为核心，以制度体系为基础，提升政策制定水平与执行力度，政策执行是政策过程的中心环节，是教育政策的关键点和落脚点。[19] 所以，宁夏教育改革发展从“四梁八柱”的资源配置模式的不断优化逐渐过渡到“全面施工内部装修”的激活资源配置效益的教育现代化过程，客观上要求以教育制度日益制度化、规范化、程序化为中心，将制度优势转化为高效管理教育的能力和水平，加强政策支持的同时及时就政策的执行情况进行监测和评估，从管理到治理的转型中彰显公平与效能，为打造更具活力的教育事业发展新形态提供重要保障。

（二）瞄准教育发展改革的短板，推进教育资源配置的供给侧结构性改革

目前全区国家财政性经费占全区生产总值比例达到 5.78%，为全区教育事业的改革发展奠定了良好的投入机制。新时代的宁夏教育主要发展指数已实现了与全国同步发展，但要进一步破解教育发展不充分带来的总量问题和教育发展不平衡带来的结构问题，以资源配置为基准的投入机制要在对各级各类教育的“保基本，抓重点，强弱项”的不同发展侧重点上进行客观评估，在“分类发展”与“优先倾斜”上保持必要的张力，亟待推进教育资源配置的供给侧结构性改革，以调整结构优化为主线，以提高效益为目的，深化教育投入使用管理体制机制改革，促使有限教育经费的精准投放，推进教育系统优化和运行效率提升。尤其在宁夏教育改革发展从外延式发展向内涵式发展高原期的转型期间，更要从提升教育软实力的高度，注重对校长、教师培养、培训的专业化，强化对教师队伍建设资源和服务的供给。

（三）以“互联网＋教育”平台建设为契机，加强基于教师专业能力提升的“互联网＋教育”平台内驱力建设

在“互联网+教育”平台的建设中，要辩证看待“靠谁发展”的问题，既要重视应用平台的硬件建设支撑，更要未雨绸缪，精心规划应用平台的软件建设，尤其是高度重视基于教师专业能力提升的“互联网+教育”平台驱动力建设。基于“互联网+教育”平台驱动力是“互联网+教育”平台的核心所在，唯有一支结构优良、专业素质高的教师队伍，才有可能将互联网的技术革新切实通过教师的专业发展水平有机地嵌套起来，高质量地将互联网的信息资源与教育教学理论有机链接起来，从而实现真正意义上的课堂与教学和信息技术的深度融合，也只有在课程与教学和信息技术的深度融合之下，才能将“互联网+教育”平台的建设与平台应用的驱动力有机链接起来，从而真正意义上实现以“互联网+教育”为平台，缩小城乡差距，在教育发展软实力提升的过程中推动教育公平，突破实现从外延式发展向内涵式发展的成功转型，实现教育发展水平和人才培养质量的跨越式发展。

参考文献

[1] 宁夏回族自治区教育厅.我区全力推进义务教育均衡发展［EB/OL］. https：//mp.weixin.qq.com/s/KMiQFMooFVBtRLeH1Yt-ng，2018-11-20/2018-12-07.

[2] 宁夏回族自治区教育厅. 我区获批全国“互联网+教育”示范区［EB/OL］. http：//www.nxedu.gov.cn/sviewp/C81D7917 -566C -4873 -B860 -800BD07A030B，2018 -07 -20/2018-12-07.

[3][4][5][8] 宁夏回族自治区教育厅.宁夏教育事业统计快报（2018—2019 学年初）[Z]. 2018.

[6][7][9][10] 宁夏回族自治区教育厅.宁夏回族自治区教育统计手册（2017 年度）[Z].2018.

[11] 宁夏回族自治区教育厅. 我区博士硕士学位授予单位、学位授权点取得重大突破［EB/OL］.http：//www.nxedu.gov.cn/sviewp/D25DC107-61FD-493B-B897-5E170A9D99BE，2018-05-15/2018-12-07.

[12] 宁夏回族自治区教育厅.我区高校“双一流”建设取得阶段性成果［EB/OL］. https：//mp.weixin.qq.com/s/nd5_1Yd4cEiunqjBIzL1pA，2018-12-07/2018-12-07.

[13] 宁夏回族自治区教育厅.自治区教育厅统计局财政厅关于2017年全区教育经费执行情况统计公告［EB/OL］.http：//www.nxedu.gov.cn/sviewp/1CD0DD09-DF04-46EA-82FE-787B5D1ED9AD，2018-12-07/2018-12-07.

[14] 宁夏回族自治区教育厅. 农村义务教育学生营养计划现场推进会召开［EB/OL］. http：//www.nxedu.gov.cn/sviewp/30B3920D-0E46-44B3-A13F-B1F0A30D3B8A，2018-07-05/2018-12-07.

[15] 宁夏回族自治区教育厅. 营养午餐：给农村学生一个幸福的“加油站”［EB/OL］. http：//www.nxedu.gov.cn/sviewp/E1D8139C-75D5-47B1-A8CA-4F0EDF5D7629，2018-09-14/2018-12-07.

[16] 宁夏回族自治区教育厅. 我区校外培训机构完成整改率达到83.18%［EB/OL］. http：//www.nxedu.gov.cn/sviewp/3AF71C21-303B-4FFF-AA0B-0E05693D2141，2018-11-12/2018-12-07.

[17] 中华人民共和国教育部. 教育部办公厅等四部门关于推动落实《国务院办公厅关于进一步调整优化结构提高教育经费使用效益的意见》的通知［EB/OL］. http：//www.moe.gov.cn/srcsite/A05/s7499/201812/t20181210_362839.html，2018-11-23/2018-12-13.

[18][19] 陈金芳，万作芳.教育治理体系与治理能力现代化的几点思考［J］.教育研究，2016，37（10）：25-31.

2018 年宁夏卫生健康事业发展报告

王维成

2018 年，自治区党委、政府按照党的十九大提出的“实施健康中国战略”要求，推进健康宁夏建设，全面推进综合医改，加强医疗联合体建设，促进优质医疗资源下沉，努力为群众提供全方位、全周期的卫生服务，为宁夏经济繁荣、民族团结、环境优美、人民富裕，与全国同步建成全面小康社会提供了健康保障。

一、卫生资源与主要健康指标

（一）机构

全区卫生机构 4272 个，其中，医院 209 个，基层医疗卫生机构 3966 个，专业公共卫生机构 87 个，其他机构 10 个。医院中公立医院 68 个，民营医院 141 个。按类别划分为综合医院 143 家、中医医院 24 家、中西医结合医院 3 家、民族医院 2 家、专科医院 37 家。基层医疗卫生机构中，城市社区卫生服务机构 166 家，卫生院 220 家，村卫生室 2301 家，门诊部 32 家，诊所、卫生所、医务室 1247 所。专业公共卫生机构中，疾病预防控制中心 25 个，其中，自治区级 1 个，市级 5 个，县（区、市）级 19 个。卫生监督机构 25 个，其中，自治区级 1 个，市级 5 个，县（区、市）级 19

作者简介 王维成，宁夏回族自治区卫生和计划生育委员会信息中心主任，主任医师。

个。妇幼保健院（所、站）21家，健康教育机构5家，急救中心（站）2家，采供血机构5家。计划生育技术服务机构4家。

（二）床位

全区医疗卫生机构实有床位39820张，其中，医院34822张（占87.45%），基层医疗卫生机构3686张（占9.26%），专业公共卫生机构1212张（占3.04%），其他机构100张（占0.25%）。每千人口医疗卫生机构实有床位数5.84张。

（三）人员

全区卫生人员总数62044（含乡村医生和卫生员3244），其中卫生技术人员49714人，其他技术人员2170人，管理人员2895人，工勤技能人员4021人。卫生技术人员中，执业（助理）医师18187（其中，执业医师16208），注册护士21568人。每千人口卫生技术人员7.29人，每千人口执业（助理）医师2.67人，每千人口注册护士3.16人。

表1　2013—2018年宁夏卫生机构与人力资源

指标	2013年	2014年	2015年	2016年	2017年	2018年
医疗机构总数(个)	4136	4230	4252	4289	4256	4272
医院	141	156	161	168	190	209
公立医院	74	72	71	71	70	68
民营医院	67	84	90	97	120	141
基层医疗卫生机构	3901	3898	3914	3981	3969	3966
专业公共卫生机构	84	166	167	130	87	87
妇幼保健机构	22	22	22	22	21	21
其他机构	10	10	10	10	10	10
卫生人员总数(人)	44004	47704	50775	52612	56274	62044
卫生技术人员	34265	37350	39859	41505	44721	49714
执业(助理)医师	13011	14317	15058	15860	17072	18187
注册护士	12504	13978	15096	16135	18070	21568
全科医生	290	392	471	565	654	926

数据来源：宁夏回族自治区卫生和计划生育委员会信息中心。

（四）卫生总费用

全区卫生总费用为251.77亿元，卫生总费用占GDP的比重为7.95%，人均卫生总费用为 3730.50 元。政府卫生支出、社会卫生支出、个人卫生支出在卫生总费用中所占的比重分别为 33.99%、36.98%、29.03%。

（五）主要健康指标

2018 年，全区 5 岁以下儿童死亡率 8.77‰，婴儿死亡率 6.72‰，新生儿死亡率 4.35‰，孕产妇死亡率 18.01/10 万，人均期望寿命 74.99 岁。

表 2　2013—2018 年宁夏主要健康指标及相关资源指数

指标	2013 年	2014 年	2015 年	2016 年	2017 年	2018 年
婴儿死亡率(‰)	9.78	8.73	7.95	7.46	7.18	6.72
5 岁以下儿童死亡率(‰)	12.58	11.05	10.64	10.18	9.24	8.77
孕产妇死亡率(1/10 万)	27.47	15.10	14.84	19.54	19.98	19.14
人均期望寿命(岁)	–	–	74.13	74.31	74.53	74.99
农村卫生厕所普及率(%)	60.01	61.68	62.77	68.08	68.45	71.97
每千人口执业(助理)医师数	2.01	2.19	2.28	2.37	2.53	2.67
每千人口注册护士数	1.93	2.14	2.28	2.42	2.68	3016
每千人口实有床位数	4.29	4.76	4.92	5.06	5.38	5.84
实有床位数(张)	27765	31130	32515	33804	36313	39820

数据来源：宁夏回族自治区卫生和计划生育委员会信息中心。

二、卫生健康保障水平及其效率

（一）门诊和住院工作量

2018 年，全区医疗卫生机构总诊疗 4026.85 万人次，人均 5.91 人次，比上年增加 194.4 万人次（增加 5.07%）。医院 1980.20 万人次（占 49.17%），基层医疗卫生机构 1845.25 万人次（占 45.82%），专业公共卫生机构 200.74 万人次（占 4.99%），其他机构 0.66 万人（占 0.02%）。全区医疗卫生机构入院达 117.63 万人次，比上年增加 10.91 万人次（增长 10.22%），年住院率 17.25%。医院 106.17 万人（占 90.26%），基层医疗卫生机构 6.05 万人（占 5.14%）。与上年比较，医院入院增加 9.46 万人，基层医疗卫生机构入院增加 1.02 万人。

（二）医院病床使用率

2018 年，全区医疗卫生机构病床使用率 77.85%，其中，医院病床使用率 80.81%（公立医院 87.27%，民营医院 55.48%）。医院出院者平均住院日为8.9日，其中，公立医院9.3日。与上年比较，医院病床使用率降低3.59个百分点，出院者平均住院日缩短0.4日。

（三）基层卫生健康服务

2018年，有乡镇卫生院220所，其中中心卫生院57所，乡卫生院163所。乡镇卫生院卫生技术人员4611人，其中执业（助理）医师2014人，执业医师1409人，注册护士1081人。人员中本科及以上学历占24.62%，大专学历占59.95%，中专及以下占15.45%。乡镇卫生院总诊疗720.43万人次，比上年增加49.84万人次；入院人数5.86万人，比上年增加0.98万人。病床使用率48.23%，出院者平均住院日6.7日。全区村卫生室2301个，卫生技术人员188人，其中，执业（助理）医师168人，执业医师53人，注册护士20人。乡村医生2949名（其中，以中医、中西医结合或民族医为主的为426名，当年考核合格的乡村医生2608名），卫生员295名。村卫生室总诊疗469.13万人次。城市社区卫生服务机构166家，其中社区卫生服务中心20所，社区卫生服务站146所。社区卫生服务机构中，卫生技术人员1857人，其中执业（助理）医师160人，执业医师489人，注册护士822人。社区卫生服务机构总诊疗238.84万人次，比上年增加35.03万人次；入院人数0.19万人，比上年增加0.04万人。

（四）中医药服务

建成237家中医馆，提升了基层中医药服务能力，实现了全区18家中医医院“治未病”中心全覆盖，开展了5个地市级中医医院国医堂和中医药文化宣传教育基本建设，注重中医药传承，培养和引进中医药人才，3人获得全国名中医称号，挂牌成立2个工作站，实施中医药传承与创新“百千万”人才工程，培养自治区巡讲专家100人，开展中医药文化巡讲20次，投资2200万元建成宁夏中医医联体“区域医疗数据共享平台”并接入11家公立中医医院，实现了区域内中医医院之间的医疗数据共享。

（五）效率提高费用下降

2018年，公立医院每百元固定资产医疗收入154.39元，比上年增加6.32元；公立医院每百元业务收入支出成本95.60元，比上年减少3.04元。医院门诊病人次均医疗费用225.5元，住院病人人均医疗费用7410.1元。

医院门诊药费 105.7 元，占 46.87%，比上年下降 3.66 个百分点；医院住院药费 2350.6 元，占 31.72%，比上年下降 4.6 个百分点。基层医疗机构门诊病人次均医疗费用 35.7 元，其中，城市社区卫生服务机构 81.9 元，乡镇卫生院 37.3 元；住院次均医疗费用 1218.9 元，其中，城市社区卫生服务中心 2184.7 元，乡镇卫生院 1185.2 元。

表 3　2013—2018 年宁夏医疗服务效率

指标	2013 年	2014 年	2015 年	2016 年	2017 年	2018 年
公立医院次均门诊费用（元）	148.53	167.18	191.40	211.40	224.71	233.1
公立医院次均住院费用（元）	5819.05	6829.19	7448.00	8038.10	8311.22	8254.4
公立医院药占比（%）	44.74	44.19	44.20	59.55	41.63	37.37
公立医院每百元固定资产医疗收入	126.92	150.73	152.22	161.11	148.07	154.39
公立医院每百元业务收入支出成本	88.91	92.78	94.30	97.38	98.64	95.60

数据来源：宁夏回族自治区卫生和计划生育委员会信息中心。

三、健康影响因素及其主要问题

（一）群众看病就医刚性需求快速释放

2018 年，政府医保人均补助标准继续提高，看病就医报销比例达 75%，群众看病就医刚性需求继续释放，全区各类医疗机构诊疗人数继续增加，其中，69.69%的诊疗活动需要在县级以下基层医疗机构完成，卫生资源不足、优质医疗资源分布不均等问题进一步突显。

表 4　2013—2018 年全区各类医疗机构诊疗人次数

机构	2013 年	2014 年	2015 年	2016 年	2017 年	2018 年
合计	31549776	33393402	36683830	35882877	38324462	40268504
医院	14105079	15507992	16785159	17139418	18645213	19802011
公立医院	12589518	13925758	15070113	15229326	16330238	17008674
其中，省级医院	3725810	4326198	4733189	4904635	5463217	5892938
市级医院	5266787	5749339	5996816	5891959	6165808	6314359
县级医院	3596921	3850221	4340108	4432732	4701213	4801377
民营医院	1515561	1582234	1715046	1910092	2314975	2793337
社区卫生服务中心(站)	1267570	1300090	2548856	1697421	2038064	2388399

续表

机构	2013年	2014年	2015年	2016年	2017年	2018年
乡镇卫生院	5481286	5592712	6172631	6131512	6705863	7204334
村卫生室	5293178	5392873	5314920	4994499	4900114	4691278
其他医疗机构	5402663	5599735	5862264	5920027	6035208	6182473

数据来源：宁夏回族自治区卫生和计划生育委员会信息中心。

表5　2013—2018年全区各类医疗机构诊疗人次分流比（%）

机构	2013年	2014年	2015年	2016年	2017年	2018年
合计	100.00	100.00	100.00	100.00	100.00	100.00
医院	44.71	46.44	45.76	47.76	48.65	49.17
公立医院	39.90	41.70	41.08	42.44	42.61	42.24
其中，省级医院	11.81	12.96	12.90	13.67	14.26	14.63
市级医院	16.69	17.22	16.35	16.42	16.09	15.68
县级医院	11.40	11.53	11.83	12.35	12.27	11.92
民营医院	4.80	4.74	4.68	5.32	6.04	6.94
社区卫生服务中心（站）	4.02	3.89	6.95	4.73	5.32	5.93
乡镇卫生院	17.37	16.75	16.83	17.09	17.50	17.89
村卫生室	16.78	16.15	14.49	13.92	12.79	11.65
其他医疗机构	17.12	16.77	15.98	16.50	15.75	15.35

数据来源：宁夏回族自治区卫生和计划生育委员会信息中心。

表6　2013—2018年全区各类医疗机构出院人数

机构	2013年	2014年	2015年	2016年	2017年	2018年
合计	818688	901112	971134	970366	1055863	1157289
医院	718795	804272	874358	868134	957129	1044639
公立医院	660916	727096	775901	770270	827730	860963
其中，省级医院	190781	231896	250778	259173	281146	293703
市级医院	233665	247891	264788	249212	265242	267991
县级医院	236470	247309	260335	261885	281342	299269
民营医院	57879	77176	98457	97864	129399	183676
社区卫生服务中心（站）	1563	1347	630	598	1528	1928
乡镇卫生院	57135	51333	49669	55596	47716	56810
其他医疗机构	41195	44160	46477	46038	49490	53858

数据来源：宁夏回族自治区卫生和计划生育委员会信息中心。

表 7　2013—2018 年全区各类医疗机构出院人数分流比（%）

机构	2013 年	2014 年	2015 年	2016 年	2017 年	2018 年
合计	100.00	100.00	100.00	100.00	100.00	100.00
医院	87.80	89.25	90.03	89.46	90.65	90.27
公立医院	80.73	80.69	79.90	79.38	78.39	74.39
其中，省级医院	23.30	25.73	25.82	26.71	26.63	25.38
市级医院	28.54	27.51	27.27	25.68	25.12	23.16
县级医院	28.88	27.44	26.81	26.99	26.65	25.86
民营医院	7.07	8.56	10.14	10.09	12.26	15.87
社区卫生服务中心(站)	0.19	0.15	0.06	0.06	0.14	0.17
乡镇卫生院	6.98	5.70	5.11	5.73	4.52	4.91
其他医疗机构	5.03	4.90	4.80	4.75	4.69	4.65

数据来源：宁夏回族自治区卫生和计划生育委员会信息中心。

（二）医师工作负荷加重

2018 年，全区医疗卫生机构医师人均每日担负诊疗 8.2 人次，医师人均每日担负住院 1.7 床日，其中，医院医师人均每日担负诊疗 6.8 人次，医师人均每日担负住院 2.3 床日。医师工作负荷高于全国平均水平但薪酬低于全国平均水平，引才聚才用才的难度较大。

（三）公共卫生服务均等化水平仍需进一步提升

2018 年，全区城乡居民健康档案规范化电子建档人数 594 万人，电子建档率为 89.8%，65 岁以上老年人健康管理率为 81.1%，0—6 岁儿童健康管理率为 94.9%，孕产妇产前健康管理率为 97.8%，重性精神疾病管理率为 95.5%，高血压患者规范管理率为 83.2%，高血压患者血压控制率为 74.4%，糖尿病患者规范管理率为 83.2%，糖尿病患者血糖控制率为 71.39%。

（四）居民健康素养亟待提高

2018 年，全区城乡居民健康教育普及率由 2007 年的 70.15%提高到了 95.63%，但城乡居民健康素养水平只达到了 8.9%。针对传染病发病情况、成人慢性非传染性疾病及相关危险因素、病媒生物密度、儿童青少年健康状况、地方病和寄生虫病发病情况等，亟待进一步开展人群健康监测。此外，居民的主要死亡原因是慢性非传染性疾病，前三位是心脏病、肿瘤、脑血管疾病，占全部死亡人数的 66.49%。全区 18 岁以上人群高血压患病率 21.8%，糖尿病患病率 5%。在影响健康的危险因素中，18 岁以上人群吸烟率 29.4%，家庭人均每日食盐摄入量 7.9 克。对此，必须全面推进公共卫生综合干预措施。

（五）省级综合医改试点推力需不断加大

综合医改是宁夏承担的全国三大改革试点之一，自治区党委、政府印发了《宁夏省级综合医改试点工作意见及实施方案的通知》，确立了省级综合医改试点“13+1”配套政策框架。当前需要借力新一轮政府机构改革，强化部门联动机制，协商解决在改革推进中遇到的问题和困难，使顶层设计更加完善，改革目标更加集中。要排出时间表、路线图，明确完成时限、责任部门和工作要求，把各项措施落到实处。

四、发展对策与政策建议

（一）突出重点大力推进管理体制改革

要从改革公立医院管理体制和运行机制入手，建设“三个制度，两个机制”，促进公立医院逐步回归公益性。一是建立公立医院管理新模式。在保持机构功能定位不变，人员隶属关系不变，财政投入渠道不变“三个不变”的基础上，成立多部门组成的自治区公立医院管理委员会，把全区 51 家二级以上公立医院作为一家大型医疗集团来管理，重点解决全区县以上公立医院的区域设置规划、重大项目实施、财政投入、运行监管、绩效考核等重大问题。二是建立公立医院薪酬新制度。明确公立医院可在现行工资管理制度的基础上通过调整基础性绩效和奖励性绩效比例的方式进行分配或保留档案工资自主建立符合医院特点的工资分配制度。可以按照当地事业单位在岗职工平均工资的 2.5 倍，最高不超过 3 倍标准核定公立医院薪酬总量，赋予公立医院分配的自主权，进一步调动医务人员的积极性、主动性、创造性。三是积极探索公立医院人员总量管理。将人员总量划分为事业编制数和备案人员数两部分，建立事业编制审批管理与备案人员备案管理相结合的新机制。全区各级各类公立医院分别按照 1:1.3~1.7 的床位与工作人员配比标准核定公立医院人员总量，占编人员和备案人员实行同工同酬，参照事业单位占编职工标准，为备案人员建立职业年金，调动医务人员的积极性，激发公立医院的活力。四是建立公立医院补偿新机制。自治区政府出台《医疗服务价格改革指导意见》，县级、地市（含所在地的自治区级二级医院）、三甲医院分别要调整医疗服务价格，通过调整服务价格弥补取消药品加成减少收入的 60%~70%，财政补助占 30%~20%。全区各级财政要加大公立医院的投入，自治区财政设立公立医院综合改革和能力建设等专项补助，基本经费拨付形式由原先“按人头”补助转变为“按项目”补偿，同时对医院实行运营补贴，补贴资金可用于医院医疗业务成本中的人员经费、管理经费。在中央财政每个县每年 300 万元补助基础上，自治区财政给予每县每年 100 万元补助。五是建立公立医院考核新机制。重点控制公立医院医疗费用不合理增长、控制公立医院建设的规模、医保目录外费用的占比、药占比、耗材占比、检验检查收入占比等指标。考核结果与政府补贴、医保支付、医院等级评审、薪酬分配等挂钩，作为对医院院长任用的重要依据，切实发挥考核的导向和激励作用。

（二）优化配置资源积极构建分级诊疗体系

围绕大医院愿意放、群众愿意去、基层接得住的目标，重点突出“一个载体，两个抓手”，确保分级诊疗体系建设落到实处。以医联体为载体，打造医疗集团、纵向医联体、一体化管理、专科联盟等 4 种形式的医疗联合体。一是组建三大城市医疗集团，形成三甲医院牵头、覆盖二级医院的医联体，使三级医院的优质医疗资源有效下沉基层。二是组建以三级医院为龙头、二级医院为枢纽、基层医疗卫生机构为基础的“3-2-1 纵向医联体”或三级医院带基层医疗卫生机构的“3-1 纵向医联体”。三是组建以“县级医疗机构为龙头、乡镇卫生院为枢纽、村卫生室为基础”的“1+1”或“1+n”县乡村一体化管理联合体。四是组建专科联盟，以中心+专科联盟形式先后组建胸痛中心+心血管疾病专科联盟、脑卒中防治中心+脑血管疾病专科联盟、新生儿急救中心+儿科联盟、精神病防治中心+精神病专科联盟、出生缺陷筛查防治中心+妇幼保健专科联盟等，为患者提供优质、快捷的诊疗服务，为联盟单位提供学科共建的发展平台。通过建立科室对口扶持、医师多点执业、业务指导培训、区域信息联网、双向转诊绿色通道、重点专科协同建设、“千名医师下基层”活动、药品目录下沉等，多措并举，实现医联体内分级诊疗、资源共享。要以卫生信息化为抓手，建立全区农村基层远程会诊系统应用监管机制，促进医联体内居民健康档案、电子病历、检验报告等信息共享和业务协同。加快“卫生云”应用系统建设，实施智慧医疗工程，方便群众看病就医。以家庭医生签约为抓手，以乡镇卫生院、村卫生室、城市社区卫生服务机构为主体组建家庭医生服务团队，并将医联体内多点执业医生和“下基层”医生纳入签约团队。采取家庭医生团队服务形式，每个家庭医生团队邀请一名二级以上城市医院高级职称临床医师，作为家庭医生团队指导专家，同时，基层医疗卫生机构与二级医院、三级医院建立签约服务承接关系，形成“1+1+1”组合签约服务模式，围绕重点人群开展家庭医生签约服务。

（三）健全药品供应保障制度

一是做好全部取消药品加成的补偿工作，公立医院因此减少的收入通过调整医疗技术服务价格、财政定项补助以及公立医院加强核算、节约运行成本等弥补。二是推行药品集中采购。开展招标采购类药品、谈判采购类药品和挂网采购类药品的全部集中采购工作，与陕西、四川、内蒙古签署医用耗材数据共建共享合作协议，建立高值医用耗材跨省区采购机制。启动高值医用耗材挂网采购工作。三是实行药品采购“两票制”。按照“先易后难，分步实施，稳步推进，保障供应”的原则，启动公立医疗机构药品采购“两票制”工作，压缩药品流通环节、降低药品虚高价格。通过实行公立医疗机构药品采购“两票制”、网上集中招标采购和跨省区联合采购等措施，使药品、部分高值医用耗材价格进一步下降，群众的用药负担进一步减轻。

（四）聚焦贫困患者坚决打赢脱贫攻坚战

一是织牢六张保障网。将建档立卡贫困患者全部纳入医疗救助范围，综合实施基本医保、大病保险、医疗救助、商业保险、民政救助、财政兜底 6 项保障措施。提高大病保险筹资标准。通过对贫困患者住院实行先诊疗后付费并免缴住院预付金、降低大病保险报销起伏线、再提高报销比例、提高最高救助金额等政策，最终目标是贫困患者年度内住院医疗费用实际报销比例不低于 90%或当年住院自付费用累计不超过 5000 元。二是织牢三张救治网。开展“三个一批”行动计划，实施动态化的分类精准救治措施。对患大病的，在当地住院集中救治一批；对患重病的，建立绿色通道上转集中治疗一批；对患慢病的，实行签约服务管理转诊到乡镇卫生院康复治疗一批。三是织牢两张网。一方面是抓好疾病防控，注重关口前移，将防控工作作为解决因病致贫、因病致残的核心任务。全面实施出生缺陷筛查、孕前优生健康检查、儿童口腔综合干预、脑卒中高危人群筛查、癌症早诊早治、心血管病高危人群筛查和早期干预以及各类慢性病的防治和健康管理，做到早发现、早预防、早控制。另一方面是抓好意外伤害的控制。联合教育、交通、食品药监等部门，分析全区意外伤害发生的主要因素、种类，积极进行干预和预防，减少意外伤害导致的贫困发生率。

（五）实施互联网+医疗健康为全国创造经验

一是全面推动区域卫生信息云平台建设。把互联互通和数据共享作为重点，破除信息烟囱和信息孤岛，为医疗卫生大数据分析、医改监测和“互联网+医疗健康”应用打好基础，为各项业务的数据管理、数据监控、数据分析、指标分析提供强有力的技术支持手段和保障。2019 年“卫生云”全民健康信息平台争取实现区、市、县互联互通，完成区内二、三级综合医院电子病历数据、医院和基层卫生机构健康档案数据以及各类实时指标数据的汇聚，实现基层乡镇卫生院和自治区、市县医院之间电子病历、健康档案等信息的共享调阅以及儿童免疫规划、居民健康档案等系统间的信息交换共享。二是全面开展信息化应用。建立“国家—自治区—市—县—乡”五级远程医疗服务体系，实现乡镇及主要二三级医院全覆盖和远程会诊、远程门诊、远程影像、远程心电、远程超声、远程病理、远程查房、远程教育等多种远程医疗应用。完善宁夏远程医疗服务管理办法等政策。以云技术为手段，实现以省为单位的“120”网络管理一体化，通过云端实时了解全自治区突发事件应急医疗救援动态和资源现状，指导应急救援工作。三是打造家门口的名医名院。2016 年 12 月银川市与“好大夫在线”合作共建的银川智慧互联网医院开业，国内 1.1 万名医师在互联网医院实名多点执业，其中 92%来自三级医院，88%具有主任医师或副主任医师职称。因此，要在全区乡镇卫生院设立网络诊室，使基层患者可以网上问诊就医。患者进入手机客户端的“诊室”后，通过文图、语音、视频等形式和医生交流。对初诊患者医生可就近分诊到实体医院面诊，少数适合网上初诊的常见病可以在网上给出诊治方案；复诊患者医生可以网上问诊后安排就近检查，还能网上开药，由资质完备的在线药品供应商配送上门；对重大疾病患者，实体医院可以邀请全国权威专家网上会诊，预约专家到本地手术。此外，依托实体医院合作共建宁夏互联网医院，为群众提供团队医疗服务，与基层医生组成学科团队，将医疗经验和知识分享给基层医生，在团队成员间实现首诊、转诊和会诊，使有限的医疗资源得到合理利用。要与国内知名专家建立合作关系，建立线上线下结合的学科联盟，让院士领衔的跨学科会诊中心为宁夏及周边群众提供疑难杂症会诊服务。四是打造互联网+医联体。推广石嘴山市的经验，借助互联网+引入全国优质医疗资源建立互联网医联体，为群众提供包括预约挂号、在线问诊、远程会诊等一站式健康服务；推广彭阳县的经验，利用互联网+探索建立县域内紧密型的医共体和县外医联体，做实家庭医生签约服务，通过人员、财务、管理、绩效四统一，实现县域内医院资源下沉，从健康管理到疾病治疗，所有信息互联共享，争取把90%的门诊和住院病人留在县内并能够得到有效治疗。

2018年宁夏社会保险事业发展报告

乔永平

2018年，宁夏社会保险工作以习近平新时代中国特色社会主义思想为指导，认真贯彻党的十九大和自治区第十二次党代会精神，牢固树立以人民为中心的发展思想，持续推进实施社会保险“五项工程”、打造“五个社保”，推进社保改革，落实各项社保惠民政策，加强基金监督管理，创新升级经办服务，社保放管服改革、异地就医直接结算、社保扶贫攻坚、领取待遇资格认证等工作走在全国前列。

一、2018年宁夏社会保险事业发展概况

（一）社保改革取得新进展

1. 机关事业单位养老保险制度改革持续推进

制定《职业年金基金管理及投资运营实施办法》《职业年金基金管理人评选办法》《职业年金经办规程》等文件，正在广泛征求意见，逐步推进职业年金工作。加大基金清算力度，截至2018年10月底（下同），宁夏机关事业单位参保总人数达到30.3万人（其中在职20.2万人，退休10.1万人），完成全年目标任务的101%，当期累计发放养老金49亿元。

作者简介 乔永平，宁夏回族自治区社会保险事业管理局综合处处长。

2. 医保支付制度改革有序推进

全面落实总额控制下的按病种、按病种分值、按人头、按床日、按项目等多种方式并举的医保支付方式改革任务。做好“三医联动”工作，印发《关于做好基本医疗保险三级甲等医院按病种付费经办管理工作通知》（宁人社发〔2018〕36号），从2018年4月1日起，在全区三级甲等医院对107个病种实施按病种付费。印发《关于农村居民基本医疗保险区内异地住院分娩费用纳入就医地结算实行按人头定额包干付费的通知》，明确农村参保居民符合规定的生育医疗费用不再按“七免一救助”政策包干付费，住院分娩均实行定额包干结算。各市、县（区）按照自治区支付制度改革要求，因地制宜有序推进。银川市、石嘴山市继续实施总额控制下的按病种分值付费，其中银川市细化确定了1563种付费分值病种，使较高的城镇职工医保住院次均费用增速得到控制。石嘴山市调整医疗机构等级系数、部分病种分值，新增51个病种分值，引导就医和资源合理分配。吴忠市和固原市开展按病种付费方式试点，其中吴忠市确定122个病种，付费范围从民营医院推广到公立医院；固原市确定117个付费病种，明确病种治疗临床路径和价格；中卫市制定医疗保险费用总额包干付费实施方案。

（二）参保扩面取得新突破

1. 推进实施全民参保

印发《关于落实进一步完善全民参保登记工作任务的通知》（宁人社办发〔2018〕28号），进一步巩固深化全民参保登记成果，加强政策宣传，引导督促积极参保。截至10月底，宁夏基本养老、医疗保险、失业、工伤、生育保险参保人数分别达到394.84万人、624.42万人、91.35万人、91.34万人、86.99万人，分别完成全年目标任务的101.8%、103.2%、102.6%、103.8%、111.5%，均提前完成年度目标任务。

2.“同舟计划”二期有序实施

根据国家计划安排，用3年时间，为逐步实现工伤保险覆盖交通运输等行业职工，特别是保障农民工参加工伤保险，及时启动全区“同舟计划”二期，印发《宁夏工程建设项目按项目参加工伤保险业务经办流程》，对参保缴费、经办业务等进行规范和明确，协调相关部门深入建设项目企业宣传动员，督促检查，促进参保。截至10月底，宁夏新建项目参加工伤保险2027项，参保率99.95%，超出国家要求（90%）9.95个百分点；在建项目参保2223项，参保率99.91%。

3. 社保扶贫成效显著

印发《关于扎实做好社会保险扶贫经办工作的通知》，采取进村入户的方式，逐人逐户排查比对，2次派出督导组深入市县实地督查，解决具体问题。对居民医保缴费期结束仍未参保的贫困人口，开辟绿色通道，通过系统后台批量处理，落实参保。截至10月底，基本医疗保险已参保828025人（含职工保），剔除死亡、服刑、参军（2559名）等人员后参保率基本达到100%。建档立卡贫困人员应参加基本养老保险54.71万人，已参保52.81万人，参保率96.53%，其中未脱贫人员应参加养老保险18.39万人，已参加养老保险17.95万人，参保率97.61%。

（三）社保政策落实取得新成效

1. 加快落实被征地农民参加养老保险

截至10月底，宁夏被征地农民参加养老保险人数达到20.87万人，参保率100%，灵武、永宁、青铜峡、盐池、同心、红寺堡、西吉、隆德、彭阳9个市县资金筹集率达到100%。

2. 积极落实基本医疗保险制度

进一步完善医保定点医疗机构、定点零售药店医疗服务协议内容及各项指标，规范医保定点医药机构协议文本。督促各地加强总额预算管理，加大医保基金对门诊统筹、门诊大病及基层医疗机构的倾斜力度，配合推进分级诊疗服务模式，引导慢性病、常见病患者在基层就医，减轻参保人员门诊医疗费用负担。截至10月底，城乡居民大病保险拨付资金15728.7万元，38411人次享受大病保险待遇，支付基金15749.14万元（人均享受6690.94元，次均4100.16元）。

3. 健康扶贫医疗保障率先实现“一站式”结算

将基本医疗保险、大病保险、健康扶贫保险等统一到一个平台结算，推进社保扶贫政策快速高效落实，效果明显。截至10月底，累计为22618人次建档立卡贫困患者支付大病保险费用5525.51万元。

4. 阶段性降费及时落实，助推企业发展效果明显

截至10月底，宁夏累计为企业和参保群众减轻缴费负担12.21亿元，其中降低养老、失业、工伤、生育保险费率分别减负3.38亿元、6.35亿元、1.5亿元、0.06亿元，降低养老保险缴费基数下限减负0.92亿元。

(四) 基金管理取得新成果

1. 强化基金预决算管理和内控制度落实

加强基金预决算管理和会计培训，提高基金预决算的政策执行力和精准度。各项基金执行预算进度偏差总体控制在10%以内。

2. 加强基金调剂管理

1—10月，自治区为石嘴山、吴忠、同心等8个市县调剂拨付缺口养老金20.32亿元，为平罗县拨付工伤保险缺口基金632.9万元，确保了待遇发放。

3. 探索建立社保领域失信联合惩戒措施

印发《关于做好社会保险领域严重失信人限制乘坐火车 民用航空器工作的通知》，从2018年5月1日起对社保领域严重失信人员限制乘坐部分交通工具，促进企业和个人履行缴费义务。

4. 全面推广事前提醒机制

逐步向全区二级以上医疗机构推广事前提醒功能，已完成银川市第二人民医院、固原市中医院等23家医疗机构上线部署工作。

5. 加大稽核和监控力度

联合卫健、公安、食品药品监督等部门，组织开展打击欺诈骗取医疗保障基金专项行动，通过监控系统及时发现疑似违规病例，专项治理不合理用药、超量开药、过度检查等问题，采取约谈、督办和税务、社保、劳动监察部门联合执法等方式，严厉查处欺诈、骗保行为。截至10月底，书面稽核18542户57.25万人，实地稽核964户13.27万人，查出未参保2644人，未足额缴费2767人，查出少缴社会保险费510.29万元，追回少缴社会保险452.97万元。核查医疗机构366家，查实案例91192例，追回违规资金832.24万元。

（五）社保经办服务取得新提升

1. 异地就医结算畅通高效

抓好联网运行、人员备案、直接结算、资金清算、集中宣传等重点工作，进一步简化异地备案流程，完善优化资金结算机制。与全国 10015 家协议医疗机构实现联网结算，将异地居住、异地安置、转诊转院、驻外工作人员全部纳入备案结算范围。推进基本医疗保险和大病保险跨省异地就医“一单化”直接结算，打通外出务工人员、双创人员和移民群众异地就医通道。截至 10 月底，全区累计完成跨省异地直接结算 15841 人次，基金支付 2.16 亿元。

2. 率先整省推进社保不见面经办服务

人社与公安、扶贫、民政、财政、发改、工商、税务等部门实现了数据共享、业务协同。依托自治区电子政务云平台，借力信息数据“省集中”建设成果，推广使用手机 APP、网上人社办理社保业务。积极推进落实社保“6+1”通办事项下沉和 12333 手机 APP 办理社保业务。

3. 全面取消领取社会保险待遇资格集中认证

宁夏率先在全国整省推进手机 APP 办理领取待遇资格认证，开展信息比对认证服务，发挥线上线下认证便利条件，减轻基层窗口服务压力。截至 10 月底，已完成资格认证 102 万人，其中，通过信息比对认证 16 万人（占已认证人数的 16%、应认证人数的 15%），到民生服务中心及其延伸代办点现场认证 31 万人（占认证人数的 30%、应认证人数的 29%），通过手机 APP 认证 55 万人（占已认证人数的 54%、应认证人数的 52%），手机 APP 的注册用户数由年初的 1.7 万增长到 35 万。

4. 社保卡发卡和综合应用工作纵深推进

设立社保卡金融服务便民平台 2366 个，布设金融自助终端 8414 台，方便城乡群众办理人社业务和领取养老金等待遇，宁夏共有 69 万人使用社保卡领取养老待遇。协调自治区卫健委发文推进数据共享与两卡应用融合，加快推进二级以上医疗机构实现社保卡挂号和预约挂号，社保卡与居民健康卡应用融合。固原市社保卡综合应用第二批试点城市成效明显，同心县通过社保卡发放农村低保，正在积极推进社保卡发放粮食直补、残疾津贴。

截至 10 月底，宁夏共发行社保卡 669.1 万张，覆盖 98.14%的户籍人口。

5. 社保经办“放管服”改革全面落实

建立社保 56 项政务服务事项清单，加强协作配合，通过召开专题会议、到相关部门当面协调、下发相关改进落实文件等方式，全力以赴推进国务院下达堵点问题解决。向国务院督查组专题汇报堵点问题解决情况，目前涉及社保领域的 16 个督点问题已全部解决。印发《关于在全区社保经办系统开展“解民忧转作风”专项行动的通知》（宁社保发〔2018〕17 号），制定三年计划，建立精简 19 类 35 项办事材料和疏解 20 个“堵点”问题清单，2018 年底前完成精简材料 29 项、解决堵点问题 13 个。

6. 社保基础管理水平不断提升

以中英方式出版发行《宁夏社会保险发展年度报告 2017》。按季度、半年、年度开展社会保险业务统计分析，在持续开展基本养老、医疗保险精算分析研究的同时，形成《宁夏被征地农民养老保险一次性趸缴专题精算分析报告》。组织开展“社保宣传月”“有奖答题”“媒体采访”等多种形式的宣传活动，推进解决社保宣传中的“堵点”问题，提升社保简明宣传和政务服务水平，发放各类宣传资料 10 多万份，多渠道宣传社保政策经办知识，提升了社保政策知晓度。组织对养老保险信息系统进行升级改造，增加稽核监控功能，进一步规范了经办管理，在全国率先探索实施养老保险待遇发放新模式。

二、宁夏社会保险事业发展面临的主要问题

（一）制度体系尚需完善

目前还有部分人群没有纳入社保制度保障范围，主要是灵活就业者、新业态从业者、低收入者，因门槛高“缴不起”，或因户籍问题“缴不了”，或因各种原因“不愿缴”的城乡居民。

（二）基金收支矛盾凸显

受阶段性降费、养老金调待、解决历史遗留问题等因素影响，全区基金收支矛盾逐步凸显，1—10 月，自治区为石嘴山、吴忠、同心等 8 个市县调剂拨付缺口养老金 20.32 亿元，为平罗县拨付工伤保险缺口基金 632.9

万元。部分地区当期收不抵支矛盾较为突出。

（三）社保公共服务便捷化还不充分

社保信息化程度相对还比较低，部门间信息数据共享机制还不健全，大数据开发运用不够，与新时代老百姓多样化服务需求还有较大差距。

三、推进宁夏社会保险事业发展的思路建议

继续推进全民参保计划，进一步协同优化社会保险制度体系，推进建立统一的社会保险公共服务平台，着力解决好服务群众的堵点痛点问题，不断提升社保公信力。

（一）健全完善社会保险制度体系

推进基金管理政策落实。跟进国家统一部署，推进养老保险基金中央调剂制度贯彻落实。完善宁夏职业年金基金管理办法等相关配套政策，开展职业年金投资运营工作。

持续深化医保支付方式改革。完善总额控制下的多元复合付费方式，协同组织开展按疾病诊断相关分组 DRGs 付费试点，发挥医保对医疗服务供需双方特别是供方的制约作用。

探索建立商业健康补充医疗保险运行机制。适时出台合并医疗保险生育保险和长期护理制度政策。

（二）巩固全民参保登记成果

巩固转化全民参保登记成果。建立精准参保数据库，加强参保数据动态更新，实施精准扩面管理，以非公有制经济组织从业人员、灵活就业人员特别是自主创业从业人员、农民工等群体为重点，推动参加社会保险。

深入实施“同舟计划”二期。推进铁路、公路、水运、水利、能源、机场工程建设项目参加工伤保险工作，力争实现参保扩面全覆盖。

推进社保扶贫。围绕脱贫攻坚任务，落实好社会保险扶贫倾斜性政策，推动建档立卡贫困人口应保尽保。

（三）促进社会保险公平可及

健全动态的养老金增长机制。建立健全综合考虑收入增长、物价变动等因素的养老保险待遇确定机制和正常调整机制，及时做好养老金待遇调

整工作，确保按时足额发放。

完善医保支付制度。落实基本医疗保险各项制度，做好城镇职工、城乡居民基本医疗保险待遇支付工作，进一步完善医保结算报销信息系统，确保支付顺畅有序。

落实社保兜底政策。贯彻落实城乡居民大病保险兜底保障倾斜性政策，优化基本医保、大病保险与健康扶贫其他保险“一站式”结算模式，减少报销手续和环节。

（四）持续加强社保基金风险防控工作

优化基金管理。加强基金收支余管理和预决算落实，协同税务机关加大扩面征收和社保费清欠力度，促进应保尽保、应收尽收。

探索基金运营。研究化解养老保险历史债务问题，探索开展社保基金委托投资运营，发挥基金保值增值作用。

加强基金监管。建立完善社保监控工作制度，严查社保基金违法违规行为。加强基金精算分析预测评估，为宏观决策提供依据。

推进社保诚信管理。强化参保人诚信意识，推进人脸识别监控工作试点，继续做好社保信息披露工作。

（五）进一步提升社会保险经办服务水平

拓展社保卡的功能。推进第三代社保卡试点发行、网上申领社保卡和电子社保卡推广使用，拓展社保卡在交通、民政、财政、农牧、扶贫等更多领域实现更广泛应用。

推动异地就医即时结算。继续扩大跨省异地就医定点医疗机构范围，将跨省人群比较集中或较多的一级医疗机构纳入跨省异地就医范围。建立异地定点医疗机构退出机制，对异地就医定点医疗机构实行积分制动态管理。

提升智能化水平。推进社保可视化平台和基础设施视觉识别系统建设，提升标准化、专业化水平，完善综合柜员制管理。

强化硬件建设。协同推进统一的社会保险公共服务平台建设，逐步实现服务理念、保险项目、组织架构、管理规则、经办流程、信息标准“六统一”。

加大改革力度。深入实施社保放管服改革措施，落实“不见面”经办服务，持续解决社保“堵点”问题，不断提升社保公共服务水平。

2018年宁夏科技事业发展报告

牛国元　易静华

习近平总书记在视察宁夏时指出，“越是欠发达地区，越需要实施创新驱动发展战略”，“西部地区在科技创新方面同样可以拔得头筹、占得先机，实现弯道超车”。2018年是宁夏扎实推进创新驱动战略的落实年，全区科技系统认真贯彻落实党的十九大和自治区第十二次党代会精神，全面落实《宁夏回族自治区党委、人民政府关于推进创新驱动战略的实施意见》，坚持走开放创新、特色创新之路，大力实施东西部科技合作及“五大科技行动”，科技事业取得明显成效。

一、2018年宁夏科技事业取得的主要成效

（一）科技创新投入力度持续加大

1. 推进部门R&D联训联审和区市联动工作

自治区科技厅联合财政厅、经信委、统计局等部门出台《关于提高全社会研发经费投入水平的行动计划》，建立多部门R&D投入联训联审联席机制和区市联动机制，督促五市建立R&D督导机制。科技、统计、财政、经信、税务等部门联合对2017年重点研发活动企业R&D统计年报工作进

作者简介　牛国元，宁夏科技发展战略研究所研究员；易静华，宁夏科技发展战略研究所副研究员。

行督查。组织召开 2018 年全区 R&D 投入部门联席会议，研究探讨 R&D 投入统计工作中的问题、解决办法，就加大财政投入做好 R&D 应统尽统、保证 2018 年 R&D 投入强度达到 1.3%左右等向各市及有关部门做了要求。各市加大 R&D 投入工作力度，建立了领导分片包抓企业和指导员等机制。

2. 实施科技金融创新行动

修订并印发《自治区科技型中小微企业风险补偿专项资金管理暂行办法》，新增风险补偿试点单位 5 家，实现五市"全覆盖"，目前风险补偿资金总规模达到 9960 万元，已为 90 家企业贷款近 3 亿元，累计为 328 家（次）企业贷款 8.6 亿元。制定印发《自治区科技创新券管理暂行办法》，启动自治区科技创新券管理服务平台建设和科技创新券补贴工作。确定 32 家科技金融战略合作机构。探索建立科技部门与金融机构共同重大科技项目合作机制，印发《关于金融支持重大科技项目的通知》，并与 11 家银行初步达成合作意向。全年通过补贴、补偿、保险、担保等方式，撬动金融资本近 18 亿元，对 208 家科技企业创新创业发展进行支持。

3. 加强对企业科技创新的支持

修订《自治区企业研发费用财政后补助管理办法》，将后补助与研发费用加计扣除相结合，变补项目为补企业，增强了政策的普惠性。下达 2018 年后补助项目资金 3540 万元，支持科技创新项目 131 个，带动地方配套资金 3389 万元，撬动企业先行投入研发经费 2.48 亿元。2018 年启动实施重大科技攻关行动，聚焦能源化工、现代纺织、先进装备制造、新材料、生物医药等重点领域关键技术攻关，下达重点研发计划项目 373 项，支持经费 4.75 亿元，撬动社会投入资金 33.63 亿元。

4. 加大投入力度与强化督查

为确保实现全区各级财政 R&D 经费投入年均增长速度达到 30%以上的目标，2018 年自治区本级财政 R&D 投入预算 9.5 亿元，比上年增长 82%。

（二）科技助推产业发展效果趋于明显

1. 实施产业重大科技攻关行动，支撑引领高质量发展

围绕能源化工、现代纺织、先进装备制造、新材料、电子信息、节能环保、军民融合、生物医药、现代农业等九大产业和领域，通过实施重大

科技项目引进培育一批创新型团队，带动企业创新能力大幅提升，促进企业研发投入明显提高，支撑传统产业改造升级，催生新兴产业，打造发展新引擎，推进全区产业高质量发展。重大重点项目取得突破，如维尔铸造公司与北京交通大学合作的“中国标准动车组铝合金枕梁研制”产品通过了中车集团检测，将替代进口。

2. 积极争取国家科技计划项目

全年争取国家科技计划项目资金 9998.44 万元。

3. 实施科技型企业培育行动，强化企业创新主体地位

制定《自治区科技型企业培育行动方案》《高新技术企业培育库建设实施方案》《国家高新技术企业奖励细则》等，推进企业成为创新主体地位。对 2017 年首次认定国家高新技术企业和自治区科技小巨人企业给予支持，分别落实奖补资金 2200 万元和 920 万元；完成 260 家国家级科技型中小企业评价入库工作。目前，完成 2018 年国家高新技术企业认定评审第一批报备和第二批专家评审工作，第一批共报备 51 家拟认定高企，第二批有 27 家企业通过专家评审，拟在《宁夏日报》公示后报备，2018 年全区高新技术企业数将有望达到 150 家。自治区科技“小巨人”企业正在评审中，自治区科技型中小企业正在由各市组织评审，随后将报科技厅备案。

4. 实施科技成果转移转化行动，促进科技与经济结合

新修订的《宁夏回族自治区促进科技成果转化条例》已经自治区人大发布施行，科技成果转化政策环境进一步优化。出台《加强科技成果登记管理办法》，加强对科技成果的汇集管理。完成线上线下技术交易市场平台建设，整合全国科技成果 4 万余条，高校科研院所 300 家，深入区内 1100 余家企业进行技术市场宣传和对接，并举办宁夏农业科技成果转化专场路演活动。

5. 实施知识产权创造运用保护行动，强化对科技创新的保障作用

制定自治区知识产权《实施方案》等一系列政策措施，着力支持企业建立知识产权制度，组织企业开展知识产权试点（示范），加强对银川市和吴忠市知识产权试点城市的分类指导。截至 2018 年 9 月底，全区拥有有效发明专利 2680 件，万人有效发明拥有量达到 3.93 件，提前实现“十三五”

确定的 3.5 件目标。

（三）东西部科技合作更加务实高效

继续深入推进东西部科技合作，2018 年共组织实施产业重大关键技术联合攻关和技术引进东西部科技合作项目 127 项，下达自治区财政科技资金 5.3 亿元，带动企业和社会投入 21.7 亿元。重点开展了以下工作：

1. 组织召开了第二次“科技支宁”东西部合作推进会

与 2017 年相比，2018 年东西部科技合作呈现三个特点：首先，合作省份进一步拓展。2018 年科技合作的重点由 8 个省市（院校）扩展到上海、湖北、浙江大学等 11 个省市（院校），合作范围涉及 21 个省市（高校）。其次，合作领域继续扩大。今年东西部科技合作从特色优势产业领域扩展到医疗健康、科技扶贫、生态环保等民生领域，既支撑产业发展又满足科技惠民需求。首次通过科技部组织国家知名专家，围绕宁夏深度贫困区特色产业设计并启动实施了 5 个科技扶贫示范项目，将引进集成一批先进适用新技术成果，促进产业扶贫。第三，合作内容更加丰富。与国家大院所合作建立中国枸杞研究院、中国（宁夏）奶业研究院、宁夏碳基材料产业技术研究院 3 个新型研发机构，与国家高水平医疗平台联合建立了 9 家国家临床医学研究中心宁夏分中心或成员单位。在北京电子科技研究院、上海交通大学和苏州工业园建立了 3 个离岸孵化器。

2. 制定完善东西部科技合作长效机制

起草并以政办印发出台《关于加强东西部科技合作推进开放创新的实施方案》，推动合作主体建立长期稳定的合作关系，拓展科技合作领域与渠道，以“宁夏所需”精准对接“东部所能”，通过科技创新引领经济社会高质量发展。

3. 抓好“科技支宁”东西部协作重大项目落地落实

建立领导干部联系服务重大项目工作制度，切实加强领导干部对重大项目的指导服务，及时研究解决重大项目、重点任务实施过程中的困难和问题，加快推进项目实施，确保实现预期目标。为加快东西合作取得实效，7 月份，邀请中国工程院相关领域 30 多位院士专家来宁举办“宁东煤炭清洁高效安全发展院士行活动”，并签署共建中国工程科技发展战略宁夏研究院的协议。两年来，通过东西部科技合作，已经取得了一批高质量科技成果，如中科院生物物理所、上海药物所联合区内相关单位企业共同实施的“枸杞功效的重大基础研究及功能产品研发”项目已在四大传统功效方面取得突破性进展，分离鉴定出多个枸杞多糖化合物，新发现了枸杞中治疗痴呆、骨密度、抗疲劳的活性单体，为后续靶向性的研究奠定了基础；神华宁煤集团与中科院山西煤化所合作的“煤炭间接液化核心技术及关键装备重大创新”项目获得自治区科技重大贡献奖，填补了多项国内空白，确立了我国煤化工产业技术的世界领先地位；共享集团与中科院沈阳金属所合作的“第三代核电出口机组配套铸钢件研发”产品已经通过中国核电检测验收；宝塔石化与中科院兰州化学物理所合作开发出高铁、地铁轴承高性能润滑油，打破了润滑油国外技术垄断。神华宁煤集团通过与德国伊尔姆瑙理工大学、浙江大学合作开展了 MTP 工艺全流程、多层次节能技术、新型催化剂在多反应周期中积炭失活规律等方面的研究并进行了工业化应用。引进工程技术专家 7 名，培养专业技术人员 22 名，授权 14 项，发表论文 22 篇。

（四）科技项目“放管服”改革进一步深化

改革项目申报受理机制。由原来的“限期申报，逾期不候”方式改为“常年受理，分批下达”；建成并全面启动科技计划管理信息系统，推行“网上办，不见面”，今年实现了全部科技项目网上申报、网上受理。

改革项目评审方式，加强公开透明管理。自治区重大科技项目委托国家科技评估中心统一评审，其他项目实行网上评审和会议评审相结合的方式，并对经研究通过立项的项目进行网上公示，做到公开、公正、透明、留痕。

改革创新科技财政支持方式。2018 年自治区财政科技经费共下达 8.9 亿元，其中 3.5 亿元按各类专项切块下放到五市科技局及宁东管委会，占总经费的 39%，实行权力、责任、任务、资金下放，提高了资金使用效率。

优化科技计划管理体系，制定科技计划管理办法。制定印发《宁夏基础研究计划（自然科学基金）管理暂行办法》《宁夏重点研发计划管理暂行办法》《宁夏科技基础条件建设计划管理暂行办法》等配套管理办法、制度等。

加强项目防风险管理。制定印发《科技项目管理廉洁纪律“十不准”》《关于加强科技项目管理廉政风险防控办法》，建立项目监察系统，对项目实行全过程嵌入式监督。建立风险预警机制，制定《宁夏科研失信企业黑名单管理暂行办法》，加强对项目申报过程中弄虚作假、行为不端企业的失信行为及违法企业的核查。实行廉政风险防范谈话制度。

创新项目管理制度，实行合同制管理。重点研发计划项目实施合同制管理，项目承担单位以企业为牵头的，项目承担单位和科技厅签订项目合同，明确合同缔约者的权利与义务。

二、宁夏科技事业发展中存在的主要问题

（一）R&D 投入仍然远远不足

虽然 2017 年宁夏 R&D 投入强度实现了大幅增长，但仍然远低于全国 2.13%的水平，政府投入仍然远低于西部地区平均水平。市、县（区）财政 R&D 投入增长较慢，大部分没有达到要求。

（二）科技体制机制改革滞后

与国家相比，宁夏为科研松绑助力政策还太少，放管服空间还很大。比如科技经费管理自主权下放不够，符合科研规律的财务报销、审计机制尚未建立，存在科研人员不愿要钱、不敢花钱的现象。重科技研发、轻成果引进转化的局面还未得到根本扭转，促进科技成果转化的体制机制尚未形成。科技创新平台交叉重复，管理水平有待提高。科技服务中介机构较少、能力较弱，从业人员少，为科研开发和成果转化的服务体系尚未形成。

（三）科技创新人才队伍不足

全区从事科技活动人员数量为 4 万多人，每万人口中拥有研发人员数不到全国平均水平的一半。特别是“高精尖”科技人才缺乏，有影响力的科技领军人才更少。科研管理组织型人才匮乏，特别是基层既懂科研活动，又熟悉科技政策的人才太少。一些长期以来阻碍人才评价、流动的藩篱尚未完全打破，以至于人才留下难、稳定难，难以充分发挥其能动性。

（四）高新区发展慢高新技术企业数量少

两个国家高新区创新发展能力严重不足，管理体制不顺机制不活，与

国家高新区平均水平相差还很大，面临被摘牌的危险。自治区高新区培育工作推进缓慢，尚未实现“零”的突破。国家高新技术企业数量不足全国总量的0.07%，居全国倒数第二。

三、推进宁夏科技事业发展的措施

（一）精心谋划科技创新的时间表和路线图

实现“弯道超车”的关键取决于能否把创新摆在发展全局的核心地位，使创新驱动成为打造经济升级版的第一动力和鲜明特色。宁夏依靠创新驱动实现“弯道超车”的重点任务是要更加注重汇聚创新资源，聚焦产学研用协同创新、聚焦营造良好创新生态环境、聚焦政府科技管理改革等难点，精心谋划科技创新时间表和路线图。重点任务是要针对研发投入不足，研发能力弱、科技创新的驱动力和支撑能力不强的突出“短板”和“痛点”，有序推进加快夯实科技创新基础、全面提升企业创新主体地位、推进大众创业万众创新、提升各类各级科技园区创新创业能力、加快促进科技成果转化、健全科技创新投融资体系、培育壮大创新人才队伍、全面提升科技合作领域和层次、实施一批重大科技项目、深化科技体制改革等系列重要任务的落实。

（二）有效组织一批能提升创新能力的具体行动

要深入贯彻习近平总书记来宁视察重要讲话和自治区第十二次党代会精神，大力实施创新驱动战略，坚持走开放创新、特色创新之路，紧紧围绕产业转型升级和民生改善重大需求，深化科技体制机制改革，组织实施产业重大科技攻关、科技型企业培育、科技金融创新、科技成果转移转化、知识产权创造保护运用“五大科技创新行动”。当下要重点实施好两大行动。

1. 实施产业重大技术攻关行动

坚持“围绕产业，聚焦瓶颈，重点突破”的原则，加强顶层设计，紧盯自治区传统产业升级、特色产业品牌、新兴产业培育、现代服务业提档等“四大产业工程”，围绕重点领域关键技术难题，立项实施一批重大科技项目和重点科技项目，着力攻克制约产业发展的重大技术瓶颈，支撑产业链延伸和向高端发展。

2. 实施科技成果转移转化行动

以落实新修订的《自治区促进科技成果转化条例》精神为重点，进一步改革完善科技成果转化机制，充分释放创新创业活力。聚焦优势产业发展和民生改善需求，加大关键技术供需对接和适宜技术落地转化；引导企业加强科技成果转化应用；充分发挥宁夏技术交易市场作用，不断探索线上先导、线下联动的科技成果推介会、交易会等新的科技成果转化实现形式和途径，推动技术转移服务活动常态化，推动科技与经济紧密结合。

（三）着力推进各类科技资源的集聚和配置

1. 深入推进东西部科技合作

在落实好2018年部区会商精神和前两届东西部科技合作推进会成果的基础上，持续拓展合作省份，丰富合作内容，扩大合作领域，为宁夏产业高质量发展、科技创新成果惠及民生、助推脱贫攻坚等提供更加有力支撑，同时积极争取国家支持开展东西部科技合作试点示范工作。

2. 加快高新区建设和高新技术企业培育

把高新区建设和高新技术企业培育作为实施创新驱动战略的重要抓手，推动银川市、石嘴山市进一步理顺两家国家高新区管理体制机制，加快形成事权与责任相匹配的运行机制；强化高新区管委会的综合服务功能和科技创新促进功能，提升园区发展活力和创新效率；建立符合国家高新区特点的考核评价体系，加强对国家高新区建设发展情况的考核；推动银川高新区划归由银川市政府直接管理，整合相关园区实现“一区多园”发展。推动吴忠市、中卫市尽快建设自治区级高新区；结合自治区整合优化工业园区工作，择优选择基础条件较好的工业园区培育自治区高新区，力争2022年实现自治区高新区对五市的“全覆盖”。着力实施高新技术企业倍增计划，争取到2022年培育国家高新技术企业300家以上，培育自治区农业高新技术企业40家以上。大力引进区外国家高新技术企业，加强科技“小巨人”企业、科技型中小企业培育，着力培育一批高新技术企业“后备军”。

3. 大力推进科技创新“两区”建设

以建设沿黄科技创新改革试验区为抓手，着力提升改造工业园区，培育形成有竞争力的创新集群。加快推进现代农业科技创新示范区建设，聚焦发展“一特三高”现代农业关键技术需求，将5个国家农业科技园区打造成为产出高效、产品安全、资源节约、环境友好的现代农业发展新引擎。

（四）精心营造能激发创新活力的良好环境

1. 深化科技管理“放管服”改革

继续深化科技体制机制改革，推动科技创新与体制机制创新“双轮驱动”；营造诚实守信、崇尚创新、鼓励探索的良好氛围，为宁夏深入推进创新驱动战略奠定坚实的社会文化基础。继续简化财政支持科研项目经费立项审批和拨付程序，进一步放宽科研项目预算调整审批权。破解科研经费管理顽疾，让经费为人的创造性活动服务，充分调动起科研人员的创新积极性。

2. 继续推动加强科技投入

紧紧围绕R&D经费投入强度目标，加强对市县的效能考核工作，推动市县加大财政科技投入力度，争取达到“财政R&D经费投入年增长速度30%以上”的要求。引导企业加大投入力度，通过企业科技项目合同制管理、加强企业前引导、后补助及有关财税政策落实等措施，着力支持企业加大研发投入力度，引导企业成为研发投入的主体。大力推进科技金融深度融合，通过贷款贴息、风险补偿、科技保险、知识产权质押、科技创新引导基金等多种方式，撬动金融资本向科技创新领域涌流，进一步缓解企业科技创新融资难题，引导企业和社会资本加大科技投入力度。力争2022年全区R&D经费投入强度达到2.2%。

3. 进一步完善科技创新政策体系

不断完善“创新驱动30条”政策措施，加快构建具有宁夏区域特色的科技创新政策体系。进一步深入开展科技政策精准解读辅导，及时做好政策落实绩效评估，对实施中发现的问题及时沟通协调解决，让各类创新主体更充分地享受科技政策“红利”。

4. 进一步提高科技管理服务能力

围绕推动科技管理向研发服务转变、提升科技系统管理服务水平，着力推进科技系统自身能力建设。不断加强科技管理信息系统建设。在完成三期科技管理系统建设的基础上，根据科技体制改革和创新发展需求，探索“互联网+创新服务”模式，构建科技管理云服务平台，进一步提升项目管理、科技服务能力和水平。

（五）建立能确保科技成果转化制度落实的监测与评估机制

2018 年 11 月 1 日起施行的《宁夏回族自治区促进科技成果转化条例》，适用于自治区行政区域内的科技成果转化及其相关活动。但好的制度或政策如果不提前设计好落地的时间表和路线图，将很难保证该意见实施的有效性。目前宁夏科技系统高度重视、社会各界非常关注的《宁夏回族自治区促进科技成果转化条例》能否真正发挥预期效应就让人存在着这样的担忧。多年来，基于科研激励机制、科研投资机制和科技企业投资机制不完善等诸多原因，致使宁夏科技成果转移转化效果不理想成为科技工作的社会诟病之一。事实上，宁夏与全国一样长期以来所存在的科技与经济脱节的问题、科技人才成长相关问题都与科技成果转移转化良性机制建立明显滞后有关。因此，以促进成果转移转化为着力点，完成从科学研究、实验开发、推广应用的三级跳，实现科技向产业的实质性转化具有紧迫性。但根据以往的经验和教训，宁夏与国内部分省区一样，许多科技政策的实施效果与预期目标之间往往都存在着较大的差距，其中一个重要的原因是缺乏合理的监督与评价机制。由于把主要精力大多放在科技成果转移转化具体政策内容的制定上，却对政策实施的系统性、一致性和匹配性关注不够，特别是对政策实施的环境预判、过程监督、实现程度和产生效果的评价不足，即使开展监督和评价也是方法过于传统、手段过于简单，难以做到法制化、程序化、制度化和信息化，从而使评价结果的客观性、公信力、时效性和权威性都受到了严重影响，致使科技成果与市场需求充分对接的好愿望很难成为好行动、好行动很难产生好效果。因此，对建立科技成果转移转化政策实施情况监测与评估机制重要性和复杂性的认识，不能仅仅停留在能为调整完善相关政策举措提供支撑的层面上，否则会事倍功半。

专题篇

ZHUANTIPIAN

改革开放40年来宁夏社会建设和民生事业的发展成就与基本经验

陈通明

习近平同志在庆祝改革开放40周年大会上的讲话中指出："40年来，我们始终坚持在发展中保障和改善民生，全面推进幼有所育、学有所教、劳有所得、病有所医、老有所养、住有所居、弱有所扶，不断改善人民生活、增进人民福祉。"重视社会建设和民生事业，是党和政府一以贯之的战略和思路。宁夏40年来以改革开放为动力，社会建设取得长足的进步，民生事业成绩斐然，社会面貌发生了翻天覆地的变化。

一、改革开放40年宁夏社会面貌发生了巨大变化

"社会面貌"是指社会生活空间的外部形象和环境，是每一个人都能实实在在感知到的具体的生活场域。社会面貌的变迁表现在方方面面。

（一）城镇化改变了人们生存发展的空间

城镇，是与农村迥异的人们聚集生活并结为共同体的地方。城镇化是人口由农村迁往城市，地域景观不断变化，特别是社会结构、生产生活方式、价值观念从传统向现代转化变革的过程。1978年，宁夏城镇人口为73.3万人，城镇化率为20.5%。2012年，宁夏城镇化率首次超过50%，达到50.7%，此后随着经济的发展、社会建设水平的提高和户籍制度的改革，

作者简介 陈通明，宁夏社会科学院研究员，宁夏社会学会会长。

人口聚居城镇的速度加快，城镇化率每年都以超过1个百分点的速度递增，到2017年已有接近60%的人口居住在城镇。城镇化率与全国基本上是同步的。同时，城市规模也不断扩张。从1980年代开始，特别是进入本世纪以来，宁夏城镇规模进入快速扩张时期。2015年全区城市、县城建成区面积630.22平方公里，比2004年增加393.82平方公里，建制镇建成区面积168.77平方公里，比2010年增加41.77平方公里。近年来，宁夏先后实施区域中心城市带动、沿黄城市带发展、宁南大县城建设等战略和举措，无论是从规模、设施还是人口等各方面来看，城镇化使城市的面貌发生了巨大的变化，现代化的程度在逐步提高。1978年，宁夏首府银川市（不含贺兰县、永宁县和灵武市）的城乡总人口为32.5万人。如今，银川市已然成为一个颇有现代化水准、人口超过140万的中等城市。

（二）农村面貌不断改善

改革开放以来，经济实力逐年增强的农民开始以新的理念营造自己的居住房屋。虽然农村住房形式还以平房为主，但农民不仅注重外观装修，也学会用功能分化的角度来布局房屋的结构，其结构设施与城镇居民的楼房结构逐步趋同化，且更加美观、通透和宽敞。近年来新农村建设和美丽乡村建设是农村面貌改善的主要推手。政府通过规划引领、农房改造、收入倍增、基础配套、环境整治、生态建设、服务提升、文明创建等工程，高标准高质量地组织实施一批美丽乡村项目和美丽小城镇建设。作为改善农村贫困落后地区的重要举措，危房改造由政府予以资助和技术指导，贫困户和低收入农户的住房条件大为改善。农村深入推进以“两处理、两改造”（污水处理、垃圾处理、改厨改厕）为重点的新一轮农村环境综合整治，部分市县的村庄实施了生活污水治理及改厕工程，开始进行水冲式卫生厕所改造工程，优化了农村居住环境。

（三）基础设施建设不断增强和优化

可以提供公共服务、满足社会成员公共活动需要、面向所有公众开放的公共空间基础设施是一个地区文明进步的标志和社会建设的载体，也是经济社会发展的重要成果。40年来，宁夏基础设施在日新月异地发展变化。比如，宁夏的铁路通车里程，由1978年的421公里增加到2017年的

1060公里；公路通车里程，由1978年的5227公里，增加到2017年的34561公里，民航通航里程由1978年的1300公里，增加到2017年的118925公里。随着经济和科技的发展，基础设施的现代化水平在不断提高，一座座现代化的场馆拔地而起，令人目不暇接。

（四）反贫困战略实施极大提升了贫困人口生活水平

贫困是自然因素和社会因素叠加的结果。宁夏中南部地区即“西海固”地区曾有“苦脊甲天下”和“贫困之冠”之称。1982年，中南部地区人均收入170元，贫困发生率高达74.8%，这一年12月国务院决定实施“三西”地区（甘肃定西、河西走廊和宁夏西海固）专项农业建设，每年拨款2亿元用于解决“三西”地区贫困人口温饱问题。而30多年扶贫开发取得的成绩和进展，也是宁夏社会建设和民生事业的巨大进步。

自1980年代以来，党和政府组织了吊庄移民工程、扶贫扬黄灌溉工程和生态移民工程，扶贫开发移民总数累计达到了116.86万人。在一个人口600多万的省区（1983年的总人口为400万），历经30多年的扶贫开发，实现了1/5以上农业人口的大迁徙。不仅绝大多数迁移人口实现了脱贫致富，而且也引发了社会结构的巨大变迁，对宁夏社会发展已经产生并且将会继续产生深远的影响。党的十八大以来，自治区实施了精准扶贫“四到”扶贫工程（即基础设施到村、产业项目到户、培训转移到人、责任帮扶到单位），金融扶贫工程、产业扶贫工程和社会扶贫等都在逐步推进，使贫困人口大幅减少。截至2017年底，宁夏建档立卡贫困人口，已减少到23.89万人，占自治区总人口的3.94%。贫困地区农民人均可支配收入达到7505元，贫困群众生活水平明显提高，贫困地区面貌发生巨大变化。

二、基本公共服务事业发展满足人民群众需求

基本公共服务是由政府主导、保障全体公民生存和发展的基本需要、与经济社会发展水平相适应的公共服务。40年来，全区基本公共服务水平和保障能力显著提高，为每一个社会成员的成长发展提供了良好的发展环境、帮助和支持。

（一）教育事业的繁荣为人们提供了接受知识文化的正规化、制度化的良好环境和条件

教育是每个社会成员实现社会化的基本路径和场所，也是现代社会文明进步的标志之一。宁夏教育事业从初等到高等，逐步形成了可以满足社会成员接受教育需求、比较完备的现代国民教育体系。教育规模、质量和效益不断提升。与 1978 年相比，2017 年普通高等学校、中等学校、幼儿园在校生分别增长了 43.7、2.1、37.0 倍。自 1978 年以来，每万人在校大学生一直处于增长的态势，而中等教育在 2010 年达到峰值后，近几年有所下降，小学生下降的趋势则更明显。但小学适龄儿童的入学率则是在不断上升且稳定在一个较高的水准上。1978 年宁夏地区学龄儿童入学率为 91.2%，自 2005 年以来，学龄儿童的入学率一直保持在 99%以上，2017 年为 99.9%。教育事业的繁荣发展使公民受教育水平持续提高。1978 年后的四次人口普查中，每 10 万人口中受教育的人口所占比例由 1982 年的第三次人口普查的 47.2%提升至 2010 年第六次人口普查的 85.4%。其中具有高等教育程度的人口增长了 13.1 倍，具有高中和中专教育程度的人口增长了 1.37 倍，具有初中教育程度的人口增长了 1.18 倍。而这种人口教育程度结构的巨大变迁仅仅不到 30 年就实现了。

（二）卫生事业的发展为提高人民群众的健康水平作贡献

卫生事业被称为人类健康的卫士。与 1978 年相比，2017 年卫生机构总数达 4272 个，增长了 4.18 倍；每千人口拥有卫生技术人员 7.3 人，增长了 92%；每千人口拥有床位数 4.91 张，增长了 1.48 倍。卫生事业发展带给所有社会成员最重要的实惠就是公民健康水平的逐步提高。根据最近三次人口普查数据显示，宁夏人口平均预期寿命 1981 年为 65.48 岁，1990 年为 68.62 岁，到 2000 年就超过 70 岁，达到 71.32 岁，与全国人口平均预期寿命 71.40 岁大体相当。而到 2017 年，人口平均预期寿命提高到了 74.99 岁。

（三）文化体育活动丰富人们的精神生活和业余生活

文化体育生活是社会生活的一个重要方面，它既是休闲娱乐的需要，也是精神生活得以满足的路径和方式。随着城乡居民收入水平的提高，人们用于吃穿的消费占比逐渐减少，而用于文化娱乐的消费则在逐渐增加。

随着居民收入的增加，文化娱乐消费支出占支出总消费的比例在不断上升。其中，农村居民的文教娱乐消费支出增幅较大，30 多年来增加了 100 多倍，城镇居民的同类支出也在大幅度增加，这正是物质生活逐步宽裕的表现。

（四）社会保障制度为所有社会成员保驾护航

社会保障制度的主旨在于维护每一个社会成员、特别是处于困难境况和弱势地位的社会成员的基本生存权和发展权。起步于 1986 年的城镇企业职工养老保险制度，经过 30 多年来的发展，社会保险覆盖面不断扩大，在提高待遇保障水平、提升统筹层次、推进城乡一体化等方面不断改革，社会保险制度不断完善。同时，社会救助制度和社会福利制度也在改革中不断完善，救助水平不断提高。截至 2017 年底，全区共保障城乡低保对象 41 万人，其中城市低保对象 10.8 万人，农村低保对象 38.2 万人，月人均补助水平分别达到 358 元和 230 元；全区养老机构共设置养老床位 29417 张。改革创新，赋予了宁夏社会保障事业蓬勃的生命力。宁夏于 1992 年在全国较早实行养老保险区级统筹；宁夏率先在全国以省为建制，将“新农保”“新农合”与城镇居民养老保险医疗保险合并实施，建立了统一的城乡居民养老保险和医疗保险制度。2009 年宁夏在全区建立高龄老人津贴制度，成为全国第一个建立高龄老人津贴制度的省区。

三、社会发展成果惠及城乡各阶层群众

让社会发展的成果惠及所有社会成员，乃是社会良性运行的基础。改革开放 40 年来，人民群众的生活水平在持续不断地提高，社会生活的巨变为所有的社会成员提供了越来越丰富的资源。

（一）人民群众收入水平不断提高

宁夏农民年人均收入从 1983 年的 273.8 元增加到 2017 年的 10737.9 元，增长了 38.2 倍；城镇居民年人均可支配收入从 1978 年的 346 元增加到 2017 年的 29472.3 元，增长了 84.2 倍。

（二）城乡居民生活不断改善，消费水平不断提升

数据显示，2017 年农村居民的生活费支出已接近 1 万元，比 1978 年增长了 109.1 倍，而食品消费支出在总支出的比例不断下降，2017 年的恩

格尔系数已经从 1978 年的 76.5%降到了 25.3%；宁夏城镇居民人均消费支出，40 年来增加了 66 倍。恩格尔系数的不断下降，标志着温饱早已解决，生活水准大幅提升，有更多的消费是用在了享受和发展需要方面。城镇居民百户家庭拥有汽车达到 38 辆，相当一部分已经进入或正在进入中等收入群体行列。以 2016 年的消费支出与全国做比较，宁夏城乡居民生活消费支出在全国排在第 14 位，属于中等水平，而在西北五省区排在第 1 位。

（三）社会建设事业的发展使人的获得感和安全感不断提升

教育事业的发展使每一个社会成员有可能受到更加良好的教育。更多的人接受专业化的中等或高等教育无疑增强或增加了他们未来实现自我价值的能力和资源。卫生医疗条件的改善对每个社会成员来说，等于是保障身体健康的条件更好了。而社会保障则是给全体公民编织了一道安全网，当这道网越织越密的时候，人们抗风险的能力自然会增强，再无老年生活无保障、得病无能力付费之虞了。

（四）社会建设事业的发展改善了每个社会成员的生活质量

人的社会生活的质量主要取决于社会环境的优劣。公共交通设施的现代化，是人们的出行更加快捷方便。1980 年代后出现的四通八达的高速公路大大缩短了出行的时间。人们在城市的任何角落除了植被以外看不到泥土和泥泞的道路，而这在几十年前是不可想象的。遍及城乡的服务业使人们的生活更加舒适便利。人们不仅在快节奏地工作学习，也可以有丰富的休闲娱乐生活。

（五）社会事业发展为人才成长创造条件

社会越发展，知识和才能就越有价值。数据显示，2016 年宁夏每万名职工的专业技术人员达到 2015 人，超过了 20%。宁夏职工的受教育程度结构，以 2016 年为准，受过高等教育的占到 22.1%,高于 19.4%的全国平均水平，在西北五省区中排第二位。同时，在开放包容的社会环境和市场机制下，竞争成为人才成长和脱颖而出的路径和方式。人们可以通过参与竞争，获得发挥自己才能的场所和岗位。

（六）社会事业发展对特殊群体的眷顾和扶持

生存和发展是每一个社会成员不可被剥夺，也不可能让渡给他人的基本权利，保护这种权利是国家和社会的责任。对于特殊社会群体采取特别帮扶和保护措施，让他们健康成长，有稳定的生活，这是维护社会公平和平等的题中应有之义。宁夏在对特殊群体的扶持和关照方面做了大量工作。

四、改革开放40年宁夏社会建设和民生事业发展的基本经验

总结40年来宁夏在社会建设和发展民生事业方面的经验，对宁夏今后的社会发展有着十分重要的意义。

（一）坚持把以人为本作为社会建设的基本理念

不断改善民生是社会建设的根本目标，必须不断促进人的全面发展、全体人民共同富裕，这也是宁夏社会建设事业几十年发展的根本指导思想。坚持以人为本的理念要体现在为人民群众办实事上。自2007年开始实施10项民生计划、为民办30件实事以来，自治区每年都在涉及扶贫开发、人饮困难、扶弱助困、创业就业、城乡安居、卫生健康、社会保障、支农惠农、教育惠民、文体促进、交通保障、安全保障等与人民群众社会生活息息相关的领域，为人民群众办了大量可以直接感觉到的实事好事，解决一些多年来累积的问题。

（二）共享和公平公正是社会政策的根本原则

公平性应当是社会政策制定的主要价值取向。只有坚持公平性原则，才能保障全体公民共享社会发展的成果，才能保障每个公民的生存发展权利在受到威胁时得到政府和社会的帮助，即社会政策要发挥基础性的、“托底”的功能。何谓共享社会？就是使公民在共享资源、共享合作、共享成果中获得幸福民生，达成互补、互助和互惠。公平是共享的保证，共享是公平的必然结果。宁夏的社会建设过程中，正是坚持了共享和公平的原则，才能保障绝大多数社会成员都从社会建设的成果中受益。同时，还要坚持普惠型和救助型相结合的可持续的社会政策，使陷于困境的特殊人群得到特别帮助。

（三）社会建设和民生事业要以基本公共服务为基础

基本公共服务作为社会建设和民生事业最重要的部分，其所体现的价值基础是对公民生存权、健康权、居住权、受教育权、工作权等基本权利

的保障，关系到人民群众的最根本利益。在基本公共服务领域，国家承担着义不容辞的主体责任。对宁夏这样的经济欠发达地区来说，基本公共服务的支出，在整个财政支出中始终是最大的支出。以 2016 年为例，政府的卫生支出占全部卫生总费用的 33.9%，这一比例高于 30.4%的全国平均水平，排在全国第 10 位，当年教育支出占全区财政支出的 11.9%。扶贫开发作为一项特殊的公共服务项目，在宁夏几十年的扶贫开发历程，从中央财政到地方财政，都有巨额的投入。

（四）社会建设和民生事业发展贵在改革创新，功在提高质量

宁夏数十年来的社会建设和民生事业，改革创新是发展和进步的强大动力。40 年来，宁夏始终坚持改革创新，既从实际出发，量力而行，又敢于在政策选择上大胆探索，勇于突破常规，力求尽最大努力，取得积极的社会效果。改革创新的根本目的是为了提高社会发展的质量，从而提高每一个公民的社会生活质量，增进人民福祉，让每一个公民都能过上幸福生活，不断提升人民群众的获得感、幸福感和安全感。宁夏的社会建设的过程，是社会质量不断提升的过程。

深度贫困地区脱贫攻坚的有益探索

——同心县脱贫攻坚工作的成绩、经验与启示

刘天明　李文庆　宋春玲

同心县地处宁夏中部干旱带核心区，是国家确定的扶贫开发重点县之一，是六盘山集中连片特困地区核心贫困县之一，也是自治区脱贫攻坚的主战场。近年来围绕“两不愁三保障”稳定实现贫困人口脱贫，以及实施乡村振兴战略，取得了一些成绩和经验。

一、同心县脱贫攻坚工作采取的措施

党的十八大以来，同心县动员全社会力量，打响脱贫攻坚战，脱贫攻坚成效显著，取得了决定性进展，为下一步实施乡村振兴战略打下良好基础。

（一）完善脱贫保障体系

以脱贫富民统揽经济社会发展全局，以“学习贯彻年、脱贫攻坚年、作风建设年”活动为主线，突出产业发展、脱贫富民、全面从严治党三大重点，针对短板弱项，有针对性地出台脱贫攻坚实施方案，重点加强整村推进、产业奖补、贫困村巩固提升、扶贫保险、务工就业技能培训、农业实用技术培训等。县、乡、村三级签订脱贫攻坚任务书，明确目标，压实责任，出台一系列政策措施，如脱贫攻坚“六场硬仗”、实施脱贫攻坚“十

作者简介　刘天明，宁夏社会科学院副院长，研究员；李文庆，宁夏社会科学院农村经济研究所所长，研究员；宋春玲，宁夏社会科学院农村经济研究所助理研究员。

大工程”等，进一步完善脱贫保障体系。

（二）实施“扶贫 +”脱贫攻坚模式

同心县按照“六个精准”和“五个一批”要求，着力打好脱贫增收组合拳，切实增加贫困群众收入，开创性地探索出了多种脱贫增收模式。

1. 公司+农户+党建+扶贫

按照“公司+基地+农户+科技服务团队+基层党建”的发展模式，着力构建现代农业产业体系、生产体系、经营体系和“县有片区，乡有产业，村有项目，户有支撑”的特色产业发展格局。

2. 园区（扶贫车间）+扶贫

出台降低扶贫车间运营成本 10 条意见，打造低成本工业园区，吸纳从业人员 3250 人，1000 余名建档立卡贫困群众实现了稳定就业。亿金民族服饰扶贫车间建成投产，旱天岭村扶贫车间即将投产，田园村扶贫车间正在加快建设。

3. 金融助力+扶贫

与南京证券、建设银行宁夏分行、人保财险宁夏分公司等进行“一司一县”“一行一县”“一保一县”结对，有效解决了贫困群众贷款难问题。

4. 土地流转+扶贫

将土地流转给龙头企业、合作社、种植大户，发展有机枸杞、中药材、酿酒葡萄等特色产业，贫困群众在发展特色产业中增加经营性收入，在产业基地打工增加工资性收入，在土地流转中增加财产性收入。

5. 小微养殖+扶贫

采取政府提供鸡苗、鸡笼的办法，支持发展滩鸡养殖，中核集团、县内企业等已为建档立卡贫困户提供鸡苗。

6.“强龙工程”+扶贫

深入开展“三大三强”行动、实施“两个带头人”工程，严格落实村级办公经费和为民服务资金，将村干部工资与星级基层党组织创建直接挂钩，造就一支懂农业、爱农村、爱农民的“三农”工作队伍。

7. 入股分红+扶贫

贫困户将土地、牛羊等资产入股合作社，发展规模化种养殖。

8. 光伏+扶贫

投资1亿多元，在19个贫困村村部和3000户建档立卡贫困户屋顶建设光伏电站，贫困群众从电站发电收益中获得收入。

9. 生态补偿+扶贫

在建档立卡贫困户中选聘生态护林员1150名，每人每年管护500亩以上，年工资补助1万元。

10. 健康+扶贫

实施“健康扶贫惠民工程”，注资1000万元设立健康扶贫基金，全面推行“先住院，后付费”和一站式结算。建档立卡户和特困供养人员住院就医人均每年最高报销可达到16万元，个人负担费用不超过5000元，全力减少因病致贫、因病返贫人口数量。全面实施“扶贫保”，实现建档立卡贫困户家庭意外伤害保险和财产类保险全覆盖。

11. 教育+扶贫

筹资4150万元设立教育扶贫基金（兴俊基金），实现教育资助和免费教育“两个全覆盖”。建立建档立卡贫困学生数据库、手机App，为每名贫困学生制作了二维码，实现对贫困学生的精准帮扶。

12. 易地搬迁+扶贫

创新易地搬迁扶贫方式，采取县内劳务移民安置为主、就近安置为辅的思路，先后建成马高庄村等5个移民点，回购清水壹号普通商品房1000套，搬迁安置移民2570人，住房分配到户1000户4509人。采取自谋出路、市场化安置的方式，按照户均4万元的奖补标准，妥善安置移民迁出区剩余和新增人口，年内完成自发移民1000户。下发《关于将生态移民迁出区集体所有土地收归为国有的决定》，将生态移民迁出区涉及乡镇行政村和农户所有集体土地均收归为国有土地，用于生态修复，取得了较好的成效。

（三）积极开展产业扶贫

同心县立足资源禀赋，适应经济发展新常态，以供给侧结构性改革为主线，先后引进香港新华集团、海尔集团、东阿阿胶等16家龙头企业，用工业化理念发展脱贫富民特色产业，累计发展有机枸杞13万亩、中药材35万亩、油用牡丹1.4万亩、文冠果11万亩、酿酒葡萄1万亩、小杂粮

35 万亩、黑毛驴 1 万头，牛羊饲养量分别达到 38 万头和 190 万只。积极发展多种形式适度规模经营，培育农业产业化重点龙头企业 21 家，农业专业合作社 707 家，家庭农场 122 家，初步形成了产加销一体、一二三产业融合互动发展。建成全国规模最大的有机枸杞、油用牡丹和银柴胡集中连片种植基地。有机枸杞 3 大系列 20 多种产品全部获美国、日本、欧盟有机认证。采取以“龙头企业+家庭特色种养殖”为主体的“1+1”小农户对接大企业产业发展模式；“公司+基地+农户+科技服务团队+基层党建”的发展模式，着力构建现代农业产业体系、生产体系、经营体系和“县有片区，乡有产业，村有项目，户有支撑”的特色产业发展格局，找准了“旱塬披绿，产业多彩，农民脱贫增收”的路子。

（四）开展精神扶贫“十大专项行动”

习近平总书记强调，扶贫先扶志，扶贫必扶智。实施精神扶贫，激发内生动力，从根本上铲除贫困的土壤。近年来，同心县大力开展扶志扶智工程，积极实施精神扶贫拔穷根专项行动，一是开展“十星级民风建设模范户”评选活动；二是开展“我脱贫我光荣”评选活动，发挥示范带动作用；三是开展精神扶贫有奖征文活动，为脱贫攻坚鼓劲加油；四是拍摄精神扶贫微电影，传递脱贫正能量；五是编排精神扶贫巡演节目，丰富精神生活；六是创作精神扶贫文艺作品，占领文化阵地；七是开展精神扶贫宣讲活动，提高脱贫政策知晓率；八是举办精神扶贫演讲比赛，激发脱贫强烈愿望；九是开展“脱贫一线红旗飘”评选活动，激励基层党组织发挥战斗堡垒作用；十是开展光荣脱贫事迹展播，营造脱贫氛围。

（五）打赢“六场硬仗”

打赢安全饮水硬仗。实施饮水工程改造提升工程，保障贫困群众喝上清洁、安全的饮用水，实现贫困村安全饮水工程全覆盖、入户全覆盖，供水保证率 100%。

打赢危房危窑改造硬仗。建档立卡贫困户危房危窑改造，在自治区补助的基础上，县财政每户再补助 1 万元。采取乡村统筹、农户自建、基层组织帮建等方式，实现全覆盖。

打赢健康扶贫硬仗。摸清因病返贫底数，开发 APP 平台，精准救治，加大救助力度。因病返贫建档立卡户住院费用报销超过90%、个人自付部分每年累计不超过5000元，建档立卡户家庭医生签约率100%，防止“病根”变“穷根”。

打赢教育扶贫硬仗。管好用好教育扶贫基金（兴俊基金），落实好教育扶贫“两个全覆盖”政策。持续开展“控辍保学”专项行动，健全完善贫困孩子教育数据库，建立因辍即劝机制，着力解决义务教育阶段孩子辍学问题。

打赢解决移民村遗留问题硬仗。实施生态移民村产业发展三年行动计划，盘活、整合生态移民村闲置土地和棚圈设施，引进龙头企业发展规模经营；种植苹果、葡萄等经济林，发展庭院经济。已建成的移民安置点，各类设施齐全，全部配套到位。

打赢基础设施建设硬仗。实施100个贫困村整体提升工程，对标“两不愁三保障”“五通八有”标准，项目资金向贫困村倾斜，年内实现贫困村道路硬化、巷道硬化等基础设施全覆盖，特别是填平补齐计划出列的10个贫困村和退出的6个深度贫困村基础设施和公共服务配套。

（六）完善脱贫奖补机制

同心县为了巩固提高脱贫户自身“造血”功能，2017年出台奖励办法，建立“421”机制，对当年脱贫、连续三年巩固提升的脱贫户，按照“扶持发展项目自选”原则，每户分别奖补4000元、2000元和1000元用于发展产业，辅以其他配套项目。

（七）建设生态宜居乡村

实现深度贫困区域精准脱贫，实施乡村振兴战略，生态宜居是关键，必须尊重自然、顺其自然、保护自然，实现百姓脱贫与生态宜居的统一。同心县在提升农业产业、转变生产方式方面，实现“资源—产品—废弃物—再生资源”循环利用，农业清洁生产“一控两减三基本”模式，农业用水总量控制，减少化肥、农药施用总量，地膜、秸秆、禽畜粪便基本资源化利用，促进水肥一体化实现农业无害化生产。在农村生活环境方面，全面实施农村生活垃圾整治、农村生活污水处理、农民安全用水整治为重点的人居环境整治专项行动，推进农村人居环境提升。

二、同心县脱贫攻坚取得的成绩

近年来，同心县委、政府团结和依靠全县人民，攻坚克难，真抓实干，着力破解发展难题，脱贫攻坚成效显著，县域经济稳步发展。

（一）脱贫攻坚成效显著

同心县积极整合资金，实施扶贫项目，探索出了“扶贫车间+贫困户”“小微扶贫+贫困户”“6+1+N”等产业扶贫模式，开工建设贫困户屋顶光伏扶贫项目。投入资金实施“扶贫保”，建档立卡贫困户家庭意外伤害保险和财产类保险实现全覆盖。整合资金扶持98个贫困村发展集体经济。选聘建档立卡贫困群众为生态护林员，人均年收入1万元。通过实施危房危窑改造，先后建成5个移民点，回购普通商品房，搬迁安置移民。积极修建农村道路，完成贫困村电网改造，行政村实现宽带和4G网络全覆盖，实施安全饮水巩固提升工程。深入开展“百企帮百村”和社会组织帮扶活动，实施闽宁示范村建设、扶贫车间建设、支持合作社产业发展等扶贫协作项目。坚持扶贫与扶志扶智相结合，深入开展“三先开路”主题教育、精神扶贫“十大专项行动”。产业、金融、生态、易地搬迁、教育等各类扶贫措施、扶贫力量发挥了明显的叠加效应，脱贫的基础更加扎实，群众的观念逐步转变，全县脱贫攻坚取得新的成效。

（二）产业发展水平有效提升

农业结构调整步伐加快。德谷万亩有机枸杞、太阳系万亩中药材完成年度建设任务，海尔安格斯肉牛、德泽黑毛驴二期、驰马聚丰芦笋等项目加快推进，金垚育种葡萄基地开工建设。农业逐步由玉米种植、牛羊养殖为主向多元化、规模化、高效化转变，农业发展和农民增收的路子进一步拓宽。

工业经济发展提速。2017年，新增规上企业10家，总数达到63家。有71家企业入驻园区，腾辉服饰、伊兴羊绒等企业投产，吸纳就业3250人。新能源装机规模达到183万千瓦，“羊把式”商标被评为中国驰名商标，同德慈善产业园入选全国农村创业创新园区目录。工业经济集聚度明显提高，发展势头良好，成为支撑县域经济发展的新动能。

第三产业迸发活力。旅游、文化、养老、体育等服务消费产业发展迅速，积极培育艺术文化品牌有同心花儿、秦腔、诗歌、刺绣、剪纸、书法等，发展乡村特色旅游包括黄草岭、莲花山生态旅游，台山汽车宿营，汪家塬农耕文化旅游，韦州特色小镇，下马关红色旅游等。IPO绿色通道政策吸引力增强，朗斐纳斯、德泓国际等16家拟IPO企业在同心县注册。开工建设韦州古城、罗山东麓葡萄文化特色小镇、东部环线风景大道旅游驿站、黄谷川滑雪场等项目，完成汪家塬村、莲花山、天台山等乡村旅游基础设施建设，被列入自治区第二批全域旅游示范县。

（三）城乡面貌明显改观

近年来，同心县基础设施不断完善。实施了清水河综合治理、同心大道跨清水河大桥等市政建设项目、棚户区改造项目。基本建成人民公园，完成豫海南街、长征东西街等道路改造工程，县城交通主动脉更趋畅通。马高庄水库、预旺水库、马塘水库等重大水利工程建成。实施1个美丽乡镇、10个美丽村庄建设项目。韦州镇被列入全国第二批276个特色小镇之一和自治区首批特色小镇培育计划。城乡基础设施和公共服务水平进一步提升。生态环境持续改善。实施城东防护林、同预公路绿色通道等造林绿化十大工程。完成生态移民迁出区生态修复、草原补播、人工饲草种植30万亩。划定永久基本农田红线，扎实开展2017绿盾专项行动，完成罗山自然保护区清理整治。全面推行“河长+警长制”，县乡村三级河长制组织体系全覆盖。出台禁牧封育问责办法。城市环境空气质量优良天数比例达到82.7%，全民环保意识进一步增强，人居环境明显改善。

（四）乡村民俗民风有积极变化

同心县建立扶贫与扶志、扶智相结合的脱贫奖补机制，让老百姓由“要我脱贫”向“我要脱贫”转变。加强宣传教育，引导群众摒弃“等靠要”思想，牢固树立依靠自己的双手勤劳致富的意识，扶思想，扶观念，扶信心，帮助贫困群众树立起摆脱困境的斗志和勇气。扶知识，扶技术，扶思路，提升脱贫致富的综合素质，激发贫困群众自我发展的内生动力。同时，将社会主义核心价值观融入到农村治理中，尤其是青少年思想建设、乡风、家风建设中。

（五）乡村治理有序推进

同心县全面建立脱贫攻坚效能考核制度；积极开展农村集体产权制度改革试点；积极争取人才项目和人才奖补资金，同时吸引企业家、专技人才，加大政府教育补贴。扎实开展“七五普法”，依法严厉打击涉众型经济犯罪和黄赌毒黑拐骗等违法犯罪活动，严防暴恐活动、个人极端事件和公共安全事件发生。严厉打击村霸和宗族恶势力，维护农村和谐稳定。深入实施“雪亮工程”，推动县乡村三级综治联网中心建设。

三、同心县脱贫攻坚经验与启示

同心县将脱贫攻坚与乡村振兴战略有效衔接，特别是脱贫攻坚等工作取得了一些经验。扶贫车间建设工作受到国务院扶贫办、全国工商联的充分肯定；“扶贫+”脱贫富民模式被《人民日报·民生周刊》评为2017年全国民生示范工程；荣获全国营养改善计划“阳光校餐”优秀县、全国基础教育质量监测优秀县称号；被评为自治区良好农业规范认证示范县、全区转移就业示范县；成功创建自治区园林县城；义务教育均衡发展工作顺利通过自治区评估验收；获批全区涉农资金整合试点县、壮大村集体经济试点县；在全区率先实现“一行一县”“一保一县”帮扶结对。全区推动移风易俗树立文明乡风现场观摩推进会、全区打赢教育脱贫攻坚战推进会先后在同心县召开。同心县根据脱贫攻坚的任务，将乡村振兴战略的思想和原则融入具体的脱贫攻坚计划和行动中，统筹脱贫攻坚与乡村振兴之间的有机衔接，奠定了脱贫攻坚与乡村振兴的制度和物质基础。

（一）发挥党委、政府在脱贫攻坚中的主导作用

在精准扶贫实践中，党和政府主导了贫困瞄准、贫困干预、脱贫成效评估等减贫全过程。除不断加大投入之外，通过“中央统筹、省负总责、市（地）县抓落实”管理机制提升政府扶贫整体效能，激发强大的扶贫动能，构筑多元主体参与扶贫格局。同心县在脱贫攻坚实践中，创造性地将党组织建在产业链上，发挥了党组织在脱贫攻坚实践中的战斗堡垒作用。

（二）紧抓产业脱贫的“牛鼻子”

2018年中央1号文件明确指出“乡村振兴，产业兴旺是重点”。同心县按照“一村一策，一户一法”思路发展产业，因地制宜在种植业、养殖业、旅游业、高新产业上做文章，加快农村土地流转，培育壮大农业龙头企业、农民专业合作社、种养大户等新型农业经营主体，因地制宜发展小杂粮生产加工、肉类加工、蔬菜大棚等项目，带动群众就近就业增收。

（三）下大力气补基础设施、生态环境建设短板

政府不断加大以水电路信和污水垃圾处理等为重点的民生工程投入，农村基础设施条件明显改善。巩固提升农村饮水安全保障水平、推进农村污水治理、垃圾处理等，进一步加大建设和管护投入，全面补齐农村基础设施发展短板。不仅有利于增进农民福祉，为同步实现农村全面小康奠定坚实的物质基础，也有利于促进农村产业发展、增强对经济增长的支撑作用。牢固树立绿水青山就是金山银山的理念，深入实施生态立县战略，全力创建全区绿色经济示范县。

（四）坚持软硬一齐抓，促文明上台阶

经济建设是硬指标、精神文明是软指标，同心县牢固树立“两个文明”一齐抓、“两个文明”一起上的观念，使得“两个文明”建设跃上了一个新的台阶。多年来，同心县在狠抓经济的同时，以社会主义核心价值体系为主导，以社会主义荣辱观教育为主题，以政务诚信、商务诚信、社会诚信和司法诚信为目标，大力倡导诚实守信、勤劳致富、孝老爱亲、礼让谦和、乐善好施、扶危济困的良好风尚。

（五）协调社会各方力量促脱贫

新时期脱贫攻坚战按照“政府主导，农民主体，部门联动，社会参与”的要求，着力完善社会力量参与扶贫开发机制，构建专项扶贫、行业扶贫、社会扶贫等多方力量、多种举措有机结合和互为支撑的“三位一体”大扶贫格局，广泛动员各种社会团体、民间组织、企事业单位、慈善机构及非政府组织等参与扶贫开发，形成人人参与、形式多样的全社会齐心协力扶贫攻坚的生动局面。

东西部扶贫协作宁夏实践研究

王红艳

1996年，国务院安排东部沿海发达省市帮扶西部贫困地区，以东部发展优势弥补西部发展短板，促进西部后发崛起。这是贯彻落实“两个大局”战略思想，加快西部贫困地区扶贫开发进程、缩小东西部地区差距，促进共同富裕做出的重大战略部署，也是党中央国务院交给东西部地区的一项艰巨政治任务。20年来，东部省市通过东西扶贫协作向西部省区市提供财政援助资金132.7亿元，动员社会力量捐助款物27.6亿元，引导企业实际投资1.5万亿元，有效带动西部地区尤其是西部贫困地区的发展，为世界其他国家解决贫困问题提供了“中国方案”。

2016年7月20日，在银川召开的东西部扶贫协作座谈会上，习近平总书记就明确指出东西部扶贫协作和对口支援是推动区域协调、协同发展的重大战略；是加强区域合作、优化产业结构、拓展对内对外开放新空间的大布局；是实现先富帮后富、最终达到共同富裕目标的大举措。总书记的讲话为加快推进深度贫困地区脱贫攻坚工作指明了方向。宁夏是西部欠发达地区，发展不平衡不充分的问题较为突出，南部山区集中连片特困地区贫困程度深、扶贫成本高、脱贫难度大，成为自治区脱贫攻坚的短板，加快东西部扶贫协作与对口扶贫仍是实现宁夏深度贫困地区脱贫致富的有效路径。

作者简介　王红艳，宁夏区委党校公共管理教研部教授。

一、宁夏深度贫困地区基本现状

宁夏全区22个县（区）中9个是贫困县（区），其中8个为国家级贫困县，有相当数量的深度贫困村和贫困群众。在对红寺堡区、同心县、原州区、西吉县、海原县、中宁县、沙坡头区14个贫困村进行深入调研后，依据贫困人口规模、贫困发生率（18%以上）和脱贫难度等指标，统筹考虑自然条件、产业基础和义务教育、基本医疗、住房安全、饮水安全等识别条件，宁夏已确定了原州区、西吉县、海原县、同心县、红寺堡区5个深度贫困县和中部干旱带西部片区（沙坡头区兴仁镇、香山乡、永康镇、迎水桥镇、常乐镇部分贫困村和中宁县喊叫水乡、徐套乡、太阳梁乡部分贫困村），简称“五县一片”。该区域包含了170个深度贫困村，除产业发展滞后和公共服务不足等问题外，其中，有37个村干旱多灾特征明显，38个村水土资源严重紧缺，水、路等基础条件薄弱突出的有95个村，贫困人口30多万人、占全区贫困人口总数的近80%，是全区贫困人口最集中、贫困程度最深、脱贫难度最大的地区。

宁夏深度贫困地区致贫诱因复杂多样，主要归结为六个方面：

（一）产业发展水平低

上述深度贫困地区受自然条件和生态环境制约，自然经济和传统农业占主导地位，特色产业规模小，产业发展仍以原料生产为主，产业链条短。种养大户、家庭农场、农民合作社等新型经营主体数量少且多处于起步阶段，组织化程度低，抗市场风险能力弱，后劲不足。加之近几年初级农牧产品价格波动大，农民增收压力极大。

（二）基础设施落后

自然村组间的道路建设滞后，尤其山大沟深的村组出行难问题突出。同时因地理环境等原因，水资源短缺制约了当地经济发展，大型调水设施不足、调蓄工程，水利工程老化失修严重。“五县一片”中饮水安全保障不足的群体占人口总数90%以上，居住在危房危窑的也占总人数的近80%。

（三）特殊群体脱贫任务艰巨

第一，因病因残因老致贫返贫比重大。宁夏建档立卡贫困人口中因病致贫和返贫的比例为 24%。2012—2017 年宁夏累计减贫的 71.9 万人口中，因病返贫的占 50%，而 2016 年末脱贫人口中，患病人口有 3.94 万人，残疾人有 2.98 万人，60 岁以上单老双老户有 1.27 万户 2.15 万人。其中“五县一片”中有患病人口 2.74 万人，占 69.4%，残疾人 2.31 万人，占 77.5%，60 岁以上单老双老户 0.92 万户 1.57 万人，分别占 72.4%和 73.0%。这三类特殊困难群体自我发展能力最弱、脱贫难度最大，是攻克深度贫困的坚中之坚。第二，因学致贫。学费负担（主要是大学教育）导致贫困家庭达到 1.4 万户，占建档立卡户 9.3%。

（四）县级财政支撑脱贫的能力弱

宁夏深度贫困地区所涉及的其中 5 个县，2016 年财政收入最多的为 2.507 亿元，最少的为 1.521 亿元，平均为 1.985 亿元。县级财政收入多的只能满足财政供养人员工资发放，少的连工资都发不出，地方建设全部依靠国家转移支付，贫乏的财力无力支持基础设施建设和脱贫帮扶工作。失去中央财力的支持或减少扶持后，这些深度贫困地区脱贫工作将无法继续开展。

（五）基础教育质量不高

宁夏确定的深度贫困村中多数没有幼儿园，适龄儿童难以接受到正规学前教育，九年义务教育质量普遍不高，教师由农村向城市倒流现象严重，有些小学四年级都开不了英语课。在成年人群中，具有初中以下文化程度，文盲、半文盲占比均超过 20%，整体文化素质比较低，缺乏基本技能和实用技术培训条件。

（六）生态环境脆弱

宁夏深度贫困地区生态环境普遍脆弱，水土流失严重，自然灾害频发，资源环境承载能力不足，生态功能修复需较长周期，生态建设和保护环境、区域发展和脱贫攻坚之间的矛盾长期并存。

二、“闽宁合作模式”——东西部扶贫协作的典范

1996 年 5 月，福建宁夏两省区党委、政府根据中央“两个大局”和开展东西部扶贫协作战略部署，全面开展了闽宁对口扶贫协作工作。习近平同志先后 5 次出席闽宁对口扶贫协作联席会议，3 次发表重要讲话，2 次到

宁夏实地考察指导，形成了一整套闽宁对口扶贫协作工作思路，为闽宁对口扶贫协作指明了方向。20年来，闽宁两省区把对口扶贫协作作为一项重要的政治任务，始终坚持“优势互补，互惠互利，长期协作，共同发展”原则，强化扶贫协作顶层设计，创新扶贫协作形式，提升产业扶贫协作层次，截至目前已经形成“联席推进，结对帮扶，产业带动，互学互助，社会参与”的对口扶贫协作机制，为宁夏植入了改革发展新理念，贫困地区贫困群众自我发展能力得到极大提升，生产生活条件得到极大改善，较好地带动了地区新型工业和现代农业发展，成为中国东西部扶贫协作的成功典范。这一成功模式的有效运行，对中国特色大扶贫格局的形成和发展发挥了积极的推动作用，成为全国可推广复制的范式。

（一）主要做法

1. 始终把提高城乡居民收入作为消除贫困的核心目标

闽宁对口扶贫协作初期以基本解决贫困人口的温饱问题为起点，通过产业、教育、科技和人才扶贫协作，引导企业和社会力量扶贫协作。20年来，宁夏地区生产总值增长16.6倍；城镇常住居民人均可支配收入增长6.6倍，农村常住居民人均可支配收入增长7倍。“苦瘠甲天下”的西海固地区生产总值增长21.3倍，农村常住居民人均可支配收入增长11倍，城乡面貌显著变化，收入差距逐步缩小（见图1），居民生活水平显著提高。

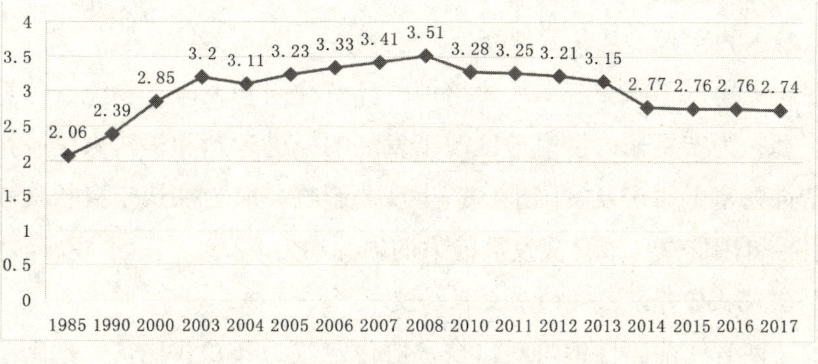

图1　主要年份宁夏城乡居民收入比

数据来源：中共宁夏回族自治区委党校、宁夏回族自治区行政学院、宁夏回族自治区统计局编《宁夏区情数据手册（2017—2018）》。

2. 始终把增加项目投资作为促特色优势产业发展的主要抓手

闽宁两省区通过加强市场化合作，实现了开放优势和产业优势的深度融合。宁夏通过深化与福建省在经贸、社会事业等方面的协作与交流，逐步提升自身的对外开放水平。福建借助宁夏的土地、光热、电力、劳动力等资源禀赋优势，推动传统产业转移，加快向西开放的步伐。闽宁产业城的建设，进一步加快宁夏企业“走出去”的节奏。

3. 以加强生态建设为基础，大力改善生存发展条件

针对西海固地区长期为水所困现状，大力实施“生命工程”，累计帮助宁夏贫困地区打井窖 2 万眼，解决了 30 万人 10 余万头牲畜的饮水困难；同时用好天上水、留住地表水、挖掘地下水，建成高标准梯田 22.5 万亩，将跑水、跑肥、跑土的“三跑”坡地变成保水、保肥、保土的“三保”梯田。结合覆膜保墒集雨补灌，发展旱作节水农业，使作物单产提高 15%~30%。推行山、水、田、林、路一体化综合治理工程，综合治理 20 多条小流域，使当地水土流失问题得到有效解决。坚持退耕还林草和防沙治沙，实现了荒漠化逆转的历史性转变和“人进沙退”的可喜局面。先后支持实施了吊庄移民、扶贫扬黄灌溉工程移民、易地扶贫搬迁移民和生态移民等移民工程，累计搬迁安置移民 114 万人，使宁夏中南部地区生存条件得到有效改善。

（二）经验启示

1. 植入内生式发展扶贫理念

福建省通过干部交流、人才培训、经贸往来和人流、物流、信息流的交流互动，为宁夏输入沿海地区改革发展的先进理念和福建人民爱拼才会赢的精神财富，对宁夏贫困地区产生重要影响，成为加快宁夏扶贫攻坚进程、引导贫困群众形成自我发展能力的内源动力。

2. 实现扶贫开发模式的历史性转变

闽宁两省区前瞻性地将对口扶贫协作定位为开发式扶贫，把闽宁协作战略置于高起点之上，通过引入产业化、市场化发展思路，成功地破解了“输血”式扶贫机制向“造血”式扶贫机制转变的难题。扶贫协作从菌草产业起步，通过金融发展、创业就业、劳务培训、教育帮扶等系列措施激励

和带动群众自我发展，使产业深入村镇、深入土地，对接全国乃至全球市场。

3. 加快扶贫攻坚脱贫致富的实践进程

闽宁协作从援建基础设施入手，紧密配合宁夏“双百”扶贫、千村扶贫、百万贫困人口扶贫攻坚、精准扶贫、精准脱贫各阶段扶贫开发工作，促进西海固地区农民收入稳定增长，贫困人口大幅下降，加快贫困群众脱贫致富步伐。

4. 促使民族地区形成和谐稳定的发展局面

20多年来，福建援宁扶贫干部通过扶持脱贫支柱产业、支医支教、援建学校、改造危房、修建公路、培育闽宁示范村等组合措施，带动当地经济发展和民生改善，促进回汉各族人民的团结。

三、宁夏深化“东西部扶贫协作和对口支援”的路径及建议

“东西部扶贫协作和对口支援”这一扶贫模式是中国特色社会主义制度优越性的具体体现。闽宁合作实践表明，加强东西部扶贫协作，是推动宁夏深度贫困地区打赢脱贫攻坚战的必然选择。

（一）明确目标，完善规划设计

随着我国脱贫攻坚进入攻坚冲刺期，东西扶贫协作需要谋划新布局。应根据宁夏所需、福建等东部地区所能，站在全局和战略高度，梳理总结东西部扶贫协作和对口支援的成功经验，立足各贫困地区具体情况，预测把握各地发展潜力，调整完善宁夏对口支援“十三五”发展规划。由受帮扶地提出需求，再由帮扶地集中自身优势，找准帮扶定位，突出重点，制订切实可行的帮扶计划和方案，以确保深度贫困地区实现可持续发展。

（二）深化产业合作，实现互利共赢

坚持市场导向，优势互补原则，进一步加强两地产业合作，深化贫困地区供给侧结构性改革，做到“输血”与“造血”并重。

一是结合东西部优势创新产业。发挥福建挂职干部、宁夏福建商会、福建企业家的桥梁纽带作用，引导福建省输入一批技术含量高、市场空间大、劳动密集型企业和民间资本到闽宁产业园区和生态移民安置区、特色产业基地投资兴业。在带动西部深度贫困地区人口脱贫致富的同时，拓展

东部产业发展空间，实现互利双赢。

二是与东部地区企业联合打造、培育一批宁夏本土特色企业。通过对宁夏深度贫困地区优势产业考察，由东部地区提供科技、资金支持，建设一批贫困人口参与度高的特色产业基地，培养一批带动贫困户发展产业合作的组织和龙头企业。宁夏中南部深度贫困地区农业特色产业发展优势明显，针对产业层次低、规模小、市场竞争力不强等制约因素，制定优惠政策，引导支持福建企业对宁夏深度贫困地区特色优势农副产品的研发、深加工和市场推广。

三是鼓励支持东部企业参与宁夏本土文化创意、动漫游戏、民俗文化等产业合作开发，打造扶贫支柱产业集群，为宁夏贫困地区产业升级和福建省向西部有序转移产业提供合作空间，拓展贫困户增收渠道。

四是打造全域旅游发展新平台。全力宣传宁夏、福建两省区丰富的旅游资源，促成出台支持公务员到扶贫协作地休假、度假旅游的优惠政策措施，落实持福建身份证居民到宁夏旅游，或持宁夏身份证居民到福建旅游免门票优惠等，以旅游带动促进脱贫攻坚，为实现宁夏全域旅游发展做出努力。

（三）加大基础设施建设扶持力度

协助深度贫困地区铁路、公路等重大交通项目建设运营。对未纳入国家高速公路网的区域快速通道给予支持，如把宁夏连通甘肃的西吉至会宁公路、彭阳至镇原公路、海原至平川公路等纳入补助范围。帮助深度贫困村村组道路建设，实现有实际需求的贫困村村组道路硬化全覆盖。建议国家实施宁夏贫困地区农村饮水安全巩固提升工程，消除农村饮水盲点和难点。支持贫困地区库井灌区节水改造和“五小水利”工程建设，统筹解决好灌溉水源、农田灌排骨干工程和田间工程“最后一公里”问题。加快推进贫困地区供水工程建设，在充分考虑水资源承载能力和可持续利用的前提下着力保障贫困地区和异地搬迁区的供水能力，优先解决好人畜饮水问题。加强重点山洪沟和易受洪涝灾害区的防洪治理。

（四）加大金融扶贫力度，畅通贫困户贷款渠道

金融机构在贫困地区布设网点。积极引导东部金融机构在宁夏贫困县（区）设立分支机构，支持扶贫攻坚工作。

加大信贷力度。各金融机构要认真贯彻国家七部委《关于金融助推脱贫攻坚的实施意见》，进一步降低贷款门槛，简化贷款程序，提高建档立卡贫困户的贷款率和覆盖面，做到应贷尽贷。优化考核指标，提高不良贷款容忍度，建立信贷尽职免责制度，减轻信贷人放贷压力。

加大金融产品创新。金融机构应根据贫困县、乡、村实际，创新金融产品，丰富扶贫小额信贷形式，采取“以社带户，以企带农”的方式，组织贫困户参与扶贫特色优势产业发展，拓宽建档立卡贫困户获得贷款的渠道。探索出台“等外户”的贷款特殊政策，满足“等外户”的发展愿望，提高贫困户贷款可获得性。

积极防控和化解金融风险。开展“信用户”“信用村”“信用乡（镇）”创建活动，提高贫困户和农村各类经济主体的信用意识，营造良好的农村金融生态环境。

（五）加强扶志与扶智两手抓

对于西部贫困地区而言，摆脱贫困不仅表现为摆脱物质上的贫困，更重要的是摆脱思想意识和观念的“贫困”与能力不足。注重内因驱动，教育提升，瞄准穷根，精准“下药”，调动贫困群众的积极性和主动性。首先，东部在给予宁夏贫困地区物质帮扶的同时，促进宁夏干部群众思想观念转变。大力开展扶贫励志教育，广泛宣传扶贫脱贫典型经验，引导贫困人口树立脱贫主体意识，形成自强独立、争先脱贫的精神风貌。可采取正向帮扶办法，根据自我发展能力和意愿确定支持力度，大干大支持，不干不支持，绝不养懒汉。同时，从加强民风建设入手，遏制大操大办婚丧嫁娶、高额彩礼、低龄婚育等陋习，减轻群众负担，进一步推进移风易俗，实现贫困户思想蜕变。其次，加强两地文化教育交流。实现行政村学前教育和建档立卡贫困户适龄幼儿“一免一补”全覆盖（免保教费，补助生活费），学前三年毛入园率达到75%以上。再次，增强内生动力，持续提高贫困劳动力职业技能水平。把职教合作和就业摆在优先位置，帮助贫困家庭学生获得一技之长。探索劳务协作统一规划、多点培训、分头安置方式，畅通合作渠道，扩大劳务输出规模，重点组织建档立卡贫困家庭青年到福建省务工就业，实现深度贫困地区群众从“扶我富”向“我要富”及“我能富”转变。

（六）综合施策助力特殊群体脱贫，切实巩固脱贫成效

深化东西部在公共服务等方面的协作与交流。按照中央要求主动对接、积极作为、精准发力。推进两地金融、教育、环保、卫生、社会保障、人文旅游等部门更广阔领域的务实合作，促进各领域协作取得新进展。鼓励福建省等东部地区社会各界力量到宁夏开展捐资助学、慈善公益、医疗救助等多种形式的帮扶活动。支持东部社会工作机构、志愿服务组织、社会工作者和志愿者到宁夏参与深度贫困地区精准扶贫。

帮助完善民生兜底的综合保障体系。针对因病因学因残致贫的特殊贫困群体，协作构建以基本养老为基础，医疗、教育等专项救助相配套的广覆盖、多层次、全社会参与的兜底式社会综合保障体系。推动医疗保障脱贫，构建基本医疗保险、临时救助、慈善救助为一体的救助体系，实现两地各种救助力量的无缝衔接和最终兜底，确保对特殊保障对象应保尽保。

完善农村失学儿童、贫困大学生救助制度。帮助加快建立农村贫困失学儿童、贫困大学生“政府、社会、学校”多方救助制度，保证贫困子女读得起书，上得起学，不因贫困而失学，不因上学而致贫、返贫。

（七）建立国家生态补偿机制，加大生态修复力度

宁夏第二轮退耕还林（草）补助政策在2018年底执行结束，应加大东部发达地区支持参与西部生态脆弱地区的生态文明建设。建议将宁夏六盘山片区生态移民迁出区全部纳入新一轮退耕还林还草工程，进一步加大生态修复力度，协助特困地区人口的异地安置工作。将宁夏六盘山片区列为生态效益补偿综合试验区，将该区域林地、草地和湿地等生态建设用地全部纳入国家生态补偿范围，加大补偿力度。在六盘山生态圈泾河、渭河、清水河“三河源”15°~25°主要水源地实施退耕还林还草，进一步提升水源涵养区生态修复功能，确保泾河、清水河等黄河支流水源涵养和水质清洁，为西部水资源安全提供保障。

（八）加强组织领导

东西部扶贫协作关键在落实，重点在协作。加强对东西部扶贫协作的领导结对。实践证明领导精力的投入、干部人才的援助是保证扶贫有力度，协作上水平的关键。为此，自治区党委、政府要加强与帮扶地党委、政府之间的沟通联系，实现高层互访常态化。同时建立协作双方联席会议制度，研究部署、协调推进扶贫协作工作，共商年度协作重点和措施，并形成会议纪要。建立健全工作机制，细化深度贫困县（市、区、乡镇）对口帮扶，充分发挥驻外机构在东西部扶贫协作中的窗口外联作用。发挥其牵线搭桥，搭建服务平台，为各部门、市县和企业服务、人才与新项目引进、信息来源渠道拓宽作用，以确保各项工作落到实处。同时强化督查考核，以建档立卡贫困人口脱贫成效及扶贫资金使用效益为主要内容，加强对东西部扶贫协作工作绩效考核。

宁夏脱贫攻坚工作研究报告

郜　贤

2018年，全区上下坚持以习近平新时代中国特色社会主义思想为指导，深入学习贯彻党的十九大精神和习近平总书记关于扶贫工作的重要论述，全面落实中央和自治区脱贫攻坚决策部署，大力推进脱贫富民战略，全区脱贫攻坚工作稳中有进，取得了阶段性成效。盐池县在全区率先实现脱贫摘帽，根据基层摸底和初步分析，隆德、彭阳、泾源3个贫困县，全区有140个贫困村、11.5万建档立卡贫困人口已具备脱贫退出的基本条件。

一、2018年脱贫攻坚工作的主要做法及成效

（一）深化思想认识，夯实工作责任，筑牢脱贫攻坚组织领导基础

全区各级党组织深化思想认识，提高政治站位，树牢“四个意识”，践行“两个坚决维护”，着力在学懂弄通做实上下功夫，切实增强贯彻落实政治自觉、思想自觉、行动自觉意识。

1. 在深化学习中统一思想

2018年以来，自治区先后召开18次党委常委会、9次政府常务会、5次扶贫开发领导小组会、15次专题会，认真传达学习习近平总书记在中央经济工作会议、中央农村工作会议、打好精准脱贫攻坚战座谈会、中央政

作者简介　郜贤，宁夏回族自治区党委政研室农村改革处调研员。

治局常委会听取2017年省级党委和政府扶贫开发工作成效考核等情况汇报、中央财经委员会第一次会议等重要讲话以及关于打赢脱贫攻坚战三年行动等重要指示精神，结合宁夏实际情况，研究出台《打赢脱贫攻坚战三年行动实施方案》，对2018—2020年脱贫攻坚工作做出全面部署，明确各项工作的时间表和路线图。研究出台加强控辍保学、促进就业扶贫、强化驻村管理等政策文件，进一步完善脱贫攻坚政策体系。针对部分干部对中央脱贫攻坚要求特别是脱贫目标标准理解不深刻、掌握不全面的问题，全区自上而下对不符合中央要求的政策文件进行全面清理，共清理文件2143件。同时，集中开展扶贫干部培训轮训，共培训各级扶贫干部4.4万人次，切实统一思想和行动，确保在脱贫攻坚目标标准把握上与党中央要求保持高度一致。

2. 在加强领导中推进工作

坚决落实党政一把手负责制，自治区党委书记、主席担任扶贫开发领导小组“双组长”，9个贫困县区均由党政主要负责同志担任扶贫开发领导小组双组长，强化了五级书记抓扶贫的政治责任。自治区党委、政府主要领导始终把脱贫攻坚重任放在心上、扛在肩上、抓在手上，遍访贫困县（区）调研指导，先后主持召开自治区脱贫攻坚突出问题整改推进会、深度贫困地区脱贫攻坚推进会、盐池县脱贫退出现场会和扶贫开发领导小组会，研究部署工作，解决突出问题。

3. 在夯实责任中传导压力

严格落实自治区负总责、市县抓落实的工作机制，自治区与5个市和20个有脱贫任务的县（区）签订责任书，向26个厅局下达脱贫攻坚任务清单，逐级传导压力、层层夯实责任。组织开展常态化约谈，随时发现问题随时约谈，及时通报及时解决。4月，自治区领导分别与9个贫困县（区）、3个脱贫攻坚任务较重的非贫困县（区）党政主要负责同志进行了谈心谈话，逐县（区）通报情况、指出问题，提出工作要求，进一步压实县（区）主体责任。

（二）对照脱贫标准，聚焦精准扶贫，着力提高脱贫攻坚质量

紧紧围绕“两不愁，三保障”脱贫标准，全面加强义务教育控辍保学，全区已劝返辍学中小学生 9300 人，劝返率 97.2%。建立基本医保、大病保险、医疗救助、扶贫保的综合保障网，覆盖所有建档立卡贫困人口，贫困患者住院全部实行“先诊疗，后付费”，“一站式”结算，住院费用个人自付比率控制在 10%以内。加大危房改造力度，截至 10 月底，开工建设危房改造 3.2 万户，其中建档立卡贫困户 1.4 万户，完成计划任务数的 115.4%。

1. 聚焦深度贫困地区

认真落实中央“三个新增”要求，聚焦“五县一片”深度贫困地区、170 个深度贫困村和病老残特殊困难群体，持续加大资金投入，2018 年共安排“五县一片”深度贫困地区扶贫资金 63.26 亿元，占全区资金的 60.2%；对初步符合脱贫退出条件的 50 个深度贫困村每村安排 450 万元，较其他拟脱贫退出村增加 50%。持续加强帮扶力量，向深度贫困村增派驻村工作队 17 个，分两批遴选 100 家经营状况好、企业效益佳、社会责任感强的大型国有企业和重点民营企业结对帮扶 107 个深度贫困村。5 个深度贫困县（区）跨省域调剂城乡建设用地增减挂钩结余指标 1200 亩，获得补助资金 3.6 亿元。根据初步摸底，2018 年预计可实现 55 个深度贫困村稳定退出。

2. 聚焦产业扶贫

召开全区特色产业发展暨产业扶贫现场推进会，出台《2018 年全区特色产业精准扶贫工作要点》《全区特色产业脱贫攻坚三年行动方案》，加大资金支持力度，落实中央和自治区各类农业项目资金 31.37 亿元，农业招商引资项目落地 174 个，实际到位资金 38.96 亿元。持续推进“四个一”示范带动工程，打造扶贫示范村 109 个、扶贫龙头企业 124 家，规范培育扶贫合作社 779 家，提升发展致富带头人 4642 名。积极开展产销对接，组织 31 家龙头企业参加全国贫困地区农产品产销对接会，签订销售订单 11 亿多元。盐池滩羊肉摆上了杭州 G20 首脑峰会、厦门金砖国家首脑峰会、青岛上合组织首脑峰会等国宴餐桌。积极推进林业助推精准脱贫工作，在贫困县（区）选择 1000 名生态护林员开展庭院经济试点。大力发展壮大贫困村集体经济，出台《关于加快贫困村村级集体经济发展的指导意见》《关于我区发展壮大村级集体经济的规划（2018—2020 年）》，切实解决贫困村集体经济“空壳村”问题。目前 1100 个贫困村中，村集体经济超过 5

万元的达到509个村。

3. 聚焦就业扶贫

紧盯市场用工需求大、就业稳定、收入较高的职业（工种），继续开展“点单式”“配送式”职业技能培训，截至10月底，职业教育暨技能培训已完成培训62688人。通过新建一批、改造一批、租赁一批，鼓励和支持企业在贫困村、移民村和产业园区建设扶贫车间167个，5560名建档立卡劳动力实现就近就地就业。

4. 聚焦金融扶贫

加大金融扶贫产品和模式创新，引导各类金融机构积极参与支持脱贫攻坚，探索出了一条以“信用+产业+金融”三位一体金融扶贫路子。截至10月末，全区累计向13万户建档立卡贫困户发放扶贫小额贷款62.6亿元，贷款户数和金额同比分别增长19.6%和30.6%，贫困户贷款余额84.8亿元，覆盖率84.9%，户均贷款4.7万元。进一步完善“扶贫保”政策，已为14.8万户贫困户投保优势特色产业保险，79.2万贫困人口投保大病补充医疗保险和家庭意外伤害保险，2.73万户贫困户投保借款人意外伤害保险，目前累计赔付1.35亿元，受益人口6万人次。

5. 聚焦易地扶贫搬迁

累计搬迁安置移民1.6万户6.86万人，占总任务的85.8%，完成投资48.88亿元，占总投资的99.7%，预计年底前基本完成建设和搬迁任务。同时，针对“十一五”“十二五”移民发展问题，召开全区政策性移民工作会议，出台《关于解决政策性移民发展问题的实施意见》，着力解决政策性移民产业发展、户籍迁转、社会保障接续、“多代多人”住房困难等突出问题。

（三）坚持问题导向，持续改进作风，努力补齐脱贫攻坚短板

针对扶贫领域发生的违规违纪、作风不实、资金监管等问题，紧盯问题，狠抓整改，着力解决脱贫攻坚中存在的问题。

1. 紧盯督查问题整改

针对2017年省级党委和政府扶贫开发工作成效考核、中央巡视组和国务院扶贫开发领导小组2018年脱贫攻坚督查反馈问题，自治区党委和政府高度重视、迅速行动、立行立改，先后召开党委常委会、政府常务会、扶贫开发领导小组会、考核巡视督查反馈问题整改推进会等会议，专题研究部署脱贫攻坚突出问题整改工作。印发《2017年省级党委和政府扶贫开发工作成效考核反馈问题整改方案》《中央第八巡视组反馈我区脱贫攻坚突出问题整改落实工作方案》《关于做好国务院扶贫开发领导小组2018年脱贫攻坚督查反馈意见整改落实工作的通知》，建立问题清单、责任清单、任务清单，出台一系列新政策、新措施，对症下药，精准施策，压实责任，扎实推进整改工作，脱贫攻坚方面问题整改取得积极成效。

2. 紧盯作风治理

自治区党委和政府坚持把扶贫领域作风问题专项治理作为一项重要政治任务，与脱贫攻坚工作同安排、同开展、同检查、同推进，扎实开展脱贫攻坚作风建设年活动，深入推进扶贫领域腐败和作风问题专项治理，严肃查处涉农扶贫领域问题618起，给予党政纪处分785人，移送司法机关21人，有效震慑了扶贫领域腐败问题和不正之风。各市、县（区）和各单位建立问题清单，制定整改措施，严格落实责任，明确完成时限，从严从实抓好整改落实。一年来，全区各市、县（区）共梳理作风问题485个，制定整改措施780条，建立完善工作制度142项，所有问题基本完成整改。

3. 紧盯扶贫资金监管

加大审计检查力度，出台《关于在打赢脱贫攻坚战中进一步加强扶贫审计的实施意见》，实行“穿透式”管理，审计关口前移，实现所有县区扶贫审计检查全覆盖。积极探索建设宁夏财政扶贫资金监管系统，对扶贫资金实现全过程、动态化、穿透式监管组织开展扶贫资金使用和项目管理自查自纠工作，8个贫困县（区）共清理出各类闲置滞留、结转结余的涉农扶贫资金54625.18万元，截至目前，已支付35110万元，支付率64.3%。

4. 紧盯动态调整

严把脱贫退出标准关、程序关，印发《关于进一步规范贫困户退出、贫困村出列及人均纯收入计算标准的通知》，规范贫困户退出标准、程序和人均纯收入计算方法，落实脱贫退出责任人签字背书制度，防止出现错退漏退。加强建档立卡贫困人口数据分析和信息比对，通过动态调整净增贫困人口 1013 户 4958 人，提高识别精准度，防止错评漏评、优亲厚友、弄虚作假。

5. 紧盯驻村工作队管理

出台《关于进一步加强贫困村驻村工作队选派管理工作的通知》，加强不足 3 人的驻村工作队，全区共增派驻村帮扶干部 759 名；建立驻村帮扶划片管理制度，按照产业相似、地域相近原则，将所属贫困村驻村工作队划分成 322 个片区，每个片区明确 1 名片长，每月至少组织驻村干部开展 1 次交流、观摩、学习等活动，相互启发学习、提升工作能力。

（四）动员社会参与，凝聚各方力量，构建脱贫攻坚大扶贫格局

深化闽宁对口扶贫协作。坚持常态化互访交流，推进双向互动合作，召开闽宁对口协作第 22 次联席会议，签订经贸项目 22 个、部门协议 10 个，经贸协议总投资 57.73 亿元。福建省加大帮扶力度，投入宁夏财政帮扶资金 3.1 亿元，全年新建闽宁示范村 36 个。永宁县闽宁镇作为东西部扶贫协作典范参展“决胜 2020”脱贫攻坚展，闽宁示范村建设经验被中央打赢脱贫攻坚战三年行动指导意见要求向全国推广。同时，各市、县（区）积极主动对接沟通，赴闽对接 29 批次，有效推动协议项目落地。

加强中央定点扶贫对接。9 家中央定点扶贫单位充分发挥各自优势，创新工作机制，加大资金投入、智力支持和技术服务，目前已投入帮扶资金 1.7 亿元，选派 22 名优秀干部来宁挂职，培训贫困县（区）干部 468 名，援建一批基础设施、特色产业和社会事业项目，有力地改善了贫困群众的生产生活条件。

激发贫困群众脱贫致富动力。2018 年以来，各地积极开展“三大三强”促脱贫富民行动、“两个带头人”工程、移风易俗“五大行动”等，努力营造脱贫光荣、勤劳致富的良好氛围。同时，发挥“新时代农民讲习所”阵地作用，组织专家、村党组织带头人、已脱贫典型农户宣讲政策法规、农业技术、脱贫故事等 3200 多场次，培训农民 10 余万人。

二、脱贫攻坚工作中存在的主要问题

2018 年宁夏脱贫攻坚工作取得了明显成效，但是也存在着一些不容忽视的问题，具体体现在以下几个方面：

（一）部分地区贫困程度深，脱贫攻坚任务重

截至 2017 年底，“五县一片”深度贫困地区还有贫困人口 19.2 万人，占全区的 80.3%，特别是西吉县、海原县贫困人口数量较多、贫困程度较深、脱贫任务艰巨。贫困大病患者、残疾人、单老双老特困群体还有 66072 人，占贫困人口的 27.7%。

（二）巩固提升脱贫成效压力大，致贫返贫因素较多

因病因残因灾致贫返贫问题仍很突出，全区因病致贫 14.1%，因残致贫占 8.8%，因灾致贫 1.1%；义务教育控辍保学、危房危窑改造仍需下大气力巩固和解决。

（三）扶贫政策不够精准，助长了贫困群众等靠要思想

有的贫困县区为了增加贫困群众收入，扶贫政策缺乏论证，在产业扶贫政策方面存在变相给贫困群众送钱、送物现象，不仅不利于培育稳定增收的产业，反而助长了贫困群众依赖政府、争当建档户、低保户的思想。

（四）干部作风不够扎实，形式主义盛行

一些扶贫干部能力素质与繁重的脱贫攻坚任务还不相适应，少数地方还存在识别退出不够精准、资金使用管理不够规范、工作作风不严不实等问题。扶贫档案不规范，填报各种表格成了扶贫工作最大负担，牵扯大量人力物力搞迎检材料，帮扶责任人没有把精力和心思用在帮助贫困户解决实际困难上，甚至有的县区停止一切工作搞扶贫材料，数字脱贫、假脱贫、被脱贫等形式主义的问题较多。

三、对宁夏打赢脱贫攻坚战的建议

2019 年是打好精准脱贫攻坚战三年行动的关键之年，为打赢脱贫攻坚战，确保如期实现与全国同步进入全面小康社会，提出以下建议：

（一）始终对照“两不愁，三保障”脱贫标准，聚力解决深度贫困区难题

坚持“两不愁，三保障”扶贫标准不偏离，按照《深度贫困地区脱贫攻坚实施方案》和“三个新增”要求，聚焦“五县一片”深度贫困地区，瞄准170个深度贫困村，紧盯贫困大病患者、残疾人、单老双老户特殊贫困群体，着力解决水、路、房等短板弱项，重点帮扶病老残等特困群体，既不降低标准、影响质量，也不提高标准、吊高胃口，确保脱贫成果经得起历史和实践检验。

（二）优化扶贫政策，积极培育贫困户长期受益的致富产业

要综合考虑资源优势、产业基础、传统习俗和市场需求等因素，按照宜农则农、宜林则林、宜牧则牧的原则，在尊重贫困群众传统种养习俗的基础上，选准脱贫致富产业，因地制宜出台帮助贫困户长期稳定受益产业发展政策，坚决杜绝帮农不扶农、产业不带贫、变相送钱物等问题，着力提升贫困群众自我发展能力。

（三）加强监督检查，着力解决扶贫领域突出问题

要坚持问题导向，紧紧扭住扶贫领域突出问题，深入开展脱贫攻坚检查督导活动，强化日常监管和审计检查全覆盖，认真开展扶贫信息“三级公开”工作，严格落实责任，逐项建立台账，认真查漏补缺，坚决防止扶贫领域问题反弹。坚持扶贫与扶志、扶智相结合，出台激励和约束机制，通过以奖代补、以工代赈、典型引领等方式，激发贫困群众的内生动力。

（四）加大扶持力度，扎实做好脱贫攻坚巩固提升工程

对于已摘帽的贫困县、销号村和脱贫户要持续加大扶持力度，扶贫政策保持不变，支持力度不减，监督检查不变，做到包抓单位不变、包抓领导力量不变、包扶干部不变、包抓责任不变、帮扶机制不变，摸清重点巩固对象以及产业发展需求，按照“缺啥补啥”的原则，为所有脱贫户量身定做全面巩固提升脱贫成果措施，确保稳定脱贫、持续增收。

宁夏“五县（区）一片”深度贫困地区脱贫攻坚研究

李　霞

党的十九大对打赢脱贫攻坚战做出战略部署，强调要“重点攻克深度贫困地区脱贫任务，确保到2020年我国现行标准下农村贫困人口实现脱贫，贫困县全部摘帽，解决区域性整体贫困，做到脱真贫、真脱贫”。十九大以来，宁夏回族自治区党委、政府把打赢深度贫困地区脱贫攻坚战作为民生工作的重中之重，坚决贯彻落实精准扶贫精准脱贫方略，准确把握推进深度贫困地区脱贫攻坚的基本要求，精准扶贫精准脱贫取得了新成效。

一、宁夏深度贫困“五县一片”精准扶贫取得的成效

自治区党委政府围绕深度贫困村和贫困人口脱贫需求，制定了《宁夏深度贫困地区脱贫攻坚实施方案》（宁党办〔2017〕97号），紧盯特殊困难群体，抓重点、补短板、强弱项，大力实施重点脱贫工程，精准扶贫取得显著成效。

（一）精准确定脱贫攻坚的重点区域

1. 精准确定“五县（区）一片”及中部干旱带西部局部区域为宁夏深度贫困地区

随着脱贫攻坚工作进入啃硬骨头、攻城拔寨的关键时期，面对贫困人

作者简介　李霞，宁夏社会科学院农村经济研究所副所长，研究员。

口多、贫困程度深这一现状，自治区政府把贫困人口数量多、贫困发生率在18%以上的贫困县确定为深度贫困县，把贫困人口集中、干旱缺水，饮水、住房、道路等基础设施条件不完善的区域确定为特殊困难片区。依据这一原则，确定了原州区、西吉县、海原县、同心县、红寺堡区5个深度贫困县（区）和中部干旱带西部片（沙坡头区兴仁镇、香山乡、永康镇、迎水桥镇、常乐镇部分贫困村和中宁县喊叫水乡、徐套乡、太阳梁乡部分贫困村）为宁夏深度贫困地区，简称“五县（区）一片”。“五县（区）一片”有贫困人口32.4万人，占全区贫困人口总数的77.5%，是全区贫困人口最集中、贫困程度最深、脱贫难度最大的地区。

2. 精准确定深度贫困村

在“五县（区）一片”内条件较差的53个乡（镇）中，根据贫困人口多、贫困发生率高、“五通八有”不完善等综合因素，确定了170个深度贫困村，涵盖贫困人口12.4万人，分别占全区贫困村的15.5%、农村贫困人口的29.7%，占“五县（区）一片”贫困村的25%、农村贫困人口的38.3%。深度贫困村及贫困人口是脱贫攻坚的主攻对象。

（二）着力补齐教育短板

教育是阻断贫困代际传递的治本之策，自治区政府把补齐教育短板作为工作重点，切实加强顶层设计，完善教育脱贫机制，制订了《宁夏教育精准扶贫“十三五”行动方案》《宁夏教育精准扶贫行动方案（2016—2020年）》，明确责任，细化措施，着力补齐教育短板。

1. 全面贯彻落实自治区教育精准扶贫政策

原州区全面落实“两免一补”政策，争取资金5748万元，其中，公用经费4772.56万元，“一补”资金975.58万元，惠及中小学生5.8万余人。落实义务教育学生营养改善计划资金2747.58万元，惠及学生28840名。红寺堡区紧紧围绕“均衡发展促提升，教育扶贫促脱贫”目标，通过改善农村薄弱中小学、幼儿园办学条件，实施义务教育学校标准化建设，优化师资配置，提高了办学水平，让贫困户子女上得起学，在家门口就能上好学校。2018年9月，红寺堡区在办学条件、校际间均衡、公众满意度等方面，高标准通过了国家义务教育发展基本均衡发展评估督导复验。同时，红寺堡区整合“雨露计划”“燕宝基金”“壹基金”等助学资金3700余万元，先后有3万人次的贫困学生从中得到各种帮扶和资助。

2. 着力提高劳动者职业技能

原州区以提高劳动职业技能为重点，根据市场用工需求和劳动力培训意愿，采取“企业订单，机构列单，对象选单，政府买单”的培训模式，重点围绕就业相对稳定、收入相对较高的工种开展技能培训。同时，大力支持企业在贫困村和移民村建立“扶贫车间”，就地开展建档立卡劳动力培训、就业“一站式”全程订单定向服务。

（三）不断加强深度贫困地区基础设施建设

原州区积极争取金融部门支持，通过实施人畜饮水工程，解决了1256户人畜饮水问题。完成危房改造3359户，完成通村公路105.5公里，完成村组道路71.5公里，完成基本农田建设8059万亩。红寺堡区农村自来水入村、入户率分别达到100%和14.4%，实现了乡乡通柏油路，村村通沙砾路，村村通广播电视、通宽带，群众生产生活条件明显改善。海原县加快水利基础设施建设步伐，实施水利水保项目36个，发展高效节水灌溉3.5万亩，自来水入户率达到83%以上，新建坡改梯8万亩，治理水土流失186平方公里，惠及贫困村18个贫困人口8509人。

（四）强化产业发展与贫困户利益链接机制

产业扶贫是深度贫困地区和贫困人口摆脱贫穷的治本良策，自治区把培育产业作为推动脱贫攻坚的根本出路，以增加农民收入为核心，以贫困村、贫困户为主战场，因地制宜，把贫困户的利益“链”在产业发展上。同心县积极打造扶贫产业园，采取“园区+企业+贫困户”的运作模式，每个企业都建有“扶贫车间”，招收一定人数的建档立卡贫困户。目前已有28家企业投产，创造了1300多个就业岗位，带动600多户家庭脱贫致富。西吉县以市场为导向，加大养殖业补贴力度。对于建档立卡贫困户养殖基础母牛（驴），每头补贴2000元；建档立卡贫困户养殖基础母羊、生猪，每只（头）补贴400元；建档立卡贫困户养鸡100只以上，每只补贴20元。在养殖业政策的鼓励下，兴平乡政府在深入分析建档立卡贫困户家庭状况及致贫原因的基础上，按照贫困户发展意愿和种养习惯，大力发展养殖业。在养殖大户的示范带动下，目前全乡牛存栏1.2万头，羊存栏2.4万只。硝河乡隆堡村充分发挥蔬菜标准化新技术集成示范园紧盯南方市场需求，由于蔬菜品质优良，以订单种植的芹菜、胡萝卜、蒜苗、红笋、西兰花、甘蓝、洋葱等蔬菜达15万亩，带动贫困户增加年收入5000元。

（五）着力实施金融扶贫，加快脱贫富民步伐

深度贫困县区的固原市原州区，围绕“因地制宜，因村施策”总目标，进一步加快金融资本与扶贫产业的深度融合，深入推进“财政+金融+产业”联动发展，量身打造贫困村脱贫模式，有效实现了“输血式扶贫”向“造血式扶贫”转变。

1. 互助基金担保模式

三营镇孙家河村围绕“农业增效、农民增收”目标，以村级互助担保基金平台为依托，争取地方财政资金30万元作为担保基金，放大10倍比例撬动银行信贷资金，为本村58户有贷款意愿、发展能力和产业基础的农户及农业经营主体发放互助基金担保贷款293万元。孙家河村通过成立蔬菜种植合作社，发展枸杞种植、枸杞育苗、设施蔬菜等优势产业，走上了强村富民之路。

2. 订单农业模式

张易镇田堡村采取“银行+涉农企业+建档立卡户+订单购销”形式，将淀粉加工企业订单收购规模与贷款投放额度挂钩，通过银行向当地大型淀粉加工企业发放优惠的基准利率贷款，淀粉加工企业与建档立卡贫困户签订以每公斤高于市场价0.10元的收购协议，帮助建档立卡户“保销路，保增收，保脱贫”，激发贫困户借助金融贷款扩大产业规模的积极性。目前，已有3家淀粉企业与500余户建档立卡贫困户签订马铃薯购销合同，助力建档立卡户增收60余万元。

3. 蔡川模式

寨科乡蔡川村结合自身实际，以产业引领为支柱、以能人带动为导向、以金融帮扶为保障，形成“产业引领+能人带动+金融帮扶”的金融扶贫“蔡川模式”。在扶贫理念上，进一步激发贫困户发展意识，调动脱贫致富积极性；在推进方法上，按照“一户一策”制订扶贫方案，帮助贫困户找准增收路子；在运作模式上，建立资金跟着穷人走、穷人跟着能人走、能人跟着产业走、产业跟着市场走的效益链接机制；在保障机制上，搭建政府、银行、村民相互监督机制，通过政府监督银行，银行监督村民，村民相互监督的机制，保证精准扶贫工作公开透明。目前，蔡川村共发放金融扶贫贷款 143 户 681 万，覆盖率达 69.76%。

4. 结对帮扶模式

张易镇大店村创新思路，在“两个带头人”工程和金融扶贫上做文章，“两个带头人”（信用户）与 5~10 户建档立卡户组成“脱贫互助组”后，金融部门提供信贷优惠政策，形成“银行+两个带头人（信用户）+建档立卡户”的“结对帮扶模式”，进一步增强建档立卡户自我发展能力。目前，已发放金融扶贫贷款 98 户 400.4 万元，覆盖率达 80.99%，超出原州区平均水平 12.9 个百分点。

5. 普惠金融模式

为解决贫困群众想发展、没资金的难题，官厅镇阳洼村成立了以驻村“第一书记”、乡镇包村干部、村“两委”成员和致富带头人为成员的信用协会，与固原农商行、邮政储蓄银行、华夏银行等 3 家银行和保险公司紧密对接，灵活运用“安格斯肉牛贷”“蜜蜂贷”“大学生创业贷款”“妇女创业贷款”和“金融扶贫贷款”等 5 种贷款方式，有效扩大了金融贷款覆盖面，促进贫困群众增收致富。目前，全村 224 户农户已获贷 1038 万元，户均贷款额度达到 4.63 万元，有意愿贷款农户获贷率达到 95%。

（六）强化识别与动态管理机制

精准识别对象。采取自治区、市、县、乡、村五级联动形式，进村入户摸底排查，确保扶贫对象识别精准。

实现动态管理。充分利用精准扶贫云系统，建立精准扶贫台账，把应进未进和返贫的人口纳入进来，把应退未退和非贫困人口退出去，实现有进有出的动态管理。

配强帮扶干部。选优配强驻村干部、第一书记和帮扶责任人，定期开展精准帮扶跟踪督查，采取“拉网式”“全覆盖”的方式考核。对不作为、慢作为和不按要求履职的驻村工作队员和帮扶责任人进行撤换、召回、调整，充分发挥干部的帮扶作用。

（七）激发贫困群众内生动力，为深度贫困地区精准扶贫营造良好氛围

打赢这场脱贫攻坚战，不仅需要自治区各级干部凝心聚力，投入大量的资金、物资等，为贫困群众“输血”，而且更需要有针对性地开展扶志与扶智，激发贫困群众自我发展能力。自治区通过教育扶贫、培训就业等措施，提高贫困群众综合素质，依靠自身能力脱贫致富，阻断贫困代际传递。通过文明村创建、典型引领等方法，培养贫困户自强不息、勤劳奋斗、艰苦创业的精神，激发脱贫致富的内生动力，为全区精准扶贫工作营造了良好的氛围。

二、宁夏深度贫困“五县（区）一片”精准脱贫面临的严峻挑战

由于自然条件艰苦、发展基础薄弱、脱贫难度大、贫困发生率高等因素，宁夏深度贫困地区“五县（区）一片”精准扶贫精准脱贫仍然面临着诸多困难和挑战。

（一）深度贫困“五县（区）一片”贫困程度较深

截至2018年10月，宁夏贫困发生率仍高于全国平均水平，深度贫困“五县（区）一片”贫困发生率都在18%以上，最高的达23.5%。170个深度贫困村中，贫困发生率大多在20%以上，其中干旱多灾问题突出的有37个村，水土资源紧缺问题突出的有38个村，饮水、道路等基础条件薄弱问题突出的有95个村。深度贫困地区“水”和“路”的问题极大地制约了城乡要素流动和产业扶贫项目落地。

（二）扶贫产业基础较弱，带动贫困户参与产业发展的机制尚未形成

经济总量小，产业层次低、链条短。宁夏深度贫困“五县（区）一片”均以农业经济为主，经济发展滞后，财政自给率不足8%。原州区实现地区生产总值117亿元，西吉县实现地区生产总值62亿元，同心县实现地区生产总值61亿元，海原县实现地区生产总值52.52亿元，红寺堡区实现地区生产总值19.8亿元，经济总量小，产业层次低、链条短。

产业结构单一。深度贫困“五县（区）一片”普遍以农业为主，马铃薯、草畜和冷凉蔬菜等主导产业的规模化程度不高，主导产业品牌效益不

明显。

扶贫龙头企业和农村合作社实力弱，对产业的带动力不强。宁夏深度贫困“五县（区）一片”工业基础相当薄弱，缺乏大型骨干企业和大工业项目。农产品加工业发展滞后，加工企业小而散，全区年销售 10 亿元以上的农产品加工企业只有 8 家，主要农产品加工转化率低于全国平均水平 4 个百分点，带动当地经济社会发展能力十分有限。农村合作社和种养大户数量少、实力弱，合作社中存在大量的“空壳社”“挂牌社”，多数合作社处于闲置或半闲置状态，集体经济组织欠缺或者没有运营管理能力。由于各类扶贫经济主体发展滞后，带动贫困户参与发展产业的机制和体制还没有形成。

（三）精准扶贫精准脱贫还需进一步加强

精准识别和退出还不精准。在宁夏深度贫困“五县 (区) 一片”，部分乡村贫困人口识别不精准，精准扶贫精准脱贫信息档案不够规范严谨，尤其是对有些贫困户精准识别不准，精准脱贫工作程序不规范，脱贫退出把关不严。

产业扶贫还存在一刀切现象。扶贫项目因户施策不够精准，特别是产业培育不够精准、到村到户的项目措施不够精准，对贫困户发展什么产业、如何脱贫缺乏针对性，没有做到“量体裁衣”，还存在一刀切的现象。

精准扶贫政策理解和落实还不够精准。有些干部对扶贫政策宣传不够精准、不够到位，贫困户对政策知晓率低；有的对扶贫资金使用不够精准，有的资金整合不够，没有发挥出合力。

（四）贫困人口“等、靠、要”思想依然严重

在“五县（区）一片”深度贫困地区，有些地方还存在着“干部急，群众慢”“干部干，群众看”的现象，少数贫困人口缺乏脱贫致富的自主性和积极性，依然“等”政府来扶持，“靠”干部来包办。有的甚至争当贫困户，抢戴贫困帽，对给钱、给物、享受低保等积极性高，对产业扶贫、就业脱贫积极性不高。这种思想导致他们对各级政府加大资金投入的期望值很高，把主要精力用于争取资金、争取别人捐赠上。有的建档立卡贫困户为了得到扶持资金，竟然借羊租牛。有的贫困户习惯了“靠着墙根晒太阳，等着别人送小康”，而对如何实现自身发展、艰苦创业不去谋划。

三、宁夏深度贫困地区“五县（区）一片”精准脱贫的重点领域

当前，宁夏要聚焦短板弱项，更加精准发力，坚决打赢打好脱贫攻坚战，确保宁夏深度贫困地区贫困群众如期实现脱贫，与全国一道全面建成小康社会。

（一）做优做精农业优势产业

农业优势产业是促进农业增效、农民增收的有效手段，也是发挥比较优势、提升农产品市场竞争力的客观要求。要坚持把精准扶贫与提升农业优势产业有机结合，进一步聚焦发展重点，在深度贫困地区的原州区、西吉县、海原县，要重点发展以大中拱棚为主的设施农业、冷凉蔬菜种植，重点发展以肉牛为主的草畜、马铃薯产业，形成以草畜、马铃薯、冷凉蔬菜、小杂粮、油料、苗木为主的生态农业产业体系，细化扶持政策，紧盯关键环节，建立“两组一会”（行政指导组、技术服务组、产业协会）推进机制，着力打造优势突出、特色鲜明、效益显著的产业集群。在同心县和红寺堡区，要以水资源的合理利用与开发为重点，挖掘马铃薯、硒砂瓜增收潜力，扩大粮饲兼用型玉米和苜蓿种植面积，积极发展肉羊、肉牛养殖，走农牧并重、草畜结合的路子。

（二）做强做大农副产品加工业

深度贫困地区“五县（区）一片”要加快推进马铃薯、枸杞、果蔬等储藏、保鲜、烘干等初加工设施建设，鼓励龙头企业开展技术研发和改造升级，推动马铃薯主食产品开发、清真牛羊肉、乳制品、枸杞保健品、高档葡萄酒等精深加工。引导加工企业向种养示范园区、优势产区集中，打造提升贺兰德胜、吴忠金积、青铜峡嘉宝、利通立德、原州圆德、平罗长湖、中宁新水等一批农产品加工园区和技术集成基地，培育壮大龙头企业，推进龙头企业兼并组建大型企业集团，形成农产品加工集群。

（三）全力发展壮大休闲农业、乡村旅游、农村电商等新产业新业态，推动精准扶贫精准脱贫

加快打造休闲农业带。围绕休闲农业，强化体验活动创意、农事景观

设计、乡土文化开发，加大公共设施配套扶持力度，鼓励建设一批农业与旅游、教育、文化、健康养老等产业深度融合的休闲农业示范基地、农耕文化科普基地、农事作业体验基地和中小学社会实践基地，加快打造黄河金岸都市休闲农业带、贺兰山东麓葡萄文化休闲农业带、毛乌素沙漠西缘草原风情休闲农业带、南华山—月亮山—六盘山生态休闲农业带。

做强做大乡村旅游业。产业扶贫离不开旅游业，做强做大乡村旅游业，对于扩就业、增收入，推动宁夏深度贫困地区脱贫致富意义重大。首先，要加强乡村旅游基础设施建设。加大对重点村乡村旅游基础设施建设的投入，切实改善重点村道路、步行道、停车场、厕所、供水供电、应急救援、游客信息、垃圾污水处理等服务设施，加强环境整治和景观设计，营造更加健康、舒适的乡村旅游环境，增强乡村旅游发展能力。其次，要提高规范管理水平。要紧紧依托当地区位和资源优势，挖掘文化内涵，发挥生态优势，开发形式多样、特色鲜明的乡村旅游产品。鼓励有条件的重点村建成有历史记忆、地域特色、民族特点的特色景观旅游名镇名村。再次，发挥精品景区辐射作用，带动重点村脱贫致富。要全面梳理宁夏深度贫困地区和深度贫困县的旅游资源，综合考虑资源品质、区域交通情况、邻近地区贫困人口规模，加强资源和产品整合，规划建设一批知名度高的精品景区，通过多种方式辐射带动重点村贫困户就业脱贫，实现经济效益、社会效益和生态效益的“共赢”。

（四）着力补齐基础设施短板

深度贫困地区“五县（区）一片”的短板最直观地体现在基础设施等领域，要全面建好深度贫困地区的农村公路，打通县区、乡镇、村组间的断头路，基本形成以高速公路、国省干线公路为骨架，县乡公路为经纬，通村公路为脉络，覆盖全域、联通周边的公路交通网。

建设农村公路。农村公路是保障农民群众生产生活的基本条件，是农业和农村发展的先导性、基础性设施，完善深度贫困地区农村路网布局，优先实施通乡连村道路建设，实现有条件的贫困村村组道路硬化全覆盖。充分调动民间投资积极性，鼓动社会资本特别是民间投资投入补短板重大项目，不仅能够增进民间投资的活力，同时还能补齐基础设施建设短板，最终达到基础设施、民间资本、民生共赢的局面。

大力推进脱贫引水工程。加快推进西海固地区脱贫引水工程、中部干旱带脱贫攻坚水源工程、中部干旱带西线供水工程，更新改造盐环定、红寺堡、固扩扬水工程，巩固提升西海固、盐同红城乡饮水安全，解决缺水致贫返贫难题。

（五）大力实施农业品牌战略

着力发挥中国“枸杞之乡”“滩羊之乡”“甘草之乡”“硒砂瓜之乡”“马铃薯之乡”品牌优势，建立农业品牌目录制度，加强无公害、绿色、有机农产品和地理标志农产品认证管理，培育一批有影响力、有文化内涵的农业品牌。鼓励各类生产经营主体积极申报“三品一标”认证（登记保护），争创中国驰名商标、名牌产品，倾力打造和提升宁夏“原字号”“老字号”“宁字号”特色农产品品牌。

（六）坚持扶贫同扶智、扶志相结合

引导村民树立以勤劳为荣、以懒惰为耻的观念。挖掘勤劳致富的典型事例，通过以“晒致富门路，比增收效果，比自身差距”，推出一批勤劳致富模范人物，在资金扶持、评优评先等方面向勤劳致富能人倾斜，把“艰苦奋斗，自力更生”的优良传统和“脱贫必先自立，致富必先自强”的致富理念扎根贫困户的思想中，努力形成“贫穷落后不光荣，好吃懒做很可耻”的舆论氛围。

探索建立孝善基金。要将农村精神文明建设与涉农扶贫政策紧密结合，通过爱心企业捐赠、帮扶部门和个人捐赠等方式，探索建立孝善基金，采取奖励补贴措施，推动家庭成员更好赡养扶养老年人。

宁夏生态移民脱贫攻坚实践研究

束锡红　何粉霞　聂　君

2013 年 11 月 3 日，习近平在湖南湘西考察时首次做出“实事求是，因地制宜，分类指导，精准扶贫”的重要指示。2014 年 1 月，中办详细规制了精准扶贫工作模式的顶层设计。2014 年 3 月，习近平参加两会代表团审议时强调，要实施精准扶贫，瞄准扶贫对象，进行重点施策，进一步阐释了精准扶贫理念。2015 年 1 月，习近平在云南考察时强调，要坚决打好扶贫开发攻坚战，加快民族地区经济社会发展。之后，习近平来到贵州，强调要科学谋划好“十三五”时期扶贫开发工作，确保贫困人口到 2020 年如期脱贫，并提出扶贫开发“贵在精准，重在精准，成败之举在于精准”。精准扶贫是指针对贫困区域环境、不同贫困农户状况，运用科学有效程序对扶贫对象实施精准识别、精准帮扶、精准管理，引导各类扶贫资源向扶贫对象倾斜，切实做到“真扶贫，扶真贫”，是新时期新常态下的一种科学扶贫方法。自 2015 年以来，全国各省区陆续开展精准扶贫工作，结合自身实际，采取各种有效措施，广泛动员全社会力量参与精准扶贫。

精准化理念是精准扶贫的核心要义，众多贫困村在脱贫致富的道路上既面临着相同的脱贫困境，也面临不同的具体脱贫难题。因此，要实现精

作者简介　束锡红，北方民族大学教授；何粉霞，北方民族大学讲师；聂君，北方民族大学讲师。

准扶贫必须要做到因地制宜、有的放矢。宁夏的精准扶贫工作，尤其是生态移民村的精准扶贫工作始终围绕“精准”这一核心要义展开。通过一系列精准扶贫措施，宁夏生态移民逐步实现了由脱贫向致富的转变。

一、生态移民基本情况

生态移民是指因迁出地人口规模远远超过区域生态环境的容量及承载能力，导致生态环境破坏，人类无法生存而搬离原居地，前往其他条件较好地区的人口迁移。2001 年，原国家计委发布了《关于易地扶贫搬迁试点工程的实施意见》，针对宁夏、甘肃、内蒙古、贵州、云南四省区部分生活在条件严酷、资源贫乏、生态恶化地区的贫困人口，实施易地扶贫搬迁，以达到扶贫和生态修复的双重目的。在宁夏，易地扶贫移民工程又被称为“生态移民工程”。截至 2017 年，宁夏累计移民近 120 万人，约占宁夏总人口的 1/6。

二、生态移民村扶贫成效

自 2015 年以来，宁夏生态移民精准脱贫取得了较大成效，在帮助移民群众脱贫致富方面发挥了巨大作用。据课题组对宁夏部分县区 10 个移民村（银川市永宁县闽宁镇木兰村、原隆村，西夏区镇北堡镇团结村、新华村；吴忠市红寺堡区大河乡大河村、红崖村，红寺堡镇梨花村、朝阳村；中卫市沙坡头区宣和镇兴海村，中宁县大战场镇杞海村）做的 804 份抽样调查数据和访谈资料表明，近年来当地政府通过派干部“驻村造血”、创新脱贫产业平台、创新金融扶贫模式等措施，变“大水漫灌式”扶贫为“滴灌式”扶贫，将“不能落下一个贫困家庭，不能丢下一个贫困群众”的扶贫思想贯彻到精准扶贫实践中，使精准扶贫措施覆盖到移民村每一个贫困群众，使他们的生产生活发生了巨大变化，逐步探索出一条脱贫致富的新路子。在政府引导支持下，移民充分利用现居地优良的环境和丰富资源，一改过去靠天吃饭、广种薄收的传统耕作方式，积极提高文化素质，学习生产实用技能，拓宽增收渠道，发展高效节水农业，特色养殖业和劳务产业，移民收入节节攀升。2017 年，宁夏生态移民人均可支配收入达 7763 元，少数“富裕”移民收入已赶超宁夏农村居民人均可支配收入水平。较之移民初期，人均可支配收入增长了10倍以上。经过近几年的精准扶贫，移民村贫困人口数量逐步下降。

截至2017年初，宁夏还有近40万名贫困人口，其中生态移民仍占相当比重。相比普通群众，生态移民具有经济基础差、家庭底子薄、发展起步晚等特点，决定了其整体经济发展水平仍相对落后的状况。2017年，宁夏农村常住居民人均可支配收入为10738元，生态移民人均可支配收入水平远低于宁夏农村常住居民人均可支配收入水平。可见，生态移民群体仍是富裕宁夏建设过程中的一块短板。在调查的10个移民村中，仍有8个贫困村，1924户建档立卡贫困户。面对移民脱贫现状，80%的移民村村干部表示按期脱贫的难度很大，移民脱贫攻坚仍面临一些突出问题。

三、宁夏生态移民脱贫的突出问题

（一）部分移民区水土资源紧缺

人口大量迁入导致生态移民安置区的水土资源越来越匮乏，黄河进入了周期性枯水期，宁夏水量早已入不敷出，每年平均缺口为10%，2015年达到23%，到2020年，全区缺水达到13亿立方米。现有移民所需生产生活用水已远超移民初期设计的水量。另一方面，随着迁入人口的不断增加，部分移民安置区的土地资源变得十分紧张。以1998年搬迁的大河村为例，当时每家分配的耕地约有八亩，但“十二五”期间搬迁的兴海村、杞海村等移民村，人均耕地不足1亩，水土资源紧缺严重制约着移民的农业生产活动。

（二）老年移民贫困问题凸显

现阶段，老年移民陷入了四重经济困境：一是移民迁入区的土地条件严重制约老年移民发展种养殖业，创收困难。二是部分老年移民丧失劳动能力，无法获得经济收入，依靠政府提供的低保或基本养老金为生，只能维持较低生活水平。三是传统“孝悌”观念的弱化和家庭责任的转移使家庭传统养老的“反馈模式”向“逆反哺模式”转变，子女不仅不为老人提供应有的经济生活支持，还将抚育子孙、照顾家庭的责任转移给老人。四是移民“子女养老”的观念根深蒂固，家庭养老仍是移民养老的主流模式。丧失自理能力的鳏寡孤独老年群体只能依靠村委会救助，但村级财政困难导致救助行为难以为继，社区养老和社会养老模式很难在移民安置区推行。

（三）后续产业发展动力不足

在农业方面，随着我国粮食作物的连年丰收，农产品价格持续走低。尤其是“十二五”期间搬迁的移民，所获土地面积少且土地质量较差，部分安置区农业用地是严重沙化地或盐碱地，根本不适合农业生产。多数移民倾向于传统庭院养殖模式，但每户移民分配的庭院面积较小，无法满足庭院养殖的需要。另一方面，“十二五”期间搬迁的多数移民村尚未引进“政府+公司+农户”的养殖模式，政府、企业和农户的利益无法得到兼顾。在劳务产业方面，随着建筑业等劳动密集型产业的衰退，移民劳务收入降幅较大，打工收入不稳定。特别是50—60岁移民体能下降，疾病缠身，劳动技能低下，缺乏市场竞争力，收入状况不容乐观。目前，移民产业发展仍处于低端、粗放型发展阶段，且产业结构比较单一，导致移民产业收入的稳定性和可持续性较差。同时，移民搬迁后支出较多，移民家庭因入不敷出致贫的情况不在少数。生产资金匮乏也是制约移民后续产业发展的一个突出因素，移民自有资金极其有限，移民贷款意愿较强，但贷款门槛相对较高。整体上，移民生产资金来源渠道单一，无法有效支撑生产或创业项目，移民增收效果不明显，脱贫致富步伐放缓。

（四）精准扶贫对象识别粗放

当前，精准识别不精准主要表现为漏评和误评。从精准扶贫“回头看”情况看，“漏评”情况比较严重。目前，宁夏是按县、乡下达指标计划分配识别贫困人口，而非以村为单元来识别贫困人口，各村在贫困人口识别标准上差别较大。多数贫困移民户对精准扶贫政策并不了解，自愿申请情况较少，民主评议过程不够民主，各级审核公示也存在一定问题。另外，宁夏精准扶贫对象评定标准是年人均可支配收入在当年制定的贫困标准以下，但只看收入不看支出，也很少根据移民生产生活条件、发展能力、家庭人力资源和收入稳定性等多方面因素进行综合考量，部分移民家庭因病、因学导致家庭支出急剧增加，但因家庭人均可支配收入高于精准扶贫评定标准，不能被纳入精准扶贫范围。

（五）“以贫为荣”的贫困文化滋生

调查发现，部分移民存在“以贫为荣”的思想观念。精准扶贫中政府提供的各种优惠条件实质上是国家给予贫困户的“高福利”，由国家提供的高福利是一种公共品，如同计划经济体制下的大锅饭，不吃白不吃，因而会埋下道德祸因。移民过分依赖国家，自我积累、自我发展的积极性和能力弱化。

四、对进一步加强生态移民精准脱贫的对策建议

（一）促进移民安置区水土资源高效利用

一是在引扬黄灌区和库井灌区通过节水改造适度开发部分宜农荒地，通过对山区原耕地改造等多种途径解决土地资源紧张问题。二是在北部引黄灌区，通过实施灌区节水改造，调整种植结构，提高水资源利用率；在中南部地区，新建一批水源延伸工程、水库、集雨场和田间水柜等措施，大力发展高效节水农业和集雨补灌农业，解决农业用水问题。三是通过合理规划移民区产业布局，协调农牧业用水、城乡居民用水、工业用水和生态用水，通过选择节水、高效的经济作物品种缓解农业生产经营对水资源的大量需求。四是继续利用荒漠化治理项目、盐渍化及沙化土地治理工程等，提高土地利用率。五是合理规划移民安置区人口密度，保持适度人口，避免移民的不断增加与资源环境承载力的不断减弱造成的人地关系紧张。

（二）保障老年移民脱贫

一是根据宁夏经济发展水平，动态调整农村低保和基本养老金标准。二是由政府招标选定商业保险机构承办老年移民医疗保险业务，从新型农村合作医疗基金中划出一定额度作为投保资金，为年满 60 岁的老年移民投保商业医疗保险。三是在移民村推广设立家庭养老孝心基金，原则上每位 60 岁以上移民子女每月缴纳赡养资金不低于 100 元。并由移民村所在县级政府出资，引导爱心企业和个人捐资，共同设立专项基金。四是由民政部门设立老年移民供养基金，建立集中供养中心，集中供养鳏寡孤独老年移民。

（三）大力发展后续产业

一是整合各类涉农资金对严重沙化地和盐碱地进行改良，为农业发展提供条件。二是鼓励移民区发展“政府+公司+合作社+农户”等新型养殖模式，形成“利益共享，风险共担”的利益联结机制，最大限度保护农户利益。三是发挥市场配置移民劳动力资源的作用，鼓励劳务经纪人、劳务中介机构等市场载体发展，多渠道促进移民劳动力输出。四是强化50—60岁移民劳务技能培训，促进他们由出卖劳力向出卖技能转变，鼓励企业入村，在移民村建设特色农产品加工和家庭作坊式企业，解决老年移民就业问题。同时，拓宽移民融资渠道，由宁夏财政局联合企业和个人，组建宁夏生态移民小额贷款公司，重点支持生态移民种植、养殖项目，有效破解产业发展资金匮乏问题。

（四）精准识别扶贫对象

一是强化移民村基层组织建设，提高村两委干部素质，培养正确政绩观，同时以法治方式推动精准扶贫，对在精准扶贫工作中不实事求是、谋私利的个人或组织，严格追求其责任。二是依靠“大数据”，建立省级精准扶贫大数据管理平台，利用大数据管理扶贫信息，推进扶贫信息的共享、共用、互通，精准识别、动态管理扶贫对象，及时、准确掌握贫困群众的数量、贫困程度和致贫原因，实现分类管理，科学比对移民家庭信息和个人财产数据。三是在制定扶贫对象评定指标时，除考虑人均收入外，还要综合考虑家庭资产和户情，通过查收入、查资产和查户情，提高扶贫对象评定精准度；四是建立科学的进入和退出机制，对建档立卡贫困户实施动态管理，定期考核扶贫户经济发展情况，让脱贫户及时退出，贫困户及时入列。

（五）强化贫困户的担当意识

一是解决部分贫困移民精神贫困、内生动力不足问题，在具体工作中，加强对贫困移民的教育和引导；大力发展农村文化，弘扬社会主义核心价值观；创新产业扶贫机制，增强贫困移民的参与度，以扶贫参与感带动脱贫获得感，避免贫困移民在脱贫攻坚过程中等待观望。二是在平时的扶贫工作中，扶贫干部要注重舆论导向，通过建好美丽乡村、淳化民风民俗、选准发展路子等有力举措，帮助贫困移民树立信心、鼓足勇气，在贫困移民中提倡自力更生，唤醒贫困移民主动脱贫的意识，充分调动大家脱贫致富的主观能动性和创造性，让移民“以贫为耻”，人人不愿当贫困户，达标后积极退出贫困户。

宁夏乡村治理——问题与对策

狄国忠　王慧春

乡村治理是国家治理体系的重要组成部分，是推进国家治理体系和治理能力现代化的基础性工程。加强乡村治理是大力实施乡村振兴战略的重大举措，是维护农村稳定、促进农业发展、保障农民权益的必然要求。在乡村治理过程中，宁夏各地积极探索创新出了“社区+村委会”“村民代表大会制度+村民监督委员会”“互联网+综合治理中心+民生服务中心”等乡村治理模式，取得了良好治理效果。

一、宁夏乡村治理的现状

随着乡村振兴战略的实施，宁夏乡村治理工作顺利推进。农村基层党建工作得到了进一步加强，村级民主治理机制得以健全完善，村民代表会议制度普遍得到落实、村务监督委员会建设逐步推进，乡村社会治安综合治理工作取得较大成就。

（一）推行“支部＋功能党小组＋农户”发展模式，激活乡村社会治理的主体作用

立足民生，关注民生，推动发展，增强党组织服务功能，发动群众共

作者简介　狄国忠，宁夏区委党校社会与文化教研部主任，教授；王慧春，宁夏回族自治区政府研究室农村处副处长。

建共治共享，是新时代乡村治理的基本理念。近年来，吴忠市板桥乡巷道村结合实际，因地制宜，积极探索“支部引领，搭建桥梁”的工作思路，成立了6个特色服务党小组，承担支部引领、统筹协调、维护秩序、预防矛盾、确保发展等职能，成为沟通和服务群众的桥梁和辖区经济、社会秩序和谐稳定的坚实屏障。比如，他们成立的“协调贷款”党小组，为本村从事餐饮业、运输业、零售业、养殖业的75人协调贷款185万元，在农村信用社为78人担保贷款450万元；成立“为爱而行”党小组，帮扶困难家庭185户，共筹集资金26万元；成立“矛盾化解”党小组，共化解各类矛盾纠纷120多起，有效维护了辖区稳定。这种“支部+功能党小组+农户”发展模式，强化了党组织服务功能，实现了农村党支部成为乡村振兴的“领头雁”和“主心骨”作用，调动了村干部的干事热情，提高了村民参与乡村治理的积极性，激活了乡村治理的要素活力。

（二）统筹城乡发展，推动发展村集体经济，实现村民有效自治

加快发展村集体经济，是实施村民自治的物质保障，是解决农村社会矛盾、密切农村党群、干群关系的物质前提。宁夏平罗县城关镇和平村统筹城乡发展，壮大集体经济，再通过经济收益反哺农民增收。一是让资源成为壮大集体经济的引擎。2006年，采取土地入股、村企合作方式，建成占地19万平方米28栋住宅楼的新型农村社区，并配套建设幼儿园、垃圾转运站、天然气等基础设施，为城市建设腾出500亩建设用地，安置400多户村民，节约了土地资源。成立全县第一家土地信用合作社，通过土地入股的形式，引导村民以1.3或2亩置换36平方米营业房，在解决住房问题的同时也兼顾了农民二次创业，变资源为资产，使农民失地不失业。二是让资源成果反哺农民，统筹城乡发展。2017年，和平村集体经济收入80多万元，农民人均可支配收入13450元，集体资产达5200万元。每年从村集体经济收益中，拿出一定资金为村民上交水费、维护设施，每人每年补助医疗保险50元，全村65岁以上的老人每人每年发放500元养老金，受到区、市、县表彰的劳模和老村干部每人每年奖励1000元，考上大学的学生和患有重大疾病的村民均给予一定的补助。联合企业投资130万元设立和平村助残养老中心，现已安置56人。通过统筹城乡发展，使村民共享集体经济成果，实现村民有效自治。

（三）加强农村人居环境整治，补齐农村环境治理短板

打好农村垃圾治理攻坚战，事关建设美丽乡村、实现乡村振兴的长远大计。2018年7月，自治区党委办公厅、政府办公厅出台《宁夏农村人居环境整治三年行动实施方案》，各市、县相继出台了《农村人居环境整治三年行动实施方案（2018-2020年）》等文件，严格落实有关农村环境治理的规章制度，以问题为导向，以农村生活垃圾、生活污水治理、厕所革命和村容村貌提升为主攻方向，拿出务实举措，着力补齐农村人居环境突出短板。一是及时查找农村环境整治工作中的问题并及时通报整改。比如，《吴忠日报》和吴忠电视台多次曝光吴忠市“脏乱差”和整改不力行为，并建立全市农村环境治理工作交流微信群，及时发现和整改问题。二是加大农村环境整治的人力、物力和财力投入。2018年，利通区、青铜峡、盐池、红寺堡4个县（市、区）分别投入1500万元至1800万元不等，实行购买社会化服务。三是创新“治理”农村垃圾的方法。宁夏泾源县红星村创建“垃圾兑换超市”，鼓励村民对生活垃圾分类回收，到超市免费换取卫生纸、肥皂、铅笔、作业本等十余种日常生活和文化用品。回收的垃圾由工作人员登记造册，统一交垃圾收购部门收购，所得资金作为垃圾收购资金再次循环使用。

（四）整合部门力量，形成基层治理合力，创新乡村治理机制

建立健全乡村治理机制，实行统一受理、统一分流、统一督办、统一归档制度和社会治安联防、工作力量联勤、突出问题联治、群众参与联创的“五联”机制。各职能部门各司其职，接待群众来信来访、案件调解，为群众进行心理疏导，缓解上访群众情绪、及时处理突发事件和信访矛盾纠纷案件。同时，配齐天网、地网、综合网、司法网的操作人员，使乡村治理良性运行。一是做好信访接待和矛盾纠纷的调处化解。永宁县望远镇有关领导接待三人以上上访人员都安排在调解中心接访，调解中心安装监控视频系统，对接访调处的全过程进行全程录像录音。既规范了领导接访程序又对来访人员起到了震慑作用，做到依法依规接访处理各类矛盾纠纷。二是综合利用互联网监管并及时处理问题。望远镇的综治指挥中心将全镇的治安监控视频接入指挥中心，实时掌握全镇主要街道、路口、市场、学校周边情况，对发现的问题，及时通知派出所、市场监督管理所、社区等相关单位进行处理。三是做好矛盾纠纷的排查调处工作。有条件的村、社区将排查出的各类矛盾纠纷及时录入宁夏社会治安综合治理信息系统，并按时限调处办结。区、市、县、镇都可以查看矛盾纠纷处理。截至 2018 年 5 月，通过宁夏社会治安综合治理信息系统录入各类矛盾纠纷 91 件，化解 85 件，化解率 93.4%。四是加强镇、村、社区治安网络防范体系建设。建立健全调委会、治保会和治安联防等群防群治组织，充分发挥他们的职能，积极开展治安防范工作。五是加强道德建设，发挥德治的作用。有些乡镇开展“五好文明家庭”的创评活动，并对评选的“五好文明家庭”进行表彰。鼓励受表彰的妇女用自己的亲身经历讲述婆媳情，通过他们的带动，形成户户比美德，人人讲文明的良好风气。

二、宁夏乡村治理中存在的问题

宁夏农村乡村治理中存在诸如基层“两委”组织职权划分不够清晰，村委会自身建设不足，“自治”功能弱化，制度不健全和监督不到位，个别村干部工作作风不实，村民自我服务、自我管理、自我教育、自我监督的意识不够强等突出问题，农村基层社会治理任重而道远。

（一）村民自治方面存在的主要问题

农村基层党组织建设有待加强。一是个别基层组织软弱涣散，缺乏凝聚力、号召力、战斗力，部分农村党员干部思想观念陈旧、能力不足，工作缺乏积极性、主动性，致使党组织在农村的战斗堡垒作用发挥不够。二是受传统思想、宗族观念和既得利益思想影响，有些村干部难选难配。三是农村党员队伍年龄偏大、文化程度偏低的现象没有得到根本改变，这样的干部队伍不能适应新时代农村社会治理的需要。

乡村自治水平不高。一是村民参与村级事务管理的意识淡漠。有些村民投工投劳、参与村级事务管理、参与公共服务、维护集体利益等公共意识越来越淡漠。二是村民代表大会制度落实、民主监督、民主管理不到位，存在村委会直选中的贿选、村委会与村党支部的“两张皮”等问题，村民知情权、参与权、监督权等民主权利得不到充分保障。三是制度建设不规范。有些村委会对一些关键性、敏感性村务、财务内容不公开，或财务公开的程度不够。村民因村级财务管理、征地拆迁、土地流转、优惠政策享受等原因上访的事件时有发生。村规民约等制度不能村村普及，或仅停留在“纸面”上，没有付诸实施。四是人口流动使村民自治组织基础削弱。当前大量高素质、中青年村民外流，一方面使村庄中可供民主选举的高素质的村委会成员候选人减少，致使村委会工作能力下降；另一方面，留守在村里的老人、妇女和儿童，对行使民主的程序和意义不太懂，致使民主程序流于形式，民主决策也容易异化为少数村干部决策。

村集体经济薄弱。一是村集体经济收入不高。目前宁夏大多数村集体经济发展滞后，部分村仅依靠集体土地流转、出租获得收益。二是村集体经济几乎为零。大多数村是无钱办事的“空壳村”，直接影响着村民自治的能力和乡村治理体系的构建。

（二）乡村法治建设中存在的问题

乡村法治建设不完善。一是乡村干部存在“搞法治建设，是司法和执法部门的事，与己无关”的思想，带头尊法、学法、懂法、守法和用法的观念落后，以言代法，以权代法，随意违法现象时有发生。二是农民群众法律意识淡薄，学法、用法的自觉性不高，农民群众中“信权不信法”“信钱不信法”“信访不信法”现象依然存在。三是普法宣传不到位。农村普法教育工作活动少，贴近群众实际、贴近生活、群众喜闻乐见的法治宣传手段不多，宣传形式单一，大多数普法宣传也只是“摆个摊，发个单”，法治宣传效果不佳，至于对农村留守老人、妇女、儿童的法律宣传几乎没有，导致这些人的法律知识不够，法律意识和法治观念极其淡薄。

综合治理公共服务水平低。一是“硬件”建设滞后。有些乡村综合治理服务中心基础设施和信息化平台建设滞后。二是“软件”建设滞后。有些乡村成立了综合治理服务中心，也设立了接待、调解、法务、心理咨询室，但由于缺乏法律专业等方面人才，工作人员不能及时到位，更不能很好地为基层百姓提供专业法律服务和化解社会矛盾。

(三) 乡村德治中存在的问题

村民和少数党员干部诚信意识缺失。一是有些从事商业活动的村民存在着贩假、以次充好、缺斤少两，甚至为了经济利益，不择手段、不讲信用的问题。二是有些农村党员干部对老百姓不讲诚信，做官不为民，欺上瞒下，阳奉阴违，喜欢搞花架子、做形象工程，甚至贪污受贿、损害老百姓的利益。

村民价值观念扭曲。一是部分村民不辨善恶，不分美丑，是非颠倒，价值观产生错乱、扭曲。二是部分村民存在着拜金主义、享乐主义等思想意识，一些村民把“一切向钱看”作为为人处世的准则。

村民传统的节俭观念淡薄。一是部分村民在消费上讲攀比、讲面子甚至只是为了夸耀和显示财富。二是部分村民婚丧嫁娶大操大办、互相攀比蔚然成风。三是部分村民物质条件富裕后热衷于建豪宅、买名车等造成了资源的浪费。

村民集体主义观念淡薄。一是部分村民的集体主义观念淡薄，只顾个人需要，不顾他人需要，只关心自己的利益，不关心集体利益。二是部分村民对公共事业漠不关心，缺乏社会责任感和集体荣誉感。

村民道德缺失。一是部分村民家庭责任感缺失。部分村民对家庭或者家庭其他成员所承担的责任不够，缺乏夫妻双方之间的家庭责任感、父母对子女和子女对父母的家庭责任感。二是家庭暴力事件在农村频发。由家庭暴力事件积累、引发的杀人、虐待、报复等恶性犯罪事件也时有发生。

三、推进宁夏乡村治理的对策建议

推进乡村治理必须以问题为导向，充分发挥党组织领导核心作用，以自治激发活力，靠法治定纷止争，用德治春风化雨，加快形成自治为基、法治为本、德治为先的“三治”结合的乡村治理格局，为实施乡村振兴战略提供有力支撑。

(一) 完善村民自治制度，增强村民自我管理和自我服务能力

积极引导农村基层组织、社会组织和村民个人有序参与农村发展事务，进一步提升农民群众自我管理、自我服务水平。一是加强农村基层党组织

建设。加强村级两委班子建设，充分发挥基层党支部的领导核心和战斗堡垒作用，选优配强村级党组织班子，真正把那些守信念、讲奉献、重品行，尤其是观念新、能力强、懂经营、会管理、能带领群众致富的党员选拔到村两委班子中来，使两委班子对本村社会治理能够控得了、稳得住。将党组织软弱涣散村和集体经济薄弱村纳入选派“第一书记”范围。及时调整优化党组织软弱涣散村领导班子，对那些政治素质不高、带领群众致富能力不强、为政不廉、群众不拥护的干部坚决调整，对少数贪污腐败、践踏政策法律的村干部坚决惩处。二是加强农村基层干部队伍建设。加大乡村干部理想信念和法治学习教育常态化培训。及时调整优化干部队伍结构，注重从农村致富能手、返乡创业人员、农民专业合作组织负责人、退伍军人中等选拔法治观念强的党员担任村干部，注重选拔法律专业毕业的大学生村官，不断优化村干部知识和学历结构。积极从优秀青年农民中发展党员，为农村基层组织培养、储备后备干部。三是加强村民自治组织建设。完善村民代表会议制度，建立完善自治区、市、县、乡镇四级监督机制，加强对村代表工作监督检查，并作为对各地农业农村工作和平安建设考核工作的重要依据。建立完善村民自治章程、村规民约、议事规则、财务管理等制度，以及村代会会议召集、公示、备案制度和村民代表培训制度，明确规定村干部和村级各类组织职责及村民的权利和义务。四是加强和规范村级财务管理和监督。加大村务、财务公开，开展对村干部任期和离任经济责任、集体资产、村级债权债务等专项审计，对集体土地征收补偿费和涉农财政资金进行重点审计。五是建全包括党组织、农民自治组织、农村社会组织和个体工商业者及农民在内的、具有广泛社会基础的网络，实现网格化社会治理。六是发展壮大农村集体经济。推进农村集体产权制度改革，将集体资产确权到户，赋予农民一家一户相应的集体资产权利，集体收益按股份或按份额分红，让农民真正享受集体资产收益，增强村集体号召力，凝聚力。

（二）加强法治建设，提升乡村治理法治化水平

法治是安邦固本之基，是执政兴国之要。要大力运用法治思维和法治方式解决农村改革发展稳定中遇到的问题。一是加强农村法治宣传教育。

在农村地区广泛开展法制教育宣传，提高广大农民群众依法提出诉求、依法维护权益的意识。结合农民群众思维习惯，创新载体，选择他们喜爱、易接受而又灵活多样、丰富多彩的宣传教育方式，编写适合农民生产生活的法制宣传资料，充分利用电视、网络、广播等平台普及法律知识，组织文艺团体、法制宣传志愿者深入农村演出法制节目，鼓励民间自发进行法制宣传活动，增强农民群众法律意识，提高法制观念。二是加强对乡村干部法制教育和培训，全面推动乡村干部带头尊法学法守法用法，不断提高其依法管理乡村事务和解决矛盾纠纷的意识和能力。三是提升乡村综合治理服务水平。加大资金投入，推进乡村治理基础设施和信息化平台建设。将综治、司法、信访、公安等稳定力量整合在一起，将民政、农经、安监、土地等管理力量聚合在一起，实现乡村综合治理“内合外联”。紧紧依靠村“两委”班子、党员代表、村民代表、网格员等组织力量，调动“两代表一委员”、志愿者、致富带头人等社会力量，发挥法官、检察官、驻村民警、律师等专业力量，为基层百姓提供法律服务、化解社会矛盾。四是健全完善农村社会治安防控体系。积极推进“平安乡镇”“平安村庄”等基层单位平安创建活动，推进农村“雪亮”工程，开展突出治安问题专项整治，依法严厉打击涉农违法犯罪和邪教势力，维护农村社会和谐安定。五是建立基本公共法律服务体系，系统梳理和修改完善有关规章制度和行为准则，推进法律援助进村，为农民群众提供优质高效的法律服务。

（三）加强德治建设，提升乡村文明

培育良好村风民风、加强和改善乡村治理，德治具有基础性作用。一是将培育社会主义核心价值观和继承中华民族优良传统结合起来，细化实化具体化村规民约、家规家训等，发挥道德规范明导向、正民心、树新风的积极作用。二是充分发挥党风政风对村风民风的示范带动作用，要求群众做到的党员干部必须做到，要求群众不做的党员干部首先不做，切实做到讲党性、重品行、做表率。三是繁荣农民群众精神文化生活。实施文化惠民工程，搭建乡村公共文化平台，建立道德讲堂、文化主题公园、文化礼堂等阵地，将现代文化传播手段和传统文化娱乐形式相结合，以农民群众喜闻乐见、生动活泼的方式宣扬真善美、鞭笞假恶丑，引导人们讲道德、守道德。充分挖掘当地的历史传统、英雄人物、道德模范等人文资源，利用村中事、身边人，开展形式多样的社会公德、职业道德、家庭美德、个人品德教育活动，发挥身边榜样示范带动作用，发挥乡贤道德感召力量，促进农村社会和谐稳定，涵养守望相助、崇德向善的文明乡风。四是强化道德约束。通过公评公议、文明户评选等方式，把道德规范与农民群众的日常生产生活联系起来，扬善抑恶。加强农村个人诚信体系建设，对优良信用个人提供更多服务便利，对严重失信个人实施联合惩戒。对严重失德构成违法的，坚决追究法律责任，以儆效尤。

乡村振兴背景下
宁夏农村公共服务体系建设研究

何银玲　徐如明　张　磊

《中共中央国务院关于实施乡村振兴战略的意见》提出“要坚持农业农村优先发展，按照产业兴旺、生态宜居、乡风文明、治理有效、生活富裕的总要求，建立健全城乡融合发展体制机制和政策体系，加快推进农业农村现代化”，在这个过程中，要加快建设和完善农村公共服务体系，补齐农村基本公共服务的短板，为农民提供基本而有保障的公共服务，是实现乡村振兴战略的重要任务和基础环节，具有重要战略意义。

一、乡村振兴背景下加强宁夏农村公共服务体系建设的重要意义

基本公共服务是我国保障民生的重要制度。现阶段由于农村公共服务体系建设滞后，公共服务供给不足，使得广大农村地区的发展面临许多问题和困难，加强宁夏农村公共服务体系建设对实施乡村振兴战略具有重要意义。

（一）完善的农村公共服务体系可为增加农民收入提供有力保障

农村公共服务和产品的供给，如便利的交通设施、电力设施、通信设施、水利设施等的建设和完善，会降低包括生产成本、运输成本、销售成本、风险成本和决策成本在内的农村私人活动的总成本，从而促进农民收

作者简介　何银玲，宁夏区委党校教授；徐如明，宁夏区委党校决策咨询部讲师；张磊，宁夏区委党校哲学教研部讲师。

入的增加。有研究表明，每增加 1 元农村教育投资，可使农牧业产值增加 8.43 元，而每增加 1 元农村公共基础设施投资，农牧业产值会增加 6.75元。

(二) 完善的农村公共服务体系可降低农业的自然风险和经济风险

如发达的基础设施可以提高农业抵抗自然灾害的能力，提高农业生产的稳定系数；市场信息系统会降低农产品的市场风险，增加农产品生产和销售的稳定性，减轻受纯粹市场力量作用而引起的波动性，进而发展特色明显、品质优良、附加值高的优势农产品，实现增值增效。

(三) 完善的农村公共产品供给体系会促进农业生产发展

主要是推动农业生产的专业化、规模化、商品化、产业化、市场化和可持续化发展，可直接或间接地促进社会分工的发展，进而有利于提高整个农村的劳动生产率，是传统农业向现代农业转变的必由之路。

(四) 完善的农村公共服务设施有利于吸引社会资金与人才

农村公共服务设施是实现社会资金与人才向乡村流动的基础与必要条件，是乡村建设招商引资的关键，是大力发展乡村旅游业的基本前提条件。

(五) 加快农村公共服务体系建设有利于提升农民的综合素质和维护农民的各项权益，实现社会公平

农村医疗卫生事业、教育事业和文化事业的发展，有利于提高农民的综合素质，使农民的身体素质、知识水平、文化素养得到极大的提高，为发展现代农业造就合格的新型农民；完善的农村公共服务也有利于逐步实现乡风文明与村容整洁；有利于维护农民的基本权利和各项权益，从而调动广大农村群众参与国家和社会事务治理的积极性，更好地发展农村民主政治，更好地发挥我国社会主义制度的优势。总之，要实现宁夏农业产业化、农村现代化，农民职业化；让农业成为有奔头的产业、让农村成为安居乐业的美好家园，让农民成为有吸引力的职业，源头便是政府增加农村公共产品的有效供给，创新农村基本公共服务供给模式，更加公平地分配公共服务资源。

二、“十二五”以来宁夏农村基本公共服务体系建设的现状

(一) 宁夏农村基本公共服务体系建设取得的进展及成绩

自国务院出台《国家基本公共服务体系十二五规划》以来，宁夏回族

自治区党委和政府全面贯彻落实中央的决策部署，更加重视保障和改善民生，持续加大公共服务投入力度，保证政府公共财政 70%投向公共服务和民生保障领域；并且重点向城乡基层和薄弱环节倾斜，着力改善各级各类公共服务基础设施条件，初步建立起覆盖城乡的基本公共服务体系，全区基本公共服务水平和保障能力得到显著提高，城乡统一的公共服务制度建设取得重大进展，农村基本公共服务体系进一步完善，公共服务水平明显提高，城乡基本公共服务差距显著缩小，为“十三五”时期宁夏经济社会发展奠定了坚实基础。

1. 农村教育事业获得突破性发展

农村学前教育资源实现从无到有的转变，并且不断提质扩面；农村义务教育向着更加公平和均衡的方向发展；高中教育和职业教育向高标准发展；教育扶贫全面开展，形成了横向上从学前教育到高等教育“全口径”，纵向上各级教育行政部门、各学校到贫困村、贫困户、贫困学生“全方位”的教育精准扶贫工作格局。

2. 农村社会保障体系不断健全

保险覆盖面不断扩大，兜底保障作用不断增强，城乡统筹机制初步建成。养老保险率先在全国将“新农保”和“城居保”合并，并实现城乡居民基本养老省级统筹；医疗保险已建成覆盖城乡、层次多样、功能完备的医疗保险制度体系，保基本、防大病、兜底线的能力进一步增强，医疗保险已跨入“全民时代”[1]。特别是对于贫困人口实现了“基本医保、大病保险、扶贫保险、医疗救助”四个全覆盖，有效解决了农村居民看病难、看病贵、因病致贫、因病返贫的问题。社会救助标准逐年提升，兜底保障功能不断增强，实现了农村低保标准与扶贫标准“两线合一”；对特困供养人员全额资助参保，对低保对象基本医疗保险个人缴费部分给予定额资助。建立了困难残疾人生活补贴、重度残疾人护理补贴、孤儿基本生活保障制度，惠及困难重度残疾人 20.6 万。

3. 农村卫生健康事业取得长足进步

城乡基层医疗卫生体系逐步建立，基本公共医疗服务均等化初步实现。农村医疗卫生基础设施建设不断推进，初步实现村村都有标准化卫生室、乡乡都有公办卫生院，县县都有一所二级以上医院的目标，基本达到农村基层卫生机构标准化建设全覆盖[2]。

4. 农村公共文化体育服务系统初步建立

农民开始享有日趋丰富的文化生活，全区乡镇建设综合文化站，文化广场等基层公共文化设施网络基本建立。基本实现直播卫星乡村“户户通”，农村电影放映无盲点，农家书屋全覆盖，区、市、县、乡、村五级公共文化设施网络基本形成，公共文化服务供给能力大幅提高。

5. 农村基本住房保障扎实推进

自2014年以来，自治区连续五年将农村危窑危房改造工作列入民生计划和为民办的重点实事之一，住建、财政、民政、扶贫等部门建立了农村危窑危房改造联席会议制度，确保资助对象认定、危房情况鉴定、补助资金拨付等方面的精准支持，使符合条件的贫困户危房应改尽改，并不断提高资金补助标准。自治区推进新型城镇化工作领导小组办公室连续五年成立危窑危房改造督导组，从技术指导、质量核查等方面督导工作，保证困难群众住上安全房、“放心房”。2014年，自治区党委和政府出台《宁夏美丽乡村建设实施方案》，推出以环境优美、农民富裕、民风和顺为目标，大力实施“规划引领、农房改造、收入倍增、基础配套、环境整治、生态建设、服务提升、文明创建”八大工程，统筹推进美丽乡村建设。自治区积极整合各相关部门涉农项目资金60多亿元，撬动社会投资360多亿元，统一规划、统一配套建设水、电、路、气等基础设施和公共服务设施，对全区大部分村镇进行了改造，使农村居民的住房条件和人居环境面貌发生了显著变化。同时，以改善人居环境为突破口，进行乡村环境卫生整治，截至2017年底，全区农村垃圾集中处理率达到70%，生活污水集中处理率达到45%，自来水普及率达到83.5%，卫生厕所普及率达到71.9%，有效改善了乡村人居卫生环境[3]。大力加强农村基础设施建设，实施农村绿化美化工程。全区每年安排4亿多元专项资金，积极推进农村以硬化、绿化、美化、亮化、净化“五化”，通水、通电、通气、通路、通信、通客车“六通”为重点的基础设施建设；按照缺什么补什么原则，实现农村硬化道路、排水渠系等基础设施全覆盖。

6. 农村基本公共服务体制机制初步建立

“十二五”结束，宁夏在农村基本公共服务体系机制建设方面，已初步建立了公共服务分类供给机制、经费保障机制、统筹建设机制、民主管理机制、监督评价机制以及人才队伍建设机制，这些制度机制在农村公共服务建设中发挥了重要保障作用。

（二）宁夏农村基本公共服务体系建设存在的不足和问题

自“十二五”以来，宁夏农村基本公共服务体系建设有了很大进展，基本公共服务水平有了较大提升，一定程度上改善和提高了农民群众的民生保障水平。但必须清醒地认识到，农村公共服务体系建设由于长期滞后，历史欠账太多，与城市相比存在较大差距和较多问题，不是短期能够全部解决的。现阶段城乡差距最直观的依然是基础设施差距大，城乡发展不平衡最突出的依然是公共服务不平衡。受经济发展水平和政府公共服务能力制约，农村基本公共服务供给规模和质量还不能够满足群众日益增长的需求，城乡区域公共服务资源配置不均衡、发展不平衡问题依然存在，主要表现在：城乡教育事业发展仍然不平衡；城乡社会保障水平存在较大差距，乡村保障水平依然较低；城乡医疗卫生资源配置不平衡，乡村卫生健康事业发展依然滞后；乡村公共文化体系建设短板依然存在，文化服务能力依然不足；乡村基本住房保障整体水平依然低于城市，环境脏乱差问题还未得到彻底解决；农村公共服务提供主体和提供方式还比较单一，社会力量的参与度不够，较为薄弱，由于公共服务供给的合力尚未形成，因而导致投入不够、效率不高等问题；农村公共服务建设资金依然短缺，转移支付资金利用效率较低，乡镇基层政府在农村公共服务的作用发挥不够；农村公共服务基础设施的长效运管机制还未建立健全，存在管护不够，破坏严重的问题；在农村公共服务供给方式上，存在不注重农业生产和农民生活方式特点的问题，缺乏“按照乡村的特点建设乡村”的思路。整体而言，农村公共服务水平与城市相比还有较大差距，特别是宁夏中南部地区基本公共服务设施条件和服务能力明显低于全区平均水平。

三、乡村振兴战略的实施为农村公共服务体系建设带来新动力和新机遇

（一）“乡村振兴”战略的实施，为宁夏农村公共服务体系建设提出了新要求、带来了新动力

加强农村公共服务体系建设，提升农村公共服务水平，是乡村振兴战略的重要内容和任务。可借助实施乡村振兴战略，使得各种政策和资源向乡村社会倾斜和集中，以及社会各界给予关注和支持。《中共中央、国务院关于实施乡村振兴战略的意见》中也明确指出：“坚持农业农村优先发展。把实现乡村振兴作为全区各级党组织和广大党员的共同意志、共同行动，做到认识统一、步调一致，在公共财政投入上优先保障，在公共服务上优先安排，在要素配置上优先满足，在干部配备上优先考虑，加快补齐农业农村短板。”在这样强大动力的推动下，农村公共服务体现建设必然会兴起一个新高潮，迎来一个大发展、大进步的时期。随着乡村公共服务基础设施的完善，服务水平的提高，服务质量的改善，城乡基本公共服务均等化目标的总体实现，完善的农村社区公共服务体系，也必然为农村经济社会的发展创造更好的条件，极大助力乡村振兴战略的实施，促进农村现代化建设的进程。

（二）中央出台关于基本公共服务领域中央与地方共同财政事权和支出责任划分和建立健全基本公共服务标准体系的新政策，将为农村公共服务体系建设提供更加充实的财力和制度保证

2018 年 3 月，国务院办公厅出台《基本公共服务领域中央与地方共同财政事权和支出责任划分改革方案》（以下简称《方案》），其中最主要的改革内容就是本着“以人民为中心”的原则，从解决人民群众最关心、最直接、最现实的利益问题入手，首先将涉及人民群众基本生活和发展需要，因而需要优先和重点保障的主要基本公共服务事项，如义务教育、学生资助、基本就业服务、基本养老保险、基本医疗保障、基本卫生计生、基本生活救助、基本住房保障领域中与人直接相关的项目纳入中央与地方共同财政事权范围，并合理划分支出责任，同时完善相关转移支付制度，以确

保更好地为人民群众提供基本公共服务。这一改革方案，将为农村公共服务体系建设提供更加充实的财力保障，能够很大程度上解决农村公共服务体系建设财力不足，投入欠缺的问题，增强政府公共服务供给能力。特别是对于宁夏这样的经济欠发达地区，能够缓解地方政府受制于经济发展水平，对农村公共服务体系建设心有余而力不足的窘境，因此，对加强农村公共服务体系建设是一项强有力的政策支持和制度保障。2018 年 7 月中共中央办公厅、国务院办公厅又出台《关于建立健全基本公共服务标准体系的指导意见》，该《意见》强调，要建立健全基本公共服务标准体系，规范中央与地方支出责任分担方式，推进城乡区域基本公共服务制度统一，促进各地区各部门基本公共服务质量水平有效衔接，以标准化手段优化资源配置、规范服务流程、提升服务质量、明确权责关系、创新治理方式，确保基本公共服务覆盖全民、兜住底线、均等享有；促进基本公共服务均等化、普惠化、便捷化，从而使群众的获得感、幸福感、安全感更充实、更有保障。这一新政策对于加强农村公共服务体系建设是又一项强有力的政策支持和制度保障，对提高农村公共服务供给水平，补齐农村公共服务短板，缩小城乡之间公共服务水平的差距，具有重要支持作用。

四、乡村振兴进程中宁夏农村公共服务体系建设的新思路和新任务

（一）新思路

按照公平正义的理念倾斜乡村、补齐公共服务短板，按照乡村的特点健全完善农村基本公共服务体系。

1. 按照公平正义的理念，兜住底线，保障基本

明确政府兜底保障的标准与水平，促进基本公共服务资源向基层延伸、向农村覆盖、向边远地区和生活困难群众倾斜，织密扎牢民生保障网。推进新增教育、医疗卫生、公共文化等社会事业经费向农村倾斜，补齐农村地区、贫困地区和困难群体基本公共教育、基本医疗服务和公共文化保障的短板，让农村的孩子真正接受良好教育，让农村群众真正摆脱因病致贫，让乡村民众真正过上有文化、有意义、有价值的生活。以增强公平性和适应流动性为重点，推动社会保障制度城乡统筹并轨，统筹城乡社会救助体

系，完善最低生活保障制度，完善农村养老服务体系；特别是要加强农村留守儿童、妇女、老人关爱服务体系建设。

2. 探索乡村公共服务体系建设的规律和特点

使乡村公共服务建设遵循乡村自身发展规律，走符合乡村实际的路子，保有乡村的特点和特色。具体来说，乡村住房和村落建设要充分体现乡村社会的结构特点，符合农业生产和农民生活的需要，注重保留乡村风貌和乡土味道。乡村环境保护要留住青山绿水，打造田园风光。乡村文化建设要延续乡村文脉，记住乡愁乡思。

（二）新任务

统筹公共资源在城乡间的均衡配置，建立全民覆盖、普惠共享、城乡一体、均等服务的基本公共服务体系，推动形成城乡基本公共服务均等化体制机制，实现城乡基本公共服务均等化目标。

农村基本公共服务体系建设的任务主要包括：

提升公共服务的水平和质量。要在“十二五”时期宁夏农村基本公共服务体系初步建立、各项基本公共服务从无到有、水平有所提高的基础上，加大力度提挡升级，阔域增项、提标扩面；提高公共服务水平，改善公共服务质量，填补空白和短板，实现农村基本公共服务从有到好的转变，促进城乡基本公共服务从形式上的普惠上升到实质上的公平。

完善农村基础设施建设机制。推进城乡基础设施互联互通、共建共享，创新农村基础设施和公共服务设施决策、投入、建设、运行管护机制，积极引导社会资本参与农村公益性基础设施建设。特别要探索建立农村公共基础设施的长效管护机制，从而做到建得好、护得好、用得久。

推进新增教育、医疗卫生等社会事业经费向农村倾斜。补齐农村地区、贫困地区和困难群体基本公共教育和基本医疗服务的短板，让农村的孩子真正接受良好教育，让农村群众真正摆脱因病致贫。

加强社会保障体系建设。以增强公平性和适应流动性为重点，推动社会保障制度城乡统筹并轨，统筹城乡社会救助体系，完善最低生活保障制度，完善农村养老服务体系；特别是要加强农村留守儿童、妇女、老人关爱服务体系建设。

加强农村公共文化体系建设。以社会主义核心价值观为引领，以乡风文明为核心，弘扬中华优秀传统文化，加强农村公共文化体系建设。促使公共文化资源重点向乡村倾斜，并建立长期稳定的投入保障制度。要按照有标准、有网络、有内容、有人才的要求，实现乡村两级公共文化服务全覆盖；特别要加大对中南部贫困地区资金、项目、政策的投入力度，不断补齐农村公共文化服务短板，充分发挥文化扶贫在实施乡村振兴战略的过程中的作用，使广大农民既能“富口袋”，也能“强魂魄”。

打造宜居宜业的农村人居环境。要精准打好农村危房危窑改造脱贫攻坚战，让困难农民首先从住房上脱贫脱困。大力实施农村人居环境整治三年行动计划，加强村庄卫生保洁、设施维护和绿化养护工作，实现乡村环境卫生“村容整洁，设施标准，管理有序”的目标。注重探索乡村建设的规律和特点，使美丽乡村建设遵循乡村自身发展规律，走符合乡村实际的路子。要按照“用乡村的方式建设乡村”的理念，尊重农民的生产生活方式和风俗习惯，建设方便农家生活和生产的房屋院落，注重保留乡村风貌和乡土味道；注重挖掘、传承和开发传统文化、民俗风情、民间艺术、民居文化等非物质文化遗产，不断增强村庄建设的文化内涵和品质，让美丽乡村成为农民既新奇又熟悉、看得见青山、望得见绿水、延得了文脉、留得住乡愁的宜人居所。

参考文献

[1] 杨永芳.宁夏社会保险事业发展研究［C］//宁夏脱贫富民战略研究.银川：宁夏人民出版社，2018.

[2] 王维成.以医改促进健康宁夏建设研究［C］//宁夏脱贫富民战略研究.银川：宁夏人民出版社，2018.

[3] 田晓娟.宁夏美丽乡村建设研究［C］//宁夏住房和城乡建设报告（2018).银川：宁夏人民出版社，2018：207.

宁夏精准扶贫实践中的返贫问题研究

徐东海

2018年6月，中共中央国务院印发《关于打赢脱贫攻坚三年行动的指导意见》，8月，宁夏回族自治区党委、政府印发《打赢脱贫攻坚战三年实施方案》，标志着宁夏的扶贫开发进入攻坚克难的关键期。宁夏一方面要大力推进脱贫攻坚步伐，让精准扶贫精准脱贫在深度贫困地区见实效；另一方面，要高度重视已有脱贫攻坚中的返贫问题。

一、精准扶贫方略实施以来宁夏脱贫攻坚成效显著

2015年底印发的《中共中央国务院关于打赢脱贫攻坚战的决定》标志着我国精准扶贫方略在全国范围内全面实施。宁夏实施精准扶贫方略以来，脱贫攻坚取得显著成效。

（一）农村贫困人口大幅度减少，贫困发生率持续下降

2018年宁夏政府工作报告指出，过去的五年，宁夏累计完成生态移民39.8万人，减贫71.9万人，贫困发生率五年来下降了16.9%。仅2017年，全区脱贫人口达19.3万人，贫困发生率已下降到6%，移民搬迁安置4万人。根据五市政府工作报告数据显示，其中，银川市完成润丰村等4个安置点1556户7013人搬迁，1个贫困村和8216名建档立卡贫困群众脱贫销

作者简介 徐东海，宁夏社会科学院社会学法学研究所助理研究员。

号；石嘴山市 3009 名建档立卡贫困人口实现脱贫，完成 324 户 1590 人易地搬迁安置任务；吴忠市脱贫销号 59 个村，减少贫困人口 48206 人；中卫市脱贫销号 41 个村，减贫 3.93 万人，贫困发生率从 11.1%下降到 7.9%；固原市销号贫困村 200 个，减贫 9.4 万人，贫困发生率下降到 8%。

（二）深度贫困地区所属地市农村居民收入保持较快增长，增速高于全区农村平均水平

按照“宁夏市县”和“数据宁夏”APP 发布数据，及 2017 年宁夏《国民经济和社会发展统计公报》最新数据测算，吴忠市 2017 年农村人均可支配收入为 10912.00 元，是 2013 年 7605.40 元的 1.43 倍，2017 年增速为 9.80%，高于全区 0.8 个百分点，2013—2017 年年均增速约为 10.04%；固原市 2017 年农村人均可支配收入为 8500.00 元，是 2013 年 5694.68 元的 1.49 倍，2017 年增速为 10.19%，高于全区 1.19 个百分点，2013—2017 年年均增速约为 11.28%；中卫市 2017 年农村人均可支配收入为 9377.00 元，是 2013 年 6681.26 元的 1.40 倍，2017 年增速为 8.70%，低于全区 0.3 个百分点，2013—2017 年年均增速约为 9.27%。从三市平均情况看，深度贫困地区所属地市农村居民收入增速高于全区农村平均水平。

（三）深度贫困地区所属地市农村居民人均消费水平持续提升，质量有所改善

按照“宁夏市县”和“数据宁夏”APP 发布最新数据测算，吴忠市农民家庭每人生活消费支出由 2013 年的 6574 元增长到 2016 年的 8487 元，增长 1.29 倍，绝对值增加近 2000 元，农村居民家庭平均每百户汽车拥有量为 20.43 辆，摩托车为 84.21 辆；固原市农民家庭每人生活消费支出由 2013 年的 4731 元增长到 2016 年的 6884 元，增长 1.46 倍，绝对值增加 2000 余元，农村居民家庭平均每百户汽车拥有量为 15.24 辆，摩托车为 80.33 辆；中卫市农民家庭每人生活消费支出由 2013 年的 6286 元增长到 2016 年的 8271 元，增长 1.46 倍，绝对值增加,2000 余元，农村居民家庭平均每百户汽车拥有量为 19.28 辆，摩托车为 91.78 辆。

（四）贫困群众的技能水平逐年提升，就业能力不断增强

截至 2018 年 10 月底，全区安置建档立卡贫困劳动力公益性岗位 5090

个，建档立卡贫困劳动力实现就业3.06万人。发放支持建档立卡户创业担保贷款2682万元，支持416名建档立卡贫困劳动力创业，新创建就业扶贫示范基地53个。全区人社部门组织3.99万建档立卡贫困劳动力参加鉴定考核，其中3.39万人取得职业资格证书或专项能力证书。

（五）盐池县实现脱贫摘帽，为脱贫攻坚起到了典型示范作用

2018年7月，盐池县接受了国务院扶贫办委托第三方甘肃兰州大学在该县开展国家贫困县退出专项评估检查工作。该县以漏评率、错退率为0，贫困发生率为0.66%，群众满意度为97.71%的优异成绩顺利通过评估，并由自治区政府在9月29日以公告的形式正式宣布盐池县退出贫困县序列。盐池县在脱贫攻坚中探索出一条行之有效的做法和经验，为全区的扶贫攻坚发挥了引领作用。

二、当前宁夏精准扶贫进程中返贫的基本情况

（一）返贫的基本情况

截至2017年末，宁夏返贫共计1267户约4980人。其中，银川市返贫30户约120人，石嘴山市返贫14户76人，吴忠市返贫368户约1472人，固原市返贫752户2931人，中卫市返贫103户381人。

从返贫原因来看，全区因病返贫的有788户，约占全区返贫总户数的62.19%；因残返贫的有207户，约占全区返贫总户数的16.34%；因灾返贫的有154户，约占全区返贫总户数的12.15%；因学返贫的有118户，约占全区返贫总户数的9.31%。其中，银川市因病返贫10户，约占全市返贫总户数的33.33%；因残返贫2户，约占全市返贫总户数的6.67%；因学返贫18户，约占全市返贫总户数的60%。石嘴山市因病、因残返贫各7户，各占全市返贫总户数的50%。吴忠市因病返贫238户，占全市返贫总户数的64.67%；因残返贫69户，占全市返贫总户数的18.75%；因灾返贫44户，占全市返贫总户数的11.96%；因学返贫17户，占全市返贫总户数的4.62%。固原市因病返贫496户，占全市返贫总户数的65.96%；因残返贫69户，占全市返贫总户数的14.76%；因灾返贫105户，占全市返贫总户数的13.96%；因学返贫17户，占全市返贫总户数的5.32%。中卫市因病返贫

37 户，占全市返贫总户数的 35.92%；因残返贫 18 户，占全市返贫总户数的 17.48%；因灾返贫 5 户，占全市返贫总户数的 4.85%；因学返贫 43 户，占全市返贫总户数的 41.75%。

（二）返贫特征及成因分析

1. 返贫的地域特征

首先，宁夏南部山区返贫现象多于北部川区。南部山区返贫 1157 户，约 4573 人，返贫户约占全区返贫总户数的 91.32%，返贫人口约占全区返贫总人数的 91.83%。其次，宁夏南部山区返贫现象多发生于深度贫困地区。在《宁夏回族自治区深度贫困地区脱贫攻坚实施方案》中划定固原市原州区、西吉县，中卫市海原县、沙坡头区和中宁县部分村镇，吴忠市同心县、红寺堡区为深度贫困地区。深度贫困区返贫 929 户约 3957 人，返贫户约占南部山区返贫户的 80.29%，返贫人口约占南部山区的 86.53%。

2. 返贫的区划特征

从行政区划来看，宁夏五市中固原市返贫现象最为突出，22 县（市/区）中同心县返贫现象最为突出。固原市是宁夏五市中返贫现象最突出的，返贫户数约占南部山区返贫户数的 64.99%，约占全区返贫总户数的 59.35%，返贫人口约占南部山区返贫人数的 64.09%，约占全区返贫总人数的 58.86%。同心县返贫 291 户，约占深度贫困地区返贫户数的 31.32%，约占南部山区返贫户数的 25.15%，约占全区返贫总户数的 22.97%。

3. 返贫的原因特征

因病、因残返贫是宁夏返贫的高发原因。全区因病返贫户占 62.19%，固原市因病返贫户占全市返贫总户数的 65.96%，吴忠市因病返贫户占全市返贫总户数的 64.67%，石嘴山市因病返贫户的占比也达 50%。全区因残返贫户占 16.34%，石嘴山市因残返贫的家庭占全市返贫总户数的 50%，固原市、吴忠市、中卫市因残返贫的占比也均已超过 10%。尽管全区因学返贫仅占 9.31%，但中卫市因学返贫比重高达 41.75%。

（三）宁夏返贫问题发展态势

1. 宁夏返贫现象呈增加趋势

截至 2016 年底，中卫市海原县返贫 56 户，2017 年底就增加到 67 户，增长19.64%。石嘴山市2016年底无返贫户，2017年底返贫14户，且全部集中在平罗县。吴忠市2016年底返贫178户，2017年底就增加到368户，增长106.74%。其中，利通区由1户增加到10户，盐池县由5户增加到47户，同心县由139户增加到291户，青铜峡市由2户增加到15户；也有例外，红寺堡区由31户减少到5户。截至2018年7月底，银川市返贫80户，较2017年底增长166.67%，其中永宁县从0户增加到64户，金凤区从0户增加到12户；吴忠市返贫412户，较2017年底增长11.96%。据不完全统计，其中同心县返贫占八成以上，预计增长15%左右；红寺堡返贫人口也在百余人，按照户均4人计算，预计返贫户数增长在400%左右。

2. 宁夏多数返贫家庭再脱贫难度加大

一是返贫原因集中在因病、因残、因灾上，对于返贫家庭的影响是长远的，短期内只能通过兜底来保障最基本生活。二是受返贫对日常生活的冲击，加之所处地域因素影响，对其“志”和“智”的影响也是深远的。两个方面，交织在一起共同加大了宁夏返贫家庭的再脱贫难度。

三、解决精准扶贫实践中返贫问题的对策建议

解决返贫问题必须坚持精准扶贫方略，坚持常规扶贫与差异化扶贫相结合。常规扶贫，是指各扶贫开发主体在各级党委、政府领导下从整体出发推进精准扶贫精准脱贫采取的举措。差异化扶贫，是指各扶贫开发主体在各级党委、政府领导下，针对返贫群体不同的致贫原因采取的有针对性的救助措施，以巩固脱贫攻坚成果，是精准中的精准。

（一）要牢牢把住常规性扶贫这个主攻方向

1. 夯实精准扶贫基础

《宁夏回族自治区深度贫困地区脱贫攻坚实施方案》把坚持精准扶贫精准脱贫基本方略作为战胜深度贫困的保障措施之一，明确要“防止缩小版的‘大水漫灌’”，为夯实常规性扶贫的精准基础提出了更高要求。一是治贫主体应注重社会各方力量的共同参与、承担共同但有区别的责任，作为治贫主体之一的帮扶驻村单位在选派驻村干部时应把干部自身对驻村的实

效做精准考量。二是在治贫方式的选择上应综合考量整体，避免盲目追求产业项目，扶贫工作要扎实，在落实各项脱贫攻坚规划时要做到不急躁、不拖延。三是应重视非深度贫困地区、非贫困县、非贫困村的脱贫攻坚，关注建档立卡边缘户的情况，严防存在遗漏。

2. 帮助贫困群众持续增收

无论是深度贫困地区的贫困群众还是其他地区的贫困户，收入低是他们的共同特征。一是要通过推进贫困村水利、交通、电力和网络建设进程，大力改善乡村人居环境，实现贫困村整体提升，改善基础设施条件，为帮助贫困群众持续增收提供硬件保障。二是通过借鉴相关项目管理和产业发展经验、做优做强特色优势产业、提升产业科技实力、实施产业扶贫示范带动、组织实施农产品产销对接，实现产业扶贫的提质增效。三是通过开辟就业渠道、增加就业岗位、推进贫困群众的职业技能培训、提高就业质量，加大就业帮扶力度。四是通过推广金融扶贫的“盐池模式”“蔡川经验”等，创新完善体制机制，推动金融资源惠及贫困地区，打造多层次、广覆盖、可持续、竞争适度、风险可控的乡村金融服务体系。五是通过盘活乡村集体资源、拓宽资产收益渠道，推动乡村资源、资产、股金、收益的转化，促进乡村集体经济发展。

3. 严格扶贫资金监管

细览涉农扶贫领域腐败案件，无一不与扶贫资金有关。目前，财政专项扶贫资金以及涉农教育、医疗等转移支付力度正在逐年加大。一方面，要通过加强对各类资金拨付、整合和分配等管理力度，提高资金使用效率效益，进而实施项目资金绩效管理。另一方面，要加大扶贫资金管理，从根源上减少涉农扶贫领域腐败案件发生概率。

（二）有针对性地开展差异化扶贫

1. 重视精准脱贫“回头看”以及动态核查数据

依据贫困户脱贫建档立卡以及退出标准和程序，坚持脱贫质量优先，严把退出关。一方面，对建档立卡户进行排查，情况复查复核、查漏补缺，对 2014 年至 2016 年错退以及返贫的贫困户继续给予扶贫扶持，把应进未进和返贫人口纳入进来，把应退未退和非贫困人员清退出去。另一方面，对于贫困户家庭成员中有义务教育阶段孩子不上学或辍学的，贫困户家庭成员患大病未享受基本医疗、大病医疗和补充医疗保险的，贫困户居住危房未改造的，贫困户安全饮水未达标的，有自我发展能力，但未得到扶贫产业项目扶持的要加大帮扶力度。

2. 实施商业保险扶贫，推进“扶贫保”落实

针对当前宁夏精准扶贫实践中的各类返贫原因，尤其是因病、因残、因灾返贫，商业保险扶贫能够起到预防返贫“防火墙”的作用。一是要坚持各地政府和保险公司通力合作，共同推出菜单式保险产品，通过计算机系统对致贫和返贫原因、程度、个人征信、投保状况的客观统计，有针对性地设计保险产品。二是通过政策倾斜，各地政府补贴保险公司的形式，为贫困户和返贫户让利。三是在保险费额厘定以及价格测算过程中，各地政府积极参与定价及保险条款制定，在实践中发现问题、解决问题，试行年度年底测算收益，依据“保本微利”原则调整下一年度保费。四是收缴保费时，各地政府对于全额补贴的保险产品可依据建档立卡统计信息统一购买；对于部分补贴的保险产品可发挥组织优势协助收缴。五是利用大数据技术与基层组织核实相结合，在返贫风险发生时，逐级上报审核，能现场理赔的现场赔付，不能现场理赔的限时赔付。

3. 编织教育医疗住房多方面综合保障网

针对返贫群体的差异化扶贫，可以借鉴宁夏《打赢脱贫攻坚战三年实施方案》所明确的：“以特殊贫困群体为重点，实施综合保障性扶贫。”一是通过保障义务教育、推进优质教育资源共享、改善乡村义务教育学生营养、健全完善学生资助政策体系实施教育脱贫攻坚。二是通过健康扶贫政策紧盯“精准调查，精准救治，精准帮扶，兜底保障”重点环节及健康扶贫“一站式”结算平台的打造，覆盖所有因病致贫返贫人口，分类精准救治、分级诊疗，起付和报销比例有降有升，推进三级医院与县级医院结对，构建三级联动的医疗服务和健康管理平台，开展疾病谱分析、地方病和重大传染疾病攻坚，落实家庭医生签约服务政策，实施健康扶贫。三是通过农村低保和常规性扶贫政策相衔接，统筹社会保险、社会救助、社会福利为主体，社会帮扶、社工助理为辅助的综合保障体系，协助返贫人口中的

“三留守”群体享受关爱服务，开拓互助服务、志愿服务新渠道；为能够依靠产业发展和就业辅助脱贫的返贫人口实施“救助渐退”；为完全或部分丧失劳动能力致贫返贫且无法依靠产业发展和就业辅助的贫困人口纳入农村低保，实施兜底保障。

调研篇

DIAOYANPIAN

宁夏健康扶贫的成效、问题与对策建议

王　勇

健康扶贫是脱贫攻坚战略的重要组成部分，对推动我国贫困地区医疗卫生事业发展，消除因病致贫、因病返贫现象，促进社会公平正义具有重要作用。近年来，宁夏健康扶贫工作加快推进，出台了多项政策措施，切实为很多患病群众解决了实际困难。

一、宁夏健康扶贫的主要做法和成效

2016年6月，国家卫生计生委等15个部门印发《关于实施健康扶贫工程指导意见》，按照国家指导意见，自治区制定《宁夏健康扶贫行动计划》，明确了2017—2020年健康扶贫的目标任务：建立健康扶贫“一免一降四提高一兜底”的综合保障网，让贫困人口“看得起病”；对患大病和慢性病的农村贫困人口进行分类救治，实施“三个一批”行动计划，让贫困人口“看得好病”；加强贫困地区医疗卫生服务体系建设，全面提升贫困地区医疗卫生服务能力，让贫困人口“方便”看病；全面加强公共卫生和健康促进，加大贫困地区慢性病、传染病、地方病防控力度，让贫困人口“少生病”。

作者简介　王勇，宁夏回族自治区政府政策研究室社会处副主任科员。

（一）出台多项健康扶贫优惠政策

制定出台《关于推进健康扶贫若干政策的意见》及多项配套政策，主要是：摸清贫困人口底数，通过参保扩面确保将贫困人口全部纳入基本医疗保险和大病保险的保障范围。建立健康扶贫“一免一降四提高”综合兜底保障网。对城乡居民基本医保普通门诊、门诊大病和住院统筹实行普惠性政策的基础上，2017 年城乡居民大病保险人均统筹标准由 32 元提高到 37 元，大病保险报销比例普遍提高 5 个百分点，建档立卡患者大病报销财政补贴再提高 5 个百分点，对患有 20 个特殊病种的贫困人口政府补贴再提高 7 个百分点。贫困患者大病保险起付标准由 8100~9500 元统一下调至 3000 元。继续扩大医保报销药品范围，2017 版医保药品目录新调入药品 303 个，较 2011 版药目增加了 447 个，增长幅度达 18.4%（比国家 15.4% 的增幅高 3%）。扩大门诊大病保障范围，增加血友病、肺结核病，城乡居民门诊大病病种达到 30 种。继续加大医疗救助力度，制订《关于切实推进我区医疗救助与城乡居民大病保险有效衔接的实施方案》，进一步提高特困供养和孤儿的门诊大病救助、住院救助比例，由原来的 90%提高到 100%；进一步提高重特大疾病救助限额，由原来的 8 万元提高到 16 万元，此封顶线居全国前列。

（二）加大健康扶贫资金投入

加大政府补贴，城乡居民医保每人财政普补增加到 2017 年的 502 元。对个人参保缴费实行各级政府补贴。2017 年，自治区财政追加预算，安排 3000 万元资金专项支持各市、县（区）建立健康扶贫政府兜底保障机制。2018 年，自治区财政预算安排 7310 万元资金用于全区健康扶贫工作。其中个人缴费补助专项资金 1756 万元，城乡居民大病保险基金 2504 万元，健康扶贫政府兜底保障资金 3050 万元，确保贫困患者年度内住院医疗费用实际报销比例不低于 90%，当年住院自付费用累计不超过 5000 元。

（三）建立健康扶贫工作推进机制

核查贫困人口底数，由自治区扶贫办规范数据出口，统一推送建档立卡人员信息，人社厅完善信息反馈处理机制。指导各地入户核对，对未参保人员逐一排查销号。各部门借助信息化手段，规范了经办服务和报销流程，确保各渠道资金、基金及时拨付到位，发挥综合保障作用，提高经办效率，减少群众垫资压力。截至2018年6月底，自治区扶贫办推送建档立卡贫困人口83.02万人，参加基本医疗保险82.75万人（含职工医保），参保率为99.47%；剔除不属参保范围人员后，参保率为99.9%。

（四）提高群众就医结算报销的方便程度

建立健康扶贫"一站式"结算平台，实现就医患者医疗费用在医院前台直接结算。将结算关口前移，细化政策保障。自治区人社、卫计、扶贫、民政、财政等部门，依托医保结算平台和全区电子政务云，建成了健康扶贫医疗保障"一站式"结算平台，将各项健康扶贫医保政策统一纳入一个系统。进一步简化报销流程。实行先住院、后付费，在医院结算时个人只需交纳自付部分，其余由医保基金和其他专项资金直接结算。截至2018年6月底，"一站式"结算平台为6302人次建档立卡贫困患者支付大病保险费用1700.24万元。经基本医疗保险、大病保险、商业健康保险、医疗救助等保障政策报销和政府兜底保障后，建档立卡贫困患者住院医疗费用实际报销比例达到92.3%。

截至2018年8月31日，全区已核查出贫困患者4.32万人（其中大病8218人，重病4419人，慢性病31924人），已救治大病7977人，重病4222人，管理慢性病31648人，救治率达到98.53%。2017年1月1日至2018年8月31日，全区建档立卡贫困患者住院22380人次，医疗费用总额26452.6万元，其中，政府兜底资金支付3782.9万元，个人支付1538.14万元，平均个人自付比例5.81%。

二、宁夏健康扶贫中存在的问题与困难

宁夏健康扶贫工作起步较晚，各项工作的推进力度很大，切实为贫困患者解决了很多问题，为他们脱贫致富提供了强大保障。但是，健康扶贫工作在实践中还面临着一些突出的问题和困难，直接影响了扶贫工作成效。

（一）基层医疗服务能力不足

基层医疗服务机构作为健康扶贫工作的主力军，面临的工作任务繁重，但其自身的服务能力与党中央推进健康扶贫工作的要求和患病群众的需要

还有很大差距。主要表现是：

现有专业人员技术层次较低。截至 2017 年底，全区中南部九县（区）乡镇卫生院有专业技术人员 2450 人，占卫生人员总数的 85.84%，其中大学学历（含在职教育）人员仅占 22%，副高以上职称人员占 10.53%，中级职称人员占 12.37%，初级职称人员占 30.49%，无专业职称人员占 46.61%，人员专业层次较低。乡镇卫生院全科医生数量严重不足。截至 2017 年底，中南部九县（区）注册全科医生 220 人，每万人仅为 0.49 人，远低于国家每万人 2~3 人要求。同时现有专业人员中妇科、儿科、中医、影像、检验专业人员普遍缺乏，部分疾病的诊治能力和水平显著不足。

乡镇卫生院专业人员招聘难、留人难。由于中南部山区乡镇卫生院工作条件艰苦、生活待遇相对较低，有执业资质的专业人员不愿意到乡镇卫生院工作，部分地区专业岗位面向社会招考时无人报考。同时，基层医疗卫生机构留人也难，一些辛苦培养的骨干人才被上级医疗机构挖走的现象时有发生。

基层医疗机构设备不能满足基本医疗需要。全区县级医疗机构设备普遍老化，现有的 41 台乙类大型医用设备中，33 台已达到报废和更换期限，由于县（区）财政紧张无力更换，直接影响到医疗机构的诊疗水平。全区乡镇卫生院、村卫生室基本医疗设备短缺。中南部九县区乡镇卫生院设备配置达标率为 67%，村卫生室设备配置达标率仅为 51.38%，无法满足农村居民基本医疗服务需求。以便携式 B 超机为例，基层群众需求量大，在基层很受欢迎，但因其数量有限，基层医疗人员走村入户时往往抢着用，难以满足需求。由于基层医疗服务能力不足，2017 年全区住院治疗的 8931 人次因病致贫返贫人员，在乡镇卫生院住院治疗的 191 人次，仅占 2.13%，在县级医院住院的 2452 人次，仅占 27.45%。其余均在市级以上或区外医疗机构就诊。一方面加重了群众看病就医的负担，另一方面也不利于分级诊疗制度的完善。

（二）健康扶贫的精准度有待提高

首先是对因病致贫返贫人员数据核实不够精准。扶贫和卫计部门对因病致返贫人员识别标准不一致（扶贫部门以户为单位识别），导致一部分未患病人员进入统计范围。同时，部分已核准因病致贫返贫人员还存在就医、结算信息填报不准确、不完整问题，影响了整体健康扶贫信息的准确性。其次是精准救治有待提高。基层卫生机构在主动组织和联系当地因病致贫返贫人员开展大病集中救治、病种筛查上做得不够，特别是国家要求组织集中救治的患9种大病的病员管理、服务、救治不够规范，救治进展等具体情况掌握不够清楚。乡镇卫生院、村卫生室因服务能力不足，特别是家庭医生签约团队中全科医生数量严重不足，对患慢性疾病的贫困人群难以提供有效的个性化健康管理服务。

（三）大病重病患者就医负担沉重

一方面，贫困患者的医疗辅助费用无法解决。受基层医疗水平、医疗技术限制，部分大病患者需要到县外、省外就医，即使有住院兜底保障等政策，报销后剩余医疗费用、交通费、住宿费、陪护费用、伙食费等开支很大，就医负担重。宁夏三甲医院集中在银川地区，大大加重了中南部地区患者的综合看病成本。据估算，患者看病过程中的交通、食宿等成本约占总医疗费用的20%，而南部地区患者可能接近30%。另一方面，贫困患者的门诊就医费用无法解决。全区只对贫困患者的住院费用实施兜底保障政策。但有些患慢性病、需要长期服用药物的贫困患者，由于门诊报销没有兜底政策，贫困患者经济负担仍然较重，造成新的因病致贫返贫现象。

（四）疾病综合防控能力有待提高

健康教育普及程度低，健康意识普遍不强。“中医治未病”，预防是守护健康的第一道防线。全区群众的健康素养远远低于全国平均水平，很多群众生病了才想到关注健康问题。“前端预防，中端保健，末端治疗”的健康保护意识还没有广泛树立。基层群众特别是贫困群众前端预防的健康意识还没有普遍形成。很多群众缺乏最基本的健康知识、卫生常识、健康技能，不良生活方式和行为习惯十分普遍，很多时候是“病于无知”。

群众自我防病能力需要提高。由于贫困患者文化程度普遍较低，主动获取健康知识的意识不强，自我防病能力不足，导致小病变成大病，疾病发生率居高不下，社会负担加重。调查显示：仅5.7%的患者知晓风湿性心脏病；仅 42%的人群知道突发脑血管病后拨打急救电话，其中 23.2%的人群完全不知道怎样处理。

慢性病综合干预措施有待加强。全区慢性病防治工作主要依靠中央专项开展，项目领域受限、覆盖范围有限、任务数量有限。数据表明，在慢性病防治方面，一些主要病种的关键致病因素没有根本性改变。

因交通事故致病、致残现象突出。近年来农村汽车保有率不断提高，但群众的交通安全意识不够，致使恶性交通事故多发，致死、致病、致残人数增加，很多人因此返贫致贫。

互联网建设滞后影响了远程会诊。由于互联网发展速度慢，很多基层医疗机构互联不互通，数据传输速度慢，远程会诊效果不明显。

三、加强宁夏健康扶贫的对策建议

推进健康扶贫，确保贫困人口真脱贫、脱真贫不仅是党中央交给我们的一项重要政治任务，而且是一项利长远、泽千秋的民心工程，只有不断改进工作中的不足，才能确保政策落实见效，取信于民。

（一）夯实基层医疗卫生机构服务能力

将医疗卫生资源重点向贫困地区倾斜。依托医联体和医共体、多点执业、远程医疗、人员培训等措施，引导医疗资源下沉，借助县级医院提升乡镇卫生院服务能力。

推进基层医疗卫生机构人事薪酬制度改革，提高乡镇卫生院人员待遇。扎实开展“千名医师下基层”活动，确保贫困地区每个乡镇卫生院都能拥有 2 名及以上上级医院对口支援人员。

加大基层医疗卫生机构硬件配置。特别是便携式医疗设备，确保基层使用需求。

提高基层医疗卫生机构互联网建设水平。强化顶层设计，避免多头重复投入，确保数据互联互通，有效管用，推动远程会诊落地见效。

（二）加强基层卫生人才队伍建设

长期以来，基层卫生人才队伍匮乏一直是宁夏医疗卫生事业发展的短板，对此，需要切实予以解决。建议借鉴山东省经验，制定出台加强基层卫生人才队伍建设的具体措施，增强全区统筹，针对基层人才队伍建设“招人难、留人难、成才难、活力低”等问题，提出一系列创新性政策和措施。

推行基层医疗卫生机构县级统筹管理。推行基层卫生人才“县管乡用”“乡管村用”管理机制，在体制上保障基层引人用人政策和措施的整体性、有效性；科学核定和设置基层医疗卫生机构人员编制与岗位，提高基层（社区）卫生服务机构编制标准；对引进急需紧缺高层次人才突破岗位限制，设置特设岗位，为引进人才、拓宽人才发展空间提供支持。

推进空编补齐，安排用编优先保障基层医疗卫生机构用人需求。用3—5年时间，以县为单位基层医疗卫生机构空编率不超过5%；对急需紧缺专业人才在招聘方式、开考比例等方面实行灵活政策。

开展农村医学生公费订单定向培养。向农村地区专项订单式培养专科公费医学生，在此基础上逐步扩大医学本科生招生规模。实施学费代偿办法招聘医学专业毕业生，通过多种方式引进人才。

（三）切实加强健康扶贫宣传

加强健康知识普及。培育健康生活方式指导员队伍，针对贫困地区开展健康知识宣传活动，动员各部门在贫困地区创造健康支持环境，推广健康生活方式，完善常态宣教机制；在贫困地区大力实施健康村镇、健康社区、健康家庭、健康学生等健康“细胞”建设，全面落实健康教育措施。加大健康扶贫政策宣传力度。通过折页、告知书、“一封信”等多种形式，边随访边宣传，不断提升群众政策知晓率和满意度。

（四）强化健康扶贫对象的精准识别

加快“宁夏健康扶贫动态管理系统”与国家系统的互联互通，规范因病致贫返贫人员数据与扶贫部门同采集、同核准，分别使用，提高核实核准精准率，减少重复劳动，减轻基层卫生计生人员的工作量。按照2017年底更新的国家健康扶贫动态管理系统数据，组织乡（镇）、村卫生计生专干、村医对前期已经核实填报完成的信息，再次逐人逐项进行核实；对救治情况、治愈、死亡等原因产生的信息变化，及时录入系统，实时更新，确保上报国家健康扶贫信息准确无误。

（五）加强慢性病防控力度

按照突出重点、分步实施的原则，先期开展全区多发的脑血管病、类风湿性关节炎等疾病的综合干预。积极争取资金项目，在贫困地区针对重点人群开展重点疾病早期筛查，对筛查中发现的患者和高危人群进行健康管理，早期干预，定期随访。通过以上措施，控制主要危险因素，有效降低疾病发生，从源头上防止因病致贫因病返贫人口增量。

宁夏实施脱贫富民工程的路径及对策研究

李文庆　杨永芳　宋春玲

党的十九大报告提出“提高保障和改善民生水平”，要求提高就业质量和人民收入水平，拓宽城乡居民增收渠道。坚持以人民为中心，大力实施富民工程，把人民对美好生活的向往作为奋斗目标，保证全体人民在共建共享发展中有更多获得感，不断促进全体人民共同富裕，是习近平新时代中国特色社会主义思想的精神实质，也是破解宁夏不平衡不充分发展的关键。

一、宁夏实施富民工程的重点群体

宁夏要认真贯彻落实国务院《关于激发重点群体活力带动城乡居民增收的实施意见》，结合宁夏实际，积极实施好技能人才、新型农民、科研人员、小微创业者、企业家、基层干部职工、城乡有劳动能力的困难群体以及高校毕业生、退役军人等九大群体激励计划，以重点突破推动富民工程。

（一）技能型人才群体

完善多劳多得、技高者多得的收入分配政策，提高技能型人才群体待遇水平和社会地位。引导企业合理确定技能岗位薪酬水平，加大对技能要

作者简介　李文庆，宁夏社会科学院农村经济研究所所长，研究员；杨永芳，宁夏社会科学院社会学法学研究所副所长，副研究员；宋春玲，宁夏社会科学院农村经济研究所助理研究员。

素参与分配的激励力度，鼓励有条件的企业采取协议薪酬、持股分红等方式，试行年薪制和股权制、期权制，提高技能型人才收入水平。统筹考虑技能培训、职业教育和高等教育，建立职业资格与相应的职称、学历可比照认定制度。高级技工学校、技师学院的高级工班、技师（预备技师）班毕业生，在参加企事业单位招聘、确定工资起点标准、职称评聘、职位晋升等方面，享受相应待遇政策。

（二）新型农民群体

宁夏作为贫困地区，必须加大脱贫富民力度，大力发展特色优势产业，将传统农民培育为新型农民，激发新型农民增收新动能。在新时期，必须加大脱贫富民力度，大力实施脱贫富民战略，在发展中保障和改善民生，将传统农民培育成新型农民，激发贫困人口脱贫致富内生动力，推动工资性收入、财产性收入稳步增长，城乡居民收入增长与经济增长基本同步，将宁夏打造成全国脱贫攻坚示范区，不断提高各族群众的收入水平和生活质量。实施新型农民培育工程，加快培育一批农场主、专业大户、农业职业经理人和农民合作社带头人。鼓励农民采用节本增效技术，选育优质农业新品种，降低农业生产成本，提升土地产出率、资源利用率、劳动生产率。深入推进集体经营性建设用地乡镇统筹试点，加大盘活农村存量建设用地力度，促进农民增收。

（三）科研人员群体

实行以增加知识价值为导向的激励机制，激发科研人员科技创新活力。赋予高校、科研机构更大的人财物支配权，使其能够结合岗位特点实行灵活的绩效考核和收入分配办法，保障科研人员的合理工资待遇。深入实施知识产权战略，建立健全知识产权创造、运用、保护和管理体系，加大对科技创新成果的知识产权保护力度。

（四）小微创业者群体

健全创新创业政策和服务体系，引导和支持小微创业者创收致富。深化商事制度改革，支持符合条件的企业在科技孵化集聚区、文化创意产业基地、众创空间、中小企业创业基地、大学生创业园等登记注册，享受相关优惠政策及便利化措施。鼓励符合条件的人员在电子商务领域就业创业，对未经工商登记注册的，可认定为灵活就业人员，享受相应扶持政策。积极引导社会资本支持孵化期、初创期、成长期创新型企业发展。支持小微企业进行知识产权托管、知识产权质押融资。

（五）高校毕业生群体

促进普通高等学校毕业生就业工作是全社会的责任，对经济发展、民生改善和社会稳定具有重要意义。要坚持“劳动者自主就业、市场调节就业、政府促进就业和鼓励创业”方针，积极培育新的就业增长点，发展具有较强吸纳就业能力的智力密集型、技术密集型企业和第三产业，开发更多适合高校毕业生的就业岗位。结合推进城镇化、加强和创新社会管理进程，积极开发城乡基层特别是城市社区和农村公共管理及社会服务工作岗位。统筹实施“三支一扶”等高校毕业生基层服务项目，逐步完善生活补贴、社会保险、期满就业服务等政策，积极促进服务期满人员就业创业。对特困家庭高校毕业生，要有针对性地开展帮扶和就业援助。

（六）退役军人群体

退役军人是重要的人力资源，是建设中国特色社会主义的重要力量。促进退役军人就业创业，对于更好实现退役军人自身价值、助推经济社会发展、服务国防和军队建设都具有重要意义。重点保障三类退役军人，即自主就业退役士兵、自主择业军转干部、复员干部创业就业。拓宽就业渠道，加大公务员招录退役军人力度。探索新的就业渠道，提高退役军人服务保障以及安保等岗位招录退役军人的比例。强化退役军人就业服务，退役军人在各级公共就业服务机构享受优先待遇，做好后续扶持，跟踪退役军人就业情况，并提供必要服务。

（七）企业经营管理人员群体

创新公平竞争的激励机制，支持企业经营管理人员发展增收。建立健全国有企业负责人激励约束机制，实施差异化薪酬分配机制，根据企业功能定位、企业效益等因素合理确定组织任命的国有企业负责人的薪酬水平。消除各种隐性壁垒，鼓励民营企业依法进入更多领域，支持民营企业参与市属国有企业改制重组和合资经营。坚持依法平等保护产权，严肃查处侵犯非公有制企业和个人合法权益、合法经营、合法收入的行为，营造公平、公正、透明、稳定的法治化环境。

（八）城乡有劳动能力的困难群体

认真贯彻落实积极的就业政策，坚持把促进就业再就业作为富民工程的重要内容，实现社会就业比较充分的目标。坚持就业激励和托底保障相结合，鼓励和引导有劳动能力的困难群体脱困增收。要切实按照“源头控制，动态管理，政策扶持，跟踪服务，确保落实”的要求，建立健全就业援助长效机制。进一步拓宽公益性岗位范围，充分发挥其在零就业家庭等就业困难群体援助就业中的托底作用。制定社会救助实施办法，健全低收入家庭救助制度，积极发展慈善事业，吸引更多慈善资源参与精准救助。

（九）基层干部队伍群体

健全激励机制和福利体系，充分调动基层干部队伍工作积极性。按照国家总体部署，落实基本工资正常调整机制，完善乡镇工作补贴等津贴补贴制度，实施地区附加津贴制度。推进实施公务员职务与职级并行制度，充分发挥职级对基层公务员的激励作用。

二、宁夏实施富民工程的路径

富民工程是民生之源，要积极扩大中等收入群体，增加低收入者收入，调节过高收入，取缔非法收入，促进城乡居民收入增长更合理、更有序。实施富民工程，根本目的是让经济发展成果惠及所有地区、所有人民，在可持续发展中实现经济社会协调发展。

（一）实施民生富民工程

实施富民工程路径选择的关键是加快转变经济发展方式，完善保障和改善民生的制度安排，加快发展社会事业，推进公共服务均等化，加大收入分配调节力度，坚定不移走共同富裕之路。

1. 转变经济发展方式，以建设美丽新宁夏为发展目标

必须转变经济发展方式，实现经济发展、民生改善、生态良好的可持续发展。一要加快推进创新驱动对经济发展的贡献，不断提高科技创新能力，加快科技成果向现实生产力转化，谋求经济长远发展主动权，形成长期竞争优势，为富民工程提供强有力的支撑。二要加快推进经济结构调整，

按照优化需求结构、供给结构、要素投入结构的方向和基本要求，加快推进城镇化，加快调整城乡布局，为经济迈上新台阶创造条件。三要加快推进产业结构优化，不断优化完善现代产业体系，加快淘汰落后过剩产能，加快推进传统产业技术改造，加快发展战略性新兴产业，布局一批科技含量高、与生态协调发展的新产业、新业态，推进经济高质量发展，全面提升产业技术水平和竞争能力。

2. 改善民生，完善保障民生的制度安排

实施富民工程最重要的是要解决好民生问题，完善保障和改善民生的制度安排，加快发展各项社会事业，推进基本公共服务均等化。近年来，自治区大力推进民生工程，社会保障事业取得了长足发展，社会保障待遇水平有了新的提高，社会保障制度体系框架初步建立，覆盖范围不断扩大，越来越多的人享受到了社会保障事业的成果。但宁夏的社会保障也面临人口老龄化、就业形式多样化、城乡社保一体化等多方面挑战，必须在统筹城乡养老、医疗、工伤等方面加大推进力度。

3. 优化收入分配机制，提高劳动者的可支配收入

实施富民工程最紧迫的任务是优化收入分配机制，提高劳动者的可支配收入，为人的全面发展创造条件。收入分配制度改革关乎每个人的切身利益，宁夏收入分配中存在的问题，主要是劳动报酬在初次分配中的比重较低，居民收入差距较大，占人口绝大多数的中低收入者的收入水平和生活水平提高较慢。要解决收入分配中存在的问题，就必须提高劳动报酬在初次分配中的比重，并逐步提高居民收入在国民收入分配中的比重，通过脱贫富民工程逐渐缩小收入分配在区域间的不平衡。

（二）实施脱贫富民工程

实施富民工程最主要的路径是提高人民群众的收入水平和生活水平，坚持以人的发展为导向，大力实施经济富民工程，使发展成果让人民群众共享。

1. 实施脱贫攻坚工程

加大扶贫力度，创新扶贫方式，精准扶贫既要强调对贫困人口的精准识别，也要强调扶贫与社会保障兜底相结合，把扶贫与扶志、扶智结合起

来，聚焦贫困群众的能力养成和自我发展潜力培养，充分调动贫困群众的积极性和主动性，构建可持续脱贫、可持续致富的长效机制，建立支持贫困地区发展的长效机制，通过发展解决贫困问题。

2. 实施“两个增长”同步工程

党的十九大报告指出，坚持在经济增长的同时实现居民收入同步增长、在劳动生产率提高的同时实现劳动报酬同步提高。“两个同步增长”，其目的就是要把经济发展水平的提高和个体收入水平有机结合起来，让劳动生产率的提高能有效造福劳动者。坚持城乡居民收入增长和经济增长同步、劳动报酬提高和劳动生产率提高同步，兼顾国家、企业、职工利益，处理好政府与市场在收入分配中的关系，高度重视初次分配，初次分配和再分配都要兼顾效率与公平。

3. 实施产业富民工程

产业是富民工程的基础和依托，是提高城乡居民收入水平的源头活水，必须通过推动产业发展来筑牢富民工程的基础。一是大力发展优势特色产业，自治区第十二次党代会指出：“大力发展本地特色产业，把资源优势有效转化为富民优势，多发展适销对路、能给老百姓带来‘真金白银’的致富产业，多实施一批增加老百姓收入的‘短平快’项目。”二是围绕现代纺织、现代煤化工、装备制造、新能源、新材料等重点产业，推进优势产业向高端化、集群化方向发展，发挥优势产业集群化效应，提高第二产业对就业增收的带动作用。三是大力发展现代服务业，促进生产性服务业高端化、集约化发展，推进生活性服务业便利化、精细化、优质化发展，大力发展文化旅游产业，发挥服务业在群众创业就业增收中的主渠道作用。

4. 实施收入增长保障工程

实施富民工程，产业发展是基础，机制建设是保障。一是建立符合实际的收入分配机制，改革管理、资本在分配中所占比重过高的制度，提高劳动在初次分配中的比重，这是实现城乡居民增收的有效途径，也是缩小居民收入差距的重要措施。二是健全技术要素参与分配机制，鼓励企事业单位对紧缺急需的高层次、高技能人才实行协议工资、项目工资等，完善有利于科技成果转化的分配政策。三是建立中低收入阶层工资增长机制，按照“提低、扩中、限高”的原则，建立反映劳动力市场供求关系和企业经济效益的工资决定及正常增长机制。

5. 积极推动“双创”工程

推进大众创业、万众创新，是主动适应新时代要求，加快宁夏转型升级、实施富民工程的重要举措。将扩大就业作为经济社会发展的优先目标，着力解决结构性就业矛盾，重点做好高校毕业生和就业困难人员就业工作。鼓励创业，大力实施创业带动就业战略。优化创业投资环境，支持培育各类创业载体建设。大力营造创新创业文化氛围，推动宁夏“双创”形成特色，占据优势，成为经济增速的助推器、富民工程的加速器。

6. 大力实施职业培训工程

健全面向全体劳动者的职业培训制度，紧密结合市场需求和就业要求，强化职业培训。统筹推动就业技能培训、岗位技能提升培训和创业培训，加快构建劳动者终身职业培训体系，使全体劳动者都能得到有针对性的培训，提升职业技能水平。积极开展面向中南部贫困地区劳动力转移就业、大学生就业、城镇就业困难群体的相关培训，突出新知识、新技术和大学生创新精神、创业能力、实践能力的培养。

（三） 实施生态富民和文化富民工程

提升城乡居民幸福指数是实施富民工程的出发点和落脚点，富民不仅仅是让人民群众实现物质上的富裕，还应当实现环境优美和文化富有。

1. 实施生态富民工程

在经济发展的今天，人民群众已经不再对 GDP 增速不快不满，而是对生态环境不好不满，对雾霾、水环境、食品安全等不满。宁夏生态环境较为脆弱，在经济发展的同时，必须顺应人民群众的新期盼，处理好经济社会发展与生态环境之间的关系，着力保护好生态环境，着力改善人民群众的生产生活环境，以生态良好作为发展的底线，实现经济、社会和生态环境的可持续发展目标。

2. 实施文化富民工程

物质贫乏不是社会主义，文化空虚更不是社会主义。目前，我国正处于转变经济发展方式，实现中华民族伟大复兴的关键时期。一是在认识上要正确处理物质富民和文化富民的辩证关系，物质富民是基础，文化富民是更高层次的富有，在物质富民的同时为城乡居民提供文化支撑和核心价值观的引导。二是在制度层面提升文化富民，在义利统一、公平公正的现代价值观念引导下，提升人们的价值追求。三是在社会实践中要发挥社会团体的自我教育激励功能，使以道德建设为核心的文化富民发挥实际功能。

三、宁夏实施脱贫富民工程的对策建议

实施脱贫富民工程，其核心是提高城乡居民收入，确保实现与全国同步建成全面小康社会。

（一）坚持“以人为本”的发展新理念

宁夏作为欠发达地区，畸重畸能产业结构问题突出，产业结构转型升级难度较大，在今后的发展中要坚决摈弃“唯 GDP 论英雄”的发展模式，牢固树立“以人为本”的发展新理念，把提高城乡居民收入水平、增进民生福祉作为经济发展的出发点，大力实施富民工程，坚持在经济增长的同时实现居民收入同步增长、在劳动生产率提高的同时实现劳动报酬同步提高，依次推动宁夏经济高质量发展、城乡居民收入同步增长。

（二）实施就业优先战略

扩大就业规模，实现劳动者稳定就业、高质量就业，是实现富民工程的最重要措施。一是创造平等的就业环境，创造就业机会公平，全区统筹考虑城乡劳动力资源，不断缩小劳动者就业差别，实现平等就业。二是强化政府在促进就业中的作用，推进充分就业是各级政府的主要职责，建立促进就业和提高城乡居民收入相联系的目标责任制，切实解决劳动者就业问题。三是加大劳务输出力度，要坚持县内转移与县外输出相结合、季节性转移与长期转移相结合、组织转移与自发转移相结合的形式，引导农村剩余劳动力向沿黄经济区、重点城镇、工业园区、产业基地以及区外经济发达地区等转移，实现农民增收。

（三）推进产业富民，打牢富民工程基础

产业是富民工程的基础和依托，是提高城乡居民收入水平的源头活水，必须通过推动产业发展进一步做大富民“蛋糕”，筑牢富民工程的物质基

础。大力发展劳动密集型产业，宁夏经济以重化工业为主导，带动就业有限，近年来纺织产业、农副产品加工业发展迅速，对带动就业成效明显。积极发展现代服务业，服务业是吸纳就业特别是女性就业的重要渠道，优先发展关联带动性强、市场需求大和吸纳就业人员多的旅游业、物流业、现代金融业、商贸业等。加快农业现代化步伐，促进产业融合发展，推进特色优势农产品转化升值。

（四）建立行政事业单位职工工资正常增长与经济增长相关联的增长机制

宁夏是欠发达民族地区，要充分发挥民族区域自治制度的有利条件，积极争取国家政策，允许宁夏提高行政事业单位在职人员各项津补贴，提高各类退休人员养老金水平。根据经济增长速度，完善现有行政事业单位职工增资政策，促进经济增长与居民收入增长同步。

（五）大力推动非公有制经济发展

非公有制经济是吸纳就业的主力军，是城乡居民创业就业的主渠道，也是推动地区经济增长、提高城乡居民收入增长最重要的动力之一，要加大对非公有制经济和服务业的支持力度，促进非公有制经济和服务业健康发展。大力支持、引导非公有制经济调结构、转方式、创新驱动、挖掘潜力、加速发展。优化行政执法环境，构筑金融服务平台，优化社会舆论氛围，鼓励、支持和引导非公有制经济快速发展，让更多居民增加收入。

宁夏打造便利化、法治化、国际化营商环境研究

魏向前　金　涛

宁夏深处西部内陆腹地，经济发展相对滞后。因此，积极借助外来资本就成为宁夏推动产业转型升级、交通及城市基础设施改善方面的有效抓手和重要途径。目前宁夏招商引资在全国居于中下水平，招商引资的规模和水平不仅远逊于东部沿海发达地区，甚至与西部乃至周边省区相比也有不小差距。当前是宁夏经济转型升级，实现弯道超车的关键时期，为抢抓机遇，必须努力营造服务水平高，竞争力强的便利化、法治化、国际化营商环境。

一、营商环境的影响因素

“营商环境”的概念最早由美国学者伊西阿·特利法克在 1968 年提出，是指一国或一地区的人口环境、经济环境、自然资源环境、科学技术环境、政治法律环境、社会文化环境等的总和。中国商务部研究院跨国公司研究中心何曼青博士则认为营商环境是指一个地区或经济体在一定时期内拥有的对投资活动有影响的各种因素和条件的综合系统[1]。本文所指的营商环境是指企业本身、顾客、竞争者、公众在开办企业、经营管理、贸易活动、

作者简介　魏向前，宁夏区委党校公共管理教研部副主任，教授；金涛，宁夏区委党校图书馆馆员。

依法纳税、执行合同等方面遵循政策法规所需要的时间和成本的社会环境、经济环境、技术环境、政治环境等一切外部条件的总称。营商环境的影响因素主要包括以下方面：

（一）市场环境

在市场经济时代，市场环境对营商环境的培育与发展起着不可替代的作用。一般而言，如果一个国家或一个地区市场成熟度高、市场结构合理、市场规模较大，则作为市场主体的企业发展必然如鱼得水，反之则不然。因此，要想打造良好营商环境，作为市场监管主体的政府就必须要在加强市场秩序的监管、规范市场经济的运行、降低市场准入的门槛方面发挥其应有的作用，充分保护企业的合法权益，促进经济活动顺畅运行。

（二）法治环境

众所周知，法治保障是市场经济的重要特征，也是保障市场要素自由流动的关键因素。一国或一地区所制定的包含法律、法规、法令等一系列内容的法律体系、法律运行状态以及相应执法机构及其人员就成为左右市场经济健康发展的最大外部保障性因素。它不仅事关一国或一地区企业正常生产经营能否顺利推进，而且也是促进国家宏观经济健康运行以及履行现代政府经济管理职能的必要性前提。

（三）融资环境

不管是发达国家还是发展中国家，资金短缺都是其必须面对的问题，企业无一例外都要通过市场融资来助力其发展。但在现实中，从企业自身情况而言，其信贷信誉度、企业经营管理水平在很大程度上制约着企业的融资规模与水平。此外，从外部宏观经济运行情况来看，全国乃至全球经济的波动都对企业融资带来极大的不确定性，其融资环境将更为严苛，甚至很难获得正常的融资渠道，而这又反过来加剧了企业发展的金融“肠梗阻”现象的发生，致使企业生产经营活动雪上加霜。因此，如何提供尽可能的融资服务，帮助企业共渡难关，支持企业稳健发展就成为政府及社会义不容辞的责任。

（四）社会化服务环境

要想提高企业自身管理水平以及经济效益，实现企业健康可持续发展，企业所在地健全的社会化配套服务体系必不可少。社会化服务环境既包括政府支持企业发展的经济行政职能，也包括政策政务运行情况。长期以来，由于长期计划经济的影响以及大包大揽的经营理念，致使企业办社会现象突出，企业大而全、小而全现象非常突出，这不仅制约了企业主业发展的步伐，也给企业背上了沉重的社会负担。因此，要使一地区高科技公司专心、专注、专业于研发与创新工作，必须提供发达完善的社会化服务环境。

二、宁夏打造便利化、法治化、国际化营商环境中存在的问题

宁夏营商环境虽然和过去相比有了长足的进步，但和其他兄弟省份尤其和东南沿海相比尚有不小的差距，具体表现在如下方面：

（一）行政效率不高，服务意识不强

通过对企业经营者及其员工的随机调查与发放问卷调查表明：认为法治意识不强，钓鱼执法、变通执法甚至有法不依的占 16%；认为基层执法人员素质不高、行政执法不公正、行政执法程序不合理、行政执法方式简单粗暴的占 44%；认为在行政执法过程中吃拿卡要、利用手中权力寻租的占 31%；认为政务信息不公开、政务信息不对称的占 32%。由此可见，要想提升行政效率，除了继续优化组织结构外，还需进一步强化服务意识。

（二）市场秩序尚需规范与整治，市场监管能力不强

在随机走访调研中，匿名受访者表示，在一些重点领域和重点行业，如药品、食品、农资产品领域还存在不少制假造假行为。工程建设、矿山及土地资源交易、房地产开发领域商业贿赂行为仍然屡禁不止。而政府在上述方面的履职工作尚没有完全到位。这说明在构建亲商、爱商、护商的营商环境过程中，规范市场秩序、加强市场监管能力就成为题中应有之义。

（三）创新性法规缺失，投资者合法权益保护有待加强

调研表明：宁夏近年来在行政审批制度改革、商事制度改革、招商引资等方面迈出了一大步，但后续工作跟进存在短板。重引进、轻服务，重投资、轻保障现象突出。认为投资者合法权益能够得到有效保护的占 33%，一般情况能得到保障的占 51%，不太能保障的占 11%。对地方法院在解决民事商事纠纷中非常满意的占 11%，满意的占 37%，基本满意的占 42%，

不满意的占 10%，这说明亟待出台地方政府针对投资者权益的保护条例。

（四）企业融资成本较高，融资环境需要进一步优化

近年来，随着国家经济步入新常态，经济运行下行压力不断加大，企业信贷融资难度也越来越大，尤其是小微企业更是如此。除此之外，其他如股权、债券、担保、保险等方面的融资渠道尚未完全打通。调研显示，有高达 87%的受访者认为企业融资成本较高，融资环境需要进一步优化，11%的人认为一般，2%的人表示不清楚。

（五）社会信用体系建设滞后，重诺守信的信用环境尚未完全形成

在课题组召开的小型座谈会上，大家普遍反映目前宁夏重诺守信的信用环境正处于构建的起步阶段，其中信用信息平台建设和试点工作才刚刚开始，守信激励和失信惩戒机制还在探索中。认为社会信用体系建设滞后的占 54%，一般的占 42%，4%的人表示不清楚。这充分说明宁夏社会信用体系建设任重道远。

三、宁夏打造便利化、法治化、国际化营商环境的路径选择

（一）打造高效率服务型政府

继续推进简政放权改革，加快行政审批制度改革的步伐。宁夏其他市县也应借鉴银川市的成熟经验与做法，加快设立行政审批局。所有涉及行政审批事项的政府职能部门不仅要全部进驻，实行投资审批一条龙，一站式贴心、暖心服务，推行项目审批负责制、限时办结制度、纠错责任机制，从而打造高效服务型政府。

推动电子政务建设向纵深发展。要拓宽网上政务服务的范围。不仅包括网络审批与登记、跨部门协同办理以及微博及微信互动平台建设。也包括积极借鉴香港及新加坡在上述方面的先进经验与做法，加快网络审批平台及行政效能电子监督监察手段与方法的建设进程，特别是将电子网络监察与投诉渠道与其他诸如群众监督、媒体监督以及政府监督一并形成立体、全方位监督机制。[2]

建立与完善针对外商投资环境的全方位服务体系。各政府部门一定要各司其职、互相协作，构建从项目招商、签约、审批、落地、建设到投产

的全程跟踪贴心服务。特别是对那些有投资意向的高新技术企业、现代服务业以及其他朝阳产业，招商引资部门一定要积极主动对接，紧盯项目进展动态，研究并支持改善投资环境与承诺优惠政策，要充分发扬“不到长城非好汉”的宁夏精神，只要项目一天没有落地生根，就一天都不能放松懈怠。

（二）营造健康有序的市场环境

要加强市场准入制度的建设。作为全国首个内陆开放区，宁夏目前正在加快对外开放的步伐。要想在对外开放进程中有所作为，就必须建立完善的市场准入制度，并通过传统媒体及新媒体加大对外宣传的力度，使外界能够充分知晓相关法律法规与政策。

要加强经济秩序建设。完善的市场经济模式是一种竞争有序的模式，为了营造一个健康的营商环境，就必须加快建设规范有序的市场环境。这就需要对那些在生产经营活动中偷漏税、走私、制售假冒伪劣等扰乱市场秩序的行为进行坚决遏制，露头就打，以儆效尤。而且还要通过将其列入企业及个人诚信档案，通过媒体公之于众，使其信用扫地，难以在社会立足。在这方面，除了政府监管部门不遗余力地打击之外，行业协会也应承担起行业自律教育与约束的责任，企业经营者个人也要时刻做到自省自警。

要强化电子商务市场的监督。近年来，电子商务发展势头迅猛，正呈现出方兴未艾之势。作为一种有别于传统营销模式的新型商务模式，如何进行有效监管也是一个必须要面对与解决的全新问题。为此，我们必须出台严格而详细的电子商务监管细则与具体实施方案，加大对电子商务监管的人力、财力、物力的支持力度，创新监管手段与方式，有效提升监管的效果与效率。

（三）构建完善的企业社会化服务体系

要为企业发展搭建延伸服务。当前，政府应该通过政企合作、企企合作的形式，积极为企业的投资经贸往来搭建更多更好的平台，有组织、有计划地共同与企业联合搭建对外营销与投资置业平台。特别是通过组织企业参加全国性经贸投资洽谈会、商品交易会以及博览会，最大限度实现政府搭台，企业唱戏的目的。此外，政府还应充分利用中阿博览会这块金字招牌，助力宁夏企业走出国门，实现为国创汇的目标。

要加强企业咨询服务工作。政府可通过促成企业与当地高校、科研院所及其他社会组织建立战略合作关系，为企业长期健康稳定的发展提供财务分析、统计分析、质量认证、组织架构、系统整合、内部管理、品牌策划、营销策略、融资计划、人力规划以及企业文化建设提供高质量的咨询建议报告。

要加快社会信息网络建设的步伐[3]。这就要求在前期建立互联网信息平台的基础上，紧跟时代发展的大潮，积极借鉴国外发达国家及国内发达地区的先进经验与做法，开发适合宁夏区情的财税、金融、法律、人才、管理、营销等方面的信息服务平台，以促使企业尽早实现资源优化配置，提升企业的市场竞争力。

（四）优化企业的投融资环境

要加大对融资难的企业的金融扶持力度。金融机构应采取更加积极主动的融资服务，加大对企业生产经营中的资金短缺的信贷支持力度，尤其是要增加中小企业贷款的额度与范围，使之能够灵活有效地改善资产配置与资金的流通与循环，以增强企业发展的活力与后劲。

要鼓励并支持各类信用担保机构对企业信贷的支持力度。宁夏应积极借鉴发达国家和地区的先进经验与做法，建立相应的信贷担保机构，探索不同的信用担保形式。对于信誉度好、企业发展前景看好的企业尤其要重点扶持，在贷款额度、信用等级评定、贷款周期方面更要加大特别优惠政策扶持力度。

要建立健全风险投资体制。政府方面要尽快出台相应政策法规，制定符合地方实际的投融资风险投资体系，为营造良好的营商环境提供有力的政策法规保障。在风险投资主题上要以民间资本为主，国有资本为辅。在投资方向上，要以高新技术产业、现代服务业等具有良好发展前景的产业为主，对于高耗能、高污染企业要逐步减少信贷支持力度，通过金融信贷选择推进产业结构转型。

（五）打造优越的社会环境

加快“信用宁夏”建设的步伐。宁夏要着力打造实至名归的文明自治区，深入开展一系列文明创建工作活动，在经济及社会生活中真正树立诚实守信、以诚招商、以诚待商、服务企业的良好风气。通过努力营造良好社会风气，塑造良好人文环境，提升民众思想道德水准，规范企业经营行为，约束行业协会行为。

加快“法治宁夏”建设步伐。现代社会是法治社会，市场经济本质上也是法治经济，因此，在营商环境打造过程中必须秉承法治精神，依法办事，守法经营。特别是党的十八届四中全会以来依法治国的方略的稳步推进，表明法治既是我们所坚持的价值取向，也是我们孜孜以求的终极目标。当前，为了打造营商环境的良好氛围，必须培育全民守法意识，创造守法经营、公平竞争的环境，对于商业贿赂、吃拿卡要、刁难企业、慢作为、不作为等失信失职行为要零容忍，保持高压态势，严厉打击行政执法人员的违纪违法行为，全力创造公平公正的法制环境，让外商放心投资，安心经营。

加快“平安宁夏”建设步伐。宁夏社会治安良好，刑事发案率低，违法犯罪案件少，这些都给投资者留下了良好的印象，也是宁夏营商环境的一张重要名片。今后，宁夏应继续固本强基，对于社会治安工作常抓不懈，严厉打击各类违法犯罪活动，持久地创建平安宁夏，在全区创造一个规范的法治的安全的营商环境。

参阅文献

[1] 祝年贵.西方招商引资相关理论述评［J］.经济体制改革研究，2013（1）：13–15.

[2] 黄吉乔，丘书俊，张颖.推进深圳法治化、国际化营商环境建设的国际比较分析及启示[J].市场经济与价格，2014（2）：42–46.

[3] 杨涛.营商环境评价指标体系构建研究——基于鲁苏浙粤四省的比较分析［J］.商业经济研究，2015（13）：28–30.

宁夏健康产业发展研究

马　妍

党的十九大报告将实施“健康中国战略”作为提高社会保障和改善民生的重要措施，宁夏回族自治区第十二次党代会报告提出要推进健康宁夏建设，努力为人民群众提供全方位、全周期的卫生和健康服务。健康产业对发展健康事业意义重大，作为公共健康服务的有益补充，既能产生巨大的经济效益，又能满足人民群众对健康的多样化需求，极具经济价值和社会效益，是推动宁夏未来发展的黄金产业。

一、宁夏健康产业发展现状分析

“十三五”以来，宁夏围绕建立合理的健康产业体系和覆盖全生命周期的健康产业链加强健康文化建设，开展健康产业交流活动，设定健康产业准入门槛，进一步促进了健康产业的规范化发展。

（一）医药卫生产业

《宁夏回族自治区“十三五”深化医药卫生体制改革规划》提出在基本医疗以外的医疗卫生服务领域充分发挥市场活力，加强其发展的规范引导，满足群众多样化、差异化和个性化的健康需求，这一指导思想给社会办医的发展拓展了更为广阔的空间。在2018年全国卫生计生工作会议有关鼓励

作者简介　马妍，宁夏社会科学院社会学法学研究所助理研究员，中央民族大学在读博士。

社会资金进入医疗、医养结合等精神指导下，宁夏回族自治区进一步深化行政审批改革，改善社会办医环境，针对独立设置医疗机构下放审批管理权，加强规范私营医疗机构的命名，简化创立私营医疗机构的申请材料和审批程序，开创医疗机构许可的"综合审批"并建立"综合审批"事项并联审批的机制，实施医疗机构和医师证照的"多证合一"。在管理方面，宁夏大力提高信息化建设在卫生计生行政审批中的应用，引导民营医疗机构向规模化和多层次的方向发展，不断提高社会办医的管理和服务水平并形成社会办医与公立医院两者互为补充、共同发展的格局。

在药品生产方面，鼓励国有企业发挥带头作用，提高药品质量。鼓励创制新药，摒弃价格导向，建立更加科学、完善、高效的药品审批体系，扶持低价位药品的生产，建立长效机制保障市场供应。在药品流通方面，鼓励药品流通企业加强智慧型企业的转型，促进药品流通行业的结构调整，建构现代药品流通新体系。

（二）健康养老产业

宁夏大力鼓励社会力量办养老机构。2017 年 6 月，宁夏回族自治区政府办公厅于出台《关于全面放开养老服务市场加快养老服务业转型升级的实施意见》，客观上激发了资本市场对养老行业的发展，也加快了养老服务业转型升级。至 2018 年底宁夏已形成多层次的民营养老服务模式：第一种模式是机构养老和社区居家养老服务相融合；第二种模式是医疗和养生养护相融合的模式；第三种模式是互联网+实体服务的智慧型养老模式。这三种模式形成了以家庭养老为基础、社区居家服务为依托、机构养老为补充、医养结合的多层次的民营养老服务体系。下一步宁夏将把民营养老资源向广大农村倾斜，也向失能失智和半失能老年人倾斜。

"十三五"以来宁夏积极鼓励民营企业发展医养结合的健康养老产业，尤其是以中医药健康养老为主的老年护理院和疗养院，以促进医疗与养老的深度融合。鼓励支持养老机构对术后老人、老年病患开展康复护理以及对老人的临终关怀服务，初步建立具有中医药特色的医养结合养老服务示范基地。另外，在康养社区的打造方面也呈现出新的模式，形成以旅居度假和健康保健、医学理疗相结合的新模式和以医疗保健为核心的产业链。

（三）健康旅游产业

宁夏的健康旅游主要是医疗旅游和养生旅游，这些项目目前在宁夏乃至全国都还处于起步阶段。自治区政府为促进健康与旅游的融合，完善了旅游准入、运营、评价、监管等相关配套政策，推动健康旅游产业发展。2012年以来，宁夏在黄河沿岸打造了“健康养生休闲产业发展示范区”和“百里生态长廊”。该示范区规划总面积115平方公里，总体规划为“一个产业带、两个依托、三个组团”。“一个产业带”指形成沿黄河百里的康养休闲产业带，“两个依托”指依托黄河旅游观光带和长城文化体验带，“三个组团”包括休闲娱乐组团、健康医疗组团和运动健身组团。这一系列措施的实施共同打造了集养生养老、保健医疗、娱乐休闲、旅游度假和运动健身为一体的产业集群，既服务本区和周边省份，也将服务延伸至北上广这些大城市。

（四）健康保险业

2016年初银川市（不含所辖县）成为全国31个健康保险发展试点城市之一，2017年末宁夏全区共有区级营业性保险分公司20家，2017年度实现保费收入165.21亿元，比2016年同期增长了23.4%。其中健康险收入23.53亿元，增长46.5%；健康险赔付6.19亿元，增长了44.9%。目前国家保监会已经批准23家公司具备经营健康险的资质，其中在宁夏设分支机构的有8家公司，他们的13款产品正在销售之中。另外，宁夏保险业与宁夏回族自治区妇联共同启动“爱妮保”妇女癌症保险，使妇女“两癌”保险在宁夏全区推广实施，有效保障了妇女的健康。

（五）“互联网＋健康”产业

宁夏积极发展互联网+健康产业服务模式，尤其在医疗和养老产业以及网络平台建设和智慧终端产品研发方面取得显著成绩。2018年7月31日，国家卫生健康委员会批复宁夏建设“互联网+医疗健康”示范区，推动宁夏继续拓展健康医疗大数据中心的规模，仅在2017年，微医、好大夫、丁香园、北大医信等17家互联网医疗企业进入银川智慧互联网医院基地并投入运营，银川市已成为全国规模最大的互联网医院的聚集地。此外，互联网+养老产业发展也在持续推进中。“全天候”“江海洋”“邦尼”等智慧企业也投资或追加资本进入宁夏养老产业，成为智慧养老产业的先行军。宁夏还积极引导企业开发老年的智能化产品和健康监测可穿戴设备以及健康养老移动应用软件，打造养老服务信息平台供多家企业共享信息，结合互联网的应用，促进养老服务的智慧化建设，推动养老企业与互联网、大数据产业的创新融合发展。

二、宁夏健康产业发展存在的问题与瓶颈

当前，宁夏健康产业发展仍存在一些困难和问题，主要是有效供给不足、创新能力薄弱、专业人才匮乏、市场化程度低、监管水平滞后等困境，难以满足人民群众快速增长的健康需求。具体有以下几点：

（一）管理机构急需整合

2018 年 10 月新成立了宁夏卫生健康委员会，成为区级层面主管健康产业的部门。但是市县层面都没有主管健康产业的专职部门。健康产业门类多、涉及行业广泛，在市县层面也需要有对应的主管部门。原有的卫计委、老龄办、市场监管局等部门各管健康产业的一个部分，相互之间也缺少协作机制。

（二）总体规模偏小

宁夏健康产业近年来发展速度较快，但是与健康产业发达地区相比，发展并不充分。宁夏健康产业规模小、服务供给不足、服务体系不完善、服务能力不强、开放程度偏低、人才聚集等还存在明显短板。对之前已进入健康产业的企业，其技术项目、思维观念、人力资本和社会资源等诸多方面也普遍存在一定的局限性，不是有重大的要素性缺失，就是有重大的结构性缺陷，迫切需要产业创新升级。

（三）极需创新科技驱动

宁夏目前的健康产业发展程度比较好的企业主要集中在传统意义上的健康产业，由于高新科技研发技术的限制，新兴的健康产业发展欠佳。“互联网+健康”的发展观念深入人心，但工作思路和发展尚处于探索阶段。健康产业相关产品具有非常高的附加值和技术含量，在技术、理念、模式上极待创新。

（四）融资途径较少

目前，宁夏健康产业融资途径较少，欠缺资本化运作的手段，很大程度上制约了健康产业的快速发展，使得健康产业受制于资金的限制，不能扩大规模、提高质量。让健康产业和社会资金做到有序对接，既能充足利用社会资源，又能使健康产业等实体经济得到补血，有利于经济结构的调整和转型。任何产业的发展都需要资金、资源和技术等渠道的有效结合，健康产业的市场化运作正在由产业运营优势向资本运营优势转变。

（五）专业人才缺乏

当前宁夏健康产业主要还是集中在传统健康行业，如医疗、医药、养老、健身、美容等，从事健康产业的专业人员也主要是传统行业的相关专业。对于现代健康产业涉及的如康养旅游、康复训练、中医理疗、健康管理、健康智慧软件等行业发展还是比较缓慢且规模和体量有限，专业人才比较紧缺。人力资源的有限不仅限制了健康产业的专业化发展，而且制约着健康产业规模和体量的扩大。

三、加快宁夏健康产业发展的基本思路

宁夏正处在加速经济发展动能转换的关键阶段，充分挖掘自身优势，创新体制机制，破解短板问题，加快发展健康产业其时已到、其势已成，应按照“健康宁夏”战略需要和大健康产业全生命周期发展要求，不断培育壮大大健康产业，力争把宁夏建设成西北大健康产业的创新示范区。

（一）顶层设计大健康产业发展战略

重视战略规划与顶层设计，就必须以设计健康产业的生命基因为开端，重点要做好全局战略、创新战略、长远战略设计，尤其要做好产业布局。

在发展思路上，要抢抓“健康中国2030”“一带一路”等战略和宁夏建设内陆型经济试验区的历史机遇，聚焦民生需求，着眼科技前沿、产业趋势，创新体制机制改革，研究制定政策措施，全面增强宁夏健康产业自主创新能力，提升健康产业规模和民生领域辐射带动作用，打造西北健康谷，建设全国有影响力的生命健康产业集群。

在战略目标设计上，要建立起体系较完整、结构较合理的健康产业体

系，形成一批具有国内竞争优势的企业，搭建一批产业创新平台，引进一批高端人才，拓展一批产业合作通道，集聚一批产业发展基金，实现全区健康产业跨越式发展和向中高端转型升级，以健康产业培育全区经济发展新的增长点。

在产业空间布局上，要结合全域旅游、生态环保、脱贫攻坚等重大战略实施，对接宁夏空间战略规划，充分挖掘各地优势，逐步形成“一核一带四片区”的健康产业发展布局，打造西北健康谷。“一核”指银川市，重点围绕滨河新区生命谷布局；“一带”指沿黄健康产业带，围绕沿黄生态经济带布局；“四片区”指石嘴山、吴忠、固原、中卫，分别围绕西北健康谷、现代医疗示范区、六盘山周边地区和生态旅游产业带布局，形成宁夏健康全产业链的空间布局和融合联动发展态势。

在产业体系构建上，要建设“3+X”产业体系。“3”指构建绿色食品全产业链，做大做全健康食品产业；构建全域旅游全产业链，做大做精健康旅游产业；构建医疗养生全产业链，做大做优健康养老产业。“X”指与健康产业价值链及延伸的相关产业，如健身休闲运动、在线健康测试、文化创意、研发设计、第三方应用服务等。

（二）促进健康产业融合发展

宁夏周边的陕西、甘肃、内蒙古、青海等地也都各自具有区位优势和特色产业，多种地理环境和人文资源造就了各省区独特的发展优势，因此区域之间融合发展的路径是健康产业发展的客观要求，各省区在康养对接、互联网医院的共建、健康食品市场的共享等方面都可以展开合作，实现资源和发展成果的共享。

健康产业涉及门类较多，大体上可分为“医”“养”“健”“管”四大领域为核心的多个具体行业。应该以“五大发展”理念为纲，以融合发展和创新发展为先导，顺势而为，实现以医、养、健、管为核心的多产业融合发展。以融合理念做好产业发展的顶层设计，坚持基础设施的融合，不断完善公共服务体系，重点做好重点项目的融合，形成健康共生体。宁夏应该依托现有的数据产业发展成果，推动互联网成果的创新应用，促进互联网和健康相关产业的高度融合，推动宁夏成为“互联网+健康产业”融合发展的示范区。在“和”文化当道的今天，只有创新发展和融合发展才能延长健康产业的链条，才能实现利润和价值的最大化。

（三）整合资源培育各具特色的健康产业集群

围绕“3+X”健康产业体系，集聚整合各方资源，重点打造七大产业，进一步壮大宁夏健康产业总体规模。在医疗产业集群建设方面，一是创新发展医疗卫生产业集群，进一步引导多种形式的社会资本投资医疗服务业，发展高端医疗，推行精准医疗，引导民营医疗机构向康复保健、老年护理等薄弱领域发展。二是积极开展第三方服务，鼓励民营企业建设专业的卫生检测中心、医学检验中心、影像中心、病理中心、制剂中心、消毒供应中心等第三方服务机构；推动大型检测设备共享和医学检查结果的互认。三是大力推动“互联网+”医疗，以互联网健康作为切入点，以数字化、智能化、网络化为方向，推动“IT+BT”融合的互联网+健康医疗和人工智能+健康医疗发展。自治区层面要加快制定“互联网+医疗健康”建设标准、服务规范和应用研究，构建有力的产业支持体系。

在打造医药产业集群化发展方面，激发产业创新活力，打造以银川市、石嘴山市为中心，辐射周边区域的集原料供给、产品研发、精深加工、物流配送于一体的医药产业集群，推动现有产业向中高端转型发展。依据宁夏现有医药生产企业的产能和技术优势，推动医药产品研发，坚持科技引领创新，研发适用于多发性疾病和新发传染病防治要求的创新类药物，打造以创新药物研发和智能医疗设备制造为核心的医药研发产业链。进一步完善医药产业体系，依托宁夏各医药骨干企业，通过前沿的技术和高端的人才研发生产一批拥有自主知识产权的生物创新药物，形成以生物制药和中药为主，以医疗器械和健康食品等为辅的具有宁夏特色的健康医药产业体系。

积极发展健康养老服务产业集群，以产品和品牌为基础发展养老科技、产品研发与装备产业，创新和发展养老健康业的服务内容，培育一批具有自身特色的、服务标准且管理规范的养老服务企业。发展一批适老化的养老地产，开发老年宜居住宅和代际亲情住宅，积极打造一批医养结合的数据服务中心和产品用品研发中心。

多元发展休闲旅游产业集群。首先，要丰富健康旅游产品，坚持健康与生态融合发展的理念，发挥宁夏丰富的生态旅游资源和养生、民族文化、健身等优势资源，促进旅游业与中医药、体育和养老等相关产业的融合，促进各种形式的健康休闲旅游产品的开发。其次，要注重发展健康旅游服务，积极发展运动休闲游、养生文化游、山水沙休闲游、乡村体验游等健康休闲旅游服务，依托宁夏的文化优势，建成一批集旅游、文化、健身、生态为一体的多功能健身生态休闲旅游区。再次，要建设健康旅游基地，结合本地文化和资源优势，加快建设银川“丝绸之路”生命谷、中卫生态旅游产业带、固原六盘山周边地区等健康旅游示范基地。积极开发医疗美容、中医药养生旅游等健康旅游产品，发挥宁夏农业资源优势，建设一批休闲农业与乡村旅游示范点，积极拓展休闲农业旅游。

（四）创设良好投资环境吸引多渠道资金

从自治区层面及时协调解决健康产业发展重大问题，推动健康产业政策支持体系逐步健全，促进健康的行业规范与标准体系的不断完善，充分激发社会活力，提高人民群众的健康意识和健康素养，创设有利于健康产业可持续发展的优良投资环境。

为继续完善政策资金保障，应深化“放管服”改革，进一步明确政府、市场分工，各级政府要通过机制改革创新，完善公共健康服务。自治区财政每年以 1 亿元资金无偿投入健康产业发展，建立科学有效的企业贡献和考核评价体系，持续、稳定地增加财政资金投入力度。应设立不低于 3 亿元的生命健康产业专项引导母基金，用于撬动各级优质资本进驻生命健康产业。定期研究以科技金融、配套支持、前期资助、后期补助、补贴支持和直接奖励等多种形式的投入相结合的方式，加大产业扶持力度。探索市、县两级联合招商新模式，选择一批技术含量高、附加值高、市场潜力大的健康产业项目，吸引国内外资金介入。

另外要鼓励跨界投资。健康产业具有融合性强、毛利润高、可复制等优势，投资吸引力较大。宁夏可鼓励跨界投资整合健康产业资源，引导企业利用现有的资源和技术跨界发展健康产业。这方面国内有很多成功经验可以借鉴。例如蒙牛和光明这些奶产品企业，他们都会将资本投入到基地建设项目，在牧区建立自己的原料基地，以绿色、健康食品的终端产品推向消费市场，从而增加利润。例如潮宏基，起初从事首饰行业，但是公司发现首饰行业的目标客户都是女性，他们就大胆投资美容行业和化妆品行业，实实在在分了大健康市场一块大蛋糕。

（五）培养健康专业人才

人才是健康产业发展的重要条件，传统的医疗卫生人才培养模式已经不适合人们对健康的高标准要求了。当下建构一套全新的健康人力资源培养新模式对宁夏健康产业的发展非常必要。近年来浙江省健康人才培养一直走在全国前列，形成了各具特色的人才培养新模式，实现了多项工作的“第一”，值得我们借鉴。宁夏高校的专业设置当前也在重大调整阶段，职业教育体系也越来越完善。面对健康市场对人力资源的巨大需求，建议高校、职校在健康相关专业的设置和招生人数的规模上都可以有所增加，既满足健康产业发展人力不足的问题，又可以解决毕业生就业问题。除加强学历教育外，也可以尝试合作办学模式，采取企业和学校联合办学来解决企业专业人才短缺和学校毕业生实习和就业困难。

还可以聘请高端人才和海外引才。新时期健康产业的发展已经离不开高新技术和高端管理理念的支持，企业实力要加强，高端人才的引入和使用是重要的，必要时还需要从海外引进人才来支持企业的发展和行业的兴盛。健康产业是新兴产业，其技术的更替和产品的研发离不开专业的研发团队。宁夏作为西部民族地区，科研实力较中东部地区还有差距，若要打造有竞争实力的企业，对新技术、新产品的研发以及据此获得国际认证离不开高素质的研发队伍，需要加大向国内外引才的力度。

（六）提高企业市场竞争力

目前宁夏健康企业大部分规模偏小，且家族企业占比较大。企业自身的管理能力、发展思路、发展理念、技术研发滞后，使得企业在市场竞争中难以立足。相关的行业监管机构和政府部门应该监督引导企业在现代企业制度下全面提升企业发展实力，在有限的资源基础上订立科学发展策略，更新发展理念，营造先进企业文化，降低经营风险，提高投资回报，实现可持续发展目标。

（七）制定完善相关法律法规

为推动健康产业的快速发展，相关职能部门应根据健康产业发展的实际，制定完善与健康养老、健康旅游，民营医疗医药、医学美容、康复保健、健康食品等相关的法律法规，为民间资本的规范化运作、健康保险的有序发展提供法律法规保障，规范健康产业的市场秩序。

宁夏农村基础教育调查报告

孔炜莉

党的十九大报告指出，要推动城乡义务教育一体化发展，高度重视农村义务教育，努力让每个孩子都能享有公平而有质量的教育。近年来，自治区积极推进教育公平，加大学前教育的投入力度，不断完善学前教育资源配置，满足人民群众对普惠优质学前教育的需求，同时加强城乡义务教育均衡发展，巩固提高全区义务教育普及水平，统筹城乡教育一体化建设，为宁夏社会经济发展奠定坚实基础。

一、农村基础教育情况

（一）学前教育快速发展

党的十八大以来，全区农村大力发展普惠型幼儿园，学前教育资源布局不断完善、办园条件显著改善、保教质量持续提高，学前三年教育普及程度明显提升。2017 年，宁夏共有 1130 所幼儿园（见表 1），比 2016 年增长 27.1%。其中，教育部门办有 488 所，占 43.2%；民办 632 所，占55.9%，民办幼儿园比例高出 12.7 个百分点。全区农村有幼儿园 460 所，比 2016 年增加了 67.3%，占全区幼儿园的 40.7%。其中，教育部门在农村办幼儿园 346 所，占 75.2%。农村在园儿童 5.5 万人，比 2016 年增加了 0.7 万人，提

作者简介 孔炜莉，宁夏社会科学院社会学法学研究所研究馆员。

高了14.6%；农村在园儿童占全区的23.8%，比前一年提高了0.5个百分点。

表1 农村学前教育发展情况

	2016年		2017年		增减(%)	
	全国	宁夏	全国	宁夏	全国	宁夏
幼儿园数(所)	239812	889	254950	1130	6.3	27.1
在园儿童(万人)	4413.9	20.6	4600.1	23.1	4.2	12.1
学前教育毛入园率(%)	77.4	77.9	79.6	81.5	2.2	3.6
农村幼儿园数(所)	83884	275	90182	460	7.5	67.3
农村幼儿园占比(%)	35.0	30.9	35.4	40.7	0.4	9.8
农村在园儿童数(万人)		4.8		5.5		14.6
农村在园儿童占比(%)		23.3		23.8		0.5
每十万人口平均在园数(人)	3211	3087	3327	3415	3.6	10.6

资料来源：《国家教育统计数据》（2016、2017）《宁夏回族自治区教育统计手册》(2016、2017)。

从全国和宁夏的数据比较看（见表1），2017年，全国和宁夏幼儿园数量分别比2016年提高了6.3%和27.1%，宁夏高出全国20.8个百分点；在园儿童数分别提高了4.2%和12.1%，宁夏高出全国7.9个百分点；学前教育毛入园率分别提高2.2%和3.6%，宁夏高出全国1.4个百分点，这是自2016年首次超过全国平均水平后，宁夏学前教育发展水平的进一步提高。当前，全区所有乡镇至少建成1所幼儿园，农村学前教育实现全覆盖。与2016年相比，全国和宁夏农村幼儿园数分别增加了7.5%和67.3%，宁夏高出全国59.8个百分点；农村幼儿园占比分别提高了0.4%和9.8%，宁夏高出全国平均水平9.5个百分点。每10万人口平均在园数分别增加3.6%和10.6%，宁夏高出全国7个百分点。

（二）率先在西部实现义务教育基本均衡发展

党的十八大以来，自治区积极推进义务教育均衡发展，全区义务教育普及水平进一步巩固提高。2018年，宁夏22个县（市、区）全部达到国家评估标准，率先在西部实现以省为单位义务教育基本均衡发展。宁夏义务教育阶段学校共有2152所（含教学点），小学六年巩固率达96.0%，提高了13.1个百分点。2017年，全区共有小学1353所（见表2），比2016年减少11.9%；小学教学点有552个，比2016年增长30.2%。农村小学有

966所，比2016年减少11.5%；占全区总数的71.4%，比2016年降低了3.1个百分点。农村小学教学点有519所，比2016年增加31.7%；占全区的94.0%，比2016年提高1.1个百分点。小学在校生58.1万人，比2016年减少了6.0%；农村小学在校生18.3万人，比2016年减少4.1%；农村在校生占全区31.4%，比2016年降低1.3个百分点。

表2　2017年宁夏农村义务教育情况

	学校数(所)			在校生(万人)	
	小学	小学教学点	初级中学	小学	初级中学
全　区	1353	552	247	58.1	27.9
城　镇	387	33	160	39.8	24.1
农　村	966	519	87	18.3	3.8
农村占比(%)	71.4	94.0	35.2	31.4	13.5
农村增减(%)	–11.5	31.7	–1.1	–4.1	–1.2

数据来源：《宁夏教育统计手册》(2017年度)。

全区有普通初中学校247所（见表2），比2016年增加了2所中学。初中三年巩固率达95.0%，提高4.5个百分点。农村中学87所（民办2所），其中初级中学35所，九年一贯制学校52所，比2016年减少1所学校；占全区总数的35.2%，降低0.7个百分点。全区普通初中在校生27.9万人，比2016年增加1.6%；农村初中在校生3.8万人，减少1.2%，占全区13.5%，降低0.3个百分点。小学、初中师生比分别为17.0%、13.8%，均比2016年提高0.09个百分点。

表3　农村进城务工子女情况

(万人)

	小学在校生		初中中学在校生	
	随迁子女	留守儿童	随迁子女	留守儿童
2016	6.7	0.9	3.1	0.4
2017	6.8	0.7	3.4	0.3
增减比例(%)	1.5	–22.2	9.7	–25.0

数据来源：《宁夏教育统计手册》(2016、2017年度)。

2017年，全区农村进城务工人员子女在校情况略有变动，随迁子女在小学、初中就学分别增长1.5%和9.7%（见表3），留守儿童分别降低

22.2%、25.0%。2018 年，宁夏打好教育精准扶贫攻坚战，落实控辍保学责任，加大防控义务教育学生失学辍学力度。全区共排查出义务教育阶段辍学学生 9572 名，劝返达 97.2%。完善贫困家庭学生资助政策，扩大学生营养改善计划实施范围，经费共计 7.36 亿元，资助学生 45 万人次，努力让贫困地区的孩子接受更好教育。

（三）获批全国首家“互联网＋教育”示范区

近年来，宁夏通过打造教育资源公共服务平台，努力通过信息化手段不断缩小城乡、区域之间的办学差距。宁夏“宽带网络校校通”完成了教学点卫星数字资源全覆盖，全区中小学 83.5%的教学班配备了网络多媒体教学设备，100%的中小学校开通了学校空间，97%的中小学教师开通个人网络学习空间，65%的中小学学生开通网络学习空间。李克强总理 2018 年在宁夏考察时谈到，教育是获取知识、促进起点公平的关键，“互联网+教育”可以让贫困地区孩子也能听到好老师的讲课，开拓他们的眼界，点燃改变人生的火把。2018 年，宁夏获批成为全国首家“互联网+教育”示范区，并正式启动建设工作，确定原州区、盐池县等 9 个县（区）作为“互联网+教育”在线课堂项目建设单位，银川市第二十一小等 11 所中小学作为“互联网+教育”智慧校园项目建设单位。自治区已制订《“互联网+教育”示范区建设规划（2018—2022）》和《“互联网+教育”示范区建设实施方案》。示范区建设对自治区教育改革发展具有里程碑意义，将在未来 5 年建设期内实现在教育资源共享、创新素养教育、教师队伍建设、学校党建思政和现代教育治理五个方面引领示范，形成一批可复制推广的“互联网+教育”模式，大力推进优质教育城乡均衡发展。

（四）教师队伍配置状况持续改善

近年来，自治区党委、政府分别出台《关于进一步加强中小学校长和教师队伍建设的意见》（2011）、《乡村教师支持计划（2015—2020 年）》（2016）和《自治区党委人民政府关于全面深化新时代教师队伍建设改革的实施意见》（2018）等措施，制定向农村教师倾斜政策，不断创新农村教育人力资源的均衡机制，努力改善教师队伍结构。全面加强特岗教师招聘，免费师范生接收以及音体美、外语、信息技术等紧缺薄弱学科教师录取工作，累计招聘特岗教师近 2.4 万人，覆盖全区 1200 多所中小学校，尽可能将新任教师分配到农村中小学任教。今年招聘特岗教师 972 名，安置公费师范生 391 人，面向农村招录培养一专多能全科公费师范生 300 名。落实解决农村教师工资待遇、职称评聘、培训等问题，宁夏农村学校教师和特岗教师补贴标准山区人均 500 元、川区 300 元，惠及 2 万多名教师。建立校长、教师定期轮岗交流制度，实行学校对口帮扶，开展走教和送教下乡等活动，鼓励和支持优秀教师到农村学校“下得去，留得住，教得好”，有效促进城乡教师资源的均衡配置，缩小城乡差距。推进教师资格考试改革，中小学副高以下职称评审权下放到学校和全区各市，为实现全区城乡义务教育均衡发展提供师资保证。

自治区采取多种措施加强中小学教师师德师风建设，并且将教师思想政治和师德教育作为必修课纳入各级各类培训。2017 年，全区小学、初中教师学历合格率分别为 100%、99.9%，比 2016 年分别提高了 0.02、0.04 个百分点，教师的学历层次进一步提升。2018 年，全区培训教师 8.3 万余人。全面落实乡村教师支持计划，组织 200 名乡村教师外出疗养，表彰“乡村教学名师”和“最美乡村教师”200 余人，自治区党委、政府表彰了 100 名“教书育人楷模”和 100 名“师德标兵”，营造了尊师重教的良好氛围。

二、宁夏农村教育存在的问题

（一）城乡基础教育不均衡

虽然宁夏通过义务教育均衡发展，扩大优质教育资源覆盖面，促进城乡一体化发展，提升了农村教育质量，但是，城乡二元体制使得优质的教育资源向城市的基础教育倾斜，政府对农村基础教育的资源投入不如城市，加上受各地经济发展水平的影响，对农村教育资源的投入存在一定的地域差异，使得城乡基础教育在教育质量、办学效益上存在较大的差距。农村地区办学条件需要进一步改善，一些学校教学设施器材需要补充更新，特别是信息化条件达不到国家规定的数字校园建设标准，全区仍有 16.5%的教学班没有配备网络多媒体教学设备，不能适应新时代教育发展需要。受经济压力等因素的影响，全区各级财政教育经费紧张，小规模学校取暖经费短缺。农村学校虽然完成了供暖改造，但由于有的学校学生少，按生均100元取暖经费计算，锅炉或电取暖成本高，费用大，根据锅炉取暖计算，小规模学校用于供暖的费用占公用经费比重在50%~90%之间，致使小规模学校难以维持基本运转。

（二）农村基础教育日趋弱化

随着宁夏惠农政策和城镇化进程的加快，农民的生活水平日益提高，农村教育已不能满足村民的需求，大量农村人口向城市迁移，大多数儿童涌向城镇接受更优质的教育，导致农村学生逐年减少，学校的递减幅度也越来越高，“空巢”学校和小规模学校日益增多。2017年，全区农村小学有966所，比2016年减少11.5%，比2013年减少33.7%。农村小学教学点有519所，比2016年增加31.7%，比2013年增加1.4倍。农村小学在校生18.3万人，比2016年减少4.1%，比2013年减少19.5%。初级中学比2016年减少1.1%，比2013年减少6.9%；在校生比2016年减少1.2%，比2013年减少11.6%。农村生源逐年减少，农村学校也随之呈现缩减趋势，或者改建为小规模的教学点。农村学校规模越来越小，成为制约农村教育发展的主要瓶颈，从而进一步拉大了城乡教育差距。

（三）农村学生厌学、辍学现象比较普遍

目前，农村家庭教育环境薄弱，家长文化水平偏低甚至是文盲。加上受“读书无用论”的影响，一些家长对子女受教育程度要求不高。而且，留在农村学校的学生多数为留守儿童、单亲家庭子女、重组家庭子女，大部分由爷爷奶奶看管，家庭教育缺失。因此，一些农村学生在学业上缺乏明确的追求目标，遇到学习困难缺乏家庭辅导，无法及时解决，日积月累使他们失去学习信心。农村学校教学方式单一，缺乏吸引力，教育方法不当，严峻的应试教育，使学生缺乏学习兴趣，产生厌学情绪，造成少数儿童辍学。今年，自治区共排查出义务教育阶段辍学学生9572名，其中大多数是农村学生，尤其是农村初中学生辍学现象比较突出。银川市2017—2018学年中农村辍学的学生就占66%。此外，全区义务教育阶段进城务工人员随迁子女有10.2万人。由于外出务工人员流动性大，频繁更换地址，一些子女随家长离开农村，没有办理转学手续，农村学校不能及时掌握学生接受教育情况，给中小学学籍管理造成较大的困难，加大了控辍保学攻坚工作难度。

（四）教师队伍难以适应新时代教育发展需要

1. 教师结构不均衡

在农村生源逐年减少、教师编制有限的情况下，小规模学校、微型班级数量逐年增加，许多农村学校教师与学生比例失调，学校存在教师数量富余、学科数量缺编现象的结构性短缺。也就是说，按师生比核算，许多农村学校教师超编，但按教学课程开设来看，却存在着教师特别是科任教师不足的问题。农村学校由于优先招聘语文、数学主科教师，导致各个学科教师结构不均衡，语文、数学教师占多数，其他科目如英语、音乐、体育、美术、信息技术教师配备不足。农村教师每周平均课时数量在16~20节，村小学及教学点教师多数授课在20节以上。因而农村教师经常担负多学科、多年级、超课时的教学任务，有的边远教学点实行包班上课，不利于教师队伍的专业发展和素质完善，最终影响到农村教育的发展与提高。

2. 教师队伍不稳定

近年来，为了补足教师缺口，自治区将新招聘的教师分配到农村学校任教。有的学校地理位置偏远，生活环境艰苦，而招聘的特岗教师60%以上是女性，在偏远山区工作有诸多困难，给教师分配带来困难。随着城市新建学校和民办学校的增加，致使农村年轻教师辞职到城市工作，带来教师队伍不稳定。目前，山区偏远学校教师总量仍然不足，农村缺少中、青年骨干教师，普遍存在名师、优秀教师、骨干教师比例较低或级别较低现象。

3. 教师队伍老龄化严重

目前，大多数农村学校已实现数字校园建设。由于年轻教师进不来难留住，导致农村教师队伍老龄化现象严重。农村教师的信息技术运用能力均是通过职称模块考试或县级教育部门组织的培训班获得。年长的教师对信息技术知识掌握不全面，对现代化教学功能无法充分了解，导致学校配置的教学设备、实验仪器等现代化教学设备利用率不高，造成教育资源的浪费，现代化设施和教师应用能力不相适应，不利于全区“互联网+教育”的顺利实施，更制约农村学生有效享受优质教育资源。此外，全区学前教育教师为大专及以上学历呈下降趋势，应引起重视。虽然农村幼儿专任教师学历增长速度高于全区水平，但是农村教师大专以上学历比例仍低于全区平均水平，相差 10.3 个百分点，仍有两成多专任教师是高中及以下学历。

三、加强宁夏农村基础教育发展的建议

(一) 改善办学条件，优化教育资源

近年来，自治区采取一系列重大政策措施，不断加强农村义务教育，以改善农村办学条件。目前，需要着力补齐农村教育短板，充分利用自治区“全面改薄”项目，加强农村幼儿园、中小学校舍建设，努力实现生均占地面积、生均建筑面积达标，进一步改善农村教育发展基础条件，力求每一所学校都成为标准化学校。以“互联网+教育”示范区建设为契机，完善农村教育配套设施，推动优质教育资源全覆盖。结合国家课程和地方课程要求，以外语、艺术、科学课程为重点，涵盖所有学科，为农村学校提供丰富优质的在线教育资源，弥补师资不足短板。中央和自治区财政需要加大转移支付力度，继续加大农村基础教育资源的投入力度，保证农村教育获得充足的经费支持和教育资源，尤其要向农村小规模学校倾斜。在落实中央财政对农村小规模学校拨付公用经费补助政策的同时，自治区要进一步提高农村学校生均采暖经费水平，尤其要确保小规模学校冬季足额费用，不得滞留或挪用。

(二) 推进帮扶共建，提高农村教育质量

从城乡教育一体化、提升农村教育质量出发，进一步推进宁夏优质学校与农村薄弱学校结对共建工作，加大城乡共建共享力度，通过多种举措合理分配农村和城市教育资源。学校老师要树立现代化教育理念，以儿童发展为中心，加快提升农村教育质量，注重学生德智体能的全面发展，切实提高育人水平。小规模学校发挥小班教学优势，改变刻板的授课方式，加强个性化教学和针对性辅导，丰富课堂内容，以形式多样的教学方式吸引学生的学习兴趣。学校要重视留守儿童、厌学儿童等特殊儿童的心理健康教育，保证每个学校至少配备 1 名专职心理咨询教师，应将心理健康课程纳入教学计划中，切实保障每一位儿童接受教育的权利。此外，学校要

完善家访制度，密切和家长的联系，充分发挥家长委员会和家长学校的作用，促进提高家庭教育质量，形成家校育人合力。

（三）抓好控辍保学，助推教育精准扶贫

全区要坚持联动责任制，继续抓好控辍保学。坚持依法依规控辍、加强管理控辍、提高质量控辍、资助关爱控辍等多措并举，落实主体责任，扎实做好控辍保学工作，确保脱贫村和建档立卡贫困家庭学生都能上学。首先，各级政府要坚决落实教育精准扶贫和资助政策，精准识别贫困家庭基础教育阶段学生资助对象，解决好贫困家庭的后顾之忧，保障贫困学生资助到位，做到贫困家庭学生“应助尽助”，确保不让一个学生因贫困而失学。其次，政府要加大宣传教育力度，让贫困家庭能认识到子女教育的重要意义，保障儿童接受教育的合法权益。再次，贫困家庭父母要积极了解儿童权利方面的相关法律、法规知识，尊重、关爱子女，积极配合政府工作，让子女依法完成九年义务教育的学习。

（四）加强教资队伍建设，提高教师待遇

“百年大计，教育为本；教育大计，教师为本。”2018 年，国家和自治区先后出台《关于全面深化新时代教师队伍建设改革的意见》，为造就党和人民满意的高素质专业化创新型教师队伍，全面提升国民素质和人力资源质量，为办好人民满意的教育打好坚实基础。

1. 建立教师培训机制，提高教师队伍的整体素质

根据全区基础教育改革发展需要，优化教师教育课程体系，加强英语、艺术、科学等紧缺薄弱学科教师的引进和培养。借助“互联网+教育”建设，经常开展农村中小学教师全员培训，建立统一的信息化教师培训平台，推动信息技术与教师培训的有机融合，实行线上线下相结合的混合式研修。改进培训内容，组织高质量培训，邀请国内著名教育专家授课，让农村教师接受现代化前瞻性的教育理念，切实提升教学水平。继续实施校长、教师国培计划，重点开展农村中小学骨干教师培训和名校长研修。加快青年拔尖人才培养，在培训、职称评聘、表彰奖励等方面向农村青年教师倾斜，优化他们的发展环境，加强农村高层次人才引进工作，促进青年教师尽快成长。创新农村幼儿园教师培养模式，大力培养初中毕业起点的五年制专科层次幼儿园教师，依托高等学校和优质幼儿园，重点采取集中培训与跟岗实践相结合的方式培训幼儿园教师。

2. 完善城乡教师交流轮岗机制，提高教育质量

宁夏各级教育机构继续从教师绩效考核出发，大力支持城市教师尤其是骨干教师服务偏远、贫困农村教育，鼓励支持乐于奉献、身体健康的优秀退休教师到农村学校支教讲学，将教育的新思想、新理念、新方法传递到农村，打破农村传统单一的教育模式，从而提高农村教育质量。支持小规模学校大胆探索，创新教育思想、教育模式、教育方法，形成具有农村乡土气息的教学特色和办学风格。

3. 优化教师资源配置，提高教师待遇

创新城乡统一的教职工编制标准，将编制向农村学校倾斜，按照班师比、科师比与生师比相结合的方式，以解决教师不足和结构性短缺问题。严禁挤占、挪用、截留编制和有编不补，及时解决长期不在编的教师编制，使教师能享受到应有的社会保障，解除他们的后顾之忧。落实中小学教师平均工资收入水平不低于或高于当地公务员平均工资收入水平。建立特岗老师工资正常增长机制，保证特岗教师工资与社会平均工资同步增长，缩小特岗教师与公办教师的待遇差距。建立特岗教师评价机制与激励机制，对在工作中表现突出的优秀教师予以奖励，调动特岗教师的积极性。

宁夏家庭教育研究报告①

张宏彩

习近平总书记关于家庭教育系列重要讲话精神中，特别强调要“注重家庭、注重家教、注重家风”。家庭教育不仅关系到下一代健康成长，而且关系到家庭和睦、社会和谐、民族振兴。因此，家庭教育不仅是关系千家万户、子孙后代的私事，还是全社会的共同责任。

一、宁夏家庭教育建设现状

(一) 家庭教育制度建设成效显著

自2004年中央8号文件提出建设家长学校以来，全国各省区不断加强家庭教育服务工作，宁夏家庭教育工作机制已发展较为成熟。目前，宁夏家庭教育服务阵地是宁夏家庭教育研究会，依托宁夏妇女联合会，由宁夏回族自治区妇女联合会牵头，自治区文明办、教育厅、卫计委、团委、科协、关工委等相关部门联合组建。

宁夏家庭教育服务工作开展以来，贯彻落实《中华人民共和国未成年人保护法》《中华人民共和国义务教育法》《中华人民共和国母婴保健法》

作者简介 张宏彩，宁夏社会科学院社会学法学研究所助理研究员。

①本文系宁夏哲学社会科学规划项目“宁夏儿童保护法治建设实证研究”（18NX-CFX01）的研究成果。

《中华人民共和国预防未成年人犯罪法》等法律法规，以及《中共中央国务院关于进一步加强和改进未成年人思想道德建设的若干意见》《全国家庭教育指导大纲》等政策文件，先后制订下发了《宁夏指导推进家庭教育的五年规划（2016—2020）》《关于进一步加强家长学校工作的实施意见》《关于贯彻“注重家庭、注重家教、注重家风”深入推进家庭文明建设的意见》等系列政策制度文件，为家庭教育阵地建设和家庭教育提供专业性、实效性和针对性工作指南和行动指导。

（二）建立阵地联动协调机制

宁夏家庭教育阵地建设目前是学校、家庭、社区（农村）相互衔接的模式，开展家庭教育服务工作实施“三结合一体化”阵地建设机制，以未成年、家长、教师、社区群体为服务对象，力争全网覆盖，扩大家庭教育服务影响力和成效。同时，根据现行政策制度，宁夏各妇女联合会协调联动教育部门、团委、关工委、卫计委等单位，组织开展多向、系统、综合的家庭教育服务宣传工作，实现家庭教育阵地建设多方位、多角度、全覆盖的功能。

（三）扩大阵地覆盖面

自 2013 年起至今，宁夏着力扩大家庭教育阵地覆盖面积，分别在 457 个社区建立家长学校和家庭教育指导服务站，占比为 89.61%；在 878 个村建立家长学校和家庭教育指导服务站，占比为 51.47%（其中包括 84 个社区、66 个村为自治区家庭教育示范社区和示范村）；在城市幼儿园、中小学、中等职业学校建立家长学校 1056 所（其中 42 所学校为自治区家庭教育示范学校），占比 99.81%；在农村幼儿园、中小学、中等职业学校建立家长学校 1098 所，占比 76.25%；妇幼保健机构建立孕妇学校和儿童早期发展基地 31 个，占比 93.94%；婚姻登记处建立新婚夫妇学校或提供婚姻家庭指导、婚育健康及育儿知识宣传服务站 52 个，占比 68.42%。

目前，宁夏有 15 个家庭教育服务阵地被全国妇女联合会、教育部命名为全国家庭教育工作示范单位，充分展现了宁夏家庭教育服务的成效。同时，宁夏妇女联合会与教育行政部门联合，建立家校共育机制，会同团委、卫计委、关工委等部门，建立开展家庭、学校、社会“三结合”“一体化”的全面教育模式，组织实施开展家庭教育阵地建设情况评估常态化检查，截至2018年11月，有记录、有评估阵地检查209个，占比22.47%。

（四）加强服务辐射作用

1. 提高队伍专业水平

为加强宁夏家庭教育理论建设，提高家庭教育指导者和管理者的理论水平、服务意识和指导能力，促进家庭教育指导水平不断提升，宁夏妇女联合会以“推进家庭教育知识的宣传和普及，优化家庭教育的社会环境，增强家长科学教子育儿为己任”，以“规范化、专业化、本土化家庭教育指导服务队伍建设为目标”，采用“请进来”“送出去”，政府购买服务等多种方式提高阵地队伍专业化水平，先后会同教育、团委、关工委等单位外请家庭教育专家开展培训班，培训1400多人，选派100多名家庭教育阵地服务工作者参加全国妇女联合会举办的家庭教育培训班和外出考察学习。同时，组建家庭教育讲师团，推动各阵地家庭教育服务工作走向专业化、规范化发展道路。

2. 开展家庭教育宣讲活动

坚持贯彻2016年12月12日，习近平总书记在会见第一届全国文明家庭代表时的讲话精神，“广大家庭都要重言传、重身教，教知识、育品德，身体力行、耳濡目染，帮助孩子扣好人生的第一粒扣子，迈好人生的第一台阶”。2016年以来，制定出台《关于贯彻“注重家庭、注重家教、注重家风”深入推进家庭文明建设的意见》，将家庭建设纳入精神文明建设中，同时发布《关于推进“爱润万家·好家庭好家教好家风七进”活动的通知》促进家庭教育进机关、进社区、进农村、进学校、进企业、进军营、进网络。在全区范围内开展1400场次、近20万人次的家庭教育专题讲座，并通过读书沙龙、亲子阅读、主题宣讲、图片展、家风故事书籍展览等活动为干部职工、社区和农村群众、学校学生提供家庭教育理念和知识，推广家庭教育的成功经验，指导家长掌握科学教子育儿的方法与技能，促进家长与子女共同成长。

二、家庭教育存在的问题

（一）制度建设不完善

1. 制度体系不完备

当前宁夏没有家庭教育相关的地方立法，现行的制度政策等呈现碎片化，且尚未形成完备的体系，同时由于政策举措的持续性不强，致使家庭教育服务在队伍建设、活动开展、财政支出等方面存在暂时性、临时性问题，在家庭教育工作开展的过程中作用发挥不充分，相关家庭教育业务指导项目的执行不强，家庭教育服务不能形成长效机制，各地家庭教育成果验收标准不一、层次不齐。

2. 制度缺乏针对性和操作性

目前，宁夏各个层面出台的家庭教育政策制度大都是针对家庭教育领域泛泛制定的，对各职能单位和部门的落实层面而言，存在职责不明确，针对性和操作性不强的问题，致使家庭教育工作开展和成果检查缺乏具体明确的项目内容、指标和标准。

（二）管理机制发展不健全

由于家庭教育工作是复杂、综合、系统的工程，需要各相关单位、部门、个人共同发力形成合力，负担起家庭教育职责，但是基于当前宁夏家庭教育相关立法政策制度不完备，各职能单位部门职责分工不明确，在家庭教育任务履行过程中作用发挥有待进一步提高。另外，虽然宁夏家庭教育从研究会、阵地、人才队伍等方面初具规模，但是由于家庭教育指导服务机构的准入制度尚未建立、家庭教育管理的责任主体、制约机制等均不明确，致使各单位部门在家庭教育任务履职过程中职责不明确。

（三）地区发展不均衡

宁夏家庭教育发展不均衡主要是不同的地区之间和同一地区城乡之间发展不平衡，这些不平衡主要表现在家庭教育重视程度、阵地建设、制度建设、人力资源、设施配备、服务活动、工作举措、社会资源等方面。

乡村和城市郊区家庭教育薄弱。尤其是贫困农村地区，由于地域和经济发展等制约因素影响，家庭教育知识宣传普及服务开展不能做到经常性、持续性，导致乡村和城市郊区家庭教育阵地建设有待加强。家庭教育重视程度普遍不高，家庭教育组织机构不健全、人才队伍建设不完备，设施配备不齐全等。

基层家庭教育投入严重不足。各县（区）妇女联合工作存在兼职干部多，专职干部少，各乡镇、社区（村）妇女联合工作由一人承担，更甚者有时还由其他部门人员兼任，基层家庭教育机构不健全，导致工作开展无法形成长效机制，家庭教育宣传活动的开展也不能经常性、持续性举办。另外，由于地方财政经费实施层层审批预算机制，各市、县（区）、乡（镇）、社区（村）、学校的家庭教育阵地建设没有设立专项经费，经常发生活动经费不足或挤占行政经费等现象，严重制约家庭教育工作的有效开展。

（四）服务专业化水平有待提高

从业人员专业化水平亟待提高。目前，宁夏大部分家庭教育指导师资属于兼职，专家家庭教育师资匮乏，家庭教育指导服务人员存在其他专业兼任现象十分普遍，服务人员缺乏专业系统的家庭教育培训，其理论知识储备不足，实践经验积累不够，严重制约家庭教育实际工作的顺利开展。

第三方资源发力不够。由于宁夏几所大学没有开设相关家庭教育指导课程，社会上储备的家庭教育服务人才资源也相对匮乏。另外，宁夏区内没有关于家庭教育报刊、省级家庭教育类电视频道或栏目、省级家庭教育类广播节目等，无法满足当前宁夏家庭教育知识普及和宣传工作的需要。第三方资源发力不足，致使妇女联合会或相关行政单位部门在家庭教育工作的开展中呈“独角戏”局面，业务能力和专业化水平得不到长足发展。

三、对提升宁夏家庭教育水平的对策建议

（一）加强家庭教育推广宣传

“人的一生所接受的教育中，接受最早的教育是家庭教育，家庭教育是一切教育的基础，起主导作用的是学校教育，影响最广泛的是社会教育。”[1]可见，家庭教育对人的影响十分重要，改善宁夏家庭教育服务碎片化、间断性等问题，首先要加强家庭教育知识的普及和宣传，利用网络平台、电视台、广播电台、微信公众号、下基层入乡宣传等形式，开展主题宣传、小视频、观摩实验等丰富多彩的家庭教育宣传活动，提高社会对家庭教育的认知度和关注度，改变家庭教育家庭“私有”的局面。

（二）立法先行，建立标准明确、权威有效的家庭教育制度体系

党的十八届四中全会通过的《中共中央关于全面推进依法治国若干重大问题的决定》提出，“建设中国特色社会主义法治体系，必须坚持立法

先行，发挥立法的引领和推动作用”，因此，推进宁夏家庭教育服务工作，制定具有针对性、及时性、系统性、可操作性强的家庭教育法律，对引领和推动家庭教育事业发展意义重大。另外，从当前提高宁夏家庭教育服务质量而言，设立家庭教育法律制度，从机构设置的合法性、家庭教育阵地服务的范围、人才队伍等方面立法，能够确保负责家庭教育的单位部门有明确的工作职责，同时也利于督导机构和社会监督、评估检查，从而进一步提升家庭教育服务质量；立法建立健全家庭教育服务范围，明确家庭教育工作标准体系，同时也能相应的推动家庭教育检测机制的建立和实现家庭教育法治化发展。人才队伍建设法制化，应当从队伍任职资格、转入制度、服务程序等入手，不但能够使家庭教育培训常态化和专业化，而且提高了家庭教育人才队伍专业水平，保障提供高质量的家庭教育服务。

（三）加大家庭教育投入力度

提高家庭教育社会关注度，需加强家庭教育工作进入各级党政、教育部门以及社会公众的视野，需要从经费投入、阵地建设、师资培训、教材配备等方面把家庭教育作为常态化或日常必需教育来进行，建立完善家庭、学校、社会教育协调发展长效机制，以保障家庭教育工作发展逐步趋向完善。另外，加大家庭教育专项经费的投入是当前宁夏家庭教育亟待解决的问题，力争将家庭教育工作经费纳入地方财政预算，财政列出专项资金用于开展家庭教育工作，确保“有钱干事”是家庭教育服务见成效的前提。

（四）整合资源，增强家庭教育工作合力

建立联动协调机制，增强家庭教育服务成效。家庭教育工作是一项复杂的系统工程，需要各有关单位部门参与和配合。建立联动协调机制，明确各单位部门在家庭教育工作中的组织、协调、推进、监督等工作职责，促进家庭教育工作开展过程中实现“明职责，齐发力，共推动”局面，并进一步落实家庭教育服务目标和服务标准化、体系化发展。同时建立联动协调机制不仅有利于家庭教育实际工作的开展，而且便于各级部门、单位发现新问题、新趋势，有利于家庭教育管理工作、实际服务工作、日常工作开展的顺利进行。因此，建议各妇女联合会、教育部门、文明办、关工委、卫生保健、幼儿园、学校、社区（村）等有效整合家庭教育服务资源，发挥联动功效，为不同年龄段、不同群体的学生及家长开展有针对性的家庭教育指导服务。

调动社会资源，提升家庭教育服务质量。《全国家庭教育指导大纲》中提出：“加大推进政府购买家庭教育公共服务的力度，积极搭建社会组织服务平台，在 50% 的城市社区和有条件的农村社区（村）家庭教育指导服务站点引入专业社会工作者。”当前，宁夏家庭教育由政府主导，社会被动接受家庭教育服务，致使家庭教育服务在系统内项目良莠不齐，缺少社会力量参与，社会资源支持乏力，缺乏市场活力，根据广大家庭的多元化需求，合理设计家庭教育相关服务项目，积极推进政府购买家庭教育指导服务，吸引有资质的社会组织为广大家庭提供便捷、个性化、专业化的服务，推动家庭教育指导服务社会化。引入和调动社会资源，增强家庭教育市场活力，在扩大家庭教育影响力的同时，不仅能够提升政府家庭教育服务质量，而且能减轻家庭教育财政压力。

（五）积极推动家庭教育指导服务专业化

宁夏妇联将继续下大力气加强对家庭教育指导师队伍的建设，广泛吸纳学校教师、社会组织等社会各界热心家庭教育工作的人员，培育规范化、专业化、本土化的家庭教育指导服务队伍，常态化开展专业知识培训。组织骨干讲师参与“爱润万家·好家庭好家教好家风”宣讲活动、社区示范家庭教育指导服务站建设等实践活动，深入基层与群众面对面开展指导服务，在实践中历练和提升业务水平。

（六）推动家庭教育服务均衡化

针对家庭教育城乡发展不平衡的问题，应当从政策、财政、人力等方面将家庭教育资源向农村地区倾斜，利用新媒体、大数据、智慧城市建设等多种创新方式，将科学先进、通俗易懂的家庭教育知识送上门，不断扩大农村普及家庭教育知识的覆盖面和辐射面，提高农村的家庭教育水平。另外，对于基层家庭教育阵地建设薄弱问题，推动实施家庭教育财政、人力下沉模式，以加强社区（村）家长学校和家庭教育指导服务站的建设力度，指导学校、社区（村）开展家庭教育工作，提升社区（村）家庭教育服务质量。

（七）推进家庭教育指导服务系统化

推动实施家校家庭教育服务系统化模式。贯彻落实自治区教育厅出台的《关于进一步加强家校共育工作的实施意见》，实施以家校共育创新、家长学校落地提升、教师家庭教育素养提升、家长持证上岗培训、家庭教育指导服务延伸为内容“五大工程”，创新家庭教育工作方式、规范家庭教育工作，提升家庭教育服务质量，扩大家庭教育服务影响力。

建立家庭教育阵地考核激励机制。将家庭教育阵地建设纳入社区（村）和学校的年度考核体系中，实施家庭教育服务标准化、规范化监督管理模式，促进家庭教育阵地建设在量化、细化监督监测目标指标体系下，各项工作落到实处。

探索建立早期家庭教育服务系统。充分利用医院、民政部门、社区（村）、早教机构等资源，推广家庭教育早期宣传，实施家庭教育针对性、个性化指导服务，如对新婚夫妇、孕妇、新生儿父母及祖父母等提供家庭教育知识普及和宣讲，同时对幼儿园等早教机构，开展家庭教育师资培训和宣讲活动，扩大家庭教育宣传辐射面积，提升家庭教育服务水平。

[1] 张双，周立凯.21世纪怎样做家长.北京：清华大学出版社，2003：96.

关于宁夏财政科研项目经费管理的调研报告

冯彦寅

为贯彻落实创新驱动战略，自治区财政厅按照自治区第十二次党代会的部署和要求，积极发挥职能作用，通过抓制度、抓宣传、抓督导、抓落实，扎实推进财政科研项目经费管理改革，致力于建立既遵循科研活动规律，又符合依法理财要求的科研项目经费管理新机制。

一、自治区财政科研项目经费管理改革基本情况

（一）抓制度，完善财政科研经费管理政策

为支持实施自治区创新驱动战略，深入推进科技领域“放管服”改革，自治区财政厅按照自治区第十二次党代会关于“以体制机制改革营造创新生态”的要求，以科研项目经费管理机制改革为突破口，着力构建充满活力的科技项目经费管理和运行机制。自治区财政厅经报请自治区人民政府同意后，会同自治区科技厅、人才办制定印发《关于完善自治区财政科研项目资金管理等政策的实施意见》（宁财（教）发〔2017〕838 号，以下简称自治区 838 号文件），扩大高校、科研院所财政科研项目经费管理自主权。自治区 838 号文件旨在通过进一步简政放权、放管结合、优化服务、强化落实，构建“松绑+激励”的科研项目经费管理机制，更好地激发科研

作者简介 冯彦寅，宁夏回族自治区财政厅教科文处主任科员，会计师。

人员的积极性和创造性。配合科技厅建立全区统一的科技管理信息系统，推行科技项目管理“网上办，不见面”，初步实现“信息多跑路、办事人少跑路”的目标，进一步完善项目申报机制。将科研项目申报受理方式由原来的“限期申报，逾期不候”改为“常年受理，分批下达”，使各类科技创新主体有充分的时间去申报项目，不再受限于“截止日期”。

（二）抓宣传，积极营造良好舆论氛围

自治区财政厅在门户网站全文刊登中央和自治区财政科研项目资金管理的政策文件，并附政策解读。及时向自治区人民政府报送有关财政科研管理政策落实情况的信息。对高校科研人员反映的有关问题，自治区财政厅主要负责同志高度重视，亲自批示，要求以认真、负责的态度，给予耐心的解答和说明。随后，以财政专报的形式将财政科研项目经费管理的情况报送自治区党委、政府领导。对网友关于科研经费管理的留言，也及时予以答复和说明。

（三）抓督导，深入了解科研项目资金管理情况

自治区财政厅会同自治区科技厅、教育厅赴宁夏大学、宁夏医科大学等单位，开展“解剖麻雀”式的调研，实地了解财政科研项目资金管理政策的落实情况，与单位财务处、科研处负责人、学术带头人和一线科研人员进行深入探讨交流，并认真听取意见建议，对他们普遍关心的一些重点问题，进行现场答疑解惑。随后，又下发通知和发放统计表，对高校、科研院所贯彻情况进行摸底调查，进一步了解掌握科研项目资金管理政策的宣传培训情况，制订或修订内部差旅费、会议费管理办法等情况，同时征求意见建议。对摸底掌握的情况进行认真分析梳理，聚焦问题，研究提出深入贯彻落实的措施。

（四）抓落实，打通政策落地见效“堵点”

针对调研中发现的问题，坚持问题导向，及时进行分析研究，制定印发了《关于进一步做好自治区财政科研项目资金管理等政策贯彻落实工作的通知》（宁财（教）发〔2018〕550号），从加快制度建设，大力推进信息公开，细化完善劳务费和间接费用管理，加强结余结转资金统筹管理等方面提出完善措施，细化实化政策规定，努力打通政策落地“堵点”。根据

《国务院关于优化科研管理提升科研绩效若干措施的通知》（国发〔2018〕25号）的最新政策精神，按照能放尽放的要求，提出财政贯彻落实的初步意见，拟从优化项目经费预算编制、拓宽项目直接费用列支范围、改进项目资金留用和处理方式等方面，赋予科研人员更大的人财物自主支配权。

通过宣传、调研、督导、完善措施等方式，高校、科研院所对深化科技领域“放管服”改革重要性和必要性的认识进一步提高，对政策精神的理解进一步加深，特别是通过现场交流和答疑解惑，打消了单位对内部制度办法权威性不够的“顾虑”。按照自治区的政策要求，高校、科研院所正逐步制定或修订内部管理办法和报销规定，承接中央和自治区财政科研项目资金管理政策，创新创造活力进一步激发。

二、政策落实中存在的问题

（一）科研项目承担单位内部资金管理制度落实不到位

按照自治区838号文件的要求，自治区属高校、科研院所要于2018年1月31日前，制定出台差旅费、会议费等内部管理办法，2018年3月31日前，项目主管部门要制定出台相关实施细则，项目承担单位要制定或修订项目资金内部管理办法和报销规定。但科研项目承担单位还没有全部制定或修订出相关内部管理办法和报销规定，有些单位依然沿用以前的制度办法。有些单位尽管制定了制度办法，但未完全放权。有的单位制度修订后仍有待完善，操作难度大，量化程度低。

（二）部分高校对有关科研仪器设备政府采购的政策理解有偏差

部分高校对自治区838号文件和《自治区本级高等院校和科研仪器设备采购管理有关事项的通知》（宁财（采）发〔2017〕183号）关于政府采购和进口设备采购的政策理解有偏差，致使中央和自治区的政策未在学校得到充分落实，松绑效果未得到有效体现。同时，也反映出科研人员对自治区政策了解还不够。

（三）科研人员“报账难”问题依然存在

按照自治区的要求，高校、科研院所要建立健全科研财务助理制度，为科研人员提供专业化财务服务，但仍未全部建立健全。有些单位内部控制流程较复杂，致使“放管服”的实施效果不够明显。部分单位在财务内部控制流程设置上，更加注重风险控制，审批流程多，对各项科研费用的报销也未给予差别化对待，致使科研人员财务工作量增大，“报账难”问题依然存在。

三、完善财政科研工作的对策建议

为深入推进科技领域“放管服”改革，让财政科研项目经费为人的创造性活动服务，自治区财政将持续优化提升科研项目经费管理，同时，为促进政策“落地生根”，按照中央和自治区的要求，财政部门、科研项目主管部门、科研项目承担单位要各负其责，密切配合，形成合力。

（一）财政部门

加大财政科研项目经费管理政策的宣传培训力度。积极学习借鉴其他省区的好做法好经验或典型案例，并推送给科研项目承担单位。按照国发〔2018〕25 号文件的要求，进一步为科研人员“松绑”，“减负”，“增动力，添活力”，努力让财政科研项目经费真正成为创新的“催化剂”和“助推器”。通过内部流程再造，进一步优化财政科研资金管理。科研项目预算管理更加注重遵循科研规律和特点。在科研项目总预算不变的情况下，项目负责人可根据科研活动实际需要，自主调整直接费用经费中除设备费以外的其余科目经费支出，不受比例限制，进一步放宽科研项目预算调整审批权。

（二）科研项目主管部门

科研项目主管部门要加强统筹协调，督促和指导所属单位落实好相关政策。进一步加大宣传培训力度，在官方网站开辟专栏，登载中央和自治区财政科研项目资金管理有关政策文件及解读，及时发布本部门、本单位制定的相关管理办法，扩大政策知晓率。统筹培训计划，加大对财务人员、科研财务助理、科研人员等相关人员的培训力度。科研项目主管部门要健全和完善评审标准和信息系统建设，当年完成下一年项目的征集、评审、公示、入库和预算申报等程序，细化编入部门预算，为加快预算执行进度奠定坚实基础。

（三）科研项目承担单位

科研项目承担单位要落实主体责任，强化责任担当，加快制度建设，确保下放的管理权限“接得住，管得好”。尽快制定出台或修订差旅费、会议费管理办法，以及内部报销规定。各单位在制定制度办法的过程中，要发扬民主，树立强烈的问题意识，广泛征求科研项目负责人，特别是处于一线的财务、科研人员的意见建议。各单位制定的制度应严格按照本单位内部决策程序开展工作，有关制度以单位正式文件印发。各单位制定的制度办法，作为预算编制、评估评审、经费管理、审计检查、财务验收的依据。抓紧建立科研财务助理制度，为科研人员在项目预算编制和调剂、经费支出、财务决算和验收等方面提供专业化服务，“让专业的人做专业的事”，让科研人员潜心从事科学研究。

宁夏中小学生命教育研究报告①

李淑兰

生命教育是一种全面关照生命多层次的人本教育。它以生命为核心，以教育手段倡导认识生命、珍惜生命、尊重生命、爱护生命、享受生命、超越生命，是一种提升生命质量、获得生命价值的教育活动。生命教育的目的，就是要帮助人们认识并珍爱自己的生命，尊重他人的生命，并在此基础上主动思索生命的意义，找出自己存在的价值与定位，从而提升生命的质量，张扬生命的个性。学校是生命教育的主要阵地，而中小学教育又是奠定学生生命观、人生观，培养学生生命情怀的基础。因此，如何在中小学教育中更好地实施生命教育，使学生树立正确、健康的生命观，崇高、积极的人生观，促进学生生命全面和谐的发展，让学生生命之舟扬帆远航，是摆在教育工作者和研究者面前的一个极为严峻而迫切的问题。

本课题选取宁夏银川市、贺兰县、永宁县、中宁县、固原市 7 所样本学校 16 个教学班共 848 名学生，针对宁夏中小学校生命教育的情况以及学生生命意识等特点，开展问卷调查。本次共发放调查问卷 848 份，收回问卷 848 份，其中有效问卷 790 份，有效问卷率 93.2%。此外，召开了 5 次共 70 多人包括教师及市县教育局领导、工作人员的访谈和座谈会，到样本

作者简介　李淑兰，民盟宁夏区委会教育委员会主任，宁夏大学人文学院教授。

①本文系宁夏高等学校科学技术研究项目的阶段性成果（NGY2016055）。

学校实地调研考察，获得大量一手资料。

一、宁夏中小学生命教育现状及学生生命意识存在的问题

近年来，在教育部的要求部署及全国乃至世界范围对生命教育愈来愈重视的背景下，宁夏中小学也开展了一些隐性的生命教育课程和活动。但通过本次调查，宁夏中小学在生命教育方面存在以下突出问题：

（一）生命教育滞后于全国其他省市，处于起步阶段

生命教育自上世纪 70 年代被提出以后，迅速在全球形成一种新的教育思潮。我国大陆地区自 2004 年以来，辽宁、上海、黑龙江、湖南、山东、四川等省市教育行政部门都已先后出台了生命教育指导纲要或实施方案等指导性文件，并在中小学推行实施生命教育。相比之下，宁夏生命教育的实施推进明显滞后，处于尚未起步阶段。查阅宁夏回族自治区教育文献资料，未见教育主管部门出台有关生命教育方面的专门性指导文件，教师培训、教材编写、课程开发及教育教学研讨活动等均未能开展。相关研究课题及成果也极少，笔者仅见的一项关于中小学生命教育的研究课题是 2010 年青铜峡市教研室任菊莲主持的《关于中小学开展生命教育的研究》。说明教育主管部门对生命教育的必要性及紧迫性缺少应有认识，生命教育中政府行为缺失。

（二）生命教育没有得到实质性实施

生命教育的本质是引导和帮助学生更好地理解生命、敬畏生命、珍爱生命、享受生命，实现个体生命的健康和完美。因此，生命教育的目标不仅仅是让学生学会生存和注意安全，更要引导学生理解生活、思考生命的意义从而追求幸福生活。

但在调查中发现，绝大多数中小学领导及教师对生命教育缺乏认识，基本上都仅仅将生命教育等同于安全教育和卫生教育，有的教师甚至对“生命教育”的名词都极为陌生；再加上应试教育的压力，使生命教育根本没有受到重视。目前全区各中小学都没有专门的生命教育课程和课时安排。调查显示，学生获得生命教育的途径：35.4%是通过父母，13.2%是通过网络，而通过生命教育课程获得有关知识的只占到 27.7%，这也说明学校未

承担起生命教育的应有职责。

（三）生命教育内容狭窄，形式单一，成效微弱

近两年，随着生命教育在全国各地的推广展开，宁夏部分中小学教师也在思想品德、语文等各科教学中隐性渗透一些有关生命教育的内容，或者在节日、班会、纪念日等专题活动中临时穿插一些有关内容。调查中，63.9%的学生认为，其所在学校开设过生命教育的有关课程。但在进一步的座谈、访谈中了解到，目前学校生命教育的内容多局限在安全教育、禁毒教育、卫生教育和生存自救方面，且都是在涉及有关内容时顺便提一下，或者在禁毒日、安全教育日等节日，通过展板、主题班会等形式进行，浮光掠影，不成体系。也有不少学校没有开展过任何相关活动。对于有关"生命"的教育，很少涉及生命意义、生命观、死亡、挫折、感恩等内容；而且其教育形式基本上都是以教师的隐形灌输为主，很少采用开放的体验式教学，使学生对生命的理解大多停留在表层认知，缺少心灵的悸动和对生命的思考。

（四）大部分学生有较为正确的生命意识，但部分学生对生命及死亡的认识比较模糊

生命意识是生命个体对自我生命的自觉认知，它包括生存意识、死亡意识、安全意识等。正确的生命意识首先应该认识到生命是美好和珍贵的，但也是短暂而脆弱的，因此要格外珍惜和爱护；不仅要珍惜自己的生命，也要珍惜他人乃至于其他一切有生命的物质。其次，要懂得生命是有尊严的。生命的尊严在于价值和意义。生命的意义不仅仅是活着，还包括自我幸福、自我人生价值的实现以及对社会、家庭的关怀和责任。只有体悟生命意义的人，才会真正地热爱生命，珍惜生命，体验生命之美好，也才能坦然地面对生命的困境，在与命运的抗争中，活出人生的滋味和精彩。再次，要正确认知死亡。要知道生命只有一次，珍贵无比，任何放弃自我生命的行为都是对生命的漠视和践踏，是对自己以及家庭、社会的不负责任；死亡并不是获得解脱、摆脱痛苦的最好的方法；只有直面现实，坚守自我，以智慧战胜困难，用勇气挑战挫折，才能"在绝望的世界中找寻生命的意义"。总之，"认识生命之可贵，珍惜生命之存在，欣赏生命之美好，提升生命之意义，实现生命之价值”，这才是应有的生命意识。

二、关于宁夏中小学生生命意识的调查结论

（一）对“生命”及其意义的认知和理解

有81.5%的学生认为“生命很重要”；86.4%的学生认同“生命只有一次，应该好好珍惜”；52.3%的学生认为生命的意义在于“努力实现自己的价值”；49.5%的学生对于自己的人生既有短期目标，又有终极目标，并为之不懈努力；22.9%有短期目标，但终极目标不确定；94.2%的同学“想过要珍惜他人的生命”。如果在路边看到一只受伤的流浪小狗，44.9%的学生选择送到宠物医院救治，27.3%选择收养，前两项合计占72.2%。当看到亲人或动物正在受到伤害或痛苦地死去，94.2%的学生会感到痛苦、悲伤。父亲节或母亲节，63.2%的学生会送给父母祝福或说些感谢的话，22.8%会送礼物。看到有同学吸烟，70.6% 的学生“觉得对身体健康有害，不应该吸”，25.1%的学生觉得厌恶。

但也有2.7%的学生选择“生命不重要”或“说不清楚”；17.1%认为“人应该为自己活，对自己好”；8.9%的学生感到人生迷茫，没有理想和目标；12.9%的学生“没有想过要珍惜他人的生命”；看到受伤的小狗，11.5%选择“绕道而过，不管它”。看到亲人或动物正在受到伤害或痛苦地死去，2.6%没感觉，认为与自己无关。有7.9%的学生经常玩暴力游戏，有15.1%的学生反映周围有同学吸毒，这一比例农村学校明显高于城市学校，在中宁县某农村中学竟高达42.9%。

通过以上数据可以看出，宁夏大部分中小学生对于生命的认知还是比较正确的，能认识到生命的可贵和脆弱，对自我及他人的生命有基本的珍惜和关爱，有对小动物及弱者的同情心。能认识到生命的价值，有较为明确的人生理想和目标，并愿意为之奋斗。具有感恩意识，生活方式较为健康。但也有部分同学对生命的认知和理解比较模糊甚至错误，缺少对生命的珍爱、关怀和对弱者的同情。有吸烟甚至吸毒的不良行为，没有正确的人生目标，生命态度及人生态度较为悲观消极。

（二）对于死亡的认知

死亡意识是人的自我意识的本质，是生命意识的重要部分。研究表明，儿童在 4 岁左右就已经有了死亡的概念，中小学生已经开始思考生死问题，并经常处于对生死问题的困惑和矛盾之中。由于我国传统文化对死亡问题讳莫如深，现实生活中家庭和社会也都觉得死亡话题过于敏感，对心智尚未成熟的少年儿童不宜讨论。死亡教育的缺失，使中小学生难以通过正规渠道获得对死亡的科学认知，因而形成错误的死亡观念，导致他们对死亡的困惑和矛盾不能得到有效开解，从而产生死亡恐惧和焦虑，极端者甚至出现漠视自己或他人生命的自残或暴力行为。

对于“人失去生命后，是否可以再活一次”的问题，71.5%的学生认为“不可以再活一次”，但也有 9.2%认为“也许可以再活一次”，1.3%认为“肯定可以再活一次”。

特别值得注意的是，调查显示，有高达 31.2%的学生“曾经有过‘不想活’的念头”，这一数据远远高于上海市有关部门 2003 年对全市五年级以上中小学生问卷调查 15.23%的结果。[1] 这既令人心惊更令人心痛，进一步的调查分析表明：

从年级上来说，“曾经有过‘不想活’的念头”的学生比例从初一到初三呈上升状态，平均值：5 年级 19.2%，初一年级 23.1%，初二年级 33%，初三年级 39.2%，初三甚至高于高二年级的 36.5%。

城市学生比例高于农村学生。农村均值为 28.5%，城市为 37.1%。其中银川市某重点中学初三学生有过“不想活”念头的甚至高达 51.1%。各年级数据，见表 1：

表 1　曾经有过“不想活”念头的城市初中生与农村初中生比例

学校	初一年级	初二年级	初三年级
城市	27.2%	37.6%	46.5%
农村	15%	32.2%	24.6%

有过“不想活”念头的比例，城市重点中学的学生又高于普通中学的学生。以初三学生为例，银川市某重点中学为 51.1%，而某普通中学为 41.8%。这应当与学生的学习压力特别是中考压力有直接的关系。

从性别角度来看，有过“不想活”念头的比例，男女生从初一到初三均呈上升趋势，但女生变化更为明显，均值初一为25%，初二为52.4%，初三则达到54.2%，当然和年级越高，越接近中考，女生学习压力越大有关。另外也与初中时期女生生理发育及随之带来的心理变化有关。

“当从媒体上知道有学生自杀的消息后，你会怎样?”有65.9%的学生选择“为他感到可惜，活着多么美好，还有其他机会。”但有13.8%的学生感到很害怕，6.7%的学生很理解他们，3.8%的学生认为他们解脱了，3.9%的学生没什么感觉。其中，感到很害怕的比例农村学生为20.7%，城市学生为6.9%，农村高于城市13.8个百分点，可见农村学生比城市学生对死亡更为恐惧；而认为他们解脱了的学生则城市明显高于农村，这也可能与城市学生学习、升学压力更大有关。

认同“生命只有一次，应该好好珍惜”，“人失去生命以后，不可以再活一次”的比例，农村学校均明显高于城市学校（见表2），特别是以体育、音乐为特色且对生存自救、安全教育较为重视的农村学校更为突出。

表2　农村学校与城市学校学生对生命存在的认识

学校	生命只有一次，应该好好珍惜（均值86.4%）	人失去生命以后，不可以再活一次（均值71.5%）
农村	92.2%	83.7%
城市	80.6%	59.2%

城市学校学生认为“人失去生命以后，也许可以再活一次”的，明显高于9.2%的均值，其中，银川市某重点中学高达20.7%，这既与学校生命教育的缺失有关，另外可能也和城市孩子较多地接触动漫、网络游戏、魔（玄）幻小说等消极亚文化，受到其中不科学甚至极端错误信息的误导有很大关系。

由上可见，宁夏部分中小学生对死亡的认识存在一定的误区，认为人死后可以复生，或将自杀视为逃避压力和痛苦的唯一途径，有相当一部分学生有“不想活”的念头，这一消极意念从小学6年级开始攀升，初三达到一个较高的峰值，而这一问题在城市学生中更为明显；城市学校的女生比男生有更多的学习焦虑。此外，农村学生比城市学生有更高的死亡恐惧感，这也是需要引起关注的。

调查中，当问及“现实生活中，最困扰你的问题是什么”的问题时，62%的学生选择学习压力大，其中城市中学学生为72.5%，农村中学学生51.4%，城市高于农村；其次是同学关系不好，占12.7%；8.7%选择得不到老师认可，8.4%是家庭经济困难，6.6%是父母关系紧张。其中，选择“家庭经济困难”或“得不到老师的认可”的，农村中学学生高于城市学生。

以上数据说明，学习压力大是最困扰学生的问题。以银川市某重点中学为个案，有过“不想活”念头的，男生选择学习压力大的占66.7%，女生为84.6% 。由此可见，学习压力是催生学生脆弱、导致学生意志力损耗，以至于因心理崩溃而出现自杀等极端行为最主要的原因。

（三）关于校园暴力

有超过一半（52.2%）的学生认为周围的小伙伴有人曾经被同学殴打或辱骂，有12.3%的学生认为这种情况经常发生，农村学校为30%占比更高。33.5%的学生曾经有过殴打或辱骂同学的行为，可见殴打、辱骂学生的校园凌霸事件在宁夏中小学时有发生，在农村学校更为严重，这其中既与留守儿童较多，缺少家庭温暖和父母的有效教育，导致部分学生情感冷漠、心理失衡等有关，也有农村学生受到家庭暴力负面影响等原因，这也从一个侧面折射出生命教育缺失带来的学生生命意识的问题。

三、对策与建议

鉴于当前全区中小学生命教育现状及学生生命意识存在的问题，启动实施中小学生命教育非常必要，为此，提出以下建议：

（一）尽快制订并出台关于全区中小学生命教育指导纲要和课程实施方案等指导性文件，加快实施中小学生命教育

按照教育部的要求，结合国际和先进地区生命教育经验，制订符合宁夏实际的生命教育指导纲要和生命教育课程实施方案，是推进宁夏生命教育发展的重要条件。

（二）开设独立的生命教育课程

生命教育课程，是生命教育走进学校的重要途径。可以采用以生命教育课程为主，其他学科渗透为辅的教育模式。目前有些学校采用在思想品德、语文、健康教育等课程中隐性渗透生命教育，虽然对学生生命意识多少起到一些引导、启迪作用，但由于受到各课程教学目标、理念及教师个人素质的影响，很难达到理想的教育效果。而讲座、主题班会等“快餐式”专题活动，又往往因其临时性而缺乏精心设计，碎片化的知识灌输也难以引发学生的学习兴趣，不能给学生深刻的感受。因此，只有将生命教育课程化，并使课时和教师得到应有保障，才能将生命教育纳入学校的课程体系之中，使之受到师生的重视，并根据不同年龄段学生的特点和需要，制定更有针对性、适当性和层次性的教学内容和教学目标，从而保证生命教育的系统化、科学化和常态化；也才能采取课程相适应的游戏、体验、探究以及课外活动等灵活多样的独特的教学方法，使学生在参与体验中感受生命之美，感悟生命之可贵，从而提升学生的生命意识。

（三）改变唯分数论的评价体系

切实减轻学生学业负担，减少和杜绝因学业压力过大而导致的中小学生自杀意念的产生。切实减轻学生学业压力，是让学生健康成长、快乐生活的必要途径。虽然早在 2011 年 4 月，宁夏教育厅就已经发布了《关于进一步加强中小学管理，规范办学行为的实施意见》，要求严格控制作业总量。但 6 年多来，实际成效并不大。如山的作业，频繁的考试，仍然压得孩子们无法喘息。唯分数论的单一学业评价体系，题海战术、重复训练的教学模式，依旧成为中小学生生命中不堪承受之重。教育的目的，是赋予学生幸福、明朗、温暖、向上的力量。有温度的教育，不是只关心孩子的成绩，而是更关心他的灵魂。生命教育就是要让孩子知道，世上没有真正的绝望，珍惜自己，活着，才能感受更多的美好。教育，必须给孩子生命健康成长的空间。

（四）进一步加强音体美教学

开展丰富多彩的课外实践活动，使学生在实践和体验中认知和感受生命之美。音体美教学是美育和生命教育最好的契合点，体育运动不仅有利于使学生的心理压力得到有效释放，而且可以使学生在挑战自我、战胜挫折的过程中体验到生命的力量之美，在团队合作中认识到尊重他人生命的意义，从而培养学生积极向上、勇于拼搏、团结合作的人格。音乐和美术可以引导学生发现自然、生活以及生命的多彩、灵动，学会欣赏生命之美好，并使学生的心灵得到抚慰和滋养。调查显示，音体美教学搞得好、学生课外活动丰富的学校，学生更能够认识到生命的可贵和意义，有“不想活”念头以及殴打、辱骂同学的比例相对较低，生活心态更为积极乐观。此外，还可以借鉴国外的亲身体验法、生命叙事法、角色扮演法、欣赏讨论法等教学方法，加强课外实践活动，拓展生命教育的模式和途径。

（五）重视生命教育师资培训

教师是生命教育课程的实施者，培养合格的生命教育师资是实施生命教育、保证教育质量的基础和前提。生命教育的教师不仅要具备专业知识，对生命教育有全面的认识，有与时俱进的教育理念，更要有丰富的情感素养。要善于营造爱的教育，懂得尊重和关爱学生，能够做孩子心灵的聆听者、陪伴者。目前，由于宁夏尚未开设生命教育课程，基本上没有专门的生命教育教师，这对于宁夏生命教育的实施推进是十分不利的。要通过加大培养力度，使生命教育教师实现专业化。

[1]转引自曹坤明.我国儿童死亡教育的困境及其出路[J].中小学德育,2017(8):33.

宁夏养老护理员队伍发展现状及对策研究

杨丽琼

我国人口老龄化问题日益凸显，据国家民政部《2017 年社会服务发展统计公报》，截至 2017 年底，全国 60 周岁及以上老年人口 24090 万人，占总人口的 17.3%，其中 65 周岁及以上老年人口 15831 万人，占总人口的 11.4%。宁夏 65 周岁及以上老年人口达到 60.5 万人，占全区总人口的 8.9%，呈逐年增长态势。与此同时，高龄化、空巢化趋势明显，失能半失能、慢性病老人持续增长，加之传统家庭养老功能的弱化以及养老需求的多样化，促使加快社会养老服务体系建设刻不容缓，其所面临的挑战之一就是养老护理员的需求与供给矛盾，人才的稀缺与流失矛盾。养老护理员人才队伍建设，已成为应对人口老龄化的迫切任务，必须作为一项民生工程对待，在经费、制度上提供支持，在培养选拔、激励上构建有效工作机制，确保养老护理员能够“留得住，干得好”。

养老护理员队伍建设作为养老服务体系中的重要组成部分受到了社会的广泛关注。《国务院关于促进健康服务业发展的若干意见》中指出，应当加大养老护理员等相关从业人员的人才培训和职业技能培训力度。本文通过梳理宁夏养老护理员队伍建设现状，分析存在的问题及其原因，并结合养老服务业发展需求，提出建设性的发展建议，以促进养老事业蓬勃发展。

作者简介　杨丽琼，农工党宁夏区委会妇女工作委员会主任。

一、宁夏养老护理员队伍发展现状：

目前，宁夏共有养老机构 175 家，有公建公办、公建民营、民建民营等类型；全区共有养老护理员大概 1000 余人，养老护理员培训机构 65 家。本次调研养老机构有 35 家，养老护理员 297 人，其中女性 267 人，平均年龄 47.7 岁，文化程度：小学及以下 14 人，初中 209 人，高中 64 人，大专及以上 10 人；农业户口 193 人，城镇户口 104 人；管理人员占 20%，持有养老护理员执业证书率是 54%，护理人员与机构收养老人的平均比例是 1:8.4。护理人员来源渠道主要是本地农村妇女、下岗工人、外来务工人员，管理人员兼任养老护理员现象普遍，在编人员少。

二、宁夏养老护理员队伍建设存在的问题

（一）养老护理员数量严重不足且流失严重

按照 2013 年出台的《宁夏回族自治区社会养老服务体系建设规划》规定，到 2015 年，全区养老服务机构内护理员与失能失智老人的比例原则上不低于 1:3，与自理老人的比例不低于 1:10。从实际调研的养老机构来看，基本没有达到这一比例，尤其是对失能失智老人的护理完全没有达到规定要求，全区养老护理员缺口大，主要原因是护理人员招不来、留不住，人员流失严重。问卷调查显示，新增护理人员流失率在 40%左右，尤其是男性护理员更少，较高的流失率带来的后果是出现护工荒现象，影响着养老机构的正常运行，同时造成了养老机构中管理人员、护理人员、后勤服务人员混合使用，身兼数职、一人多责现象普遍存在，无法满足专业养老护理的要求。

（二）养老护理员结构不合理，文化水平低

根据调研数据显示，养老护理员队伍普遍年龄偏大，女性占大多数。45 岁以上的护理员占 88%，女性占 90%，10%的男性也多是管理人员、保安、后勤厨师等人，真正从事护理工作的男性只占 5%左右。护理人员多以农村家庭妇女、外来务工人员和下岗人员为主，有专业护理技能的护理员非常少，护理员中初中及以下学历的占 75%，其中文盲占 2.1%，养老护理

员是需要接受一系列专业知识与技术培训的，受教育程度低往往学习能力较差，接受理论培训和考核困难较大，难以保证护理员的培训效果。

（三）养老护理员工资薪酬低，工作量大，社会认可度低，保障制度不完善

由于养老护理员总数的不足，多数护理员需要同时照顾5位甚至更多的老人；照顾老人是比较辛苦繁重的工作，尤其是照顾失能或半失能老人，工作量大，但薪酬待遇普遍偏低，各个养老机构的福利待遇比较随意，相对于其他服务行业工作差距较大。很多单位都没有给护理人员购买相应的医疗保险等，不能享受相应的退休福利。同时，人事编制的“双轨制”使得有、无编制的护理员薪酬、福利和保障上都有很大差别。社会认可度低，在很多人的观念里，养老护理员就是照顾老年人生活的“保姆”，与医院的护工没有区别，甚至有人认为这个工作低人一等，得不到社会尊重，年轻人大多不愿意从事这个职业，在岗护理员一旦找到收入更高，社会认可度更高的工作，会选择变换工作。

（四）养老护理员持证率与实际护理水平相差甚远

由于养老机构首先面临的是护理员用工荒问题，对于护理员的上岗培训多采取“短平快”的培训方式，多数护理员只是经过短期培训便上岗，养老机构在短时间内可以增加护理员的数量，质量却难以得到保障，实际操作和护理技能远远不能达到要求，养老机构初级养老护理员持证率基本在50%~60%，中高级养老护理员持证率极低。短期培训的内容一般仅包括生活照顾和家政服务，更高层次的专业化护理内容，如心理疏导、保健康复、安全急救、营养、临终关怀等方面常常被忽略，很难从专业技能角度满足老人心理关怀、精神慰藉等多元化的人性需求，无法满足全区养老机构多方位的护理需求，制约了养老机构的扩大发展提质增效。

（五）养老护理员管理及培训体系不规范

从调研结果来看，养老护理员缺乏职业准入制度，虽然国家制定了《养老护理员国家职业标准》，但并没有明确职业准入制度，即使没有职业资格证也可以上岗，直接造成目前养老护理员素质的良莠不齐，同时，即使是有证或者是高级别证书的养老护理员也并不能以此为依据提升工资，大大挫伤了受过高等教育的养老护理员工作积极性，降低了证书的效用，影响了养老护理员的持证率。对养老护理员缺乏有效的绩效考核管理，目前的考核指标量化不足，只简单地根据护理员的工作岗位和性质进行划分，缺乏全面的考核和实操性，无法有效提高护理员的工作积极性和工作热情。护理员多半得过且过，忽略专业技术水平和自身文化素养的提高。尚未建立完善的培训标准体系，全区尚未制订养老护理员准入标准、培训机构准入资质、师资要求、培训内容、培训方式等，培训体系中未建立监督管理机制，缺乏政策规范约束的培训质量是难以得到保证的。

（六）政府部门对养老机构的监督管理不足

调研发现，多数养老机构存在法人不明确或由民政部门派人担任法人的现象，存在一定的管理风险，容易造成权责不明，出现问题互相推诿的矛盾；同时，对于政府部门而言，对养老机构的监管还停留在简单的人、财、物的支持上，制度层面还存在一定的缺失，养老机构中患有精神疾病的老人和正常老人共同护理，存在很大安全隐患。养老机构的运行成本高，水、电、暖费用政府补贴少，有些养老机构运转困难。

三、加快养老护理员队伍建设的建议

（一）加大相关政策支持，提高养老护理员福利待遇

政府应加强顶层设计，做好政策支持，完善养老服务业体系。自治区应尽快出台相关政策，建立健全养老护理员管理与监督体系。规范养老护理员管理与监督制度，制定并完善各项政策细则，涵盖养老护理员的培养方案、工作评估、激励与惩罚条例等内容。加大财政投入，政府多开展免费培训，以资金扶助、入职补贴等形式吸引高校、中高等职业院校学生投身于养老事业的建设。人社部门应当依据养老护理员工作强度、当地社会经济水平制定薪酬标准，提高养老护理员整体薪酬水平，对护理员进行长期的岗位补贴，并对专业人才进行奖励性补贴。根据养老护理员证书的等级建立薪酬等级制，建立最低工资标准。取消养老护理员“双轨制”，落实《劳动合同法》，进一步完善保障体系，在职称晋升方面，出台相应的支持政策，切实提高护理员的劳动报酬和社会地位，继而缓解养老护理队伍建设不足的现状。

（二）加强社会宣传，提高养老护理员职业认同感和归属感

政府扶持养老服务业是一项利在千秋的民生工程，要充分利用社会媒体和舆论，广泛介绍人口老龄化发展趋势，大力宣传养老服务业的重要性，在全社会营造尊老敬老社会氛围，唤起全社会对养老服务业的重视，吸引更多高素质人才加入到养老服务行业中；在社会上形成敬老爱老的风气，不仅尊重老人，也要尊重养老护理员，摒弃职业贵贱之分的观念，消除职业偏见，大力宣扬养老护理员在养老事业建设中的重要性，让大众更加了解养老护理员工作性质，塑造养老护理员良好的职业形象，从而增加社会认可度。降低养老护理员的流失率，吸引更多优秀人才加入养老护理员团队。同时要给养老护理员的自我发展提供条件，要关心尊重他们，创造公平竞争的晋升平台，实现个人理想和人生价值，激励他们不断学习，提高专业技能和自身素质，提高对养老护理事业的认同感。

（三）制订科学的人力资源规划，有层次地培养养老护理员队伍

要改善养老护理员结构，自治区应该在招生、教学、就业等方面，制定相应的优惠政策，对于具有办学实力和丰富经验的高等院校给予支持，促进养老服务专业的建设，制定人才培养目标；加大录用男性护理员的比例，平衡男女比例失调问题。加大招聘养老护理专业大专以上毕业生力度，提升养老护理队伍的文化层次；分层次培养多元化的护理人才队伍，做好人才储备，积极提拔优秀护理员走上管理层，鼓励将养老护理员职业资格证同工资待遇挂钩，并将其作为选人用人的基本条件，逐步形成良性的人才发展机制；同时针对下岗职工和外来务工人员加大政府的扶持力度，开设统一正规的免费培训。

（四）健全养老护理员管理和培训体系

人社部门要建立健全养老护理员的培训体系，开展规范、系统、连续的培训。要规范培训机构，制定严格的细则，对培训机构的师资配备、场地、设施等做出明确的要求，并进行考核与评估，只有通过考核才能开展培训；落实行业规范，对培训机构的培训内容、培训方式、培训效果等进行监督，明确激励与惩罚细则，定期开展评估工作，一旦发现不符合规定的机构必须有相应的处罚。同时必须要规范执业资格，对养老护理员上岗做出强制性规定，必须持证才能上岗，并定期对培训效果进行考核；鉴于当前从业人员的年龄整体偏大，学习能力相对较差，培训方法上应当多采取形象生动的方式，如观看影像、课堂模拟、角色扮演等简单易懂的方式，以保证培训的效果，鼓励开展养老护理员学历提升计划。

教育部门要加强养老护理培训师资力量的建设。师资是保证培训效果的关键因素，但宁夏当前这方面的人才是相当缺乏的，应当加强师资力量建设，与开设相关专业的高校、中高等职业教育学院合作，充分利用校园资源，提升师资质量。完善培训课程体系，除了生活照料的培训，同时要加强康复、心理护理、安全急救、营养、临终关怀等方面的培训。职业道德同样不能忽略，提高从业人员队伍的职业道德对于养老护理员社会认可度的提升是至关重要的。除了职业技能鉴定机构的短期培训外，开设老年服务与管理专业的相关高校可以和养老机构共建，高校通过向养老机构提供继续教育、开设讲座、提供专题培训等方式提升养老护理员专业技能。

民政部门要制定规范的养老护理员目标管理。制定养老护理员绩效考核制度，内容涵盖护理员的工作职责和内容，加强平时工作的监督考核，并贯穿于整个实现工作目标的过程中，由部门领导、护理对象及其家属对护理员的工作动态实施目标绩效考核，并将考核结果作为绩效工资发放的参考依据，最终形成良性循环。这不仅有利于提高护理员的工作积极性，也让养老护理员人才队伍的素质在潜移默化中提高。

（五）加强政府监管，规范行业准则

民政部门应该对养老机构加强监督管理，明确法人的责权利，加强护理员管理，提高星级养老机构评判标准，对软硬件服务质量不达标的机构，提出警示整改命令，并督促养老机构规范服务、依法经营。将全区养老机构中患精神疾病的老人集中护理，避免与正常老人发生不必要的冲突。严格落实《劳动合同法》中的要求，维护养老护理员的合法权益，帮助护理员解决工作和生活问题。加大对养老机构的资金支持，在运营管理经费上加大投入。

宁夏未成年人心理健康教育工作调研报告

马　萍　朱君南

2018 年 4—5 月，宁夏文明办牵头组成专题调研组，采取座谈交流、实地查看、问卷调查、专题走访等形式，对全区未成年人心理健康教育工作情况进行深入调研，全面了解和掌握未成年人心理健康教育工作状况，为促进全区未成年人心理健康教育工作打下坚实基础。

一、宁夏未成年人心理健康教育工作基本情况

近年来，根据中央文明办的总体部署和要求，宁夏认真贯彻《中共中央国务院关于进一步加强和改进未成年人思想道德建设的若干意见》，以及教育部《中小学心理健康教育指导纲要》《关于加强中小学心理健康教育的若干意见》等文件精神，坚持把抓好未成年人心理健康教育作为加强和改进未成年人思想道德建设的重要内容，以培养未成年人良好的心理品质为目标，从完善教育网络、壮大师资队伍、丰富主题活动等方面入手，积极探索未成年人心理健康教育模式，取得了积极成效。

（一）完善心理健康教育网络

贯彻落实《未成年人思想道德建设工作测评体系》，印发《关于进一步

作者简介　马萍，宁夏回族自治区文明办未成年人工作处处长；朱君南，宁夏回族自治区文明办未成年人工作处副处长。

加强中小学生心理健康教育的意见》，明确中小学心理健康教育的目标、实施原则及途径，对全区开展心理健康教育提出指导性意见。制定《宁夏回族自治区中小学心理辅导室建设及管理指南》和《宁夏中小学校心理辅导室评估标准》，就中小学心理咨询室的建设、设备配置、管理等做出明确要求，引导各地根据实际条件和学生实际需求建设咨询室。截至 2017 年底，全区共建成未成年人心理健康辅导站（室）1253 个，依托宁夏大学教育学院，建立宁夏未成年人心理健康教育网，开通热线电话，面向全区广大未成年人服务。持续开展国家级、自治区级心理健康教育示范学校创建活动，目前已创建国家级特色学校 10 所，自治区级特色学校 19 所。积极建立家长学校和家庭教育服务点，全区 90%以上的学校成立家长学校，通过开展培训、专家讲座、家长会等形式，教给家长一些教育方法和技巧，使家长能够根据自己孩子的实际情况实施家庭教育，提高家庭教育科学性。目前，全区幼儿园、小学、普通中学和中等职业学校共建立家长学校 1788 所，城乡社区建立家庭教育指导服务点 1577 个。命名自治区级示范家长学校 128 所，农村留守流动儿童示范家长学校 154 所，家庭教育工作示范社区（村）151 个。全区 126 个中央彩票公益金支持的乡村学校少年宫中，有 63.4%的学校设有包括心理咨询室、情绪宣泄室、沙盘游戏室、音乐放松室等功能的未成年人心理健康辅导室，未成年人心理健康教育网络逐步健全。

（二）强化心理健康教育队伍

聘请有国家认证资质的心理健康咨询师组成心理健康宣讲团，定期开展针对未成年人的心理健康教育宣讲，宣讲对象向乡村少年宫倾斜。目前，共巡讲 120 多场，3 万多名农村儿童和家长得到咨询和辅导。坚持心理健康课程“计划、师资、课时、教材”四落实，培养国家三级以上心理咨询师 3500 多名，形成稳定的专兼职心理咨询辅导队伍。为普及心理健康知识，促进心理健康教育的发展，将每年 4 月第二周确定为中小学心理健康教育周，每年 10 月为心理健康教育月，组织开展专题讲座、咨询问答、心理剧表演、主题班会等系列活动，此项活动已持续开展 14 年；把班主任纳入心理健康辅导队伍，增强力量，在每个班专设 2 名“心辅委员”，及时解决出现的问题；组织家委会中有特长的家长，做心理辅导志愿义工，全方位做好未成年人心理健康教育工作。

（三）丰富心理健康主题活动

充分发挥学校教育的主渠道作用，紧贴未成年人心理健康教育实际，深入开展“心理咨询活动周”和“心理健康教育宣传月”等实践活动，每年确定一个主题，组织专家巡回进行心理健康讲座，开展心理健康咨询。将心理健康教育纳入培训计划，每年聘请全国知名专家培训授课。各地结合实际，针对不同时间节点，积极开展心理健康辅导服务活动。比如，在中高考期间，邀请心理辅导专家围绕“考试”前心理压力调试，进行心理健康辅导，教育引导学生理性面对考试。成立以宁夏大学等院校、部分专家学者和心理健康教师组成的心理健康教育研究会，对全区中小学心理健康教育工作进行研究和指导。为确保中小学心理健康教育的系统性、规范性，组织编印《成长教育》，并将其纳入地方课程，使心理健康知识进课堂。

（四）开展心理健康志愿服务

动员高校与地方开展“校地共建”志愿服务，为大学生参与社会实践提供了锻炼平台。宁夏大学、宁夏医科大学、北方民族大学等全区13所高校共6000余名志愿者先后与银川等地的48个社区完成对接并开展服务。以“青春护航”特殊青少年帮扶为重点，依托社区志愿服务站，从派出所、司法所、学校、家庭四个渠道摸清特殊青少年底数，建立健全“一人一档”，按照不同情况进行“红黄蓝绿”体系分级，整合大学生志愿者、辖区单位及社会力量，组建专门志愿者队伍作为特殊青少年群体“人生导师”，结对开展亲情关怀、学业辅导、心理疏导、社会融入、困难救助等志愿关爱活动，努力使特殊青少年群体“失学有课堂，失业有岗位，失管有监护”，帮助特殊青少年群体健康成长，服务青少年心理健康的工作覆盖面不断扩大。

二、宁夏未成年人心理健康教育存在的主要问题

调研表明，全区青少年心理健康教育还存在一些问题和薄弱环节，主要表现在如下方面：

（一）思想认识不统一

全社会对青少年心理健康教育的重要性认识不足，普遍注重青少年出现心理问题时的教育，忽视了日常良好的心理素质和社会适应能力的培养。社会、家庭、学校以及部门之间缺乏合力，单打独斗的情况还比较普遍，齐抓共管的工作格局尚未形成。

（二）工作进展很不平衡

由于宁夏经济社会发展不平衡，各地在人员力量、投入保障、阵地建设等方面差距较大，一些中小学校尽管设立了心理健康咨询室，但受学校办学条件限制，没有专门场所，影响工作成效。

（三）专业人员比较缺乏

由于编制限制，目前全区大多数学校无法配备专职教师，大部分中小学只能由大队辅导员、团委书记，校医等兼任心理健康辅导教师。大多数学校没有专项经费支持，部分心理健康教育教师职称得不到落实。

（四）网络影响值得关注

随着网络的飞速普及和智能手机的广泛使用，各种聊天工具、社交网站、新媒体传播，使未成年人获取不良信息的方式越来越便捷，途径越来越多，社会不良现象对广大青少年的腐蚀、毒害影响不断增大，青少年离家出走、校园暴力、校园欺凌以及自杀等现象时有发生，应对措施还不够完善有力。

（五）教育环境亟待优化

受传统应试教育的影响，部分学校、老师、家长存在过度要求孩子文化课成绩，忽略青少年心理健康需求问题。“隔代教育”使一部分青少年养成了以自我为中心的性格，心理不健康情况时有显现。

三、加强宁夏未成年人心理健康教育的对策建议

当前，要强化思想认识，完善工作机制，加强工作力量，切实采取科学有效的手段和方法，扎实推动未成年人心理健康教育水平不断提高，促进广大未成年人健康成长。

（一）健全完善心理健康教育机制

坚持把青少年心理健康教育摆在更加突出位置，建立党委领导、政府主抓，教育、司法、财政、卫生、共青团、妇联等部门齐抓共管的管理体系，明确分工、各尽其责，形成合力、统筹推进，确保未成年人心理健康教育长抓不懈，持之以恒。建立健全相应的培训、教育和投入保障机制。充分发挥专业师资优势和心理协会的作用，建立心理咨询专家库，由心理专家和心理服务志愿者为未成年人提供专业免费的心理咨询服务，开展公益心理健康咨询活动。

（二）加强心理健康队伍建设

配齐各级各类中小学专职心理健康教育教师，组织开展教师心理健康专业培训。抓好心理健康教育宣讲队伍和心理健康教育志愿者队伍两支社会性工作队伍建设。鼓励有一定心理健康专业基础的教师积极参加国家心理咨询师职业资格培训学习，逐步提升心理辅导教师队伍专业素质。壮大辅导员队伍，把班主任、学校德育老师等扩充到心理健康教育辅导员队伍。完善激励政策，在教师岗位职称评定、考核奖励、待遇落实等方面同等对待、优先考虑，进一步增强心理健康教育老师的工作责任感和积极性。推动政府购买服务，加大财政支持，切实改善心理咨询教师缺乏的现状。

（三）拓展心理健康教育阵地

进一步完善学校、家庭、社会“三结合”教育网络，加强家长学校的建立和完善，通过集中培训、网络学习、专家授课等方式，为广大家庭提供科学化、专业化、个性化、常态化的指导服务。探索完善家校共育工作，加强工作力度。实施“薄弱学校改善工程”等项目，发挥各级各类学校和心理辅导站的主渠道作用。扎实开展未成年人心理健康教育和辅导，提高青少年抵抗挫折、克服困难的能力。积极探索“治未病”的工作模式，指导各级未成年人心理健康辅导站找准定位、落实制度，保证多角度、多层次的向未成年人普及心理健康知识。

（四）融入未成年人思想道德建设

把立德树人放在心理健康教育工作首位。培育和践行社会主义核心价值观，把爱国主义和中国梦宣传教育融入心理健康知识教育中，开展“知党史知国情爱家乡爱学习——争当新时代好少年”“扣好人生第一粒扣子”等主题实践活动，引导未成年人树立正确的世界观、人生观、价值观，培养孩子们的健康心理。开展中华经典诵读、“我们的节日”等活动，把中华优秀传统文化教育普及活动融入全区未成年人心理健康教育巡讲活动，促进未成年人形成积极健康的心态。深化文明校园创建活动，把推进未成年人心理健康辅导工作与创建文明校园紧密结合起来，提升学校文明校园创建水平。

（五）营造浓厚的舆论氛围

发挥各类新闻媒体、新媒体在未成年人思想道德建设中的重要作用，大力宣传未成年人心理健康教育的重要性，呼吁全社会高度重视未成年人心理健康教育工作。加强网络安全，严格审查面向未成年人的游戏软件，促进未成年人健康成长。积极探索实施未成年人社会课堂教育工程，推动形成未成年人健康成长的“第二课堂”。加强对网络热点问题、重大事件进行通俗易懂的理论解读，帮助青少年培养理性的思维方式，正确看待问题，理性解读问题。

宁夏“互联网 +”政务服务调研报告

张彩虹

互联网的迅速发展，深刻影响着经济社会的各个方面，不仅改变着百姓的生活方式，对政府治理模式也带来了新的挑战和机遇。党的十九大报告在“打造共建共治共享的社会治理格局”主题中强调，“要提高社会治理社会化、法治化、智能化、专业化水平”。2016 年《国务院关于加快推进“互联网+政务服务”工作的指导意见》出台，明确要求把简政放权、放管结合、优化服务改革推向纵深。2017 年 8 月 11 日宁夏《全区推进不见面审批服务改革工作方案》出台，2017 年 9 月 5 日《宁夏加快推进“互联网+政务服务”工作方案》出台，目的在于持续推动政府职能转变，创新政务服务模式，提升服务能力，进一步激发市场活力和社会创造力，为实现“三大战略”目标，全面决胜小康社会发挥互联网应有作用。因此，以互联网思维促进信息技术与社会治理深度融合，依托“互联网+”开展社会治理创新意义重大。

一、宁夏“互联网 +”政务服务发展现状

宁夏深入推进“简政放权，放管结合，优化服务”改革，结合区情，大胆探索创新，“自我革命”，以简政放权为核心，以职能转变为突破口，

作者简介 张彩虹，宁夏区委党校党史党建教研部副教授。

以机构改革为契机，以银川市为试点，打造全国审批时限最短、政府服务最优的首府城市。全区改革围绕智慧政务、互联网+政务服务，不断创新思路，除苛去繁，突出便民服务，着力网上办事，创新行政审批“一局一章”“一门一窗”“一个大厅全覆盖”实现“推开一扇门，办成一揽子事”，大厅办理与网上办理相结合，深化改革与互联网+相结合，通过“证照云”平台、“网上市民大厅”“不见面马上办”等方式不断试水创新，使改革走到了全国前列。

（一）宁夏互联网发展现状

近年来，随着我国网络强国战略的推进，在宁夏各级政府的重视和政策扶持下，在电信、移动、联通三大电信运营商的共同努力下，全区光纤入户达到约93%（电信统计数据），宁夏基本实现了“三网融合”和全区光纤入户全覆盖。同时，随着互联网向工作、生活、教育、医疗、购物等领域的不断深入渗透和创新应用，宁夏“互联网+”的空间和领域正在无限拓展，其重要性也在进一步突显。从腾讯研究院发布的“互联网+”相关指数排名可以看出，宁夏在省级“互联网+”排名位居全国前十，成绩不菲。但市级发展的投资潜力并不理想。由此可以说宁夏在“互联网+”层面的建设和应用存在不平衡、不充分的问题，特别是基础网络建设、4G覆盖范围、大数据应用、智慧城市建设等方面，还需加大力度。

（二）宁夏政务服务发展现状

据国家行政学院电子政务研究中心《省级政府网上政务服务能力调查评估报告（2017）》显示，2016年我国省级政府网上政务服务能力总体排名前十名的地区分别为：浙江、贵州、江苏、上海、福建、江西、山东、甘肃、广东和重庆；从省级政府门户网站，省级网上政务服务平台提供的服务来看，西北五省网上政务服务能力整体处于较低水平，甘肃省的网上政务服务能力较为突出，在全国排名第14名，宁夏和青海省政府排名居中，分别为第17名和第19名。统计数据综合显示：以上13个省级政府网上政务服务能力指数占到全国的40.63%。

目前，从宁夏政务服务形式而言，政务服务栏目和政务服务大厅已经建成。在互联网快速发展的今天，随着公众对政务服务的需求日益强烈，宁夏网上政务服务在平台建设、业务发展、信息发布和事项办理等众多方面都在逐步趋向完善。

（三）宁夏“互联网+”政务服务现状

目前，宁夏按照“建设法治政府、廉洁政府、创新政府和服务型政府”的要求，坚持“统筹规划，问题导向，协同发展，开放创新”的总体原则，不断优化各类服务流程，创新服务方式，推进数据共享和公开透明服务，最大限度地让群众和企业少跑腿、不添堵，好办事、共享“互联网+”政务服务发展成果。

2017年，宁夏加快推进“互联网+”政务服务工作，以利企便民为出发点，把群众满意作为检验政务服务的最高标准，不断创新服务方式，推进数据共享，优化服务流程。通过建成全区统一的网上政务服务平台，实现政务服务数据资源、政务服务事项全面公开，网上审批，网上办事。计划到2018年底，建成跨地区、跨层级、跨部门的一体化政务服务模式，线上线下融合互补的服务体系。本世纪末实现互联网与政务服务深度融合，建成自治区统筹、部门协同、五级联动、一网办理的“互联网+”政务服务体系，大幅提升政务服务智慧化水平，让政府服务更聪明，让企业和群众办事更方便、更快捷、更有效率。

宁夏建设的政务大数据服务平台和民生服务门户网站已全线运行，标志着宁夏政务数据共享开放总枢纽已经顺利完成，这为今后实现政务数据共享开放奠定了基础。其中，政务大数据服务平台包括12个区级部门，它们是旅游、民政、公安、人社等，涉及21个业务系统数据库，有效支撑了各地区、各部门、各层级间的业务协同和数据增值等服务。

随着宁夏政务、社保、扶贫等“8+N”朵云应用，宁夏民生在线服务门户整合了“8+N”朵云的应用服务系统，建成了全区统一身份认证系统。目前已汇集32个应用系统链接、19类信息查询服务和13个应用接口，可在线办理公积金查询、驾照更换和资格考试报名等民生服务，使老百姓办事更加便捷。除此之外，宁夏持续推动政府职能转变，创新政务服务模式，最大限度方便企业和群众办事，通过更加彻底地“放”、更加有效地“管”、更加优质地“服”，全流程实行互联网“不见面审批”。2017年8月11日，

《全区推进不见面审批服务改革工作方案》出台，依托宁夏政务服务网，构建“一网通办、一门对外、一号服务、一端在手、一码认证、一库共享”的线上线下一体化政务服务平台，全面推行“不见面，马上办”的审批模式，梳理公布不见面审批服务事项清单，按照“外网受理，内网办理，全程公开，快递送达，网端推送，无偿代办”的方式开展审批。本世纪末，宁夏将建成由自治区统筹、部门协同、五级联动、一网办理的“互联网+”政务服务体系。

宁夏政务服务模式已从单向的信息获取转变为交互的“一站式”办事服务。据了解，宁夏43个部门执行窗口受理一站服务，行政审批事项集中在政务大厅办理，法定收费事项统一在政务大厅设立的银行窗口缴纳，实行“一个大厅受理，一站式审批，一条龙服务，一个窗口收费”的运行模式。优化行政审批流程，落实首问责任、一次告知、限时办结等制度，进驻政务大厅行政审批事项承诺办理时限比法定办理时限压减50%；重点项目代办服务设立并联审批、重点项目代办服务窗口，指定专人对企业在建或生产经营期间需2个以上部门审批的办理事项，采取“一门受理，多证联办，联合踏勘，限时办结”的方式，为企业和投资者提供行政审批无偿服务；特定人群帮办服务坚持以人为本，服务为先，针对老年人、残障人士等特殊人群，开展上门服务、代办服务；根据企业和群众“急事急办、特事特办”的需求，开展预约服务、延时服务、双休日便民服务等个性化服务；网上审批在线服务构建网上政务大厅，建设网上审批平台，加速自治区、市、县（区）、乡镇（街道）、村（社区）政务服务体系纵向联网，推进各级政务服务中心与部门之间的横向联网，开展审批指南、网上预约、网上申报、网上咨询等服务，为群众和企业提供不受时空限制的政务服务。

目前，宁夏政务服务工作已经形成了覆盖全区的五级政务服务体系，所有市、县（区）均设立了政务服务中心（政务大厅），所有乡镇均设立了民生服务中心，92.7%的行政村设有便民服务代办点。全区政务服务工作人员约3200人，区本级大厅进驻760多个事项（其中行政许可270项，行政确认、行政给付、行政征收等权力事项332项，公共服务事项160项）。市县政务大厅平均应进驻事项483项（其中行政许可195项，行政给付、行政确认、行政征收等权力事项207项，公共服务事项81项）。2017年，全区政务服务系统共办理各类事项近2300万件，自治区政务服务中心被列为国家服务业标准化试点，有3个地方标准通过国家标准委审核备案，在2016年的行风评议中，名列小组第一。

二、宁夏政务云平台运行分析

2015年以来，依托统一的政务云平台和电子政务外网，宁夏大力推进“8+N”朵云建设，目前已进入深化应用阶段。

（一）“八朵云”效果初步显现

旅游云以服务游客“吃、住、行、游、购、娱”为目标，设计并建设了国内领先的综合服务系统和监测系统。通过宁夏旅游资讯网及官方微信公众号，游客可查询全区36家主要A级景区实时信息，在线预定门票、车辆、航班、餐饮、住宿等。运行监测管理服务平台可对全区15家景区的190个景点进行实时监测，提升了景区对突发事件的疏导和应急处置能力。目前资讯网和微信微博访问量已达400万次。

社保云搭建起全区统一的社会保险信息服务平台，实现了全国跨省异地就医联网结算、机关事业单位养老保险统一管理、区内异地就医即时结算、医保药店购药“全区通”、城乡居民“基本医保+大病保险”一单结算。2016年以来已发放养老金43.47亿元，结算医保资金25.67亿元，累计追回和挽回“大处方”等违规资金1.25亿元。

卫生云远程医疗系统已覆盖7家区级医院、22家市县综合医院和196家乡镇卫生院，集合了区内外200多家医疗卫生机构、800多个科室的2000余名专家，实现了远程会诊、门诊、病理和影像等远程诊疗功能，已开展各类远程诊疗3.8万余例，使患者在当地就能够得到大医院、大专家的诊疗指导。老百姓通过网站、手机APP和电话等方式，实现预约挂号、医保的一站式结算，并可以对其全程监控。

民政云为全区35.5万户家庭的54.7万个社会救助对象建立了档案，实现了对人员、家庭、业务经办及业务结果信息的精准服务。社会救助家庭经济状况核对应用系统共受理核对业务申请 33.8 万人次，数据核对 23.9 万人次。

教育云建成全国第一个省级教育服务平台，注册人数 110.4 万人，涉及全区 2619 所学校 6.3 万名教师和 104.1 万名学生，分别占学校总数 87%，教师总数 61%，学生总数 74%，平台提供 1000 万条资源的免费共享服务，实现网络共享。

政法云在全区公安系统开展视频数据共享和综合分析应用，将人脸识别技术运用到刑侦案件中，使视频监控区域“两抢”案件降低到 20%以下，利用视频数据破获刑事案件数占到破案总数的 40%以上。

政务云在全国率先建成覆盖区、市、县、乡、村五级的“互联网+政务服务”体系，涵盖了自治区及五市 21 县 247 个乡镇和 2723 个行政村，梳理形成 27 项全区基层政务服务事项向全区乡村推广“一站式”服务模式，2016 年网上办结量达到 44.3 万件。

商务云实现外贸公共服务平台注册生产和外贸企业 152 家，上线一年以来完成进出口交易 162 万美元，对 916 家流通企业进行运行监测，实现定期发布蔬菜批发价格指数等。

（二）“N 朵云”建设有序推进

N 朵云主要有扶贫云、水利云、工业云、国土云、交易云、规划云、环保云、住建云、博览云等。

扶贫云已完成全区 20 个县 1100 个贫困村 21 万户 80 万贫困人口的数据采集，形成 500 万条数据，准确度达 95%，为人社、住建、卫计等 30 多家单位提供信息共享服务。

规划云基于地理空间信息共享库，整合了多部门规划，建成上下联动的信息平台，实现了对全区规划按照一个标准进行分析查阅，成为全国第一个以区市县三级共同推进的地域。

住建云建筑市场监管服务系统，初步实现了对区、市、县 60 多个建设行政管理部门、3000 多家建筑企业、14 万从业人员、每年 6000 个工程项目及 3 万余台建筑起重机械设备的监管服务。

交易云实现了与全国公共资源交易平台、中国招标公共服务平台和宁夏财政厅政府采购网的对接。

博览云开发完成了会议服务管理、会展服务管理、制证与门禁等主要业务系统，与中阿博览会官网实现了有机整合，满足系统数据备份、压力测试和安全防御等要求，基本达到了预期效果，比项目整体建设计划提前了 2 个多月。

环保云建成的数据中心，涉及环境质量、污染源管理等九大范围、45 个领域，汇聚全区 7000 多家排污企业信息和 160 多家重点污染源企业的污染物排放数据，初步实现了全区各级环保机构和重点污染源的信息资源共享。

三、宁夏“互联网 +”政务服务存在的主要问题

宁夏“互联网+”政务服务体系建设进展顺利，在创新公共服务和社会管理方面取得了显著成就，但与智慧宁夏、智慧民生、信息惠民和不见面行政审批等目标还存在一定差距，存在一些亟待解决的问题。这些问题主要表现在：平台建设缺乏统一标准，顶层设计有待加强；政务服务流程不够规范，事中事后监管乏力；全区平台发展不同步，信息化应用程度较低；保障体系不健全，人才缺乏；等等。

四、加快宁夏“互联网 +”政务服务建设的对策建议

（一）加强顶层设计，建设全区“互联网 +”政务服务统一平台

统一标准，实现“一个入口”。一是自治区、地市分级建设政务服务门户网站，统一栏目结构布局、身份认证等，与政府门户网站实现数据对接和前端整合。二是各部门统一在网上平台开设“部门窗口”，将本部门现有的业务统一整合到网上服务窗口。三是统一信息平台的建设标准，在通信规约、密码认证、解密、接口等环节，统一标准，实现一个入口，提供标准化的政务服务。

整合信息，实现“一个平台”。一是要建设全区统一的政务服务事项管理系统，将不同层级的政务服务事项纳入统一管理，形成信息资源快速汇聚、分享的公共平台。二是建设改造区、市两级政务服务运行管理系统，

支持在线受理、办理、反馈以及并联审批、协同办理、物流快递、在线支付等应用。三是建设全区标准统一的电子证照管理系统。

（二）优化政务流程，进一步规范服务

编制政务服务事项目录清单。按照统一标准，自上而下梳理依申请办理的行政权力和公共服务事项，编制政务服务事项目录清单，实现不同层级相同的政务服务事项名称、事项类型、法律依据、基本编码等要素统一，通过本级政府门户网站集中公开发布。

编制政务服务事项实施清单。在政务服务目录清单基础上，细化完善内容、申请材料等要素，经机构编制、政府法制等部门审核后形成实施清单，做到同一层级的相同事项，在不同地区办事指南标准相对统一。为解决乡镇群众办事远、周期长、不公开等问题，试点探索基层上报件联动审批功能实现方式，建议制定《宁夏行政审批网上申报管理办法》，运用审批服务系统内外联动审批功能，把政务服务工作放在一个平台上，晒在阳光下，真正做到“数据多跑路，群众少跑腿”。

（三）加强制度化保障体系和人才队伍建设

建立自治区政务服务中心负责运行的工作机制和“一口对外、枢纽调度、数据相通、并联运行”的运行机制。制定平台建设、运行维护、数据交换、信息共享、安全保障等管理制度；建立政务服务信息公开保密审查制度；建立政务信息化项目立项、投资、审批、建设、验收源头管控制度，推进大数据统一管理，避免重复建设。

建议各地市（区县）及相关部门、机构加强组织领导和协同配合。建立健全权力清单和责任清单制度，调整完善现行管理制度和规范性文件中与新流程不相适应的地方，及时消除制度障碍。同时，实行统一监管。运用电子监察系统加强内部监督，通过媒体监督、第三方评估和群众评议强化外部监督，综合评价政务服务绩效，汇聚众智改进服务。建议在宁夏政府门户网站设立曝光纠错专栏，及时公开反映群众在办事过程中遇到的问题，并及时反馈处理结果。

建议自治区党委、政府联合相关部门建立互联网政务服务专业人才培养机制。加大人才培养力度，达到知识更新、提高专业能力的目的，以满